SERVICE

서비스 경영 전략

MANAGEMENT

Strategies

곽진만 · 사단법인 뷰티창업경영전문가협회 이사장
권오혁 · 한성대학교 교수
윤지안 · 경북보건대학교 교수
홍인기 · 국립한국농수산대학교 교수

서비스 경영 전략

서비스 실패를 극복하는 서비스 디자인 경영 전략

초판 인쇄 2025년 7월 01일
초판 발행 2025년 7월 10일

지은이 곽진만 · 권오혁 · 윤지안 · 홍인기
발행인 조규백

발행처 도서출판 구민사
주소 (07293) 서울특별시 영등포구 문래북로 116, 604호(문래동3가 46, 트리플렉스)
전화 (02)701-7421
팩스 (02)3273-9642
홈페이지 www.kuhminsa.co.kr

신고번호 제 2012-000055호(1980년 2월 4일)
ISBN 979-11-6875-571-0 (93320)

정가 33,000원

들어가며

서비스 산업은 국가 경제에서 필수적인 성장 동력으로 작용하며, 경제 성장과 고용 창출의 주요 원천으로 기능한다. 국내 서비스 산업은 국내총생산(GDP)과 고용 비중에서 지속적인 증가 추세를 보이며, 이는 디지털 트랜스포메이션(Digital Transformation)과 소비자 요구의 다변화로 인해 서비스 제공 방식과 질적 수준이 고도화된 결과이다. 특히, 경제의 서비스화(Servitization)가 가속화되는 글로벌 경쟁 환경에서는 기업이 규모의 경제(Economies of Scale)와 차별화된 경쟁력(Differentiation Strategy)을 확보하는 것이 필수적이다. 이에 따라 서비스 경영 전략(Service Management Strategy)은 기업의 지속 가능한 성장(Sustainable Growth)을 위한 핵심 도구로 자리 잡고 있다.

서비스 산업은 과도한 경쟁과 시장 양극화로 인해 생산성(Productivity)과 경영 효율성(Managerial Efficiency)이 저하되는 문제를 안고 있다. 특히, 중소형 서비스 기업들은 고객 경험 관리(Customer Experience Management, CEM), 고객 관계 관리(Customer Relationship Management, CRM), 그리고 서비스 공정성(Service Fairness) 강화를 통한 서비스 품질(Service Quality) 개선 등의 핵심 경영 요소를 효과적으로 실행하지 못하는 경우가 많다. 고객 경험 관리는 서비스 접점(Touchpoint)에서 고객이 인식하는 감정적·인지적 요소를 분석하고, 개인화된 서비스(Personalized Service)와 프로세스 혁신을 통해 최적화하는 과정이다. 고객 관계 관리는 고객 생애 가치(Customer Lifetime Value, CLV) 극대화를 목표로 장기적 고객 로열티(Loyalty)를 구축하는 전략적 접근법이다.

또한, 서비스 공정성은 절차적 공정성(Procedural Fairness), 분배적 공정성(Distributive Fairness), 상호작용 공정성(Interactional Fairness)으로 구성되며, 이는 서

비스 회복(Service Recovery)과 고객 신뢰(Customer Trust) 형성에 중요한 역할을 한다. 절차적 공정성은 서비스 제공 프로세스(Process Efficiency)에서의 일관성과 투명성을 의미하며, 분배적 공정성은 고객이 지불한 금액 대비 기대하는 가치의 균형을 보장하는 요소이다. 상호작용 공정성은 고객과의 커뮤니케이션 과정에서 공감(Empathy)과 신뢰 형성을 통해 서비스 만족도를 향상하는 요인으로 작용한다.

이러한 전략을 효과적으로 실행할 경우, 서비스 품질 개선을 통해 고객 만족(Customer Satisfaction)과 고객 충성도(Customer Loyalty)를 극대화할 수 있다. 고객 만족은 기대-일치 이론(Expectation-Confirmation Theory, ECT)에 기반하여 고객이 기대한 서비스 품질과 실제 경험한 서비스 간의 차이에 의해 결정된다. 또한, 고객 충성도는 고객 이탈률(Customer Churn Rate)을 감소시키고, 긍정적 구전 효과(Positive Word-of-Mouth, WOM)를 통해 브랜드 자산(Brand Equity)을 강화하는 핵심 요소로 작용한다.

결론적으로, 서비스 기업이 지속 가능한 경쟁력(Sustainable Competitive Advantage)을 확보하기 위해서는 고객 중심(Customer-Centric) 경영 전략이 필수적이다. 고객 경험과 관계 관리를 데이터 기반 의사결정(Data-Driven Decision Making) 방식으로 체계화하고, 서비스 공정성을 강화하여 서비스 품질을 지속적으로 개선해야 한다. 이를 통해 서비스 기업은 변화하는 시장 환경에서 차별화된 경쟁력을 확보하고, 장기적인 성장을 지속할 수 있을 것이다.

CHAPTER 01에서는 서비스 개론 및 산업 이해는 서비스의 개념과 특성에 관해 설명한다. CHAPTER 02에서는 서비스 수익 모델과 리더십의 중요성을 다루며, 인적자원 관리와 개발, 동기부여를 통한 조직의 내실을 다지는 방법을 제시한다. CHAPTER 03과 CHAPTER 04는 고객 경험 및 관계 관리 전략을 중심으로 고객 중심 경영의 실무적 기법을 심도 있게 다룬다. 서비스 공정성과 품질은 고객 만족과 충성도를 높이는 데 중요한 요소이다.

CHAPTER 05와 CHAPTER 06에서는 서비스 공정성을 실현하고 품질 개선 전략을 통해 고객 만족을 달성하는 방법을 제시한다. CHAPTER 07에서는 서비스 충성도와 불만관리를 포함한 고객 유지전략을 제시한다.

데이터 기반의 시장 분석 및 경영 분석은 현대 서비스 경영의 필수 요소이다. CHAPTER 08과 CHAPTER 09는 시장 조사, 수요 분석, 경영 분석을 통해 기업이 경쟁 환경에서 우위를 점할 수 있는 전략을 제공한다.

디지털 시대의 변화에 빌맞춰 CHAPTER 10부터 CHAPTER 12에서는 마케팅 실무, 타겟 마케팅, 디지털 및 SNS 마케팅 전략을 구체적으로 다루며, 소비자 행동에 대한 이해를 돕는다. 마지막으로 CHAPTER 13에서는 서비스 혁신과 경영 전략을 논의하며, 디지털 기술을 활용한 혁신과 전략적 경영 계획 수립 방법을 세시한다.

서비스 경영 전략 학습은 학습자가 서비스 경영의 기본 개념과 실제 적용 사례를 이해하고, 이를 바탕으로 문제 해결 능력을 강화할 수 있도록 한다. 고객 만족과 충성도, 서비스 품질 향상, 고객 불만관리 등의 주제를 학습함으로써 학습자는 효과적인 경영 전략을 수립할 수 있는 역량을 갖추게 된다. 이러한 학습 과정은 개인의 전문성을 높이고, 나아가 기업의 성과를 개선하는 데 기여할 수 있다.

서비스 경영 전략은 단순히 고객 만족을 넘어서, 고객 중심의 혁신과 효율적인 경영 관리를 통해 기업의 지속 가능한 성장을 지원하는 데 중점을 둔다. 이를 통해 서비스 기업은 치열한 경쟁 환경 속에서도 장기적인 경쟁우위를 확보하고, 학습자는 이 과정에서 실무적 역량을 강화하며, 기업과 개인의 성과 향상에 기여할 수 있다.

마지막으로 이 책의 출판을 위해 도움을 주신 도서출판 구민사 조규백 대표님과 직원 여러분께 깊은 감사를 드립니다.

CONTENTS 목차

CHAPTER 04. 고객 관계 관리

CHAPTER 05. 서비스 공정성

CHAPTER 06. 서비스 품질과 고객 만족

CHAPTER 07. 서비스 충성도와 고객 불만관리

CONTENTS 목차

CHAPTER 01 서비스 개론 및 산업 이해

학습내용

1-1. 서비스의 개념과 특성

1-2. 서비스 산업의 발전

1-3. 서비스 산업 분류

학습목표

1-1: 서비스의 개념과 특성을 이해하고 설명할 수 있다.

1-2: 서비스 산업의 발전 요인과 경제적 중요성을 파악할 수 있다.

1-3: 서비스 산업의 분류 체계를 이해하고 주요 산업의 특성을 분석할 수 있다.

1-1 서비스의 개념과 특성

1 서비스(Service)와 제품(Product)

서비스는 고객의 요구를 충족시키기 위해 제공되는 무형의 활동이나 혜택으로, 소비자는 이를 경험하며, 소유할 수 없고, 생산과 소비가 동시에 이루어진다. 제품은 물리적 형태를 가진 유형의 재화로, 생산된 후 소비자가 소유하고 사용할 수 있으며, 표준화된 형태로 대량 생산이 가능하다.

1. 서비스의 개념

서비스는 고객의 특정 요구를 충족시키기 위해 제공되는 무형의 활동, 혜택 또는 경험이다. 서비스는 소비자에게 가치나 이익을 제공하지만, 소유권을 수반하지 않는 행위나 활동으로 설명하며, 이를 통해 서비스는 물리적 제품과 구별된다(Kotler & Keller, 2016). Gronroos(2007)는 서비스를 고객의 문제를 해결하기 위해 기업과 고객 간의 상호작용을 통해 만들어지는 과정으로 정의하며, 서비스는 그 자체로 고객 경험을 중요시한다.

서비스에 대한 정의는 여러 가지 관점에서 제시된다. 미국마케팅협회(AMA)는 서비스를 "판매를 위해 제공되거나 상품 판매와 관련하여 준비되는 재활동, 편익, 만족"으로 정의한다. 또한, 서비스는 물리적으로 만질 수 없는 무형의 제품으로, 이를 구분하는 기준은 '손으로 만질 수 있는지 유무'이다(Rathmell, 1966).

서비스는 특정 편익을 제공하는 행위로, 무형적이며 소유가 수반되지 않는 특징을 가진다. 서비스는 물리적인 제품과 관련이 있을 수도 있지만, 때로는 전혀 관련이 없을 수도 있다. 따라서 서비스는 단순히 명시적이지 않고, 더 포괄적인 의미로 이해되어야 한다(Kotler, 1991).

서비스는 본질적으로 유형의 물리적 요소를 포함하지 않으며, 고객에게 제공되는 가치와 경험이 핵심이다. 예를 들어, 항공 서비스는 물리적인 비행기가 아니라 여행의 편리함과 시간 절약이라는 가치를 고객에게 제공한다.

〈표 1-1〉 서비스와 제품의 차이

서비스(Service)		제품(Product)
무(無)	형체	형체가 판매에 많은 영향을 준다.
무(無)	재고	재고 관리가 중요한 관리 항목 중 하나이다.
무(無)	이동	유통 및 판매를 위한 이동이 필요하다.
불가능(不可 能)	소유	소유 자산(재고 자산)으로 분류한다.

2. 서비스의 특성

(1) 무형성

서비스는 물리적 형태가 없으므로 고객이 구매 전에 만지거나 테스트할 수 없다(Hoffman & Bateson, 2010). 이로 인해 고객이 서비스 품질을 평가하기 어려워지며, 구매 결정 시 불확실성이 증가한다. 이를 보완하기 위해 기업은 다음과 같은 방식으로 무형성을 보완하고 신뢰를 구축한다.

[그림 1-1] 서비스의 특성

❶ 유형적 증거 제공: 고객 리뷰, 시설의 청결도, 인증서 및 상장 등을 통해 서비스 품질을 간접적으로 입증한다. 예를 들어, 호텔은 고급스러운 로비 환경과 청결한 객실 사진을 통해 서비스를 홍보한다.

❷ 브랜드 신뢰도 형성: 장기적으로 형성된 기업의 평판과 브랜드 이미지를 통해 무형성을 보완한다. 유명 브랜드의 명성이 고객 신뢰도를 높이는 역할을 한다.

❸ 시각적 및 감각적 요소 활용: 로고, 광고, 친절한 직원의 태도 등으로 고객에게 긍정적인 첫인상을 제공한다.

(2) 비가시성

서비스는 고객의 눈에 직접 보이지 않으며, 소비자 경험을 통해서만 가치를 인식할 수 있다(Zeithaml, Bitner, & Gremler, 2018).

❶ 의료 서비스의 예시: 환자는 진단 및 치료 과정과 결과를 통해 의료 서비스의 가치를 평가한다. 예를 들어, 고급 병원은 최신 의료 장비와 친절한 의료진을 통해 긍정적인 경험을 제공하려고 노력한다.

❷ 교육 서비스의 예시: 강의 내용의 질은 학습자의 경험에 따라 평가되며, 교육 효과는 시간이 지나면서 나타난다.

❸ 미용 서비스의 예시: 고객은 헤어스타일링, 피부관리 등의 결과뿐만 아니라 시술 과정에서의 편안함, 미용사의 친절한 태도와 전문성 등을 통해 미용 서비스의 가치를 경험하고 평가한다. 예를 들어, 고급 미용실은 세심한 상담, 쾌적한 환경, 품질 높은 제품 사용으로 긍정적인 경험을 제공하려 노력한다.

기업은 이를 해결하기 위해 경험을 시각화하거나 서비스 결과를 명확히 보여주는 전략을 사용한다. 예를 들어, 학원은 수강생의 성적 향상 데이터나 합격률을 통해 비가시성을 보완한다.

(3) 동시 소비 및 생산성

서비스는 제공과 소비가 동시에 이루어지며, 물리적으로 저장할 수 없다(Lovelock & Wirtz, 2011).

❶ 호텔 숙박의 예시: 사용되지 않은 객실은 매출 손실로 이어지며, 시간이 지나면 판매 기회가 사라진다.

❷ 레스토랑의 예시: 특정 시간대에만 좌석이 채워지며, 공석은 추가적인 수익을 창출할 수 없다.

❸ 미용 서비스의 예시: 헤어컷, 피부관리 등 미용 서비스는 고객과 미용사가 동일한 시간에 참여해야 제공할 수 있다. 미용사의 근무 시간 동안 고객이 없으면 해당 시간대의 수익은 소멸하며, 이를 다시 회복할 수 없다.

서비스 제공자는 예약 시스템을 도입하거나 동적 가격 정책을 통해 자원을 효율적으로 관리한다. 예를 들어, 항공사는 성수기와 비수기에 따라 항공권 가격을 조정하여 좌석 활용도를 극대화한다.

(4) 변동성

서비스는 제공자, 시간, 장소, 고객의 상태와 기대치에 따라 품질이 달라질 수 있다(Parasuraman et al., 1985).

❶ 항공 서비스의 예시: 동일한 항공사라도 승무원의 서비스 태도, 기내 시설의 상태, 항공기의 지연 여부에 따라 고객의 경험이 다르게 평가된다.

❷ 레스토랑의 예시: 셰프의 컨디션, 음식 재료의 신선도, 직원의 응대 태도에 따라 고객 만족도가 달라질 수 있다.

❸ 미용 서비스의 예시: 미용사의 숙련도, 컨디션, 사용 제품의 품질, 미용실 환경 등이 서비스의 결과와 고객 경험에 큰 영향을 미친다. 같은 고객이라도 방문 시간대나 미용사의 상태에 따라 만족도가 달라질 수 있다.

1) 문제 해결을 위한 기업의 전략

❶ 서비스 표준화: 명확한 서비스 매뉴얼을 마련하여 품질 일관성을 확보한다.

❷ 직원 교육 강화: 서비스 제공자에게 체계적인 교육을 시행하여, 고객 응대의 질을 높인다.

❸ 데이터 활용: 고객 데이터를 분석하여 개인화된 서비스를 제공하고, 고객 만족도를 높인다.

(5) 고객 참여

서비스는 고객의 직접적인 참여가 필요하며, 참여 정도가 서비스 품질과 결과에 영향을 미친다(Bitner et al., 2002).

❶ 헬스 트레이너 프로그램의 예시: 고객이 트레이너의 지도에 적극적으로 참여하지 않으면 기대하는 결과를 얻기 어렵다.

❷ 온라인 강의의 예시: 학생의 자발적 학습 태도가 성취도에 직접적인 영향을 미친다.

❸ 미용 서비스의 예시: 고객이 원하는 스타일, 선호도, 피부 상태 등을 미용사에게 명확히 전달하고, 과정 중 피드백을 제공하면 최종 결과에 긍정적인 영향을 미친다. 예를 들어, 헤어스타일링 중 고객이 적절한 의견을 제시하지 않으면 기대에 미치지 못하는 결과가 나올 수 있다.

(6) 고객 참여를 위한 방안

❶ 동기부여 시스템: 리워드 제공, 성과를 가시화하는 피드백 시스템 구축.

❷ 참여 유도 환경 조성: 편리한 서비스 접근성과 친근한 환경 제공.

3. 서비스와 제품의 차이점

(1) 소유권 부재

서비스는 물리적 소유권이 고객에게 이전되지 않는다(Kotler & Keller, 2016).

❶ 항공권의 예시: 고객은 비행 경험이 끝나면 항공권의 가치는 사라진다.

❷ 스트리밍 서비스의 예시: 구독 기간만 콘텐츠를 이용할 수 있다.

❸ 미용 서비스의 예시: 고객은 헤어컷, 피부관리 등의 결과를 경험하지만, 물리적으로 소유할 수 있는 상품은 받지 않는다. 예를 들어, 헤어컷 후 스타일은 유지되지만, 시간이 지나면서 다시 관리가 필요하게 된다.

(2) 품질 측정의 어려움

서비스는 무형적 특성으로 인해 품질 평가가 어렵고 주관적이다(Zeithaml, 1981).

❶ 미용 서비스의 예시: 디자이너의 기술뿐만 아니라 고객의 기대와 기호에 따라 품질이 다르게 평가된다.

❷ 교육 서비스의 예시: 학생의 학습 태도와 교수자의 강의 방식에 따라 만족도가 달라질 수 있다.

기업은 신뢰성, 응답성, 공감성 등을 포함한 SERVQUAL 모델과 같은 품질 평가 도구를 활용한다.

(3) 동시성

서비스는 생산과 소비가 동시에 이루어진다(Lovelock & Gummesson, 2004).

❶ 레스토랑의 예시: 고객이 주문한 음식은 즉시 조리되어 제공된다.

❷ 콜센터 상담의 예시: 상담사가 실시간으로 고객 문제를 해결한다.

❸ 미용 서비스의 예시: 헤어컷, 피부관리, 네일아트 등은 고객이 서비스 과정에 직접 참여하며, 미용사의 작업이 완료되는 동시에 결과를 경험한다.

예를 들어, 고객의 피드백에 따라 스타일링이 실시간으로 조정될 수 있다.

[그림 1-2] 서비스와 제품의 차이

(4) 저장 불가능성

서비스는 저장할 수 없으며, 소비되지 않은 서비스는 손실로 이어진다 (Fitzsimmons & Fitzsimmons, 2010).

❶ 항공 서비스의 예시: 비행기의 빈 좌석은 매출 손실로 이어진다.

❷ 병원 예약의 예시: 예약 시간대가 비워지면 다른 환자에게 제공할 수 없다.

❸ 미용 서비스의 예시: 미용실의 빈 예약 시간은 그 시간 동안 발생할 수 있는 매출 기회를 상실한다. 예를 들어, 예약 부재로 미용사가 대기 상태로 남게 되면 해당 시간은 복구할 수 없는 손실로 이어진다.

(5) 기업의 수요와 공급 관리 전략

1) 수요 관리

❶ 미용 서비스: 예약제를 활용하고, 비수기나 평일 낮 시간대에 할인 프로모션을 제공해 예약을 유도한다. 정기 고객을 위한 멤버십 제도나 패키지 상품을 도입한다.

❷ 기타 서비스: 항공은 조기 예약 할인, 병원은 예약 리마인더 시스템을 통해 빈 시각을 최소화한다.

2) 공급 조정

❶ 미용 서비스: 성수기나 주말에는 임시 인력을 투입하거나 근무 시간을 조정해 서비스 수요를 충족한다.

❷ 항공 서비스: 항공은 대체 승무원 배치를, 병원은 유연한 일정 조정을 통해 공급을 최적화한다.

3) 반복 소비 유도 전략

❶ 미용 서비스의 전략 예시: 정기적인 관리 패키지나 멤버십 프로그램(예: 매월 할인된 가격으로 시술 제공)을 도입하여 고객이 지속적으로 서비스를 이용하도록 유도한다.

❷ 요식 서비스의 전략 예시: 고객 충성도를 높이기 위해 멤버십 카드나 포인트 적립제를 도입하고, 정기 고객에게 특별 혜택(예: 무료 디저트나 음료)을 제공한다.

❸ 공연 예술의 전략 예시: 공연이나 이벤트 서비스는 시즌 패스를 제공하거나, 공연 후 후속 할인 혜택을 제공해 고객의 반복 소비를 유도한다.

4) 교육과 기술적 지원 전략

서비스 제공자는 고객과의 실시간 상호작용을 원활하게 하려면 교육과 기술적 지원에 집중해야 한다.

❶ 미용 서비스의 전략 예시: 미용사들에게 최신 기술과 트렌드를 교육하고, 고객과의 소통 능력을 강화하며, 고품질의 도구와 제품을 지원하여 서비스 품질을 향상시킨다.

❷ 요식 서비스의 전략 예시: 주방 직원과 홀 직원의 협력을 강화하고, 신속한 주문 처리를 위한 효율적인 시스템을 구축하며, 고객 응대를 위한 친절 교육을 정기적으로 시행한다.

❸ 기타 서비스의 전략 예시: 콜센터에서는 상담사의 대화 스킬을 개선하기 위한 교육을 제공하고, 실시간 고객 응대를 지원하는 최신 기술(예: AI 기반 챗봇)을 도입하며, 고객 대기 시간을 줄이기 위한 프로세스를 최적화한다.

서비스는 무형적 특성, 변동성, 고객 참여 등 다양한 독특한 특성을 보이며, 이는 물리적 제품과의 본질적인 차이를 만들어낸다. 서비스 제공자는 이러한 특성을 이해하고, 고객의 기대를 충족시키기 위한 전략적 접근이 필요하다.

1-2 서비스 산업의 발전

1 서비스 산업 발전과 경제의 기여

서비스 산업은 경제 성장의 중요한 원동력으로, 일자리 창출, 생산성 향상, 소비자 만족도 증대에 기여한다. 또한, 서비스는 다른 산업과 연결되어 부가가치를 창출하고, 기술 혁신과 글로벌화에 따라 점차 중요한 경제 분야로 자리 잡고 있다. 이를 통해 국가 경제의 경쟁력을 강화하고, 다양한 산업의 효율성을 높이는 역할을 한다.

1. 서비스 산업의 발전

서비스 산업은 현대 경제에서 중요한 위치를 차지하며, 경제 성장과 고용 창출에 크게 기여하고 있다. 이는 서비스 산업이 다른 산업에 비해 부가가치 창출 효과가 크고, 고용 유발 계수가 높기 때문이다.

OECD 국가에서 서비스 산업이 국가 경제의 중심적인 역할을 하고 있다. 미국, 영국, 프랑스 등의 주요 선진국에서는 서비스 산업이 GDP의 70% 이상을 차지하고 있으며, 고용 대부분이 서비스업에 집중되어 있다.

한국의 서비스 산업은 GDP에서 약 60~70%의 비중을 차지하며, 이는 제조업 등 다른 산업에 비해 높은 비율이다. 또한, 전체 고용 인구의 약 70% 이상이 서비스업에 종사하고 있다. 이러한 수치는 한국 경제에서 서비스업이 차지하는 중요성을 잘 보여준다(자료 출처: 인베스트코리아, 산업포커스).

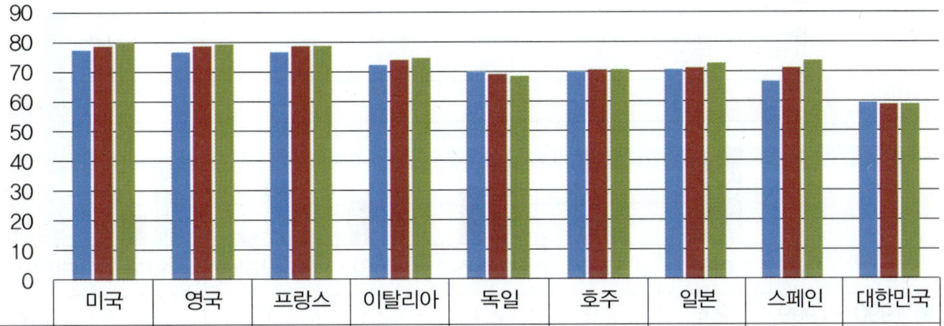

	미국	영국	프랑스	이탈리아	독일	호주	일본	스페인	대한민국
2005	76.9	76.3	76.6	71.9	70	70.1	70.6	66.5	59.4
2010	78.4	78.7	78.6	73.7	69.3	70.6	71.3	71.4	59.3
2013	80.1	79.2	78.5	74.4	68.4	70.7	72.6	73.9	59.3

[그림 1-3] 서비스 산업의 GDP 비중 추이(자료 출처: OECD, World Bank, 한국은행)

서비스 산업의 발전은 글로벌 경제환경의 변화와 밀접한 관련이 있다. 세계 경제가 디지털화와 글로벌화로 전환되면서, 전통적인 제조업 중심 경제에서 서비스 중심 경제로의 구조적 변화가 이루어지고 있다. 예를 들어, IT 서비스, 금융 서비스, 헬스 케어와 같은 고부가가치 서비스 산업은 한국뿐만 아니라 전 세계적으로 빠르게 성장하고 있다.

서비스 산업의 발전은 고용 창출 외에도 경제적 안정성과 소득 불평등 완화에 기여한다. 특히, 서비스업은 다양한 직종과 스킬 수준을 포괄하여, 다양한 계층의 고용 기회를 제공한다. 따라서 서비스 산업의 지속적인 발전은 국가 경제의 지속 가능성과 포용적 성장을 촉진하는 핵심 요소이다.

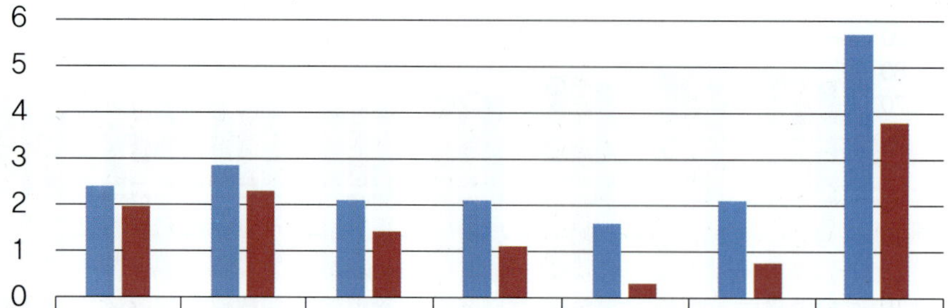

	미국	영국	프랑스	독일	이탈리아	일본	대한민국
1990~1999	2.4	2.9	2.1	2.1	1.6	2.1	5.7
2000~2013	1.9	2.3	1.4	1.1	0.3	0.8	3.8

■ 1990~1999 ■ 2000~2013

[그림 1-4] 서비스 산업의 부가가치 규모 연평균 성장률

서비스 산업은 국내총생산(GDP)에서 차지하는 비중과 종사자 비율이 꾸준히 증가하며, 경제의 주요 축으로 자리 잡았다. 서비스 산업은 단순한 양적 성장을 넘어 질적 발전을 이루며, 산업 구조 고도화와 함께 새로운 성장 동력을 창출하고 있다.

서비스 산업의 다양화와 기업 규모의 확장은 경제 성장과 기술 발전의 영향을 받은 결과이며, 소비자 요구가 다양화됨에 따라 맞춤형 서비스와 새로운 유형의 서비스가 지속적으로 등장하고 있다. 또한, 글로벌 시장에서의 경쟁이 심화하면서 기업 간 경쟁력 강화를 위해 규모의 경제를 활용하는 전략이 필수적으로 자리 잡았다.

서비스 산업 발전의 배경으로는 경제 성장이 가장 큰 원인으로, 소비자의 소득 수준이 높아짐에 따라 다양한 서비스에 대한 수요가 증가하고 있다. 이에 따라 여행, 금융, 헬스 케어, 교육 등 고부가가치 서비스가 확산하였고, 디지털 기술, 인공지능(AI), 빅데이터, 사물인터넷(IoT) 등의 첨단기술 발전은 서비스 산업의 생산성을 높이고 새로운 형태의 서비스를 창출하게 되었다.

AI를 활용한 고객 지원 시스템, 빅데이터 기반 맞춤형 마케팅 등은 서비스 산업의 경쟁력을 강화하는 요소로 작용하고 있다. 또한, 글로벌 경쟁이 치열해짐에 따라 서비스 기업은 품질향상과 효율성 증대에 주력하며, 글로벌 네트워크를 구축하고 국제 기준에 부합하는 서비스를 제공하려는 노력을 계속하고 있다.

2. 서비스 산업의 중요성

서비스 산업의 중요성은 산업혁명과 함께 더욱 두드러지고 있다. 산업혁명 이전에는 농업과 수공업 중심의 경제 구조에서 서비스는 보조적인 역할을 담당했으나, 18세기 말부터 시작된 산업혁명은 대규모 생산 시스템과 도시화를 촉진하며 서비스 수요를 급증시켰다.

철도와 해운업의 발전은 물류 서비스 수요를 증가시켰고, 산업화로 인해 복잡해진 거래 구조는 금융 서비스의 중요성을 더욱 부각했다. 또한, 산업화와 도시화는 교육과 의료 서비스의 필요성을 증가시키며, 이에 따라 이들 서비스 산업의 발전을 가속하였다.

20세기 중반에 접어들면서 선진국을 중심으로 제조업 중심의 경제에서 서비스 중심 경제로의 전환이 두드러졌다. 이를 탈산업화 사회로 정의하며, 서비스 산업이 경제와 고용의 핵심으로 자리 잡았다(Bell, 1973). 특히, 정보통신 기술의 발달은 21세기에 들어 서비스 산업의 디지털화와 글로벌화를 더욱 가속했다.

3. 서비스 산업의 경제적 기여

(1) 국내 경제에서의 기여

서비스 산업은 현대 경제의 핵심 동력으로, 국내 경제에서 중요한 역할을 담당하고 있다. 한국의 경우, 2020년 기준으로 서비스 산업은 전체 GDP의 약 62%를 차지하며, 제조업을 넘어 경제의 주요 축으로 자리 잡고 있다(한국은행, 2021).

특히 의료, 교육, 금융, 관광 등 다양한 서비스 분야는 빠르게 성장하고 있으며, 이는 소비자들의 수요 증가와 관련된 산업 구조 변화에 기인한다. 예를 들어, 의료와 건강 관리 서비스는 고령화 사회의 진전과 더불어 빠르게 확장되고 있으며, IT와 금융 서비스는 디지털 혁명과 글로벌화의 영향으로 빠르게 성장하고 있다.

4차 산업혁명 시대에 접어들면서 로봇, 인공지능(AI), 빅데이터를 활용한 혁신적인 서비스들이 증가하고 있다. 이러한 변화는 전통적인 산업 구조를 넘어선 서비스 경제로의 진화를 가속하고 있다.

(2) 국제 경제에서의 기여

세계 경제에서 서비스 산업의 중요성은 지속적으로 증대되고 있다. 세계은행(World Bank, 2020)에 따르면, 글로벌 GDP에서 서비스 산업이 차지하는 비율은 60% 이상이며, 선진국에서는 그 비율이 70%를 초과한다.

관광과 IT 서비스는 국제 무역에서 중요한 역할을 하며, 국가 간 경제적 연결성을 강화하고 있다. 예를 들어, 글로벌 여행 산업은 많은 국가의 경제에 이바지하며, 다양한 국가와 지역 간 경제적 상호작용을 촉진한다.

IT 서비스는 클라우드 컴퓨팅, 소프트웨어 개발, 디지털 플랫폼 제공 등 다양한 분야에서 빠르게 성장하고 있으며, 이는 국가 간 경제적 협력과 글로벌 시장에서의 경쟁력을 높이는 중요한 요소가 된다. 이러한 서비스 분야는 특히 개발도상국의 경제 발전에도 중요한 기여하고 있다.

(3) 고용 창출과 경제 활성화

서비스 산업은 고용 창출 측면에서도 중요한 역할을 한다. 고용노동부(2021)에 따르면, 전체 고용의 약 70%가 서비스 산업에 종사하고 있으며, 이는 서비스 산업이 노동 집약적이고, 다양한 직종을 포함하는 특성을 반영한다. 예를 들어, 항공 산업은 항공기 운항뿐만 아니라 공항 서비스, 여행 예약, 고객 지원 등 다양한 부문에서 일자리를 창출한다. 레스토랑과 호텔 산업은 고객 서비스, 요리, 관리 등 여러 분야에서 수많은 고용 기회를 제공한다. 특히, 의료 산업 역시 의사, 간호사, 병원 관리직, 연구직 등 다양한 직업군을 포함하며, 이는 경제 활성화와 직결된다.

서비스 산업의 고용 창출 효과는 다른 산업에 비해 빠르게 증가하고 있으며, 특히 청년층과 여성층의 취업 기회를 확대하는 데 중요한 역할을 한다. 서비스 산업은 산업혁명 이후 지속적으로 성장하며 현대 경제의 중심으로 자리 잡았다. 국내외 경제에서 GDP 기여도와 고용 창출 측면에서 서비스 산업의 중요성은 앞으로도 더욱 증가할 것으로 전망된다. 이에 따라 각국은 서비스 산업의 발전을 촉진하기 위한 정책적 노력을 강화하고 있으며, 새로운 기술을 활용한 서비스 혁신, 품질향상, 고용 창출 등을 통해 지속 가능한 경제 성장을 도모하고 있다.

4. 국내 산업의 변천

(1) 1970년대: 중화학공업 중심 발전

1970년대는 국가 주도로 중화학공업이 육성된 시기였다. 1973년 정부는 중화학 공업화 선언을 통해 철강, 조선, 석유화학, 기계 등 중화학공업을 적극적으로 지원하였다. 1977년 포항제철의 가동은 철강 산업의 성장을 이끌었고, 조선업 역시 글로벌 경쟁력을 갖추기 시작하였다. 이 시기는 수출 중심의 경제 정책과 더불어 산업 전반에 걸친 대규모 투자가 이루어진 시기로, 한국 경제가 중진국으로 도약하는 발판을 마련하였다.

(2) 1980년대: 기술집약적 산업으로 전환

1980년대는 기술집약적 산업으로의 전환이 이루어진 시기로, 전자 산업과 자동차산업이 본격적으로 성장하였다. 특히, 1983년 삼성전자가 D램 메모리를 생산하며 반도체 산업의 기반을 다졌다(이기훈, 2000).

정부의 안정화 정책과 민간 기업의 기술 개발이 맞물리며 경제 성장이 지속하였다. 또한, 자동차 산업은 현대자동차를 중심으로 글로벌 시장에서 입지를 넓혔다. 정부의 안정화 정책과 민간 기업의 혁신이 결합하여 경제 성장이 지속하였다(정운찬, 2003).

(3) 1990년대: 정보화와 세계화의 시작

1990년대는 WTO(1995년) 체제 가입을 통해 세계화가 본격화되었으며, IT 산업과 정보통신 기술이 경제 성장의 중심축으로 자리 잡았다. 특히, 1997년 외환위기 이후 산업 구조조정을 통해 효율성과 경쟁력을 강화하였다(정운찬, 2003).

반도체, 자동차, 디지털 가전 등 첨단 산업이 한국 경제의 핵심으로 부상하였다. 이 시기 외환위기는 산업 구조조정을 촉발하여 기업의 효율성을 높이고 경쟁력을 강화하는 계기가 되었다.

(4) 2000년대: 첨단기술과 서비스 융합

2000년대는 IT 기술 발전과 인터넷 보급이 확대되면서 디지털 경제가 본격화되었다. 2004년 이후 K-콘텐츠 산업(영화, 게임, 한류)이 성장하며 글로벌 시장에서의 경쟁력을 갖추었다(김성수, 2015). 또한, 금융, 의료, 문화 등 서비스 산업이 제조업과 함께 경제 성장을 견인하였다. 이와 함께 금융, 의료, 교육 등 서비스 산업이 제조업과 융합하며 경제 성장을 이끌었다.

(5) 2010년대: 4차 산업혁명과 융합 산업

2010년대는 4차 산업혁명 기술(AI, 빅데이터, IoT)이 한국 경제에 본격적으로 도입된 시기였다. 4차 산업혁명 기술이 본격적으로 도입된 시기이다(이정동, 2018). 전기차와 친환경 에너지 산업은 이 시기에 급성장하였으며, 바이오헬스 산업도 국가의 주요 성장 동력으로 떠올랐다.

[그림 1-5] 산업의 변화

(6) 2020년대: 디지털 전환과 지속 가능성

2020년대는 코로나 19 감염병 유행(Pandemic)을 계기로 디지털 전환이 가속화되었다. 전자상거래, 비대면 서비스, 플랫폼 산업이 급성장하며, 경제 구조가 변화하였다(한정훈, 2021). 동시에, 탄소 중립 정책이 강화되면서 재생에너지와 ESG 경영이 중요한 산업 요소로 자리 잡았다(김민수, 2023).

한국의 산업 구조는 농업 중심 경제에서 제조업 중심 산업화를 거쳐, 첨단

기술과 서비스 산업으로 진화해왔다. 이러한 변화는 시대적 요구와 기술 혁신으로 주도되었으며, 앞으로도 지속 가능성과 디지털화가 중심이 되는 방향으로 발전할 것이다.

▶ 알아두기: ESG 경영은 기업이(Environment), 사회(Social), 지배구조(Governance)를 중시하여 지속 가능한 성장을 추구하는 경영 전략.

1-3 서비스 산업 분류

❶ 서비스 산업 유형과 트렌드

서비스 산업 유형은 크게 금융 서비스, 의료 서비스, 교육 서비스, 문화 및 여가 서비스, 물류 및 유통 서비스 등이며, 산업의 추세는 디지털화(온라인 서비스 확장), 맞춤형 서비스(개인화된 고객 경험 제공), 자동화(AI 및 로봇 활용), 원격 서비스(원격 진료, 원격 교육 등), 지속 가능성(환경친화적인 서비스 제공) 등이 있다. 이러한 흐름은 서비스 산업의 효율성을 높이고, 소비자의 요구를 더 잘 충족시키는 방향으로 발전하고 있다.

1. 서비스 산업 유형별 분류

서비스 산업은 경제 활동을 다양한 기준에 따라 나누는 방식으로 분류할 수 있으며, 그 기준에 따라 여러 가지 하위 산업군이 존재한다.

서비스 유형 분류는 서비스의 개념 정의와 밀접하게 관련되며, 서비스의 특성을 반영하여야 한다. 서비스 유형 분류는 서비스의 행위와 성격, 제공형태, 수요의 특성, 고객과의 관계성, 개별화 정도, 노동 집약 정도 등의 기준에 따르고 있다.

2. 표준산업에 의한 분류

한국표준산업분류(KSIC) 기준 서비스 산업을 농림수산업, 광공업 그리고 건설업을 제외한 모든 산업을 서비스 산업을 3차 산업으로 분류한다.

(1) 소매 및 도매 서비스

소매 및 도매 서비스는 소비자와 기업 간의 거래 방식에 따라 구분된다.

1) 소매업

소매업은 일반 소비자에게 직접 상품을 판매하는 서비스로, 슈퍼마켓, 의류 판매장, 전자제품 판매점 등이 이에 해당한다. 소매업은 소비자의 직접적인 구매와 상호작용을 포함하며, 고객의 경험이 중요한 요소로 작용한다 (Zeitahl et al., 2018).

2) 도매업

도매업은 기업 간 대량 거래를 처리하는 서비스로, 도매상, 도매 유통업체 등이 포함된다. 도매업은 주로 대규모 공급망 관리와 물품의 대량 유통을 담당하며, 가격 및 물량에 따른 거래가 중요하다(Lovelock & Wirtz, 2011).

(2) 금융, 보험 및 부동산 서비스

1) 금융 서비스

금융 서비스는 은행, 투자 및 자산 관리 서비스를 포함하며, 기업과 개인에게 금융적 서비스를 제공한다(Kotler & Keller, 2016). 예를 들면, 보험 서비스는 생명보험, 건강보험, 자동차보험 등 다양한 보험 서비스를 포함한다. 이는 고객이 위험을 관리하는 방식을 제공하며, 금융 안전망 역할을 한다(Mills & Margulies, 1980).

2) 부동산 서비스

부동산 거래, 임대 및 관리와 관련된 서비스로, 주택 매매, 임대, 상업용 부동산 관리 등이 이에 해당한다. 부동산 서비스는 현지 시장의 특성에 맞는 맞춤형 서비스를 제공한다(Gronroos, 2007).

(3) 교육 서비스

1) 일반 교육

초중고 교육, 대학교육, 학원 등은 일반 교육 서비스에 해당하며, 사회적 가치가 큰 영역이다. 이는 지식과 기술을 전수하는 기능을 하며, 지속적인 사회 발전을 위한 중요한 역할을 한다(Zeitham1 et al., 2018).

2) 특수 교육

직업훈련, 외국어 교육 등은 특정 기술이나 지식을 습득하는 데 집중된 교육 서비스이다. 이는 직무 능력 향상 및 국제화에 대응하는 교육 서비스로 중요성이 커지고 있다(Kotler & Keller, 2016).

(4) 보건 및 사회 복지 서비스

1) 병원 및 진료 서비스

병원, 클리닉, 치과 진료 등은 고객의 건강을 관리하는 서비스로, 전문적이고 지속적인 의료 서비스가 제공된다. 이는 고도로 개인화된 서비스로 고객의 신뢰와 만족도가 중요한 역할을 한다(Lovelock & Wirtz, 2011).

2) 사회 복지 서비스

노인 복지, 아동 복지, 장애인 복지 등 사회적 요구를 충족시키는 서비스로, 공공기관 및 비영리 기관이 제공한다(Osborne, 2010). 이는 사회적 안전망을 제공하며, 공공의 복지를 증진하는 중요한 요소이다.

(5) 전문, 과학 및 기술 서비스

1) 법률 서비스

변호사, 법률 상담, 중새 등은 법적인 문세를 해결하는 데 필요한 서비스로, 고객의 법적 권리와 의무를 보호하는 역할을 한다(Kotler & Keller, 2016).

2) 회계 서비스

회계사, 세무 서비스 등은 기업과 개인의 재무 관리를 지원하는 서비스로, 정확한 재정 관리를 통해 법적 규제를 준수하게 한다(Lovelock & Wirtz, 2011).

3) 기술 서비스

IT 컨설팅, 엔지니어링(Engineering), 연구개발 서비스 등은 과학과 기술의 발전을 바탕으로 한 서비스로, 기업의 경쟁력을 높이는 데 중요한 역할을 한다(Gronroos, 2007).

(6) 예술, 엔터테인먼트 및 여가 서비스

1) 영화, 음악, 공연 문화예술

영화관, 콘서트, 연극 등은 문화와 여가를 즐기는 활동으로, 고객의 여가를 풍요롭게 해주는 서비스이다. 이러한 서비스는 감정적 만족을 제공하며, 창의성 기반의 경험을 중요시한다(Zeitahl et al., 2018).

2) 레저 및 스포츠

운동, 여행, 호텔 등은 사람들이 여가와 여행을 통해 즐길 수 있는 서비스로, 고객의 체험과 만족을 중심으로 제공된다(Lovelock & Wirtz, 2011).

(7) 교통 및 물류 서비스

1) 운송 서비스

택시, 버스, 항공사, 선박 등은 물리적 이동을 지원하는 서비스로, 사람들과 상품의 이동을 효율적으로 처리하는 데 중요한 역할을 한다(Gronroos, 2007).

2) 물류 서비스

창고 보관, 화물 운송 등은 기업 간 거래와 소비자에게 물품을 효율적으로 전달하는 서비스를 포함한다(Lovelock & Wirtz, 2011).

(8) 정보통신 서비스

1) 인터넷 및 통신 서비스

인터넷 서비스 제공자(ISP), 통신사 등은 정보와 통신을 원활하게 할 수 있도록 지원하는 서비스이다(Kotler & Keller, 2016).

2) 소프트웨어 및 IT 서비스

소프트웨어 개발, 클라우드 서비스 등은 기업과 소비자가 디지털 환경에서 효율성을 극대화할 수 있도록 도와주는 기술 기반 서비스이다(Mills & Margulies, 1980).

(9) 공공 및 기타 서비스

1) 정부 서비스

행정 서비스, 경찰, 소방 등은 사회의 질서를 유지하고, 시민의 안전을 보장하는 서비스로, 공공의 이익을 위해 제공된다(Osborne, 2010).

2) 비영리 서비스

자선 단체, NGO 등은 사회적 목적을 달성하기 위한 서비스로, 주로 공공의 복지와 나눔을 실현하는 데 중점을 둔다(Zeithaml et al., 2018).

서비스 산업은 여러 가지 유형으로 나누어지며, 각 유형은 그 특성에 맞춘 서비스를 제공하고 있다. 이들 서비스는 소비자 요구를 충족시키고, 경제 발전과 고용 창출에 기여하며, 지속적인 사회 발전에 중요한 역할을 한다.

▶ 알아두기: NGO(Non-governmental organization)는 비정부 기구, 비정부 조직이라고도 불리며, 시민의 자발적인 참여로 결성된 비영리 결사체.

3. 서비스 기능에 의한 분류

서비스 기능에 의한 분류는 지식기반의 높고 낮은 정도와 기업의 활동이 생산 활동 또는 소비 활동에 기반하는가에 따라 구분한다.

❶ 생산자 서비스는 생산 활동으로 지식기반 및 시설, 장비, 자본 등이 높은 법률, 회계, 디자인, 금융업, 임대업 등으로 구분할 수 있다.

❷ 유통 서비스는 생산 활동으로 지식기반 및 시설, 장비, 자본 등이 낮은 도매업, 소매업, 물류업, 창고업 등으로 구분할 수 있다.

❸ 사회 서비스는 소비 활동으로 지식기반 및 시설, 장비, 자본 등이 높은 의료, 사회 복지, 교육, 공공행정 등으로 구분할 수 있다.

❹ 개인 서비스는 소비 활동으로 지식기반 및 시설, 장비, 자본 등이 낮은 음식업, 숙박업, 이·미용업, 세탁업 등으로 구분할 수 있다.

구분		생산 활동	소비 활동
지식기반	높음	생산자 서비스	사회 서비스
	낮음	유통 서비스	개인 서비스

[그림 1-6] 서비스 기능에 의한 분류

4. 서비스 특성에 의한 분류

(1) Schmenner(1986)에 의한 분류

서비스를 노동 집약도와 고객과의 상호작용 및 고객화 정도의 두 가지 차원에 의해서 서비스 공장(Service factory), 서비스 샵(Service shop), 대중 서비스(Mass Service), 전문가 서비스(Professional Service)로 구분한다.

❶ 서비스 공장은 노동 집약도가 낮고, 고객과의 접촉 빈도와 고객화 정도가 낮은 유형으로 운송업, 휴양시설 등이 해당한다.

❷ 서비스 샵은 노동 집약도가 낮고, 고객과의 접촉 정도와 고객화 정도가 높은 유형으로 병원이나 미용 서비스, 정비소 등이 해당한다.

❸ 대중 서비스는 노동의 집약도가 높고, 고객과의 접촉 빈도와 고객화의 정도가 낮은 유형으로 도소매업, 교육, 금융 서비스가 이에 해당한다.

❹ 전문가 서비스는 노동 집약도가 높고, 고객과의 접촉 정도와 고객화의 정도가 높은 의사, 회계사, 변호사 등의 서비스가 이에 해당한다.

구분		고객과의 상호작용/고객화	
		낮음	높음
노동 집약도	낮음	서비스 공장(Service factory)	서비스 샵(Service shop)
	높음	대중 서비스(Mass Service)	전문가 서비스(Professional Service)

[그림 1-7] Schmenner(1986)에 의한 서비스 유형 분류

(2) Davis(1999)에 의한 분류

서비스 산업을 서비스 내용과 특성으로 구분하여 서비스 공장(Service factory), 서비스 스토어(Service store), 서비스 샵(Service shop), 서비스 콤플렉스(Service complex)로 구분한다.

❶ 서비스 공장은 제조업의 대량 생산 시스템과 유사한 것으로 패스트푸드점, 통신, 전력회사, 자동차 대여점 등이 해당한다.

❷ 서비스 스토어는 전문성은 떨어지나 다양화 정도가 높은 백화점, 항공사, 보험, 은행 서비스가 이에 해당한다.

❸ 서비스 삽은 소수 전문가에 의한 서비스로 자동차 또는 부품 수리점, 미용 서비스, 개인병원 등이 해당한다.

❹ 서비스 콤플렉스는 다양한 사람들에 의한 지식기반 대인 서비스로 종합병원이나 대규모 컨설팅 기업 등이 해당한다.

서비스의 유형별 분류는 서비스의 제공형태, 수요의 특성, 고객과의 관계성, 계별화 정도, 노동 집약 정도 등의 기준에 따르고 있다. 이는 서비스 특성

을 고려한 서비스 분류는 유형별 특징에 따른 전략적 시사점을 제공해 준다.

구분		전문성	
		낮음	높음
다양성	낮음	서비스 공장(Service factory)	서비스 샵(Service shop)
	높음	서비스 스토어(Service store)	서비스 콤플렉스(Service complex)

[그림 1-8] Davis(1999)에 의한 서비스 유형 분류

5. 서비스 산업의 현황과 트렌드

서비스 산업은 세계 경제에서 중요한 역할을 차지하며, 변화하는 시장 환경과 소비자의 요구에 따라 지속적으로 발전하고 있다. 글로벌 서비스 산업의 동향과 현재 주요 트렌드는 디지털화와 기술 혁신을 중심으로 나타나고 있다.

(1) 글로벌 서비스 시장의 성장 추세

세계 서비스 산업은 경제 성장과 함께 확장되고 있다. 특히 아시아 및 아프리카 지역에서는 서비스 산업의 비중이 증가하고 있으며, 이러한 지역의 경제 발전은 글로벌 서비스 시장의 성장에 기여하고 있다(UNCTAD, 2020). 예를 들어, 인도와 중국은 IT 서비스 및 디지털 서비스 부문에서 중요한 시장으로 성장하고 있으며, 이를 통해 글로벌 경제에 큰 영향을 미치고 있다.

(2) 디지털화와 혁신

서비스 산업의 디지털화는 산업 전반에 걸쳐 진행 중이다. 특히, 클라우드 컴퓨팅, 빅데이터, 사물인터넷(Internet of Things; IoT), 5G 등 기술적 혁신은 서비스의 질과 효율성을 높이는 데 중요한 역할을 하고 있다. 이는 고객 맞춤형

서비스 제공을 가능하게 하고, 운영 효율성을 높이며, 새로운 비즈니스 모델을 창출하는 데 기여한다(Silverman, 2019). 예를 들어, 세일즈포스(Salesforce)와 같은 CRM(고객 관리 시스템) 플랫폼은 기업이 고객의 행동을 분석하고 이를 바탕으로 맞춤형 서비스를 제공하는 데 중요한 도구로 사용되고 있다.

▶ 알아두기: 클라우드 컴퓨팅은 인터넷을 통해 컴퓨팅 리소스를 서비스로 사용할 수 있는 주문형 서비스.

▶ 알아두기: 빅데이터는 기존 데이터베이스 관리 도구로는 처리하기 어려운 대량의 데이터.

▶ 알아두기: 사물인터넷은 센서(및 기타 기술)가 장착된 연결된 오브젝트와 장치로 이루어진 네트워크로, 다른 사물 및 시스템과 데이터를 전송하고 수신.

▶ 알아두기: 5세대 이동 통신은 2018년부터 채용되는 무선 네트워크 기술.

▶ 알아두기: Salesforce는 세계 최고의 고객 관계 관리(CRM) 플랫폼.

6. 주요 트렌드

서비스 산업의 주요 트렌드는 디지털화, AI 기반 서비스, 맞춤형 서비스 및 서비스 혁신으로 요약할 수 있다. 이러한 트렌드는 기술 발전과 소비자 행동의 변화를 반영하고 있으며, 서비스 제공자들에게 새로운 기회를 제시하고 있다.

(1) 디지털 서비스

디지털 기술은 서비스 산업의 모든 분야에 영향을 미치고 있으며, 특히 인터넷과 모바일 앱을 활용한 디지털 서비스가 급격히 성장하고 있다. 전자상거래, 디지털 뱅킹, 온라인 교육, 스트리밍 서비스 등은 서비스는 소비자에게 편리함과 접근성을 제공하고 있다. 이를 통해 기업은 더 넓은 시장에 접근하고 있으며, 고객은 언제 어디서나 원하는 서비스를 이용할 수 있게 되었다(Kotler & Keller, 2016). 예를 들어, 넷플릭스와 같은 스트리밍 플랫폼은 전통적인 TV 방송 산업을 대체하고 있으며, 고객에게 맞춤형 콘텐츠를 제공하는 모델을 채택하고 있다.

(2) AI 기반 서비스

인공지능(AI)은 서비스 산업의 많은 영역에서 사용되고 있으며, 특히 고객 서비스와 데이터 분석 분야에서 중요한 역할을 한다. AI는 고객의 요구를 빠르고 정확하게 파악하고, 이를 바탕으로 자동화된 서비스를 제공한다. 예를 들어, 챗봇과 같은 AI 기술은 고객의 질문에 실시간으로 응답하며, 고객 만족을 높이는 데 기여하고 있다(Pereira et al., 2020). 또한, AI는 데이터 분석을 통해 맞춤형 서비스를 제공하고, 고객의 행동 패턴을 예측하여 마케팅 전략을 최적화하는 데 중요한 역할을 한다.

(3) 맞춤형 서비스

소비자는 자신만의 개별적인 요구를 충족할 수 있는 맞춤형 서비스를 선호하고 있다. 이러한 서비스는 고객의 선호와 행동에 따라 개인화된 경험을 제공하며, 고객 만족을 높이는 데 큰 역할을 한다. 예를 들어, 아마존은 고객의 구매 이력과 선호도를 분석하여 맞춤형 상품 추천 서비스를 제공하고 있으며, 이는 고객의 재구매를 유도하는 중요한 요소가 된다(Gremler & Gwinner, 2008). 또한, 많은 기업이 고객 데이터를 기반으로 맞춤형 마케팅을 시행하고 있으며, 이는 서비스 산업의 주요 트렌드 중 하나로 자리 잡고 있다.

(4) 서비스 혁신

서비스 산업의 혁신은 기존 서비스 모델을 개선하거나, 완전히 새로운 서비스를 창출하는 과정이다. 이는 기술의 발전, 소비자 요구의 변화, 그리고 경쟁 환경에 따라 이루어진다. 예를 들어, 전통적인 호텔 산업에서 에어비앤비(Airbnb)는 새로운 형태의 숙박 서비스를 제공하여, 전 세계적으로 큰 성공을 거두었다. 또한, 전통적인 택시 서비스는 우버(Uber)와 같은 공유 경제 모델의 등장으로 혁신을 경험했다(Zhang et al., 2018). 이처럼 서비스 혁신은 기업이 경쟁우위를 확보하고, 새로운 시장을 창출하는 데 중요한 역할을 한다.

글로벌 서비스 산업은 디지털화와 기술 혁신을 중심으로 빠르게 성장하고 있으며, 특히 AI 기반 서비스와 맞춤형 서비스가 중요한 트렌드로 떠오르고 있다. 이러한 트렌드는 기업들에 새로운 기회를 제공하고 있으며, 고객 만족도를 높이는 데 중요한 역할을 한다. 따라서 서비스 제공자는 이러한 트렌드를 반영하여 지속적인 혁신을 추구하고, 변화하는 시장 환경에 대응해야 한다.

학습활동

활동: 서비스 산업 조사

❶ 각 서비스 산업의 특성과 경쟁상황, 그리고 문제점에 관하여 조사
각 내용에 업종별 사례를 들어서 작성하시오.

학습정리

- 서비스의 개념은 서비스는 고객의 특정 요구를 충족시키기 위해 제공되는 무형의 활동, 혜택 또는 경험이다.
- 서비스는 소비자에게 가치나 이익을 제공하지만, 소유권을 수반하지 않는 행위나 활동으로 설명하며, 이를 통해 서비스는 물리적 제품과 구별된다.
- 서비스를 고객의 문제를 해결하기 위해 기업과 고객 간의 상호작용을 통해 만들어지는 과정으로 정의하며, 서비스는 그 자체로 고객 경험을 중시한다고 강조한다.
- 무형성은 서비스는 물리적으로 형태가 없으므로 고객이 구매 전에 이를 만지거나 테스트할 수 없다.
- 비가시성은 서비스는 고객의 눈에 직접 보이지 않으며, 경험을 통해서만 인지된다.
- 동시 소비 및 생산성은 서비스는 제공과 소비가 동시에 이루어지며, 이는 서비스가 저장될 수 없음을 의미한다.
- 변동성은 서비스는 제공자, 환경, 시간, 고객 참여 등에 따라 품질이 달라질 수 있다.
- 고객 참여는 서비스는 고객의 직접적인 참여가 필수적이다.
- 국내 서비스업이 경제에서 차지하는 비중은 약 60%~70% 수준이며, 서비스업은 한국 GDP의 약 60% 이상을 차지하고 전체 고용 인구 중 약 70% 이상이 서비스업에 종사하고 있다.
- 서비스 산업의 종류가 다양해지고, 서비스 기업의 평균적인 규모도 크게 향상되고 있다. 이러한 현상은 경제 성장과 기술 발전으로 인해 소비자 요구가 다양화되어, 새로운 서비스에 대한 수요가 창출되었다.
- 1970년대는 국가 주도로 중화학공업이 육성된 시기였다. 1973년 정부는 중화학 공업화 선언을 통해 철강, 조선, 석유화학, 기계 등 중화학공업을 적극적으로 지원하였다.
- 1980년대는 기술집약적 산업으로의 전환이 이루어진 시기로, 전자산업과 자동차 산업이 본격적으로 성장하였다.
- 1990년대는 WTO(1995년) 체제 가입을 통해 세계화가 본격화되었으며, IT 산업과 정보통신 기술이 경제 성장의 중심축으로 자리 잡았다.
- 2000년대는 IT 기술 발전과 인터넷 보급이 확대되면서 디지털 경제가 본격화되었다.
- 2010년대는 4차 산업혁명 기술(AI, 빅데이터, IoT)이 한국 경제에 본격적으로 도입된 시기였다.
- 2020년대는 코로나 19 팬데믹을 계기로 디지털 전환이 가속화되었으며, 전자상거래, 비대면 서비스, 플랫폼 산업이 급성장하며 경제 구조가 변화하였다.
- 한국표준산업분류(KSIC) 기준 서비스 산업을 농림수산업, 광공업 그리고 건설업을 제외한 모든 산업을 서비스 산업을 3차 산업으로 분류한다.
- 서비스 기능에 의한 분류는 지식기반의 높고 낮은 정도와 기업이 활동이 생산 활동 또는 소비 활동에 기반하는가에 따라 구분한다.
- Schmenner(1986)에 의한 분류는 서비스를 노동 집약도와 고객과의 상호작용 및 고객화

정도의 두 가지 차원에 의해서 서비스 공장(Service factory), 서비스 샵(Service shop), 대중 서비스(Mass Service), 전문가 서비스(Professional Service)로 구분한다.

- Davis(1999)에 의한 분류는 서비스 산업을 서비스 내용과 특성으로 구분하여 서비스 공장(Service factory), 서비스 스토어(Service store), 서비스 샵(Service shop), 서비스 콤플렉스(Service complex)로 구분한다.

CHAPTER 02 서비스 수익 모델과 리더십

학습내용

2-1. 서비스 수익연결 모형과 인적자원 관리

2-2. 인적자원 개발

2-3. 서비스 경영 리더십

2-4. 조직 구성원의 행동유형과 동기부여

2-5. 직무 만족과 고객 지향성

학습목표

2-1: 서비스 수익연결 모형의 개념과 인적자원 관리의 기본 원칙과 전략을 이해하고, 고용관리 전략을 수립할 수 있다.

2-2: 인적자원 개발의 중요성과 전략을 이해하고, 조직 내 인재 육성을 위한 프로그램을 설계할 수 있다.

2-3: 서비스 경영 리더십의 역할과 중요성을 이해하고, 서비스 산업에서 효과적인 리더십 전략을 적용할 수 있다.

2-4: 조직 구성원의 행동유형과 동기부여 이론을 이해하고, 이를 기반으로 효과적인 동기부여 전략을 수립할 수 있다.

2-5: 직무 만족과 고객 지향성의 개념과 상관관계를 이해하고, 이를 바탕으로 조직에서 두 요소를 강화하기 위한 전략을 수립할 수 있다.

2-1 서비스 수익연결 모형과 인적자원 관리

① 서비스 수익연결 모형(Service Profit Chain Model)

서비스 수익연결 모형은 서비스 품질과 고객 만족도를 통해 조직의 수익을 창출하는 중요한 전략적 모델이다. 이 모형의 목적은 고객 만족을 조직의 재무적 성과와 연결하는 것이다. 서비스 품질이 향상될수록 고객 만족도가 증가하고, 이는 고객 충성도로 이어져 조직의 수익성을 높이는 역할을 한다(Heskett et al., 1997).

1. 서비스 수익 체인 모형의 필요성

서비스 수익연결 모형은 서비스 산업에서 경쟁우위를 확보하려는 기업들이 고객만족을 최우선 과제로 삼고 있다. 고객의 기대를 충족시키는 서비스 제공은 기업이 장기적인 경쟁우위를 확보하는 중요한 방법이다.

서비스 수익연결 모형은 고객 만족이 직결되는 직무 만족과 직무 몰입을 촉진하고, 이를 통해 장기적인 재무 성과와 기업의 수익성을 창출하는 기초를 마련한다(Barron, 2002). 따라서 이 모형을 적용하는 것은 고객 중심의 경영 전략을 강화하고, 기업의 수익 창출 능력을 높이는 데 중요한 역할을 한다.

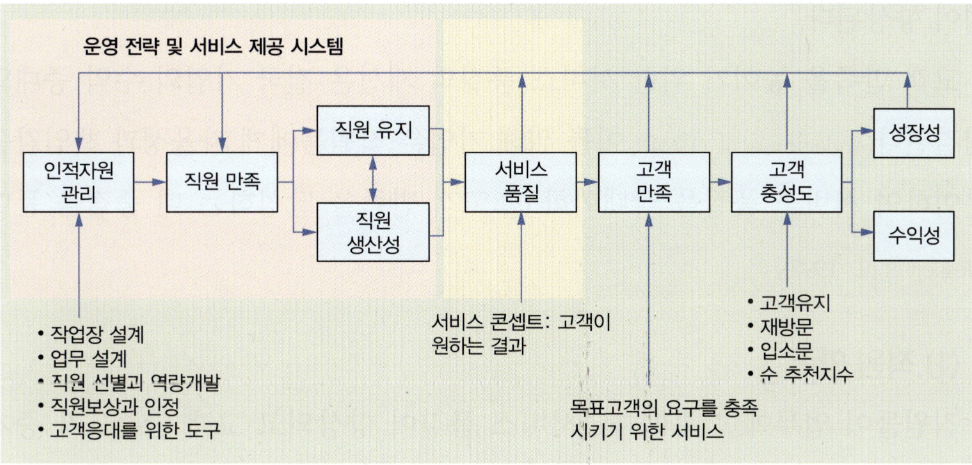

[그림 2-1] **서비스 수익 체인**(자료 출처: Heskett, Sasser & Schlesinger, 1997)

기업의 경영자는 1차 고객인 종업원을 만족시키기 위한 인적자원 관리와 개발 활동, 즉 작업장의 환경과 의사결정, 경력개발, 보상, 교육, 훈련, 경력개발 등을 적합한 수단을 통해 종업원의 서비스가 원활히 제공될 수 있게 지원돼야 한다. 이렇게 만족한 1차 고객(종업원)은 2차 고객을 충분히 만족시킬 수 있는 마음가짐을 갖출 수 있다.

방문하는 모든 고객을 경영자 또는 관리자가 맞는 것은 분명 아닐 것이다. 고객을 직접 대면하는 것은 종업원들이다. 직무에 만족한 종업원은 고객을 만족시킬 가능성이 크다. 이러한 결과로 고객 충성도를 5% 향상하게 되면, 이익의 증가를 25~85%까지 가져올 수 있다. 결론적으로 고객 충성도로 대변되는 시장 점유율의 질적 측면은 기업의 성장에 매우 중요하다.

2. 서비스 수익연결 모형 구성요소

서비스 수익연결 모형은 고객 만족이 직원 만족도와 조직의 효율성을 증대시키고, 결과적으로 기업의 수익성을 높이는 과정을 설명한다. 서비스 품질이 고객 만족을 이끌어내고, 고객의 충성도가 증가함에 따라 장기적인 수익성이 향상된다.

고객 만족을 높이기 위한 서비스 품질의 개선은 결국 기업의 수익 증대와 직결된다(Anderson et al., 1994). 이를 위해 기업은 직원들에게 자율성과 책임감을 부여하여 서비스 품질을 극대화하고, 고객 만족을 달성하는 데 중점을 둔다(Heskett et al., 1997).

(1) 직원 만족

직원들이 업무에 만족할 때, 서비스 품질이 향상되고 고객 만족도가 증가한다. 직원들의 만족은 고객에게 긍정적인 경험을 제공하는 중요한 요소가 된다.

(2) 서비스 품질

고객에게 제공되는 서비스가 고객의 기대를 충족하거나 초과할 때 고객 만족이 높아진다. 높은 서비스 품질은 고객의 충성도를 이끌어내고, 장기적인 기업 수익성에 기여한다.

(3) 고객 만족도

서비스 품질이 향상될수록 고객 만족도는 증가하고, 이는 고객 충성도로 이어진다.

(4) 고객 충성도

고객이 지속적으로 서비스를 이용하고 타인에게 추천할 가능성이 클 때, 고객 충성도가 높다고 말할 수 있다. 이는 기업의 장기적인 수익성 향상에 큰 영향을 미친다.

(5) 수익성

고객 만족도와 충성도가 증가함에 따라 기업의 수익성이 높아지며, 서비스 수익연결 모형은 이를 기반으로 한다.

3. 서비스 수익 체인의 기능

1. 내부품질은 종업원의 직무 만족을 가져온다.
2. 종업원의 직무 만족은 종업원의 고객 지향성을 유발한다.
3. 종업원의 고객 지향성은 종업원의 생산성을 유발한다.
4. 종업원의 생신성은 시비스 가치를 유발한다.
5. 서비스 가치는 고객만족을 유도한다.
6. 고객만족은 서비스 충성도를 높인다.
7. 고객충성도는 기업의 수익성과 성장을 높인다.

4. 서비스 수익 체인의 각 연결 관계

1. 종업원의 직무 만족은 내부품질과 연계되어 있다.
2. 종업원의 고객 지향성은 직무 만족과 연계되어 있다.
3. 종업원의 생산성은 고객지향성과 연계되어 있다.
4. 서비스를 제공하는 가치는 종업원 생산성과 연계되어 있다.
5. 고객만족은 서비스 가치와 연계되어 있다.
6. 서비스 충성도는 고객만족과 연계되어 있다.
7. 기업의 매출과 성장은 서비스 충성도와 연계되어 있다.
8. 경영을 위한 서비스 수익 체인 모형이 시사점을 제공한다.

5. 거울 만족 효과(Mirror Satisfaction Effect)

거울 만족 효과는 고객과 종업원 만족 수준 사이에 밀접한 관계에 관한 연구로 고객과의 접점에서 서비스를 제공하는 종업원의 수준에 따라 서비스 제공기업에 대한 만족도가 매출에 직접적인 영향을 주게 된다. 이는 고객과 종업원 간의 상호작용을 통해 만족 수준이 좌우되는 밀접한 연관이 있게 된다.

고객과 서비스를 제공하는 접점에서 빈번한 접촉이 이뤄진다. 이때 종업원이 제공하는 서비스 수준이 낮으면, 회사의 만족도가 하락하게 된다. 종업원이 일에 대한 의미를 느끼고 열심히 직무에 몰입하여 만족을 갖게 되면, 고객도 만족을 느끼고 매출도 증가한다.

고객의 마음은 종업원의 마음과 거울처럼 반사되어 함께 움직인다. 이는 내부고객(종업원)의 만족이 외부고객 만족을 향상하게 한다. 예를 들어, 병원, 보험회사, 은행지점 등을 통한 연구결과, 종업원은 자기 일에 대해 지원(상사지원 및 조직지원, 동료지원 등)이 되고 있다고 믿는 정도가 고객만족에 대한 가장 일관된 정보를 가져다준다.

(1) 직원 만족과 고객 경험

만족한 직원은 긍정적이고 적극적인 태도로 고객과 상호작용하며, 이는 고객에게도 긍정적인 경험을 제공한다.

(2) 고객 반응과 직원 동기부여

고객의 긍정적인 피드백은 다시 직원들의 직무 만족과 동기를 강화하는 순환 효과를 만든다.

(3) 서비스 전달 강화

이러한 순환은 서비스 품질과 조직의 전반적인 성과를 지속적으로 높이는데 기여한다. 거울 만족 효과는 서비스 수익연결 모형의 작동 메커니즘을 보다 심화된 관점에서 설명하며, 직원 경험과 고객 경험의 상호 의존성을 강조한다.

2 인적자원 관리(Human Resource Management, HRM)

인적자원 관리(HRM)는 조직이 효율적으로 목표를 달성하기 위해 인적자원을 전략적으로 관리하는 방식이다. 인적자원 관리의 목적은 조직의 경쟁력을 강화하고, 직원들의 역량을 개발하여 서비스 품질을 향상하는 것이다.

1. 인적자원 관리

인적자원 관리는 직원의 직무 만족도를 높이고, 조직에 대한 헌신을 촉진하여 장기적인 성과 창출에 기여한다(Delaney & Huselid, 1996). 인적자원 관리의 필요성은 서비스 품질의 핵심이 직원들의 역량에 달려 있으므로, 이를 통해 조직이 높은 성과를 얻을 수 있도록 지원해야 한다는 점에서 발생한다. 또한, 인적자원 관리는 조직의 비전과 목표에 맞춰 지속적으로 인적자원을 관리하고 발전시킬 수 있는 역할을 한다.

[그림 2-2] 인적자원 관리 구성요소

2. 인적자원 관리의 목적

인적자원 관리(HRM)의 주요 역할은 인재를 모집하고, 훈련하며, 이들의 직무 능력을 향상해 조직의 성과를 증대시키는 것이다. 이는 조직 목표와 직원

목표를 조화시키는 과정으로, 이를 통해 직원들이 자발적이고, 지속적으로 조직의 목표를 달성할 수 있도록 지원한다(Guest, 1997). 인적자원 관리는 직무 만족도를 높이고, 서비스 품질을 향상해 기업의 경쟁력을 강화하는 데 중요한 역할을 한다(Delaney & Huselid, 1996).

HRM의 변화는 정보 기술의 발전과 글로벌화에 따라 더욱 중요해졌다. 기존의 인적자원 관리는 조직의 요구에 맞춰 직원을 관리하는 방식이었다면, 이제는 직원들의 개인적 요구와 발전을 고려하는 방식으로 변화하고 있다(Guest, 1997). 또한, 글로벌화가 진행됨에 따라 다양한 문화적 배경을 가진 직원들을 관리하는 데 필요한 문화적 민감성과 포용적 리더십의 중요성이 강조되고 있다(Delaney & Huselid, 1996).

[그림 2-3] 인적자원 관리 솔루션

3. 인적자원 관리의 중요성

고객에게 제공된 서비스 품질에 대한 평가는 고객과 직원과의 상호작용에서 발생하며, 서비스 품질의 평가 시점은 서비스가 제공되는 고객과의 접점이라 정의한다. 서비스 품질에 대한 평가는 고객에게 인식된 조직 구성원의 행동으로 크게 좌우된다.

인적자원 관리는 기업경영에 중요한 경쟁우위의 요소인 인적자원의 확보,

개발, 유지하는 핵심역량으로 경영 전략의 중요한 수단이며, 실행조건이다. 이는 기업이 조직 내 학습 및 관계 능력개발에 중점을 두어야 한다. 인적자원 관리를 통한 조직성과를 극대화하기 위해서는 종업원의 역량이 필수적이며, 효과적인 인적자원 관리 활동이 매우 중요하다.

4. 인적자원 관리의 구성요소

인직자원 관리의 구성요소를 Pfeffer(1994)는 광범위한 교육 훈련, 참어적 직무설계, 정보공유, 선별적 채용, 고용보장, 성과연계 보상, 지위 격차 해소로 제시하였다. 인적자원 관리 구성에 관한 내용을 좀 더 구체적으로 살펴보고자 한다.

(1) 선별적 채용

선별적 채용은 기업이 전략을 수행하고 목표를 달성하는 데 필요한 역량을 갖춘 인재를 선발하는 과정이다. 이는 기업의 인적자원 관리 활동의 기초로, 인재의 채용은 기업경영에 있어 매우 중요한 요소가 된다. 좋은 임금제도, 업무 환경, 복지 제도를 갖추더라도 직무에 적합한 역량을 가진 인재를 확보하는 노력이 성공적인 인적자원 관리와 기업경영의 핵심을 좌우한다.

(2) 광범위한 교육 훈련

광범위한 교육 훈련은 직원들의 직무 능력을 개발하기 위한 조직의 투자로, 이를 통해 업무 성과와 관련된 능력을 향상하고 고용 안정성을 높인다. 교육 훈련은 종업원에게 실무적인 내용을 제공하여 직무 능력을 개발하고, 기업에 대한 소속감과 애사심을 고취할 수 있다. 이러한 훈련은 조직의 성과를 높이는 중요한 요소로 작용한다.

(3) 성과연계 보상

보상은 조직성과와 직접 연관된 인적자원 관리의 핵심 요소로, 성과연계 보상은 조직 구성원이 목표 달성에 기여한 대가를 제공하는 방식이다. 보상은 직무 만족과 동기부여에 큰 영향을 미친다. 보상은 경제적 보상(임금, 수당, 복리후생 등)과 비경제적 보상(교육 훈련, 승진, 인정 등)으로 구분할 수 있다.

(4) 참여적 직무설계

참여적 직무설계는 조직 구성원이 업무 수행 과정에서 의사결정에 참여하고, 의견을 제시함으로써 직무 만족과 생산성 향상에 기여하는 중요한 요소이다. 자율적 의지로 과업을 수행할 때 내재적 동기가 생기며, 이는 과업에 대한 흥미를 증가시킨다.

(5) 정보공유

정보공유는 조직의 원활한 운영을 위해 구성원이 업무에 필요한 정보를 제공하는 활동이다. 이는 조직 목표 달성을 위한 사업계획, 진행 상황 등 다양한 정보를 구성원 간에 공유하는 과정으로, 높은 접촉 빈도와 친밀한 관계에서 정보 교환이 활발히 이루어질수록 업무 성과가 높아진다.

(6) 지위 격차 해소

지위 격차 해소는 조직 구성원이 경영에 적극적으로 참여하도록 유도하는 것이다. 경영 참여를 촉진하는 과정에서 중요한 점은 구성원들이 느끼는 소외감이다. 성공적인 기업은 상징적인 평등주의 활동을 통해 조직 구성원들이 평등하다고 느낄 수 있도록 노력한다.

(7) 고용보장

고용보장은 조직이 직원들에게 지속적인 고용을 약속함으로써, 장기적인 안목으로 직원들을 대우하고 있다는 신뢰를 형성하는 것이다. 고용보장은 신분상 고용 안정성 제공, 장기 고용 유지 노력, 불경기 시 인력 감축 자제 등을 포함하여 조직 구성원에게 안정감을 준다.

5. 인적자원 관리 활용방법

(1) 선별적 채용

❶ 미용 서비스: 미용사는 고객과의 직접적인 상호작용이 중요한 직업이므로, 고객 서비스 능력과 기술적 역량을 겸비한 인재를 선별적으로 채용한다. 예를 들어, 헤어 디자이너나 피부관리사는 고객의 요구에 맞는 스타일을 제공할 수 있는 능력을 평가하고, 고객 응대에서 높은 수준의 소통 능력을 갖춘 인재를 선발한다.

❷ 요식 서비스: 레스토랑에서는 주방 직원, 웨이터, 매니저 등 다양한 역할에 맞는 인재를 선발한다. 예를 들어, 주방장은 요리 능력뿐만 아니라 주방을 효율적으로 관리하고 팀을 이끄는 리더십이 필요하고, 웨이터는 고객과 원활한 의사소통 능력과 서비스를 제공할 수 있는 친절한 태도를 평가하여 채용한다.

❸ 항공 서비스: 항공사는 승무원, 조종사, 객실 승무원 등을 선별적으로 채용한다. 승무원은 고객 서비스 경험, 응급 상황 대처 능력, 커뮤니케이션 능력 등 여러 역량을 평가하여 선발한다.

(2) 광범위한 교육 훈련

❶ 미용 서비스: 미용사는 최신 트렌드와 기술을 숙지하기 위해 지속적인 교육을 받는다. 예를 들어, 헤어 디자이너는 새로운 커트 기법이나 염색 기술을 배우기 위한 정기적인 교육을 통해 기술력을 향상하며, 고객 서비스 교육을 통해 소통 능력을 강화한다.

❷ 요식 서비스: 레스토랑 직원들은 요리법, 서비스 절차, 위생 관리, 고객 응대 등을 위한 교육을 받는다. 주방 직원은 새로운 요리 기법을 배우고, 웨이터는 고객 맞춤형 서비스와 상황에 맞는 대응 능력을 키우기 위해 교육을 받는다.

❸ 항공 서비스: 항공사는 승무원들에게 안전 규정, 응급처치, 서비스 프로토콜 등을 포함한 광범위한 교육을 제공한다. 또한, 고객 응대 훈련을 통해 승객들에게 우수한 서비스 경험을 제공한다.

(3) 성과연계 보상

❶ 미용 서비스: 미용사는 실적에 따라 보상을 받는 구조가 일반적이다. 예를 들어, 고객 만족과 매출 성과에 따라 인센티브를 지급하고, 일정 수 이상의 고객을 유치하거나 정기 고객을 확보한 미용사에게 추가적인 보상을 제공한다.

❷ 요식 서비스: 레스토랑에서는 직원들이 서비스 성과에 따라 팁을 받을 수 있다. 또한, 매출 목표를 달성한 직원에게 보너스를 지급하거나, 정기적인 평가를 통해 우수 직원에게 승진 기회를 제공할 수 있다.

❸ 항공 서비스: 항공사는 승무원과 직원들에게 성과 기반 보상 시스템을 운영한다. 예를 들어, 고객 서비스 평가에서 높은 점수를 받은 직원에게는 보너스를 지급하거나 승진 기회를 제공하는 방식이다.

(4) 참여적 직무설계

❶ 미용 서비스: 미용사는 고객의 요구를 반영하여 스타일을 디자인하고, 스타일링 과정에서 고객과의 소통을 적극적으로 참여시킨다. 고객의 의견을 반영하고 서비스에 대한 피드백을 주고받는 과정에서 직무 만족도가 높아진다.

❷ 요식 서비스: 레스토랑 직원들은 고객의 요구를 반영하고, 메뉴 제안이나 서비스 방식에 대한 피드백을 수용하여 직무를 설계할 수 있다. 직원들이 메뉴 개선 아이디어를 제안하거나 새로운 서비스 방안을 논의하는 등 참여를 통해 생산성을 향상할 수 있다.

❸ 항공 서비스: 승무원은 고객의 피드백을 실시간으로 반영하여 서비스를 개선하고, 의사결정에 참여할 기회를 제공한다. 예를 들어, 승무원들이 특정

서비스를 개선하기 위한 아이디어를 제시하는 과정이 참여적 직무설계에 해당한다.

(5) 정보공유

❶ 미용 서비스: 미용사는 고객의 선호도와 스타일을 다른 직원들과 공유하여, 동일한 고객이 여러 미용사에게 서비스를 받을 때 일관된 결과를 얻을 수 있도록 한다. 고객의 특별한 요구사항이나 알레르기 반응 등을 정보로 공유하여 서비스의 질을 높인다.

❷ 요식 서비스: 레스토랑에서는 주방과 홀 직원들이 메뉴 변경 사항, 고객의 특별 요청 사항 등을 실시간으로 공유하여 원활한 서비스 제공을 돕는다. 또한, 일일 특선 메뉴나 품절 품목을 직원 간에 공유하여 효율적인 서비스를 제공한다.

❸ 항공 서비스: 항공사는 승무원, 조종사, 지상 직원들이 실시간으로 정보를 공유하여 승객의 요구사항을 신속히 파악하고 대처한다. 예를 들어, 승객의 특별 요청 사항이나 불편 사항을 신속하게 공유하여 문제를 해결하는 방식이다.

(6) 지위 격차 해소

❶ 미용 서비스: 미용실에서는 직원들 간의 평등한 대우가 중요하다. 상급자와 하급자 간의 차별 없이 모든 직원이 의견을 제시하고 직무에 참여할 수 있도록 하여 직무 만족도를 높인다.

❷ 요식 서비스: 레스토랑은 주방과 홀 직원 간의 격차를 최소화하여 협력적인 환경을 만들고, 모든 직원이 의사결정과정에 참여할 수 있도록 유도한다. 예를 들어, 주방 직원과 서비스 직원 간의 원활한 소통을 위한 회의를 정기적으로 개최한다.

❸ 항공 서비스: 항공사는 승무원과 조종사 등 모든 직원이 의견을 제시할

수 있는 분위기를 만들고, 평등한 대우를 통해 직무 만족도와 서비스 품질을 높인다.

(7) 고용보장

❶ 미용 서비스: 미용실은 직원에게 고용보장을 제공하고, 안정적인 근무 환경을 제공하여 장기적으로 직원의 기술 향상과 고객 서비스 개선을 유도한다. 예를 들어, 미용실에서는 정규직 채용과 함께 안정적인 근로조건을 보장할 수 있다.

❷ 요식 서비스: 레스토랑은 성수기 및 비수기에 따른 임시 직원 고용을 최소화하고, 정규직 직원들에게 고용 안정성을 보장하여 장기적인 고용 관계를 유지하려 한다.

❸ 항공 서비스: 항공사는 비수기에도 안정적인 고용보장을 제공하여 장기적인 고용 안정성과 직원의 전문성 향상을 촉진할 수 있다. 예를 들어, 항공사는 정기적으로 근로조건을 개선하고 직원들에게 장기근속을 유도하는 프로그램을 운영한다.

6. 인적자원 관리의 발전과정

조직의 상황과 환경변화에 따라 단계적으로 발전해왔다. 초기에는 인사관리(Personnel Administration; PA)라는 형태로 나타나, 주로 근로자의 임금 관리, 근태 관리, 노동법 준수 등 기본적인 행정적 관리와 근로자 복지에 초점을 맞추었다. 이 시기의 인사관리는 조직의 효율성을 유지하기 위한 기능적이고 제한적인 역할에 그쳤다. 관리자는 주로 규정과 절차를 준수하고, 직원들의 불만을 해결하며, 기본적인 고용 조건을 유지하는 데 중점을 두었다.

인적자원 관리(Human Resource Management; HRM)라는 개념이 도입되었다. 이 시기에는 직원이 단순한 노동력이 아니라 조직의 중요한 자원으로 인식되기 시작했다. 인적자원 관리는 직원의 동기부여, 역량 개발, 성과 관리 등 보다 전략적인 접근을 강조하였으며, 조직 내 인재를 개발하고 유지하기 위한 노력이 확대되었다. 이 시기의 인적자원 관리는 경영 전략과 연계하여 조직의 목표 달성을 지원하는 역할로 발전하였다.

인적자원 관리시스템(Human Resource Management System; HRMS)이 도입되면서, HRM은 정보 기술을 활용한 체계적인 관리로 발전하였다. HRMS는 직원 데이터의 디지털화, 급여 및 근태 관리 자동화, 성과 평가 및 채용 프로세스 최적화 등을 가능하게 하였다. 이를 통해 인적자원 관리의 효율성과 정확성이 크게 향상되었으며, 조직은 데이터를 기반으로 한 의사결정을 내릴 수 있게 되었다.

인적자원이 조직의 성과와 전략적 목표 달성에 결정적인 요소로 자리 잡으면서 전략적 인적자원 관리(Strategic Human Resource Management; SHRM) 개념이 도입되었다. SHRM은 조직의 비전과 목표에 맞는 인재를 확보하고 유지하며, 조직의 장기적인 성공을 지원하기 위한 전략적 접근을 강조하였다. 이는 인적자원의 기능이 단순한 관리에서 벗어나 경영의 핵심적인 역할을 수행하도록 요구하였다.

전략적 인적자원 관리시스템(Strategic Human Resource Management System; SHRMS)은 SHRM의 개념을 기반으로 기술과 데이터 분석을 통합하여 발전하였다. SHRMS는 인적자원의 기술과 데이터 분석을 활용해 조직의 인재 전략을 최적화하고, 예측 분석을 통해 미래 인력 수요를 계획하며, 성과 관리와 인재 개발을 지원하는 시스템이다. 이를 통해 조직은 인재 활용의 효율성을 높이고, 경쟁력을 강화할 수 있게 되었다.

3 고용관리(Employment Management)

조직의 인적자원을 효율적으로 관리하고, 인재를 채용, 배치, 훈련, 평가 및 유지하는 과정을 의미한다. 이 과정은 적합한 인력을 확보하고, 직원의 능력을 최적화하며, 조직의 목표와 전략에 부합하는 인적자원 관리를 통해 생산성을 향상시킨다.

1. 고용관리의 개념

고용관리는 조직의 목표를 달성하기 위해 적합한 인재를 채용하고 이들을 효과적으로 관리하며 유지하는 일련의 과정을 의미한다. 이는 조직 내 인적자원의 가치를 극대화하고, 조직의 지속 가능한 성과를 보장하기 위한 핵심 활동으로 간주한다.

[그림 2-4] 고용관리

고용관리는 조직의 필요에 따라 적합한 자질과 능력을 갖춘 인재를 발굴하여 채용, 배치, 관리, 개발, 유지하는 모든 활동을 포함한다. 이를 통해 조직은 필요한 인재를 확보함으로써 경쟁력을 강화하고 변화하는 환경에 효과적으로 대응할 수 있다.

2. 고용관리의 주요 구성요소

(1) 인재 확보

❶ 모집: 조직 외부 및 내부에서 적합한 인재를 탐색하고 유치하는 과정이다. 이 과정에서는 시장 동향과 조직의 인력 요구를 분석하여 최적의 모집 전략을 수립한다.

❷ 선발: 모집된 후보자 중 조직의 직무 요건과 문화에 적합한 인재를 선별하는 과정이다. 심층 면접, 평가 테스트, 경력 검토 등이 활용된다.

(2) 인재 배치

❶ 적재적소 배치: 선발된 인재를 조직의 목표와 부합하는 부서와 직무에 배치한다. 이를 통해 직원의 역량을 최대한 발휘할 수 있는 환경을 조성한다.

❷ 역할 정의: 각 인재에게 명확한 직무와 책임을 부여하여 조직 내 목표 달성을 지원한다.

(3) 성과 관리 및 유지

❶ 성과 평가: 직원의 업무 성과를 정기적으로 평가하고, 그 결과를 기반으로 보상과 승진, 교육 기회를 제공한다.

❷ 개발 프로그램: 직원의 역량 강화를 위해 다양한 교육 및 훈련 프로그램을 마련한다. 이를 통해 조직 내 지속 가능한 성장과 혁신을 도모한다.

❸ 근로 환경 관리: 직원이 만족스러운 근로 환경에서 일할 수 있도록 복지 제도와 근무 조건을 개선한다.

(4) 이동 및 이탈 관리

❶ 승진 및 전환 배치: 조직의 목표와 개인의 성장 욕구를 고려하여 인재를 적질이 이동시키고 승진시킨다.

❷ 퇴직 관리: 조직을 떠나는 직원이 원활히 퇴사할 수 있도록 지원하며,

필요시 퇴직자의 피드백을 반영하여 조직의 개선점을 도출한다.

3. 고용을 위한 근로계약서 작성

(1) 계약 당사자

1) 사업주 정보

❶ 사업주명: [사업주 성명 또는 법인명]

❷ 사업장 주소: [사업장 주소]

❸ 연락처: [사업주 또는 담당자 연락처]

2) 근로자 정보

❶ 성명: [근로자 성명]

❷ 주민등록번호: [주민등록번호]

❸ 주소: [근로자 주소]

❹ 연락처: [근로자 연락처]

(2) 근로조건

1) 계약 형태

❶ □ 기간제 (YYYY년 MM월 DD일 ~ YYYY년 MM월 DD일)

❷ □ 정규직 (기간의 정함이 없음)

❸ □ 기타: [기타 계약 형태 기재]

2) 근무 장소 및 업무 내용

❶ 근무 장소: [근무지 주소]

❷ 업무 내용: [구체적인 업무 내용 기재]

3) 근로시간 및 휴게 시간

❶ 근무 시간: 매주 [근무 요일] [시작시간] ~ [종료시간]

❷ 휴게 시간: [휴게 시간 명시, 예: 12:00~13:00]

❸ 소정 근로시간: 주 [총 근로시간] 시간

4) 임금

❶ 기본급: 월 [금액] 원 (세전/세후 여부 명시)

❷ 수당: □ 야간 □ 연장 □ 휴일 □ 기타: [수당 내용 기재]

❸ 임금 지급일: 매월 [날짜 기재] (휴일인 경우, 그 전날 지급)

임금 지급방법: □ 계좌이체 □ 현금 □ 기타: [기타 방법 기재]

5) 휴일 및 휴가

❶ 주휴일: 매주 [요일]

❷ 연차유급휴가: 근로기준법에 따라 부여

(3) 계약 해지 및 해고

1) 계약 해지

❶ 근로자는 계약 해지 시, [통지 기한]일 전에 서면으로 통보한다.

❷ 사업주는 근로계약 해지 사유를 서면으로 명시하고, 근로기준법에 따라 진행한다.

2) 징계 및 해고

❶ 사업주는 징계 또는 해고 시 근로기준법 제23조에 따라 정당한 사유를 제공하며, 최소 30일 전에 통보한다.

❷ 즉시 해고는 법적 요건에 해당하는 경우에만 가능하다.

3) 비밀유지 및 업무 규정 준수

❶ 근로자는 재직 중 및 퇴사 후에도 업무와 관련된 기밀 정보를 제3자에게 유출하지 않는다.

❷ 근로자는 사업주의 업무 지시와 규정을 준수하며, 위반 시에는 계약 해지의 사유가 될 수 있다.

(4) 기타 사항

❶ 본 계약에 명시되지 않은 사항은 근로기준법과 관련 법령을 따른다.

❷ 양 당사자는 서면으로 상호 협의하여 계약 조건을 수정할 수 있다.

❸ 계약 당사자는 계약서를 각 1부씩 보관하며, 동일한 효력을 갖는다.

(5) 서명 및 날인

위 내용에 대해 상호 합의하였으며, 이에 서명/날인한다.

[사업주]

성명: ______________________________

[근로자]

성명: ______________________________

(6) 참고 사항

본 계약서는 작성일 기준으로 유효하며, 이후 근로기준법 개정 시 법령이 우선 적용된다. 또한, 계약 조건은 서면 합의에 따라 변경할 수 있다.

(7) 법적 의무 위반 및 근로자와의 분쟁

1) 법적 의무 위반

근로기준법 제17조는 근로계약 체결 시 근로조건을 서면으로 명시하도록 규정하고 있다. 위반 시 처벌은 근로계약서를 작성하지 않거나 서면으로 명시하지 않은 경우, 500만 원 이하의 벌금에 처할 수 있으며, 이는 근로자가 신고할 경우, 노동청 조사를 통해 적용된다.

2) 근로자와의 분쟁

근로조건이 서면으로 명확히 정리되지 않은 경우, 다음과 같은 분쟁이 발생할 수 있다.

❶ 임금 관련 문제: 근로자는 고용주가 약속한 임금을 지급하지 않았다고 주장할 수 있다. 또한, 근로시간 및 초과근무 수당 산정에서 문제가 발생할 수 있다.

❷ 근무 시간과 휴게 시간 분쟁: 근로자가 근무 시간이나 휴게 시간에 대해 다른 주장을 제기할 가능성이 크다.

❸ 부당해고 문제: 근로계약서가 없으면, 해고 절차와 정당성을 입증하기 어려워 고용주가 부당해고로 고소당할 위험이 있다.

4. 고용관리를 위한 직무분석

인재 모집과 선발, 승진 등은 직무분석(Job Analysis)과 직무평가(Job Evaluation)를 통해 객관적이고, 공정하게 이루어져야 한다. 직무분석은 직무에 관한 정보를 체계적으로 수집하고 분석하여, 직무의 세부 내용을 파악하고, 각 직무를 수행하는 데 필요한 지식, 기술, 태도 등의 요건을 명확히 규명하는 활동이다.

직무분석의 결과는 인사관리 전반에 과학적이고, 체계적인 기준을 제공한다. 이를 통해 선발과 배치의 기준을 마련하고, 조직 내 이동과 인사고과에 반영하며, 교육 훈련 시행과 경력개발 경로 구축 등 다양한 인사관리 활동과 연계된다.

(1) 직무분석의 활용

직무분석은 조직 내 각 직무의 내용을 명확히 규명하고, 이를 기반으로 직무기술서와 직무명세서를 작성하는 데 활용된다. 이러한 과정은 인력 모집 및 선발, 채용, 교육 훈련 과정 설계, 직원 관리 및 평가 등 다양한 인사관리 활동에 기초 자료로 활용된다.

(2) 직무기술서와 직무명세서의 내용

❶ 직무기술서는 특정 직무를 수행하는 데 필요한 의무와 책임을 규정하고 기술한 문서이다. 이는 직무의 전반적인 개요와 수행 과정에서 요구되는 주요 활동과 책임을 명확히 제시한다.

❷ 직무명세서는 특정 직무를 적절히 수행하기 위해 요구되는 최소한의 자격 요건을 정의한 문서이다. 이는 직무 수행에 필요한 지식, 기술, 능력, 경험 등 인적 요건을 규정한다.

직무기술서와 직무명세서는 직무분석을 통해 생성되는 핵심 자료로, 조직 내 인사관리를 체계적이고 효율적으로 수행하는 데 중요한 기초 자료로 활용된다. 이를 통해 조직은 적합한 인재를 확보하고, 직원의 역량을 효과적으로 개발하며, 공정한 평가와 관리 체계를 구축할 수 있다.

(3) 직무평가

직무평가는 조직의 목표를 달성하고 개인의 성과를 향상하기 위해 필수적인 과정이다. 이는 직원의 업무 능력과 태도를 종합적으로 평가하여 인사관리와 성과 관리의 기초 자료로 활용한다. 직무평가를 효과적으로 수행하기 위해 다음과 같은 평가 항목을 고려한다.

❶ 업무 성과: 주어진 목표를 얼마나 성공적으로 달성했는지 평가한다. 정량적 목표(예: 매출, 생산량)와 정성적 목표(예: 문제 해결 능력, 창의성)를 모두 포함한다.

❷ 업무 태도: 업무에 대한 책임감, 적극성, 시간 관리 능력, 협력적인 팀워

크 등을 평가한다.

❸ 전문성: 업무 수행에 필요한 지식과 기술 수준을 평가하며, 새로운 기술이나 지식을 학습하고 적용하는 능력을 포함한다.

❹ 커뮤니케이션 능력: 상사, 동료, 고객과의 의사소통 능력을 평가한다.

❺ 리더십(해당 시): 리더 역할을 맡은 직원의 경우, 팀 관리 능력, 문제 해결 능력, 의사결정과정에서의 공정성을 평가한다.

직무기술서	직무명세서
• 직무 명칭	• 직무에 대한 자격 요건
• 직무의 소속 직군, 직종	• 직무에 대한 지식과 기술
• 직무내용의 요약	• 직무에 필요한 정신적 특성(창의력, 판단력)
• 수행되는 과업	• 직무에 필요한 육체적 능력
• 직무수행의 방법	• 담당자의 능력과 적성
• 직무수행의 절차	• 담당자의 경험과 경력
• 사용되는 원재료, 장비, 도구	• 담당자의 태도와 가치관
• 관련되는 타직무와의 관계	• 책임의 정도
• 작업조건(인원, 상호작용의 정도 등)	

[그림 2-5] 직무기술서와 직무명세서

(4) 평가 시 유의사항

직무평가는 공정성과 객관성을 유지해야 한다. 평가자는 학연, 지연, 혈연 등 개인적인 관계로 인해 평가가 왜곡되지 않도록 주의해야 한다. 또한, 평가과정에서 편향을 최소화하기 위한 명확한 기준과 체계를 갖춰야 한다.

공정하고 합리적인 평가를 위해 다음과 같은 방안을 실천한다.

❶ 명확한 평가 기준 설정: 평가 항목과 기준을 사전에 정하고, 이를 전 직원에게 투명하게 공유한다.

❷ 다면평가 활용: 상사뿐만 아니라 동료와 부하 직원 등 다양한 관점에서 피드백을 수렴하여 편향을 줄인다.

❸ 평가자 교육: 평가자가 객관적이고, 공정한 평가를 할 수 있도록 정기적으로 교육을 시행한다.

❹ 결과 피드백 제공: 평가 결과를 직원과 공유하고, 성과 향상을 위한 구체적인 피드백과 발전 방향을 제시한다.

이와 같은 체계적이고 공정한 직무평가는 직원들에게 동기를 부여하고, 조직의 성과를 향상하는 데 기여한다.

5. 직무기술서(Job Description)의 작성 사례

❶ 직무명: 미용 서비스 전문가 (헤어디자이너, 메이크업아티스트 등)

❷ 소속 부서: 미용 서비스 부서

❸ 직속 상사: 매니저/팀장

(1) 직무 목적

고객에게 고품질의 미용 서비스를 제공하여 고객 만족도를 높이고, 미용실의 브랜드 가치를 증진한다.

(2) 주요 업무 및 책임

1) 고객 상담

고객의 요구와 선호도를 파악하여 적절한 서비스(헤어스타일, 메이크업, 에스테틱, 네일 서비스 등)를 제안한다.

2) 미용 서비스 제공

고객의 요청에 따라 헤어컷, 염색, 펌, 메이크업 등의 서비스를 전문적으로 수행한다.

최신 미용 트렌드와 기술을 활용하여 고객 맞춤형 서비스를 제공한다.

3) 미용 기기 및 제품 관리

사용 후 기기를 철저히 소독하고, 제품을 정리하여 위생상태를 유지한다.

4) 고객 관리 및 재방문 유도

고객의 서비스 기록을 관리하며, 만족도를 높이기 위한 맞춤형 조치를 취한다.

5) 팀워크 및 교육 참여

동료와 협력하여 업무를 수행하며, 정기적인 교육을 통해 기술을 향상한다.

(3) 근무 환경 및 조건

❶ 근무 장소: [미용실 이름/주소]

❷ 근무 시간: 주 5일, 1일 8시간 (휴게 시간 포함)

❸ 기타: 유니폼 착용, 고객 응대 시 전문적인 태도 유지

직무기술서와 직무명세서는 미용업 서비스 전문가의 역할과 책임을 명확히 규정하고, 필요한 자격과 능력을 정의하여 적합한 인재를 확보하고 관리하는 데 활용할 수 있다. 추가 요구사항이나 맞춤화가 필요하다면 세부 내용을 조정할 수 있다.

2-2 인적자원 개발(Human Resource Development, HRD)

1 인적자원 개발(HRD)과 교수 설계 모델

인적자원 개발(HRD)과 교수 설계 모델은 밀접하게 연결되어 있다. HRD는 조직의 목표 달성을 위해 직원의 역량을 개발하는 과정이며, 교수 설계 모델은 효과적인 교육과 훈련을 위해 학습 목표와 방법을 체계적으로 설계하는 방법론이다. HRD의 목표를 달성하기 위해 교수 설계 모델을 활용하여 적절한 교육 콘텐츠와 학습 환경을 제공하고, 직원의 성장을 촉진한다.

1. 인적자원 개발(HRD)의 개념

인적자원 개발은 Nadler(1969)가 ASTD(American Society of Training and Development)의 연차 학술대회에서 처음 소개되었다. 개인, 집단, 조직의 학습 및 수행 증진을 목적으로 개인개발, 조직개발, 경력개발을 통하여 인간의 전문성을 개발하고 발휘하게 하는 과정으로 인간의 일 관련 지식, 전문성, 생산성, 만족도를 개발 증진하는데 잠재력을 갖는 과정이나 활동이다.

인적자원 개발(HRD)은 직원들의 역량을 향상하고, 이를 통해 조직의 목표를 달성하는 데 중요한 역할을 한다. HRD의 목적은 직원들이 조직 내에서 더 나은 성과를 내도록 돕는 것이며, 서비스 품질향상과 직결된다. HRD는 직원들의 직무 능력을 개선하고, 조직 내에서 발생할 수 있는 문제를 예방하며, 창의적이고 혁신적인 사고를 유도한다(Schneider et al., 2003).

HRD의 필요성은 경쟁이 치열한 서비스 산업에서 서비스 품질이 기업의 성과에 미치는 영향이 크기 때문에, HRD 활동을 통해 직원들의 능력을 키워야 한다는 점에서 발생한다. 또한, HRD는 직원들의 직무 만족도와 직무 몰입도를 높여 조직의 성과와 수익 창출에 기여한다(Arthur, 1994).

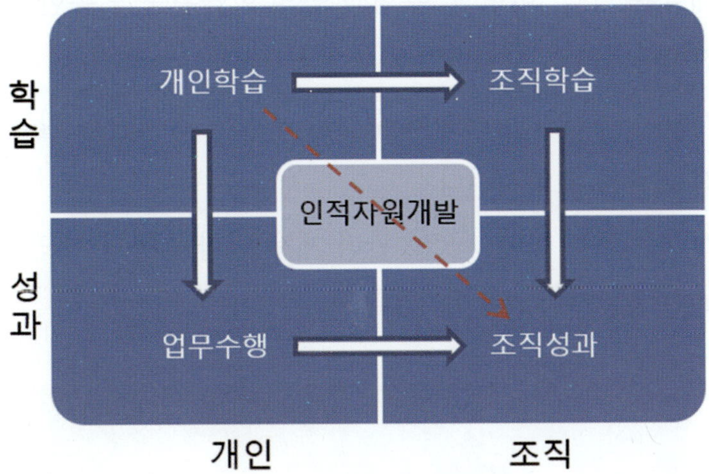

[그림 2-6] 인적자원 개발의 목적

2. 인적자원 개발(HRD)의 필요성

HRD는 직원들이 조직의 목표에 맞는 역량을 개발할 수 있도록 지원하는 다양한 교육과 훈련 프로그램을 제공한다(Swanson & Holton, 2001). HRD 활동을 통해 직원들은 새로운 기술과 지식을 습득하고, 이를 통해 고객과의 커뮤니케이션 기술 향상 및 문제 해결 능력을 배양할 수 있다(Schneider et al., 2003). 이 과정에서 HRD는 직무 만족도를 높이고, 직무 몰입을 강화하며, 궁극적으로 서비스 품질향상에 기여한다.

HRD는 변화하는 환경에 맞춰 지속적으로 발전해야 한다. 디지털 학습, 온라인 학습 플랫폼 및 몰입형 학습 방식 등 새로운 교육 방식을 채택하는 것은 직원들의 학습 효율성을 높이는 데 기여하며, 글로벌화와 기술 발전에 맞춰 직원들을 훈련하는 데 중요하다(Cheng & Ho, 2011). HRD는 직원들의 능력뿐만 아니라, 조직의 비전과 전략에 맞는 역량을 개발하는 데 중점을 두어야 한다(Arthur, 1994).

3. 인적자원 개발의 구성요소

❶ 개인개발은 형식, 비형식, 무형식 등의 학습활동을 통한 개인의 성장과 발전을 촉진한다.

❷ 경력개발은 개인의 경력계획 수립과 조직의 경력관리 활동에 의한 개인 요구와 조직 요구를 조화시킨다.

❸ 조직개발은 조직 목표, 구조, 관리 체계 변화를 통해 개인, 집단, 조직의 활동과 성과를 촉진한다.

[그림 2-7] 인적자원 개발과 성과

(1) 개인개발

개인개발은 훈련과 개발(T&D)로 개인의 지식, 기술, 태도의 변화와 개선에 초점을 둔다. 훈련은 태도의 변화를 포함하지만, 일반적으로 종업원에게 특정 과업 또는 직무를 수행하는 데 필요한 지식과 기술을 포함한다.

개발 활동은 종업원의 현재 직무를 수행하기 위한 능력을 증가시킴과 동시에 앞으로 맡게 될 업무를 준비하는 장기적 관점이다. T&D 활동은 신입사원 입사 시 진행되며, 다양한 기능 훈련 및 코칭, 카운슬링 등으로 이루어진다.

(2) 경력개발

경력개발은 상대적으로 독특한 이슈, 주제, 과업 등에 의해 특징지어지는 일련의 단계를 통해서 개인들이 지속적으로 발전하는 과정이다. 경력개발은 경력계획과 경력관리라는 두 가지의 프로세스로 구분한다.

❶ 경력계획은 조직 구성원 자신의 현실적인 경력계획을 수립하기 위해서 자신의 기술과 능력을 평가하는 행동들을 포함한다.

❷ 경력관리는 경력계획을 달성하는 데 필요한 단계를 밟아가는 것으로, 조직이 종업원의 경력개발을 장려하는 것에 초점을 둔다.

(3) 조직개발

조직개발은 행동과학적 개념을 적용한 계획된 개입 활동을 통해서 조직의 효과성과 조직 구성원의 수준을 향상하는 프로세스로 정의한다. 조직개발(Organizational Development: OD)은 거시적 조직변화와 미시적 조직변화 모두를 강조하며, 개입 활동에 참여한 HRD 전문가의 역할은 일반적으로 변화 관리자이다.

변화를 촉진하기 위해서 때로는 라인 관리자들과 함께 조직이 필요로 하는 변화에 효과적으로 사용될 수 있는 전략에 관한 컨설팅과 조정이 필요하다. 실질적인 변화 프로세스를 계획하고, 수행하는 데 책임 있는 직원들의 회의를 진행하는 방법 등 개입 전략을 직접 수행할 수 있다.

4. 인적자원 개발과 설계(HRD Design)

인적자원 개발 설계(HRD Design)는 조직 내 구성원의 역량 강화를 위해 체계적인 교육 및 개발 프로그램을 설계하고 실행하는 과정을 의미한다(Swanson &

Holton, 2001). 조직 목표에 부합하는 개인 및 팀의 성과 향상과 지속적인 학습 문화를 조성하는 것이다. 이를 통해 변화하는 환경에 조직이 유연하게 대응할 수 있도록 한다(Arthur, 1994). 이는 글로벌 경쟁과 기술 발전으로 인해 조직은 역동적인 환경에서 생존하기 위해 구성원들의 기술 및 역량을 지속적으로 개발해야 한다는 점에서 필수적이다(Schuler & Jackson, 1987).

5. 인적자원 개발 설계의 구성요소

(1) 학습 필요성 분석(Needs Analysis)

조직, 직무, 개인 수준에서 교육 및 개발의 필요성을 분석한다. 이를 통해 조직의 목표와 개인의 필요 간의 격차를 파악한다(McGehee & Thayer, 1961).

❶ 활용 사례: Amazon은 고객 데이터 분석을 통해 직무별로 부족한 역량을 파악하여 맞춤형 교육 프로그램을 설계했다.

(2) 목표 설정(Goal Setting)

교육 및 개발 프로그램의 구체적인 목표를 설정한다. SMART(구체적, 측정 가능, 달성 가능, 관련성, 시간제한)의 원칙을 적용하여 명확한 방향성을 제공한다(Doran, 1981).

❶ 활용 사례: Google은 리더십 개발 프로그램에서 6개월 내로 관리자의 피드백 기술 개선을 목표로 설정했다.

(3) 학습 설계(Instructional Design)

학습 내용을 체계적으로 구성하고, 교육 방법(온라인 학습, 워크숍, 시뮬레이션 등)을 결정한다(Gagne, 1985).

❶ 활용 사례: 삼성전자는 사내 교육 플랫폼을 활용해 디지털 전환 관련 교육 프로그램을 설계하였다.

(4) 프로그램 실행(Implementation)

학습 프로그램을 실행하며, 참여자들이 지식과 기술을 실습할 기회를 제공한다. 학습에 필요한 자원을 지원하고, 실행 중 발생하는 문제를 해결한다(Kirkpatrick, 1994).

❶ 활용 사례: Apple은 신입 직원 대상의 온보딩(Onboarding) 프로그램에서 팀 프로젝트와 멘토링을 포함한 학습 경험을 제공한다.

▶ 알아두기: 온보딩은 신규 입사자가 조직에 잘 정착할 수 있도록 지원하는 과정.

(5) 평가 및 피드백(Evaluation & Feedback)

프로그램의 성과와 효과를 측정하며, 이를 바탕으로 개선점을 도출한다. Kirkpatrick(1994)의 4단계 평가 모델(반응, 학습, 행동, 결과)을 활용하여 프로그램의 전반적인 효과를 평가한다.

❶ 활용 사례: IBM은 직원 만족도 설문 조사와 생산성 데이터를 통해 프로그램의 성공 여부를 평가한다.

6. 인적자원 개발 설계의 활용 사례

(1) 스타벅스: 바리스타 교육 프로그램

스타벅스는 바리스타 직무 역량 강화를 위해 체계적인 HRD 설계를 도입했다. 고객 응대, 음료 제조 기술, 팀워크를 중심으로 교육 프로그램을 설계하였으며, 실습 중심의 학습 방법을 활용하였다. 이를 통해 고객 만족도를 15% 이상 향상하는 성과를 거두었다.

(2) GE: 리더십 개발 프로그램

GE는 차세대 리더 육성을 위해 글로벌 리더십 개발 프로그램을 설계했다. 교육은 문화적 다양성과 리더십 기술개발을 목표로 구성되었으며, 현장 실습과 디지털 학습을 병행하였다. 프로그램 결과, 70% 이상의 참가자가 승진하거나, 핵심 프로젝트를 성공적으로 완료하였다.

(3) 구글: 데이터 기반 학습 프로그램

구글은 직원의 기술 격차를 파악하기 위해 데이터 분석을 활용했다. 데이터 기반으로 설계된 맞춤형 교육 프로그램은 개별 직무와 개인의 목표에 부합했으며, 85% 이상의 직원 만족도를 기록하였다.

인적자원 개발 설계는 조직의 지속 가능한 성과와 경쟁력 강화를 위해 필수적인 전략적 활동이다. 체계적인 HRD 설계를 통해 조직은 구성원의 역량을 강화하고, 변화하는 환경에 유연하게 적응할 수 있다. 학습 필요성 분석에서부터 평가까지의 전 과정을 체계적으로 설계하면, 조직의 목표와 개인의 역량을 효과적으로 조화시킬 수 있다(Swanson & Holton, 2001).

7. ADDIE 모형: 체계적 교수 설계 모델

ADDIE 모형은 교수 설계 이론의 핵심으로, 분석(Analysis), 설계(Design), 개발(Development), 실행(Implementation), 평가(Evaluation)의 다섯 가지 단계를 포함하는 구조적 접근법이다. 이 모형은 학습 설계 및 교육 개발 과정을 체계적으로 진행하기 위해 고안되었으며, 선형적이거나 순환적으로 적용될 수 있다. 평가 단계에서 얻어진 결과를 기반으로 각 단계를 개선하여 나선형으로 발전시킬 수 있다(Gagne, 1985; Dick & Carey, 1990).

[그림 2-8] ADDIE 모형

8. ADDIE 모형의 각 단계

(1) 분석(Analysis)

분석 단계는 학습자와 학습 환경에 대한 심층적인 이해를 통해 적합한 학습 목표를 설정하는 단계이다(Gagne, 1985).

❶ 학습자의 특성과 수준을 파악하고 요구를 분석한다.

❷ 학습 목표를 설정하고, 이를 달성하는 데 필요한 자원, 물리적 환경, 물적 자원을 확인한다.

❸ 교수자가 학습 목표를 달성하는 데 필요한 지식, 기술, 태도를 정의한다.

분석 단계는 학습 설계의 기초를 마련하며, 이후 단계의 성공적인 수행을 위해 필수적인 기반이 된다.

(2) 설계(Design)

설계 단계는 분석결과를 바탕으로 학습 목표를 명확히 설정하고, 이를 달성하기 위한 구체적인 전략을 수립하는 단계이다(Dick & Carey, 1990).

❶ 학습 목표를 행동적 용어로 구체화한다.

❷ 목표 달성을 검증하기 위한 평가 도구와 방법을 선정한다.

❸ 학습 내용을 체계적으로 계열화하여 학습자에게 최적의 학습 경로를 제공한다.

❹ 교수 전략과 교수 매체를 결정하여 학습활동을 효과적으로 지원한다.

설계 단계는 학습자와 목표 간의 연결성을 확보하고, 효율적인 학습 경로를 제공하기 위한 전략을 마련하는 데 중점을 둔다.

(3) 개발(Development)

개발 단계는 설계 단계에서 수립한 계획에 따라 교수 자료를 제작하고, 이를 최종적으로 완성하는 단계이다(Gagne, 1985; Kirkpatrick, 1994).

❶ 교수 자료의 초안과 시제품을 개발하고, 형성 평가를 한다.

❷ 평가 결과를 바탕으로 자료를 수정하고, 최종 완성물을 제작한다.

개발 단계는 학습 목표를 달성할 수 있는 구체적이고, 실질적인 자료를 제공함으로써, 학습 과정에서의 실행 가능성을 확보한다.

(4) 실행(Implementation)

실행 단계는 개발된 교수 자료와 프로그램을 실제 교육 현장에서 적용하는 단계이다(Swanson & Holton, 2001).

❶ 교수 프로그램을 교육 과정에 도입하고, 학습자들에게 제공한다.

❷ 교수 매체와 자료의 사용법을 학습자와 교수자에게 교육한다.

❸ 실행 과정에서 발생하는 변화를 관리하고 프로그램의 지속적인 운영을 지원한다.

실행 단계는 학습자와 교수 자료 간의 상호작용을 통해 목표 달성을 지원하며, 실제 환경에서의 적용 가능성을 검증한다.

(5) 평가(Evaluation)

평가 단계는 프로그램의 적합성과 효과성을 분석하고, 이를 바탕으로 수정 및 개선 방향을 도출하는 단계이다(Kirkpatrick, 1994).

❶ 교수 자료의 적합성과 효율성을 평가한다.

❷ 학습 목표 달성 여부와 지속 가능성을 분석한다.

❸ 형성 평가 및 파일럿 테스트(Pilot Test) 결과를 바탕으로 문제점을 수정하고 개선한다.

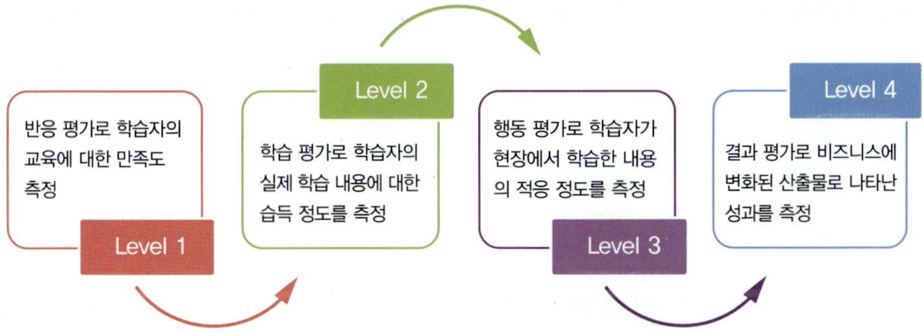

[그림 2-9] 커크패트릭(Kirkpatrick)의 평가 4단계

(6) 커크패트릭(Kirkpatrick)의 평가 4단계

❶ Level 1: 반응 평가로 학습자의 교육에 대한 만족도 측정한다.

❷ Level 2: 학습 평가로 학습자의 실제 학습 내용에 대한 습득 정도를 측정한다.

❸ Level 3: 행동 평가로 학습자가 현장에서 학습한 내용의 적용 정도를 측정한다.

❹ Level 4: 결과 평가로 비즈니스에 변화된 산출물로 나타난 성과를 측정한다.

평가 단계는 학습 과정의 성공 여부를 확인하고, 프로그램의 품질을 지속적으로 개선하는 데 기여한다.

▶ 알아두기: 파일럿 테스트는 제품 개발, 프로젝트 실행, 연구 등에서 실제 대규모 실행 전에 소규모로 시험하는 것.

2-3 서비스 경영 리더십(Service Management Leadership)

1 리더십과 접근방법

리더십과 접근방법은 리더가 조직을 이끌고 목표를 달성하는 데 사용하는 전략과 방식이다. 리더십 접근방법은 상황에 따라 다양한 스타일을 채택하며, 혁신과 변화를 이끌고, 규칙과 보상을 통해 성과를 유도한다. 이러한 리더십의 접근방법은 조직의 상황과 구성원에 맞춰 효과적인 리더십을 발휘하는 데 중요한 역할을 한다.

1. 서비스 경영 리더십

서비스 경영에서 리더십은 조직의 성공을 좌우하는 중요한 요소로, 서비스 제공의 품질과 고객 만족도를 높이는 데 핵심적인 역할을 한다. 서비스 산업의 특성상 고객과의 직접적인 상호작용이 중요하고, 이는 리더십의 질에 크게 의존한다.

서비스 산업에서 리더십은 조직의 전략적 방향성을 제시하고, 직원들을 동기부여하여 고객에게 최상의 서비스를 제공할 수 있도록 한다. 리더십은 조직 내에서 큰 영향을 미치며, 서비스 품질 및 고객 만족도에 직접적인 영향을 미친다.

(1) 리더십의 중요성

서비스 경영에서 리더십은 직원들에게 목표를 명확히 전달하고, 그들이 자율적으로 문제를 해결하며 고객의 기대를 초과할 수 있도록 지원한다. 이를 위해 리더는 팀워크와 커뮤니케이션을 촉진하며, 직원들의 참여를 유도하는 환경을 만든다(Zeithaml et al., 2018). 좋은 리더십은 직원들에게 목표를 달성하기 위한 동기를 부여하고, 이로 인해 고객 만족도가 높아지며, 서비스 품질이 개선된다.

[그림 2-10] 리더십과 다양한 관계

(2) 리더의 역할과 특성

서비스 경영에서 리더는 여러 가지 중요한 역할을 수행한다.

첫째, 서비스 리더는 비전과 전략을 설정하고, 조직의 목표를 달성하기 위해 일관된 방향을 제시한다.

둘째, 서비스 리더는 직원들의 성과를 관리하고, 필요한 자원과 지원을 제공하여 효율적인 작업 환경을 만든다.

셋째, 고객 중심의 사고방식을 고취시키며, 고객 피드백을 통해 서비스를 개선하고, 직원들에게 고객의 중요성을 인식시킨다(Parasuraman et al., 1985).

리더의 중요한 특성으로는 비전, 혁신성, 공감 능력, 의사소통 능력 등이 있다.

2. 변혁적 리더십(Transformational Leadership)

변혁적 리더십은 리더가 조직 구성원들에게 비전을 제시하고, 그들이 자발적으로 조직의 목표를 달성할 수 있도록 동기부여하는 리더십 스타일이다.

변혁적 리더십이 직원들의 창의성, 동기, 그리고 직무 만족도를 높이는 데 중요한 역할을 한다(Bass, 1990).

서비스 산업에서 변혁적 리더십은 직원들에게 높은 수준의 서비스를 제공하도록 유도하고, 고객의 기대를 초과하는 경험을 만들어내는 데 기여한다. 예를 들어, 자포스(Zappos)의 CEO인 토니 셰이는 변혁적 리더십을 발휘하여 고객 만족도를 높이고, 조직 문화를 혁신했다(Hsieh, 2010).

3. 서번트 리더십(Servant Leadership)

서번트 리더십은 리더가 자신의 이익보다는 구성원들의 요구를 우선시하는 리더십 스타일이다. 서번트 리더십을 서비스와 리더십의 결합으로 설명하며, 리더가 직원들에게 봉사하는 자세를 통해 직원들이 더 나은 서비스를 제공한다(Greenleaf, 1977).

고객 중심의 서비스 제공과 직원의 만족도를 높이는 데 중요한 역할을 한다. 예를 들어, 스타벅스의 하워드 슐츠는 서번트 리더십을 통해 직원들의 행복을 우선시하고, 그 결과 고객에게 뛰어난 경험을 제공할 수 있었다(Schultz, 2011).

4. 상황적 리더십 이론(Situational Leadership Theory)

상황적 리더십 이론은 리더가 특정 상황에 따라 그들의 리더십 스타일을 조정해야 한다는 이론이다. 리더가 직원들의 능력과 동기 수준에 따라 지도 스타일을 변화시켜야 한다(Hersey & Blanchard, 1969).

서비스 경영에서 리더는 다양한 상황에서 팀원들의 역량과 상황을 고려하여 리더십 스타일을 조정함으로써 고객 만족도를 극대화할 수 있다. 예를 들어, 새로운 직원을 교육할 때는 보다 지시적인 리더십을, 경험이 풍부한 직원에게는 자율성을 부여하는 방식으로 리더십을 조정할 수 있다.

5. LMX(Leader-Member Exchange)

상사-부하 교환 관계 이론은 리더와 구성원 간의 관계가 조직 내에서 중요한 역할을 한다. 이 이론은 리더가 팀원마다 개별적인 관계를 형성한다고 보고하며, 높은 질의 관계가 성과와 조직 만족도를 증가시킨다. LMX의 품질이 높은 관계에서는 팀원들이 더 많은 자율성과 책임감을 느끼며, 이로 인해 더 나은 서비스를 제공할 수 있다(Graen & Uhl-Bien, 1995).

(1) 높은 LMX 수준의 직원들

높은 질의 관계를 맺은 직원들은 리더와의 신뢰와 존중을 바탕으로 더 나은 서비스 품질을 제공할 가능성이 크다. 이러한 직원들은 고객 서비스와 관련된 업무에서 자율성을 부여받고, 자신의 역할에 대한 책임감을 느끼며 더 적극적인 태도로 고객을 응대한다. 예를 들어, 자포스(Zappos)는 LMX 이론을 바탕으로 고객 서비스 팀원들에게 높은 수준의 신뢰와 자율성을 제공하여 뛰어난 고객 경험을 창출했다(Hsieh, 2010).

(2) 낮은 LMX 수준의 직원들

낮은 질의 관계를 형성한 직원들은 서비스 품질에 대한 책임감이 떨어지고, 고객 응대에서 소극적인 태도를 보일 수 있다. 이로 인해 고객 만족도가 낮아지고, 서비스 제공에서 일관성이 떨어질 수 있다. 이는 조직성과와 서비스 품질에 부정적인 영향을 미친다.

(3) LMX와 서비스 품질 간의 관계

LMX 이론에 따르면, 리더와 구성원 간의 질 높은 관계가 고객 서비스 품질에 긍정적인 영향을 미친다. 리더가 구성원에게 명확한 기대를 설정하고, 지속적인 피드백과 지원을 제공할 때, 구성원은 자신의 역할을 충실히 수행하고, 고객에게 더 나은 서비스를 제공한다. 또한, 리더는 팀원들이 자율적으로 결정을 내릴 수 있도록 하여, 더 효율적이고 신속한 고객 응대가 가능하게 한다.

6. 리더십의 사례

(1) 사우스웨스트 항공: 변혁적 리더십(Transformational Leadership)

허브 켈러허(Herb Kelleher; 전 사우스웨스트 항공 CEO)는 변혁적 리더십을 통해 사우스웨스트 항공의 직원들에게 비전을 제시하고, 그들이 고객에게 뛰어난 서비스를 제공하도록 유도했다. 켈러허는 직원들에게 자율성을 부여하고, 고객과의 상호작용에서 최고의 서비스를 제공할 수 있도록 동기를 부여했다. 이로 인해 사우스웨스트 항공은 서비스 품질과 고객 충성도가 높은 항공사로 자리 잡았다(Kelleher, 2008). 변혁적 리더십은 직원들에게 비전과 영감을 제공하며, 조직 목표 달성에 대한 높은 동기를 유발한다.

(2) 스타벅스: 서번트 리더십(Servant Leadership)

하워드 슐츠((Howard Schultz; 전 스타벅스 CEO)는 서번트 리더십을 통해 직원들의 행복을 우선시하고, 그 결과 고객에게 뛰어난 경험을 제공할 수 있었다. 슐츠는 직원들에게 높은 수준의 자율성과 지원을 제공하며, 그들이 고객에게 최상의 서비스를 제공할 수 있도록 돕는다. 이러한 리더십 접근법은 직원들의 만족도를 높이며, 고객에게 더욱 탁월한 서비스를 제공하는 데 기여했다(Schultz, 2011). 서번트 리더십은 리더가 구성원의 성장과 복지를 최우선으로 생각하고, 이를 통해 조직 전체의 성과를 높인다.

(3) 맥도날드: 상황적 리더십(Situational Leadership)

맥도날드는 상황적 리더십을 효과적으로 적용한 기업이다. 신입 직원에게는 지시적 리더십을 제공하며, 이를 통해 직원들이 빠르게 업무에 적응하고 성과를 낼 수 있도록 한다. 반면, 경험이 풍부한 직원에게는 자율성을 부여하여, 그들이 주도적으로 문제를 해결하고 업무를 수행할 수 있도록 돕는다. 이러한 상황에 맞는 리더십 스타일은 직원들의 직무 만족도와 고객 서비스 품질을 높이는 데 중요한 역할을 한다(Hersey & Blanchard, 1969). 상황적 리더십은 리더가 상황과 직원의 능력에 따라 리더십 스타일을 조정하는 방식이다.

(4) Zappos: 서번트 리더십(Servant Leadership)

Zappos의 CEO인 토니 셰이(Tony Hsieh)는 직원들과의 개별적인 관계를 통해 높은 수준의 신뢰와 자율성을 제공하여 고객 서비스의 질을 향상했다. 셰이는 직원들에게 비전을 제시하고, 그들이 자율적으로 고객에게 최상의 서비스를 제공할 수 있도록 돕는다.

Zappos는 고객 만족도가 높고, 고객의 충성도를 극대화하는 기업으로 잘 알려져 있다(Hsieh, 2010). 서번트 리더십은 리더가 구성원의 요구와 복지를 우선시하며, 이를 통해 더 나은 서비스를 제공하는 데 기여한다.

(5) 구글: 변혁적 리더십(Transformational Leadership)

구글은 혁신적인 기업 문화와 리더십을 바탕으로, 직원들이 창의적이고 자율적인 방식으로 문제를 해결하도록 유도한다. 구글의 리더들은 직원들이 자유롭게 아이디어를 제시하고, 이를 통해 고객에게 혁신적인 서비스를 제공할 수 있도록 돕는다.

구글의 리더십은 직원들이 실험적이고 혁신적인 접근을 통해 서비스를 향상할 수 있도록 하여, 고객 경험을 획기적으로 변화시켰다(Varma, 2018). 변혁적 리더십은 직원들에게 창의성을 발휘할 수 있는 환경을 제공하고, 조직 목표를 넘어서서 더 큰 목표를 달성하려는 동기를 유발한다.

기업은 자신들의 목표와 문화에 맞춰 다양한 리더십 접근법을 채택하여, 고객 만족도와 직원 만족도를 동시에 높이고 있다. 서비스 경영에서 리더십은 조직의 성공적인 운영과 고객 만족도 향상에 핵심적인 역할을 한다.

리더는 조직 내에서 비전과 전략을 설정하고, 직원들을 동기부여하며, 고객의 기대를 초과하는 서비스를 제공하도록 유도한다. 성공적인 리더십 사례들은 조직 문화, 직원 만족도, 그리고 고객 만족도 향상에 큰 영향을 미친다. 따라서, 서비스 산업에서의 리더십은 지속 가능한 성장과 경쟁우위를 확보하는 데 중요한 요소이다.

[그림 2-11] 리더십과 다양한 업무 능력

7. 리더십 접근방법

(1) 변혁적 리더십(Transformational Leadership)

혁신적 비전과 영감을 통한 조직 구성원을 동기부여한다.

1) 비전 제시

변혁적 리더십을 통해 리더는 조직의 목표를 명확히 하고, 직원들에게 강력한 비전을 제시하여 그들이 조직의 비전과 목표를 자신의 것으로 느끼도록 유도한다. 이를 통해 직원들은 더 높은 목표를 향해 나아가며, 더 나은 서비스를 제공할 수 있는 동기를 갖게 된다.

2) 개별적 관심

리더는 각 직원의 요구와 잠재력을 이해하고, 그들이 더 나은 성과를 낼 수 있도록 지속적으로 피드백과 지원을 제공한다.

3) 영감을 통한 혁신

직원들에게 도전적이고 혁신적인 목표를 부여하여, 새로운 아이디어와 창의성을 발휘할 수 있도록 격려한다. 예를 들어, 구글은 직원들에게 자유롭게 아이디어를 제시하도록 장려하고, 창의적인 프로젝트를 실행할 수 있는 환경을 조성하여 고객에게 혁신적인 서비스를 제공했다(Varma, 2018).

(2) 서번트 리더십(Servant Leadership)

직원의 복지를 우선으로 하고 고객 중심의 서비스를 제공한다.

1) 직원 중심의 리더십

서번트 리더십에서는 리더가 자신을 봉사자로 여기며, 직원들의 필요와 복지를 최우선으로 고려한다. 이를 통해 직원들은 조직에서 소중한 존재감을 느끼고, 그로 인해 고객에게 더 나은 서비스를 제공하게 된다.

2) 신뢰 구축

리더는 직원들에게 신뢰와 자율성을 부여하고, 그들이 고객에게 최상의 서비스를 제공할 수 있도록 독려한다. 예를 들어, Zappos의 토니 셰이는 직원들에게 높은 수준의 자율성을 부여하고, 그들이 고객에게 최상의 서비스를 제공할 수 있도록 지원했다(Hsieh, 2010).

3) 직원 교육과 성장 지원

직원들이 지속적으로 발전할 수 있도록 교육과 훈련 기회를 제공하고, 그들이 직무에 대한 자부심을 느끼게 한다. 이러한 접근은 고객 경험을 향상하는 데 기여한다.

(3) 상황적 리더십(Situational Leadership)

조직의 상황에 맞는 리더십 스타일을 조정한다.

1) 상황에 맞는 리더십 스타일

리더는 팀원들의 능력과 동기 수준을 고려하여 리더십 스타일을 유연하게 조정한다. 예를 들어, 새로운 직원에게는 더 구체적이고 지시적인 리더십을 제공하며, 경험이 풍부한 직원에게는 자율성을 부여하여, 효과적으로 업무를 수행하게 한다.

2) 적합한 피드백 제공

팀원들이 성장할 수 있도록 상황에 맞는 피드백을 제공하고, 그들이 더욱 나은 서비스를 제공할 수 있도록 지원한다.

3) 역량에 따른 동기부여

각 직원의 역량과 동기 수준에 맞춰 적절한 목표를 설정하고, 직원들이 스스로 목표를 달성할 수 있도록 격려한다. 이로 인해 서비스 품질이 향상되고, 고객 만족도를 높일 수 있다.

4) 높은 질의 관계 형성

리더는 팀원들과 개별적인 관계를 형성하고, 신뢰와 존중을 바탕으로 업무를 수행하도록 한다. 이는 좋은 관계가 성과와 서비스 품질에 긍정적인 영향을 미친다(Graen & Uhl-Bien, 1995).

❶ 자율성 부여: 높은 질의 관계를 맺은 직원들은 자율성과 책임감을 느끼며 더 나은 서비스를 제공할 수 있다. 예를 들어, Zappos는 고객 서비스 팀원들에게 높은 수준의 자율성을 제공하여 뛰어난 고객 경험을 창출했다(Hsieh, 2010).

② 피드백과 지원: 리더는 팀원들에게 지속적인 피드백을 제공하고, 그들이 직무를 수행하는 데 필요한 지원을 아끼지 않으며, 이로 인해 서비스 품질과 고객 만족도가 향상된다.

서비스 경영에서 리더십의 적용은 단지 조직의 목표 달성을 넘어서, 직원들이 자율적이고, 창의적으로 고객에게 뛰어난 서비스를 제공하도록 유도하는 데 중요한 역할을 한다.

변혁적 리더십은 혁신적 비전을 제공하고, 직원들을 동기부여하며, 서번트 리더십은 직원들의 복지를 최우선으로 하여, 고객에게 최상의 서비스를 제공하게 한다. 또한, 상황적 리더십은 직원의 능력과 동기 수준에 맞춰 리더십 스타일을 조정하여, 최적의 성과를 이끌어낸다. 마지막으로, LMX 이론은 리더와 직원 간의 개별적인 관계를 강화하여, 더 나은 서비스 품질을 창출할 수 있도록 한다. 이들 리더십 접근법을 통해 서비스 품질과 고객 만족도를 높이고, 조직의 성과를 극대화할 수 있다.

2-4 조직 구성원의 행동유형과 동기부여

1 구성원의 행동유형(Behavior type)과 리더십 전략

구성원의 행동유형은 리더가 적합한 리더십 전략을 선택하는 기준이 된다. 각 행동유형에 맞춰 리더는 다양한 리더십 전략을 활용하여 효과적인 관리와 성과를 유도한다.

1. 구성원의 행동유형 분석

종업원의 행동유형을 파악하고, 이에 맞는 리더십 전략을 적용하는 것은 조직 내부의 성과와 직원 만족을 높이는 데 중요한 요소이다. 각 행동유형에 대한 자세한 설명과 이를 파악할 방법을 바탕으로, 리더는 다음과 같은 방식으로 접근할 수 있다.

[그림 2-12] 긍정적 사고의 영향력

(1) 능동적 행동형(Proactive Behavior)

능동적 행동형 종업원은 변화와 문제 해결에 자발적으로 나선다. 리더는 이러한 직원들에게 더 많은 자율성을 부여하고, 도전적인 프로젝트를 맡기며, 혁신적인 아이디어에 대한 피드백을 주어 지속적으로 성장할 수 있도록 지원한다. 또한, 종업원이 제시한 아이디어나 해결책을 적극적으로 채택하고, 이를 실현할 수 있는 환경을 마련한다(Parker, 2000).

1) 리더의 행동

리더는 능동적 행동형 종업원에게 독립적인 업무를 맡기고, 그들의 혁신적인 아이디어를 격려하며, 자율성을 강조한다.

(2) 수동적 행동형(Passive Behavior)

수동적 행동형 종업원은 자발적인 문제 해결이나, 도전적인 업무에 대한 반응이 미비하다. 리더는 이들에게 구체적인 지침을 제공하고, 자주 피드백을 주며, 자극적인 목표를 설정하여 동기부여를 강화해야 한다. 수동적 종업원이 더 적극적으로 참여하도록 유도하기 위해, 그들이 업무에서 주도적으로 나설 수 있는 작은 목표를 설정하고, 이를 달성했을 때 긍정적인 피드백을 준다(LePin & Van Dyne, 2001).

1) 리더의 행동

리더는 구체적이고 명확한 지시를 내리고, 적절한 피드백을 통해 종업원이 더 적극적으로 참여하도록 유도한다.

(3) 협력적 행동형(Cooperative Behavior)

협력적 행동형 종업원은 팀워크와 공동 목표 달성을 중요시한다. 리더는 팀 내에서의 상호작용을 촉진하고, 공동의 목표 달성을 위한 팀워크를 강조해야 한다. 또한, 팀 내 갈등을 예방하고 해결하기 위해 원활한 소통을 장려하며, 팀워크가 성공적인 성과로 이어지도록 격려한다(Organ, 1988).

1) 리더의 행동

리더는 팀 프로젝트에 종업원들을 적극적으로 참여시켜, 협력적인 환경을 만들고, 상호 존중과 소통을 장려한다.

(4) 독립적 행동형(Independent Behavior)

독립적 행동형 종업원은 자율성을 선호하고 스스로 문제를 해결한다. 리더는 이들에게 과도한 개입을 피하고, 자율적인 업무 환경을 제공해야 한다. 그들이 독립적으로 작업할 수 있도록 신뢰를 기반으로 한 업무 할당이 필요하다(Gagné & Deci, 2005).

1) 리더의 행동

리더는 종업원에게 자율성을 부여하고, 자신의 방식으로 일을 처리할 기회를 제공한다.

(5) 적극적 피드백 제공형(Feedback-seeking Behavior)

적극적 피드백 제공형 종업원은 자신의 업무에 대해 피드백을 구하고, 이를 통해 개선하고자 한다. 리더는 이러한 종업원에게 지속적으로 피드백을 제공하며, 그들이 성과를 개선할 수 있도록 적시에 구체적인 피드백을 준다. 또한, 종업원이 필요로 하는 피드백을 효과적으로 전달하는 것이 중요하다(Ashford & Cummings, 1983).

1) 리더의 행동

리더는 피드백을 자주 제공하고, 종업원이 피드백을 요청할 때 적극적으로 응답한다.

(6) 결정적 행동형(Decisive Behavior)

결정적 행동형 종업원은 빠르게 결정을 내리며, 불확실한 상황에서도 주저하지 않는다. 리더는 이들에게 의사결정을 위한 적절한 권한을 부여하고, 그들의 빠른 결단력을 신뢰하는 환경을 만들어야 한다. 결정을 내리는 데 있어 리더는 종업원의 판단을 존중하고, 필요한 자원을 제공하여, 결정을 효과적으로 실행할 수 있도록 돕는다(Vroom & Jago, 2007).

1) 리더의 행동

리더는 종업원이 결정을 내리도록 신뢰하고, 그들의 결정을 지원하며, 실행을 돕는다.

(7) 책임 회피형(Avoidant Behavior)

책임 회피형 종업원은 문제에 대한 책임을 회피하는 경향이 있다. 리더는 이러한 종업원에게 책임감을 부여하고, 문제가 발생했을 때 책임을 회피하지 않도록 유도한다. 이를 위해 리더는 책임의 중요성을 강조하고, 문제 해결을 위한 구체적인 역할을 맡긴다(Robbins & Judge, 2013).

1) 리더의 행동

리더는 문제 발생 시 종업원에게 책임을 부여하고, 책임감을 함양하도록 유도한다.

(8) 창의적 행동형(Creative Behavior)

창의적 행동형 종업원은 문제 해결에서 창의적 접근방식을 취한다. 리더는 창의성을 발휘할 수 있는 환경을 제공하고, 종업원이 혁신적인 아이디어를 제시할 수 있도록 격려해야 한다. 창의성을 지원하는 문화 조성과 함께 실험적인 접근을 허용하는 리더십이 필요하다(Amabile, 1996).

1) 리더의 행동

리더는 창의성을 격려하고, 새로운 아이디어를 실현할 수 있도록 위험을 감수하는 환경을 제공한다.

(9) 타인 의존적 행동형(Dependence on Others Behavior)

타인 의존적 행동형 종업원은 업무 수행 시 다른 사람에게 의존하는 경향이 있다. 리더는 이러한 종업원이 독립적으로 업무를 처리할 수 있도록 점진적으로 자율성을 부여하고, 자립적인 업무 태도를 유도해야 한다. 또한, 필요할 때 다른 사람의 도움을 요청하는 것이 아니라 스스로 해결할 방안을 제시하도록 돕는다(Jones & Bright, 2001).

1) 리더의 행동

리더는 종업원이 독립적으로 작업을 수행할 수 있도록 지원하며, 자립적인 태도를 유도한다.

(10) 경쟁적 행동형(Competitive Behavior)

경쟁적 행동형 종업원은 다른 사람과의 경쟁을 통해 성과를 극대화하려는 경향이 있다. 리더는 성과를 경쟁 요소로 생각하지만, 건강한 경쟁이 이루어질 수 있도록 유도해야 한다. 또한, 종업원이 경쟁적인 성향을 긍정적인 방식으로 활용하도록 도와준다(McClelland, 1987).

1) 리더의 행동

리더는 경쟁적 성향을 잘 활용하여 팀 내 건강한 경쟁을 장려하고, 성과 달성을 위한 동기를 부여한다. 이처럼 각 행동유형에 맞는 리더의 접근방식은 종업원의 행동을 이해하고 적절한 환경을 제공하여 조직의 성과를 높이는 데 중요한 역할을 한다.

2. 행동유형에 따른 리더십 전략

행동유형에 따른 리더십 전략을 실제 사례로 구체화하면 다음과 같다. 각 사례는 해당 행동유형에 맞는 리더십 접근방식을 적용하여 조직 내의 성과와 직원 만족도를 향상하는 데 기여한 사례이다.

(1) 능동적 행동형(Proactive Behavior)

1) 사례: 구글의 "20% 시간" 정책

구글은 종업원들이 업무 시간의 20%를 자신이 관심 있는 프로젝트에 활용할 수 있도록 장려한다. 이 정책은 직원들이 자발적으로 혁신적인 아이디어를 제시하고, 문제를 예측해 해결하려는 능동적 행동을 촉진하는데 기여했다. 결과적으로 구글은 다양한 혁신적인 제품을 출시하며, 이 정책은 직원들의 창의성을 자극하고 회사의 혁신적 문화를 강화하는 데 큰 역할을 했다.

2) 리더의 행동

리더는 직원에게 자율성을 부여하고, 혁신적인 아이디어를 적극적으로 지원하는 환경을 제공한다.

(2) 수동적 행동형(Passive Behavior)

1) 사례: 직원 동기부여를 위한 상사의 적극적 피드백 제공

한 소프트웨어 회사의 리더는 수동적인 행동을 보이는 직원들에게 구체적인 목표를 설정하고 정기적으로 피드백을 제공하는 방안을 도입했다. 직원이 매일 완료한 업무에 대해 리더가 긍정적인 피드백을 주면서, 작은 성공을 인정해주는 방법으로 동기를 부여하였다. 이로 인해 수동적 직원들이 점차 더 많은 업무에 적극적으로 참여하게 되었으며, 성과 향상에 기여하였다.

2) 리더의 행동

리더는 목표 설정과 피드백을 통해 직원들의 동기를 유발하고 적극적인 참여를 이끌어낸다.

(3) 협력적 행동형(Cooperative Behavior)

1) 사례: 팀워크를 통한 성과 향상 - 애플의 팀 기반 프로젝트

애플은 팀워크를 중시하는 문화를 바탕으로 직원들이 서로 협력하고, 공동의 목표를 향해 나아갈 수 있도록 다양한 팀 기반 프로젝트를 운영했다. 이러한 협력적 행동은 애플의 혁신적인 제품 출시와 성과에 큰 영향을 미쳤으며, 직원들 간의 원활한 소통과 협업을 통해 회사는 글로벌 시장에서 큰 성공을 거두었다.

2) 리더의 행동

리더는 팀워크를 강조하고, 직원 간 협력과 소통을 촉진하는 역할을 한다.

(4) 독립적 행동형(Independent Behavior)

1) 사례: 애자일 방식의 팀 운영 - 스포티파이

스포티파이는 자율적인 팀 구조를 채택하여 종업원들이 독립적으로 문제를 해결할 수 있도록 하였다. 각 팀은 독립적으로 운영되며, 리더는 최소한으로 개입하여 팀의 자율성을 존중했다. 이 방식은 종업원들이 더 창의적이고, 독립적인 방식으로 문제를 해결하게 만들어, 빠르게 변화하는 시장에서 유연하게 대응할 수 있도록 했다.

2) 리더의 행동

리더는 자율성을 제공하고, 종업원들이 독립적으로 업무를 수행할 수 있도록 지원한다.

▶ 알아두기: 애자일(Agile) 방식은 일정한 주기를 반복하여 제품을 개발하고 수정하는 탄력적인 방법론으로 '기민한, 민첩한'이라는 뜻으로, 소프트웨어 개발과 프로젝트 관리에 널리 활용.

(5) 적극적 피드백 제공형(Feedback-seeking Behavior)

1) 사례: 피드백 문화 구축 - 넷플릭스

넷플릭스는 피드백을 중요한 기업 문화의 목적으로 삼고, 종업원들이 자유롭게 피드백을 주고받을 수 있는 환경을 구축했다. 직원들은 업무에 대한 피드백을 자주 요청하고, 이를 바탕으로 성과를 개선하려는 자세를 보였다. 이와 같은 피드백 제공 및 수용 문화는 직원들이 지속적으로 성장할 수 있는 환경을 제공하며, 회사의 경쟁력을 높였다.

2) 리더의 행동

리더는 피드백을 주고받을 수 있는 환경을 만들고, 종업원이 피드백을 통해 성과를 개선할 수 있도록 격려한다.

(6) 결정적 행동형(Decisive Behavior)

1) 사례: 위기 상황에서의 빠른 의사결정 - 넷플릭스의 콘텐츠 변화

넷플릭스는 스트리밍 서비스에서의 위기 상황에 직면했을 때, 빠른 결단을 내리고 기존 DVD 대여 사업을 과감하게 종료했다. 이 결정은 넷플릭스의 지속적인 성장을 위한 중요한 전환점이 되었으며, 리더는 신속하게 변화를 추진하며 시장에서의 리더십을 강화했다.

2) 리더의 행동

리더는 빠르고 확실하게 결정을 내리고, 이를 실행할 수 있도록 지원한다.

(7) 책임 회피형(Avoidant Behavior)

1) 사례: 책임을 회피하는 직원에 대한 적극적 개입 - 익명을 요한 대기업

어느 대기업에서 일부 직원들이 문제 발생 시 책임을 회피하는 경향을 보였다. 이를 해결하기 위해 리더는 직원들에게 책임감을 부여하고, 문제 해결에 대한 구체적인 역할을 맡겼다. 또한, 문제 발생 시 책임을 회피하지 않고 해결할 방법을 제시하도록 유도하였다. 이 과정에서 직원들은 점차 자신의 역할에 대해 책임감을 느끼게 되었으며, 조직의 효율성이 향상되었다.

2) 리더의 행동

리더는 문제 발생 시 책임을 명확히 하고, 책임감을 함양토록 유도한다.

(8) 창의적 행동형(Creative Behavior)

1) 사례: 창의성 장려를 위한 환경 조성 - 3M의 혁신 문화

3M은 직원들이 창의적인 아이디어를 자유롭게 제시할 수 있도록 환경을 조성했다. 특히 '15% 시간' 정책을 통해 직원들은 자신의 창의적인 프로젝트에 시간을 할애할 수 있었고, 그 결과 혁신적인 제품들이 많이 출시되었다. 이 창의적 행동형 종업원들은 회사의 경쟁력 강화에 크게 기여했다.

2) 리더의 행동

리더는 창의적인 아이디어와 혁신적인 접근방식을 지지하고, 이를 실현할 수 있는 환경을 제공한다.

(9) 타인 의존적 행동형(Dependence on Others Behavior)

1) 사례: 타인 의존적 행동형에 지원하는 리더십 - 일본의 전통적인 기업

일본의 전통적인 기업에서는 직원들이 타인에게 의존하는 경향이 강하다. 이를 해결하기 위해 리더는 팀 내에서 협력을 장려하고, 타인의 도움이 필요할 때 적절한 지원을 제공한다. 이러한 접근방식은 종업원이 독립적으로 업무를 수행하는 데 필요한 능력을 배양하며, 전반적인 팀워크를 강화하는데 기여하였다.

2) 리더의 행동

리더는 타인 의존적인 행동을 최소화하고, 종업원이 스스로 문제를 해결할 수 있도록 돕는다.

(10) 경쟁적 행동형(Competitive Behavior)

1) 사례: 경쟁을 통한 동기부여 - 삼성의 성과 기반 보상 시스템

삼성은 직원들에게 경쟁적인 보상 시스템을 도입하여 개인 성과를 경쟁 요소로 삼았다. 이러한 경쟁적 행동형 종업원은 더 좋은 성과를 목표로 하여, 업무에 열정을 가지고 임했다. 이 방식은 직원들이 자신의 성과를 다른 사람과 비교하며, 더 나은 결과를 얻도록 유도하였다.

2) 리더의 행동

리더는 경쟁적인 보상 시스템을 통해 동기를 부여하고, 건강한 경쟁을 촉진한다.

각 행동유형에 맞는 리더십 접근법을 통해, 조직은 직원들의 특성과 성향에 따라 효율적인 동기부여 및 관리 전략을 수립할 수 있으며, 결과적으로 조직의 성과를 극대화할 수 있다.

2 동기부여(Motivation)

동기부여(Motivation)는 목표를 달성하기 위해 행동을 이끌어내는 내적 또는 외적 요인이다. 내적 동기는 개인의 욕구에서, 외적 동기는 보상이나 인정에서 발생한다.

1. 조직 구성원의 동기부여

동기부여는 조직의 성과와 구성원의 개인적 발전을 이끄는 중요한 요소로, 업무에 대한 높은 집중력과 열정을 통해 효율적이고 창의적인 성과를 도출할 수 있게 만든다. 동기부여된 구성원은 목표 달성을 위해 지속적으로 노력하고, 반대로 동기부여되지 않은 구성원은 소극적이고 낮은 품질의 결과를 초래할 가능성이 크다(Deci & Ryan, 1985). 이는 개인의 행동을 유도하는 중요한 심리적 요소이며, 동기부여 이론은 시간이 지나면서 점차 발전했다.

2. 자기결정이론(Self-Determination Theory, SDT)

자기결정이론(Self-Determination Theory, SDT)은 동기부여를 내재적 동기와 외재적 동기로 구분하며, 각각이 개인의 행동에 미치는 영향을 미친다. Deci와 Ryan(1985)은 내재적 동기는 개인의 자율성과 관련된 동기이고, 외재적 동기는 외부 보상에 의한 동기이다.

내재적 동기는 심리적 성취감, 도전감, 자아실현 욕구 등에서 발현되며, 이는 높은 수준의 업무 참여와 창의적 성과로 이어진다. 반면, 외재적 동기는 보너스나 승진과 같은 외부 보상으로 자극된다.

자기결정이론의 핵심은 동기부여의 활성화를 위한 세 가지 주요 요소, 즉 자율성, 유능감, 관계성이다. 조직 구성원에게 자율성을 부여하고, 유능감을 증진하며, 사회적 관계를 강화하는 환경을 제공할 때 내재적 동기가 강화된다(Ryan & Deci, 2000). 이는 장기적으로 지속 가능한 성과를 도출하는 데 중요한 역할을 한다.

[그림 2-13] 동기부여

3. 매슬로의 동기 이론(Maslow's Motivation Theory)

매슬로(Maslow, 1943)의 욕구 5단계 이론은 인간의 동기를 위계적으로 설명한다. 인간의 기본적인 욕구부터 자아실현 욕구까지 순차적으로 발전한다. 매슬로는 인간의 욕구를 생리적 욕구, 안전 욕구, 사회적 욕구, 존경의 욕구, 자아실현 욕구 등 5단계로 구분하였다. 각 단계는 하위 욕구가 충족된 후에야 상위욕구로 전이된다.

매슬로의 이론은 각 욕구의 충족 순서에 따라 동기부여가 변화하며, 인간이 자아실현을 위해 고차원적인 목표를 추구한다는 점에서 직무에서의 동기부여와 개인의 성장에 대한 중요한 이론적 배경을 제공한다(Maslow, 1943).

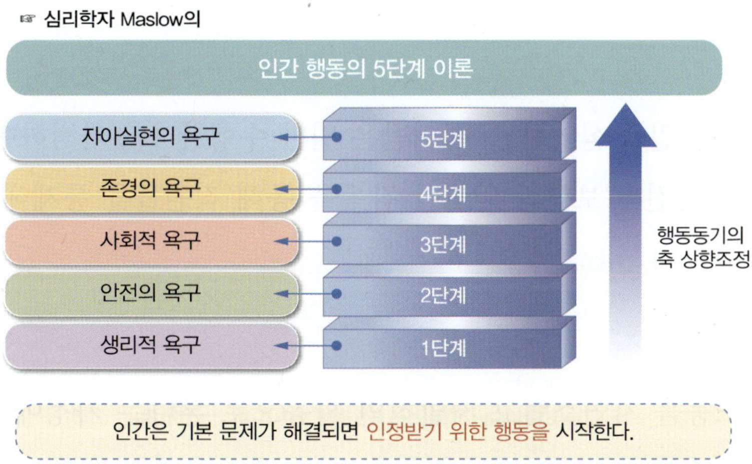

[그림 2-14] 매슬로 욕구 5단계

인간의 욕구를 생리적 욕구, 안전 욕구, 사회적 욕구, 존경, 자아실현 욕구 등 5단계로 구분하였으며, 가장 고차원적인 상위욕구를 자아실현 욕구로 보았다.

❶ 1단계: 생리적 욕구(Physiological needs)로 의식주 생활에 관한 욕구, 즉 본능적인 욕구를 말한다.

❷ 2단계: 안전의 욕구(Safety needs)로 사람들이 신체적 그리고 정서적으로 안전을 추구하는 것을 말한다.

❸ 3단계: 사회적 욕구(Belongingness and love needs)로 어떤 단체에 소속되어 소속감을 느끼고, 주위 사람들에게 사랑받고 있음을 느끼고자 하는 욕구이다.

❹ 4단계: 존경의 욕구(Esteem Needs)로 타인에게 인정받고자 하는 욕구이다.

❺ 5단계: 자아실현의 욕구(Self-actualization needs)는 가장 높은 단계의 욕구로서 자기만족을 느끼는 단계이다.

4. 맥그리거의 인간 본질론(X-Y 이론)

맥그리거(McGregor, 1960)의 X 이론과 Y 이론은 인간 본성에 대한 두 가지 상반된 가정을 제시하고, 이를 바탕으로 관리자의 리더십 스타일을 구분한다.

1) X 이론

인간이 본래 일을 싫어하고, 지시받은 일만 수행한다고 가정하며, 이로 인해 경영자는 금전적 보상과 엄격한 감독을 통해 직원들을 통제해야 한다고 주장한다(McGregor, 1960).

2) Y 이론

인간이 노동을 자연스럽고 자발적인 활동으로 본다는 가정에 기초하여, 경영자는 자율적이고 창의적인 환경을 제공해야 한다고 주장한다(McGregor, 1960).

X 이론과 Y 이론은 조직에서의 동기부여와 관련된 경영 전략을 결정하는 중요한 기준이 된다. 관리자는 직원의 특성과 동기를 고려하여 적절한 관리 방식을 선택해야 한다.

X이론의 가정	Y이론의 가정
• 사람은 본래 일하기를 싫어하며, 가능하면 일을 피하고자 한다. • 사람은 야망이 별로 없으며 책임을 회피하려고 하고, 명령 받기를 좋아하고, 안전을 추구한다. • 사람은 책임감이 없고 변화를 싫어한다. • 사람은 앞장서기보다는 끌려 다닌다. • 따라서 조직목표를 달성하기 위해서는 강제, 명령, 체벌 등의 방법을 이용해야 한다.	• 사람이 일을 한다는 것은 자연스러운 현상이며, 스스로 책임을 지려고 하고, 그것을 추구하며, 정신적, 육체적 휴식도 같이 인식한다. • 사람이 조직목표에 관계하게 되면 자기 지향과 자기 통제를 이용한다. • 개인이 조직목표를 위해 얼마나 헌신하느냐는 목표달성과 보상간의 함수관계에 의해 결정된다. • 사람은 조직문제를 해결할 수 있는 창의적 능력이 있다. • 사람은 스스로 방향을 설정한다.

[그림 2-15] 인간 본질론

5. 동기부여 이론의 발전

동기부여 이론은 시간이 지나면서 더욱 발전해왔다. 초기에는 동기부여가 주로 외부 보상이나 강압적인 방법을 통해 이루어진다고 생각되었으나, 점차 내재적 동기의 중요성, 그리고 자율성, 유능감, 관계성 같은 심리적 요소들이 강조되었다.

동기부여 이론은 보상과 처벌을 중심으로 한 행동주의적 접근이 주를 이루었으며, 대표적으로 강화 이론 등이 있다. 이는 외부 환경을 통해 개인의 행동을 조절하고 동기를 부여하는 방식이다(Skinner, 1953).

(1) 내재적 동기의 중요성 강조

1980년대 후반과 1990년대 초반에는 자기결정이론(Deci & Ryan, 1985)이 발표되며, 내재적 동기의 중요성이 주목받았다. 이는 구성원이 자율적이고 자발적으로 업무에 몰입할 때 성과가 더욱 향상된다는 이론이다. 자기결정이론은 기존의 외재적 동기에 대한 한계를 극복하고, 개인의 내적 욕구와 동기를 고려하는 방식으로 발전하였다.

(2) 도전적 목표 설정과 피드백

Lock & Latham(2002)의 목표 설정 이론은 동기부여와 성과 간의 관계를 연구하며, 구체적이고 도전적인 목표 설정이 동기부여와 성과를 높일 수 있음을 보여주었다. 이는 개인과 조직이 목표를 명확히 설정하고, 이에 대해 지속적으로 피드백을 제공하는 것이 중요하다.

(3) 동기부여와 행복

동기부여가 개인의 행복과 직무 만족도와도 깊은 연관이 있다. 행복을 통한 동기부여는 직원들이 행복할 때 동기부여가 증가하고, 결과적으로 조직의 성과가 높아진다(Diener, 2009).

(4) 동기부여의 효과

동기부여는 조직의 목표 달성을 위한 핵심 요소로, 구성원들이 자발적으로 행동하며 성과를 창출하도록 유도한다. 동기부여가 강화될 때, 구성원들은 창의적이고 혁신적인 사고를 통해 조직의 목표를 효율적으로 달성할 수 있다(Kotter, 1996).

동기부여는 직무 만족도를 높이고, 조직의 활력을 증진하며, 개인과 조직이 함께 성장하는 기반을 마련한다. Kuvaas(2006)는 동기부여가 직무 만족도와 조직성과 간의 중요한 연결 고리임을 밝혔으며, 동기부여가 높을수록 조직에 대한 몰입이 증가하고 성과가 향상된다.

6. 동기부여 방법 및 사례

동기부여를 효과적으로 적용하는 방법들은 조직의 목표와 구성원들의 개별적 욕구에 맞춰 설계되어야 한다. 여기서는 몇 가지 동기부여 방법과 사례를 소개한다.

(1) 내재적 동기 강화

내재적 동기를 향상하기 위해서는 자율성을 존중하며, 창의적이고 도전적인 환경을 제공해야 한다.

1) 자율성(Autonomy)

자율성은 종업원이 자신의 행동에 대해 스스로 결정을 내릴 수 있도록 하는 것이다. 자율성을 부여하면 종업원은 자신이 일하는 방식에 대한 책임감을 느끼고, 동기부여가 향상된다.

2) 유능감(Competence)

유능감은 직원들이 자신의 업무에서 능력을 발휘할 수 있다는 느낌을 갖는 것이다. 종업원이 자신의 능력을 인정받고 있다는 느낌을 받으면, 더 높은 동기부여가 이루어진다.

3) 관계성(Relatedness)

관계성은 종업원이 조직 내에서 다른 사람들과 긍정적이고 의미 있는 관계를 맺는 것이다. 이 관계는 팀워크와 상호작용을 촉진하며, 동기부여를 강화한다.

❶ 방법: 직원에게 자유롭게 업무를 선택할 수 있는 자율적인 환경을 제공하고, 성취감을 느낄 수 있는 도전적인 과제를 부여한다.

❷ 사례: 구글의 "20% 시간" 정책은 직원들이 자신의 주 업무 외에도 창의적인 프로젝트에 20%의 시간을 할애하도록 한 제도이다. 이는 직원들이 업

무에 대한 자율성을 느끼고, 더 높은 창의적 성과를 내도록 유도한다(Google, 2023).

(2) 외재적 동기 제공

외재적 동기는 물질적 보상과 관련이 있으며, 이를 통해 직원들이 목표를 달성할 수 있는 동기를 부여한다.

❶ 방법: 보너스, 승진, 상여금 등 외적 보상을 통해 직원의 성과를 인정하고, 그들의 노력을 보상한다.

❷ 사례: Zappos는 고객 서비스 향상을 위해 외재적 보상과 인센티브를 제공하며, 직원들이 고객 만족을 위해 열정적으로 일할 수 있도록 유도한다(Sweeney, 2009).

(3) 긍정적인 피드백 및 인정

구성원이 노력과 성과를 인정받을 수 있도록 긍정적인 피드백을 제공하는 방법도 효과적이다.

❶ 방법: 직원의 성과를 공개적으로 인정하고, 정기적인 피드백을 통해 그들의 기여를 칭찬한다.

❷ 사례: 넷플릭스는 직무 수행에 대한 실시간 피드백을 제공하여, 직원들이 더 나은 성과를 내도록 동기를 부여한다(Netflix, 2023).

(4) 직무의 의미와 목적 부여

업무가 조직의 목표와 어떻게 연결되는지를 직원들에게 전달하고, 그들이 조직의 중요한 일원이라는 점을 강조하는 방법이다.

❶ 방법: 직원들에게 조직의 비전과 목표가 개인의 목표와 어떻게 일치하는지 설명하고, 자긍심을 느낄 수 있도록 돕는다.

❷ 사례: 테슬라는 직원들에게 자사의 비전과 미션을 지속적으로 강조하

며, 이를 통해 직원들이 자아실현 욕구를 충족할 수 있도록 한다(Tesla, 2023).

동기부여는 단순히 업무 성과 향상을 위한 도구가 아니라, 직원들의 직무 만족도와 조직의 전체 성과를 향상하는 중요한 요소이다. 동기부여 이론은 계속해서 발전해왔으며, 내재적 동기와 외재적 동기의 균형을 맞추는 것이 중요한 전략으로 떠오르고 있다.

2-5 직무 만족과 고객 지향성

1 직무 만족(Job Satisfaction)

개인이 자신의 직무에 대해 느끼는 긍정적인 감정이나 태도를 의미한다. 이는 업무 환경, 보상, 동료 관계, 직무 자체의 특성 등 다양한 요인에 의해 영향을 받으며, 직무 만족도가 높을수록 업무 성과와 조직에 대한 충성도가 증가한다.

1. 직무 만족의 개념

직무 만족(Job Satisfaction)은 개인이 자신의 직무를 평가하며, 느끼는 유쾌하고 긍정적인 감정 상태를 의미한다. 이는 개인이 직무를 수행하면서 얻는 보상이 자신의 기대치에 비해 얼마나 정당하고, 적절하게 충족되었는지를 반영한다. 만약 보상이 기대치에 미달할 경우, 구성원의 불만족은 증가한다.

Locke(1976)는 직무 만족을 "직무에 대해 느끼는 긍정적이거나 부정적인 태도"로 정의하며, 이를 측정하는 두 가지 접근법을 제시하였다.

[그림 2-16] 직무 만족

(1) 보편적 접근방식

직무에 대한 전반적인 정서적 반응을 통해 직무 만족 수준을 평가한다. 이는 "나는 내 직무에 만족한다." 또는 "나는 내 직무가 흥미롭다."라는 것과 같은 일반적인 감정을 측정하는 방식이다.

(2) 복합적 접근방식

직무를 구성하는 다양한 측면에 대한 태도를 개별적으로 평가한다. 주요 측면으로는 동료와의 관계, 작업조건, 직무 자체의 성격, 조직 정책과 절차, 보상(임금), 감독 스타일 등이 포함된다. 예를 들어, "직무의 난이도는 적절한가?" 또는 "보상이 공정하게 제공되고 있는가?"와 같은 구체적인 항목을 측정한다. 이와 같은 정의는 직무 만족이 단순히 감정적인 요소뿐만 아니라, 직무 환경, 보상 시스템, 직무 수행 결과에 대한 종합적인 평가를 포함하고 있음을 보여준다.

2. 직무 만족의 내재적 만족과 외재적 만족

직무 만족은 크게 내재적 만족(Intrinsic Satisfaction)과 외재적 만족(Extrinsic Satisfaction)으로 구분되며, 두 측면은 직무 만족의 본질적 이해에 필수적이다.

(1) 내재적 만족(Intrinsic Satisfaction)

내재적 만족은 직무 자체의 특성에서 비롯되는 만족감으로, 개인의 심리적 욕구와 직결된다.

1) 주요 요소

❶ 도전감: 직무 수행 과정에서 스스로 문제를 해결하거나 도전할 기회를 제공받는 것을 의미한다.

❷ 다양성: 직무 수행에서 반복적이고 단순한 작업보다는 다양한 업무를 경험할 가능성을 의미한다.

❸ 중요성: 자신의 업무가 조직과 타인에게 미치는 긍정적 영향을 인식하는 정도를 의미한다.

❹ 자율성: 업무 수행에 있어 독립적으로 의사결정을 내릴 수 있는 자유를 의미한다.

2) 예시

❶ 연구개발 직무를 맡은 직원이 스스로 새로운 기술을 탐구하며, 성취감을 느끼는 경우이다.

❷ 상담 업무를 맡은 직원이 자신의 도움이 고객의 문제 해결에 이바지했음을 느끼는 경우이다.

(2) 외재적 만족(Extrinsic Satisfaction)

외재적 만족은 직무와 관련된 외부적 보상이나 환경적 요인에서 비롯되는 만족감이다.

1) 주요 요소

❶ 보상: 적절한 급여, 상여금, 성과급 등 금전적 보상.

❷ 복리후생: 연차, 의료보험, 연금 등 종업원을 위한 제도적 지원.

❸ 작업 환경: 안전하고 쾌적한 근무 환경, 최신장비 지원.

❹ 승진 기회: 경력개발을 위한 명확한 승진 체계.

❺ 조직의 정책과 절차: 공정성과 투명성을 기반으로 한 운영 체계.

2) 예시

❶ 안정적인 급여 인상과 함께 제공되는 복리후생이 직원의 만족감을 높이는 경우이다.

❷ 조직 내 공정한 승진 기회가 제공되어 직원이 장기적으로 성장 가능성을 느끼는 경우이다.

3. 내재적 만족과 외재적 만족의 상호보완성

Locke(1976)는 내재적 만족과 외재적 만족이 서로 독립적이면서도 상호 보완적인 관계에 있다고 하였다. 내재적 만족은 직무에 대한 장기적인 동기부여와 심리적 몰입에 기여하며, 외재적 만족은 단기적 동기부여와 외부 환경에 대한 신뢰도를 강화하는 역할을 한다. 예를 들어, 도전적이고 흥미로운 업무(내재적 만족)를 주더라도 급여와 복지(외재적 만족)가 불공정하다고 느껴진다면, 전체적인 직무 만족은 감소할 수 있다. 반대로, 높은 보상이 주어지더라도 직무 자체가 단조롭다면 장기적으로 직무 만족에 부정적인 영향을 미칠 가능성이 있다.

(1) 직무 만족의 복잡성

직무 만족은 단순하지 않은 과업과 책임의 상호작용, 유인 체제, 보상 시스템 등 다양한 요소로 구성된다. 따라서, 연구자들은 직무 만족의 영향을 미치는 요인을 정의하고, 이를 측정하기 위한 기준을 다양하게 제시하였다(Milton, 1981).

(2) 직무 만족과 삶의 만족

직무 만족은 직무 내에서만 영향을 미치는 것이 아니라, 개인의 전반적인 삶의 만족도와 밀접한 관계를 맺는다. 직무 만족이 삶의 전반적인 감정 상태에 영향을 미친다. 이는 직장에서 느끼는 긍정적 경험이 개인의 일반적인 생활 만족으로 이어질 수 있음을 시사한다(Tait et al., 1989).

4. 직무 만족의 구성요소

직무 만족은 직무와 관련된 다양한 요인들로 구성되어 있으며, 이를 통해 조직 내 종업원의 만족도를 평가할 수 있다. Spector(1985)는 직무 만족을 구성하는 주요 요소를 다음과 같이 제시하였다.

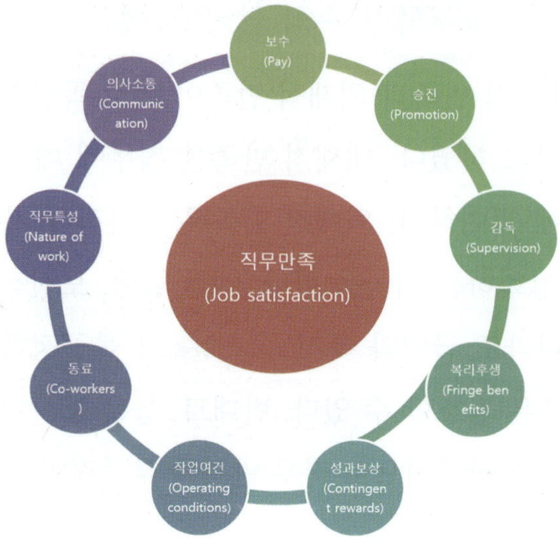

[그림 2-17] 직무 만족의 rntjd 요소

(1) 보수(Pay)

종업원이 직무를 통해 받는 급여 및 경제적 보상에 대한 만족도를 의미한다.

1) 세부 내용

❶ 급여 수준의 적절성과 공정성.

❷ 급여 인상 또는 성과에 따른 추가 보상의 제공 여부.

❸ 중요성: 종업원의 경제적 안정과 직무 동기부여의 핵심 요인으로 작용한다.

(2) 승진(Promotion)

직무 수행 과정에서 경력 발전의 가능성과 그에 대한 만족도를 의미한다.

1) 세부 내용

❶ 승진 기회의 공정성.

❷ 승진을 통해 제공되는 권한과 책임의 변화.

❸ 중요성: 종업원의 장기적 목표와 조직 내 성장 가능성을 나타내는 지표이다.

(3) 감독(Supervision)

상사와의 관계, 상사의 지도력, 지원 및 공정성에 대한 만족도를 의미한다.

1) 세부 내용

❶ 상사의 전문성 및 의사소통 능력.

❷ 종업원에 대한 공정한 대우와 적절한 피드백 제공.

❸ 중요성: 종업원과 조직 간 신뢰 관계를 구축하는 데 기여한다.

(4) 복리후생(Fringe benefits)

연금, 의료보험, 휴가 등 종업원이 직무를 통해 받는 비금전적 보상을 의미한다.

1) 세부 내용

❶ 다양한 복지 프로그램의 제공 여부.

❷ 복리후생의 질과 접근성.

❸ 중요성: 종업원의 직장 만족도를 높이고 이직률을 감소시키는 역할한다.

(5) 성과보상(Contingent rewards)

직무 성과에 따라 제공되는 보상과 그에 대한 만족도를 의미한다.

1) 세부 내용

❶ 성과를 정확히 평가하고 적절히 보상하는 체계의 유무.

❷ 성과보상의 공정성과 투명성.

❸ 중요성: 종업원의 동기부여와 생산성을 직접 자극한다.

(6) 작업 여건(Operating conditions)

직무를 수행하는 물리적 환경과 작업조건에 대한 만족도를 의미한다.

1) 세부 내용

❶ 안전하고 쾌적한 작업 환경 제공 여부.

❷ 작업 도구와 자원의 적절한 지원.

❸ 중요성: 작업 효율성을 높이고 스트레스를 줄이는 데 기여한다.

(7) 동료(Co-workers)

동료 간의 관계, 협력 수준 및 팀워크에 대한 만족도를 의미한다.

1) 세부 내용

❶ 동료의 지원과 상호 존중.

❷ 협력적인 조직 문화와 관계 형성.

❸ 중요성: 조직 내 소속감과 사회적 지지 강화한다.

(8) 직무 특성(Nature of work)

직무 그 자체의 성격, 도전성, 흥미 등에 대한 만족도를 의미한다.

1) 세부 내용

❶ 직무의 다양성과 자율성.

❷ 직무가 개인의 성장과 자기계발에 미치는 영향.

❸ 중요성: 종업원의 장기적인 동기부여와 직업 만족도에 핵심적 영향을 미친다.

(9) 의사소통(Communication)

조직 내 정보의 전달, 공유, 상호작용의 수준에 대한 만족도를 의미한다.

1) 세부 내용

❶ 조직의 정책, 목표, 절차에 대한 명확한 의사소통 여부.

❷ 상하 및 동료 간 원활한 정보 교류.

❸ 중요성: 조직 내 협업 촉진과 목표 달성에 필수적 요소이다.

5. 직무 만족과 고객 지향성의 관계

직무 만족은 종업원의 동기부여를 고취하며, 이는 직무 수행과 조직의 효과성에 긍정적 영향을 미친다. 특히, 서비스 조직에서는 직무 만족이 고객과의 접점에서 발생하는 서비스 품질, 고객 만족 및 유지율에 큰 영향을 미친다. 이는 기업의 성과 향상과도 직접 연결된다.

직무 만족과 고객 지향성은 서로 긴밀하게 연결되어 있으며, 하나의 요소가 다른 요소에 긍정적인 영향을 미친다. 종업원이 자신의 직무에 대해 만족감을 느낄수록 고객 지향적인 태도를 보일 가능성이 커지고, 그 결과 고객에게 제공되는 서비스의 품질이 향상된다. 직무 만족과 고객 지향성 간의 관계는 여러 연구에서 다양한 방식으로 분석되었으며, 이를 통해 다음과 같은 주요 관계를 도출할 수 있다.

(1) 직무 만족이 고객 지향성에 미치는 긍정적 영향

직무 만족은 종업원이 자신의 업무에 대해 느끼는 감정적 반응과 관련이 있다. 직무 만족이 높은 종업원은 자기 일에 대해 긍정적인 태도를 보이며, 고객과의 상호작용에서 더 높은 수준의 고객 지향성을 나타낸다. 직무에 대한 만족감이 높으면 종업원은 고객의 요구에 더 민감하게 반응하고, 고객의 기대를 초과하는 서비스를 제공하려는 노력을 기울인다.

[그림 2-18] 직무 만족과 고객 지향성의 관계

1) 자발적인 서비스 제공

직무 만족이 높은 종업원은 고객에게 자발적으로 더 나은 서비스를 제공하려는 경향이 있다. 이들은 자신의 업무를 중요하게 여기고, 고객을 만족시키기 위해 최선을 다한다.

2) 긍정적인 태도와 행동

직무 만족이 높을수록 종업원은 고객과의 상호작용에서 친절하고 협력적인 태도를 보이며, 고객 지향적 행동을 강화한다. 직무 만족이 높은 종업원은 고객의 요구를 더 잘 파악하고 이에 적절히 대응한다.

2 고객 지향성(Customer Orientation)

조직이나 개인이 고객의 요구와 기대를 이해하고, 이를 만족시키기 위해 노력하는 태도와 접근방식을 의미한다. 고객의 피드백을 적극적으로 반영하고, 고객 중심의 서비스를 제공하며, 장기적인 관계를 구축하려는 방향으로 활동한다.

1. 고객 지향성의 개념

고객 지향성은 고객이 원하는 욕구를 충족시키려는 기업과 종업원의 대고객 접근 자세를 의미한다. 이는 고객의 문제를 해결하고, 고객이 원하는 욕구를 빈영하는 마케팅적 개념에 뿌리를 두고 있다. 고객 지향성은 고객과의 상호작용을 통해 고객 만족을 실현하기 위해 서비스 제공자가 보이는 행동을 포함한다.

고객과의 상호작용 과정을 통해 고객 만족을 실현하기 위한 서비스 제공자의 고객 서비스 행동으로 정의된다(Saxe & Weitz, 1982). Hoffman & Ingram(1992)은 고객이 원하는 욕구를 충족시키려는 기업과 종업원의 대고객 접근 자세로 정의하고, 고객의 요구를 파악하여 경쟁자보다 효과적으로 고객의 요구를 충족시키는 활동을 수행함으로써, 서비스 경쟁 환경에서 고객과 장기적인 관계를 유지하는 경쟁우위를 창출하는 경영 철학적 행동이다(Narver & Slater, 1990).

[그림 2-19] 고객 지향성을 통한 고객 만족

(1) 고객 지향성의 긍정적 영향을 주는 요인

고객 지향성에 긍정적 영향을 미치는 요소로, 커뮤니케이션, 권한 강화, 조직 문화 등이 있다. 고객 지향성을 높이기 위해서는 종업원의 자발적 행동을 유발하는 것이 중요하며, 이를 위해 조직 내부의 지지와 지원이 필요하다. 고객 지향성이 효과적으로 확산하기 위해서는 종업원이 자발적으로 행동할 수 있는 환경과 지원이 중요하다(Williams & Attaway, 1996).

2. 고객 지향성의 중요성

고객 지향성은 기업의 수익성에 직접 영향을 미치는 필수적인 요소로, 고객의 요구를 정확하게 파악하고, 이를 충족시키는 우수한 서비스를 제공하는 데 중요한 역할을 한다. 고객 지향성의 주요 중요성은 다음과 같다.

(1) 고객의 욕구 예측

서비스를 제공하는 기업이나 종업원이 고객의 욕구를 예측할 수 있게 한다.

(2) 우수한 서비스 제공

고객 수요를 정확히 예측하고, 그에 맞춰 서비스를 제공한다.

(3) 고객 지향적 분위기 확산

고객 지향적인 조직 분위기를 확산시켜 종업원들이 고객 만족을 향상할 수 있다.

(4) 경쟁우위 확보

고객 만족을 통해 시장에서 경쟁우위를 점할 수 있다.

(5) 수익 증대

고객과의 긍정적인 관계 유지가 기업의 수익 증대에 직접적인 영향을 미친다.

고객의 욕구를 충족시키기 위해 고객 관점에서 사고하고, 고객의 목소리를 반영하여, 정확한 정보 제공 및 약속 이행을 통해 서비스 품질을 높이고, 이는 고객 만족과 기업 성과 향상으로 이어질 수 있다.

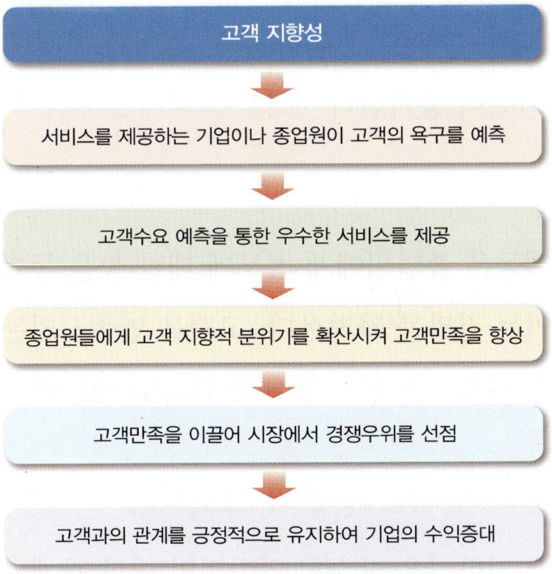

[그림 2-20] 고객 지향성의 긍정적 요소

3. 고객 지향성의 행동과 장기적인 관계

고객 지향적인 행동은 고객으로부터 자료를 수집하고, 이를 기업의 정보로 가공하여 고객의 요구에 맞는 전략을 개발하는 활동이다. 고객의 요구에 빠르게 응답하는 전략을 수행하면서 고객과의 장기적인 관계를 유지하고 상호 이익을 추구하는 방향으로 나아간다. 이는 서비스 기업의 경쟁우위를 확보하는 데 매우 중요한 요소로 작용한다.

4. 고객 지향성이 직무 만족에 미치는 영향

고객 지향성 또한 종업원의 직무 만족에 긍정적인 영향을 미칠 수 있다. 고객의 요구를 만족시키는 데 중요한 역할을 하며, 고객과의 긍정적인 상호작용이 종업원에게 직무 만족감을 줄 수 있다. 종업원은 고객의 긍정적인 반응과 만족을 통해 자신이 하는 일이 의미 있고 가치 있다고 느끼게 된다.

(1) 직무의 의미와 만족

고객의 긍정적인 피드백은 종업원에게 직무에 대한 자부심을 느끼게 하고, 그로 인해 직무에 대한 만족도가 높아진다. 고객과의 관계에서 보람을 느낄수록 직무에 대한 만족이 증가한다.

(2) 동기부여

고객 지향적인 행동은 종업원에게 직무에 대한 높은 동기부여를 제공하며, 직무 만족도를 높이는 결과를 가져온다. 고객을 만족시키는 경험은 종업원이 자신의 업무에 대한 만족을 느끼는 중요한 요소로 작용한다.

5. 직무 만족과 고객 지향성 간의 상호작용

직무 만족과 고객 지향성은 단순히 일방적인 영향 관계가 아니라 상호작용하는 관계를 형성한다. 종업원이 직무에 만족하고 자신의 역할을 긍정적으로 인식할수록 고객과의 상호작용에서 더 나은 성과를 낼 수 있다. 동시에 고객 지향적인 태도는 직무에 대한 긍정적인 피드백을 가져오고, 직무 만족을 더욱 강화한다.

(1) 긍정적인 순환

직무 만족이 고객 지향성에 영향을 미치고, 고객 지향성이 직무 만족을 향상하는 긍정적인 순환이 형성된다. 이 순환은 직무 만족이 높아지면 고객 지향성이 향상되고, 고객 지향성이 높아지면 직무에 대한 만족감이 더 커지는 효과를 가져온다.

6. 직무 만족과 고객 지향성의 영향 요인

직무 만족과 고객 지향성의 관계를 형성하는 여러 요인이 존재한다. 예를 들어, 보상과 인정은 직무 만족을 높이고, 직무 자율성이나 업무에 대한 지원은 고객 지향성을 향상할 수 있다. 또한, 조직 문화나 리더십 스타일도 종업원의 직무 만족과 고객 지향성에 큰 영향을 미친다.

(1) 보상과 인정

적절한 보상과 인정을 받는 종업원은 직무에 대한 만족이 높아지고, 고객 지향적인 태도를 더욱 발휘할 가능성이 크다.

(2) 업무 환경

쾌적한 업무 환경과 지원하는 조직 분위기는 직무 만족과 고객 지향성을 동시에 촉진할 수 있다.

직무 만족과 고객 지향성은 서로 밀접하게 연결되어 있으며, 직무 만족이 높을수록 고객 지향적 태도를 보이게 되고, 이는 서비스 품질향상으로 이어진다. 또한, 고객 지향적인 행동은 종업원에게 직무에 대한 자긍심을 주고,

직무 만족을 향상한다. 따라서 조직은 종업원의 직무 만족을 높이고, 고객 지향성을 강화하는 전략을 통해 두 가지 요소를 모두 향상할 수 있다. 이는 결과적으로 조직의 성과 향상과 고객 만족을 높이는 데 이바지할 수 있다.

학습활동

활동: 리더십과 동기부여

❶ 팀을 성과를 위한 리더십과 동기부여

팀의 유형을 찾고, 팀의 성과를 위해 리더십과 동기부여 방법을 구체적으로 작성하시오.

학습정리

- 서비스 수익 연결 모형(Service Profit Chain Model)은 서비스 품질과 고객 만족도를 통해 조직의 수익을 창출하는 중요한 전략적 모델이다.
- 서비스 수익 연결 모형은 고객 만족이 직원 만족도와 조직의 효율성을 증대시키고, 결과적으로 기업의 수익성을 높이는 과정을 설명한다.
- 인적자원 관리(HRM)는 조직이 효율적으로 목표를 달성하기 위해 인적자원을 전략적으로 관리하는 방식이다.
- HRM의 목적은 조직의 경쟁력을 강화하고, 직원들의 역량을 개발하여 서비스 품질을 향상하는 것이다.
- HRM의 주요 역할은 인재를 모집하고, 훈련하며, 이들의 직무 능력을 향상하게 하여 조직의 성과를 증대시키는 것이다.
- Pfeffer(1994)는 광범위한 교육 훈련, 참여적 직무설계, 정보공유, 선별적 채용, 고용보장, 성과연계 보상, 지위 격차 해소로 제시하였다.
- 고용관리는 조직의 목표를 달성하는 데 필요한 적합한 직무별 자질과 능력을 갖춘 인재를 채용하고 이를 효과적으로 관리하는 것을 의미한다.
- 인재 모집과 선발, 승진 등은 직무분석(Job Analysis)과 직무평가(Job Evaluation)를 통해 객관적이고 공정하게 이루어져야 한다.
- 직무분석은 직무에 관한 정보를 체계적으로 수집하고 분석하여, 직무의 세부 내용을 파악하고 각 직무를 수행하는 데 필요한 지식, 기술, 태도 등의 요건을 명확히 규명하는 활동이다.
- 직무평가는 조직의 목표를 달성하고 개인의 성과를 향상하기 위해 필수적인 과정이다. 직원의 업무 능력과 태도를 종합적으로 평가하여 인사관리와 성과관리의 기초 자료로 활용한다.
- HRD는 직원들이 조직의 목표에 맞는 역량을 개발할 수 있도록 지원하는 다양한 교육과 훈련 프로그램을 제공한다.
- 개인개발은 형식, 비형식, 무형식 등의 학습활동을 통한 개인의 성장과 발전을 촉진한다.
- 경력개발은 개인의 경력계획 수립과 조직의 경력관리 활동에 의한 개인 요구와 조직 요구를 조화시킨다.
- 조직개발은 조직 목표, 구조, 관리 체계 변화를 통해 개인, 집단, 조직의 활동과 성과를 촉진한다.
- 인적자원 개발 설계(HRD Design)는 조직 내 구성원의 역량 강화를 위해 체계적인 교육 및 개발 프로그램을 설계하고 실행하는 과정을 의미한다.
- 서번트 리더십은 리더가 자신의 이익보다 구성원들의 요구를 우선시하는 리더십 스타일이다.
- 상황적 리더십 이론은 리더가 특정 상황에 따라 그들의 리더십 스타일을 조정해야 한다는 이론이다.

- LMX 이론은 리더와 구성원 간의 관계가 조직 내에서 중요한 역할을 한다.
- 동기부여는 조직의 성과와 구성원의 개인적 발전을 이끄는 중요한 요소로, 업무에 대한 높은 집중력과 열정을 통해 효율적이고 창의적인 성과를 도출할 수 있게 만든다.
- 직무 만족(Job Satisfaction)은 개인이 자신의 직무를 평가하며, 느끼는 유쾌하고 긍정적인 감정 상태를 의미한다.
- 고객 지향성은 고객이 원하는 욕구를 충족시키려는 기업과 종업원의 대고객 접근 자세를 의미한다.

CHAPTER

03 고객 경험 관리

학습목표

3-1. 고객 경험 관리

3-2. 고객 경험 관리 프로세스 개발

3-3. 고객 경험 관리 개선 전략과 사례 분석

학습목표

3-1: 고객 경험 관리의 개념을 이해하고, 고객의 기대를 초과하는 경험을 제공하려는 방법을 설명할 수 있다.

3-2: 고객 경험 관리 프로세스를 개발하고, 이를 통해 고객 만족도를 높이는 방법을 설계할 수 있다.

3-3: 고객 경험 관리를 개선하기 위한 전략과 사례를 분석하고, 이를 통해 고객 충성도 향상과 경험 관리 전략을 도출할 수 있다.

3-1 고객 경험 관리(Customer Experience Management, CEM)

1 고객 경험 관리의 개념과 중요성

고객 경험 관리(CEM)는 고객의 모든 상호작용을 최적화하여 만족도를 높이고, 장기적인 고객 관계를 구축하는 전략으로, 기업의 경쟁력 강화와 고객 충성도 증가에 중요하다.

1. 고객 경험 관리의 개념

고객 경험은 고객이 브랜드와의 모든 접점을 통해 느끼는 감정, 인식 및 행동을 포함한 총합이다. 고객은 제품을 구매하기 전, 구매 과정 중, 그리고 구매 후까지 다양한 접점을 경험하며, 이 모든 경험이 결국 고객의 전반적인 만족도에 영향을 미친다(Meyer & Schwager, 2007). 따라서 고객 경험 관리의 목적은 고객이 이러한 경험을 통해 만족감을 얻고, 충성도를 구축하게 하여 기업의 장기적인 성공을 끌어내는 데 있다.

고객 경험 관리의 중요한 목표 중 하나는 고객 만족도 향상이다. 고객이 긍정적인 경험을 할수록 그들은 다시 해당 브랜드나 서비스를 선택할 가능성이 커진다. 또한, 고객 경험 관리는 고객 충성도 구축을 위한 필수적인 요소이다. 충성도는 반복 구매와 브랜드에 대한 긍정적인 입소문을 통해 기업 성장에 중요한 역할을 한다(Berry, 2002).

[그림 3-1] 고객 경험 관리를 위한 프로파일링

2. 고객 경험 관리의 목적

고객 경험 관리(CEM)의 목적은 고객이 브랜드나 서비스와 상호작용하는 모든 순간에서의 경험을 총체적으로 관리하고, 최적화하는 전략적 접근이다. 고객 경험은 제품이나 서비스의 품질뿐만 아니라 고객이 느끼는 감정적, 심리적 반응을 포함하며, 이러한 경험은 고객의 태도와 행동에 큰 영향을 미친다(Meyer & Schwager, 2007).

(1) 고객 만족도 향상

고객 만족은 고객이 기업의 제품이나 서비스를 사용한 후, 느끼는 긍정적인 감정의 총합을 나타낸다. 만족도가 높은 고객은 기업에 대한 신뢰와 긍정적인 태도를 가지며, 이는 장기적으로 고객 충성도로 이어질 가능성이 크다(Oliver, 1999). 또한, 고객 만족도는 기업의 경쟁력에 큰 영향을 미친다. 경쟁이 치열한 시장에서 고객의 경험이 중요한 차별화 요소가 되기 때문이다(Fornell et al., 1996).

고객 만족도 향상은 고객의 기대와 실제 경험 사이의 차이를 줄이는 것에서 시작된다. 기업은 고객의 요구를 파악하고, 그에 맞춰 제품과 서비스를 설계해야 한다. 고객이 기대하는 가치가 충족되면, 만족도가 증가하게 되며, 이는 반복 구매와 긍정적인 입소문을 생성한다(Lemon & Verhoef, 2016).

(2) 고객 충성도 구축

고객 충성도는 고객이 동일한 브랜드나 서비스를 반복적으로 선택하는 정도를 의미한다. 충성도 높은 고객은 장기적으로 기업에 지속적인 수익을 제공하며, 새로운 고객을 유치하는 데 중요한 역할을 한다(Dick & Basu, 1994).

충성도는 고객이 경험한 서비스의 질과 관계가 깊다. 고객은 자신의 기대를 초과하는 경험을 했을 때 충성도를 느끼고, 브랜드에 대한 애착을 형성한다(Jones & Taylor, 2007). 또한, 고객 경험 관리는 기업의 장기적인 전략적 목표를 달성하는 데 중요한 역할을 한다.

기업이 고객 경험을 잘 관리하면, 고객은 브랜드에 대해 긍정적인 이미지를 가지게 되어, 경쟁 업체의 제안에도 영향을 받지 않게 된다. 이는 고객이 브랜드를 선호하고, 가격보다 가치를 중시하는 행동을 유도할 수 있다(Schmitt, 2003).

고객 경험 관리는 단기적인 판매 증대에 그치지 않고, 고객과의 지속적인 관계 구축을 목표로 한다. 고객과의 관계는 단기적인 거래가 아니라, 지속적이고 깊은 연결을 통해 이루어지며, 이를 통해 기업은 고객의 평생 가치를 높일 수 있다(Payne & Frow, 2005).

고객 경험 관리의 목적은 바로 이러한 지속적이고, 긍정적인 관계를 통해 기업과 고객 간의 상호 신뢰를 쌓아가는 것이다. 따라서, 고객 경험 관리의 목적은 고객 만족도를 향상하고, 충성도를 구축하여, 장기적으로 기업의 수익과 성장을 증대시키는 것이다. 이를 통해 기업은 고객과의 지속적인 관계를 형성하고, 경쟁우위를 확보할 수 있다.

3. 고객 경험 관리의 중요성

고객 경험 관리는 기업의 지속적인 성장과 경쟁우위 확보를 위한 핵심 전략이다. 고객 경험을 효과적으로 관리하고, 최적화하는 과정에서 고객의 만족도와 충성도를 높이는 것이 가능해진다. 이는 고객이 기업에 대해 지속적인 신뢰와 애착을 두게 하여, 반복적인 구매와 입소문을 유도하는 긍정적인 결과를 가져온다(Meyer & Schwager, 2007).

기업이 고객 경험을 최적화하는 전략을 성공적으로 실행하기 위해서는 고객 여정 맵핑, 맞춤형 서비스 제공, 최신 기술 도입 등 다양한 방법을 활용해야 한다. 고객 여정 맵핑은 고객이 브랜드와 상호작용하는 모든 접점을 분석하여, 고객 경험을 최적화하고, 기술의 도입은 고객과의 상호작용을 효율적이고, 개인화된 방식으로 개선할 수 있게 해준다(Lemon & Verhoef, 2016). 이를 통해 기업은 고객과의 관계를 강화하고, 장기적인 성공을 달성할 수 있다.

경쟁이 치열하고 고도로 연결된 세계 시장에서, 고객 경험은 모든 유형의 비즈니스에서 중요한 차별화 요소가 되고 있다. 비즈니스의 최종 결실은 잠재 고객 생성, 전환, 장기적인 브랜드 충성도로 이어지며, 고객 또한 풍부한 맞춤 경험과 높은 만족도, 브랜드와의 수익성 높은 관계로 확보할 수 있다(Bernd, 2004),

❶ 고객에 대한 깊은 이해가 가능하다.

❷ 고객 충성도 및 재방문 유도가 가능하다.

❸ 경쟁우위 확보가 가능하다.

❹ 주도권(Initiative)의 성공 여부 측정이 가능하다.

4. 고객 경험 관리의 여섯 가지 효과

서비스를 제공하는 기업에서 가장 두드러지고 또 널리 사용되는 고객 경험 관리 기법이라고 해서 반드시 최선은 아니다. 많은 기업이 설문 조사나 인터뷰를 통해 고객들로부터 피드백을 수집하고 있다. 이는 가장 널리 보급된 고객 경험 관리 관행이라고 할 수 있다. 그러나 이러한 피드백이 실제 고객 경험 관리에 효과적이라고 생각하는 응답자는 42%에 불과하다.

고객 피드백을 수집하는 일은 쉽지만, 그것을 제대로 활용하는 일은 어렵다. 그러나 선진 기업들은 고객 경험 개선을 위해 어려운 과제에 도전하는 것을 두려워하지 않는다. 이들이 사용하는 기법과 원칙을 자세히 살펴봄으로써 고객 경험 관리에 관한 여섯 가지 교훈을 얻을 수 있다.

❶ 고객 중심문화를 조성하라.

❷ 고객의 관점에서 생각하라.

❸ 경영자도 직접 고객 경험을 이해하고 관리하라.

❹ 다양한 채널과 데이터를 효율적으로 활용하라.

❺ 고객 경험 관리를 위한 분석 기술을 활용하라.

❻ 고객 경험 관리 성공 기준을 설정하고 강화하라.

5. 고객 경험 관리의 사례 분석

고객 경험 관리(CEM)는 기업이 고객과의 모든 접점에서의 경험을 철저히 관리하여 고객 만족도를 향상하고, 충성도를 구축하는 데 중점을 둔다. 성공적인 고객 경험 관리의 대표적인 사례로 애플(Apple)과 스타벅스(Starbucks)를 들 수 있다. 두 기업은 고객과의 상호작용에서 우수한 경험을 제공하여, 고객 충성도를 높이고 지속적인 성장을 이끌어내고 있다.

(1) Apple: 경험 중심의 매장 설계

1) Apple은 고객 경험을 최적화

매장 방문 시 고객의 경험을 철저히 관리하고 있다. Apple Store는 단순히 제품을 구매하는 장소가 아니라, 고객이 브랜드와 깊은 상호작용을 할 수 있는 경험의 공간이다.

Apple Store에서는 고객이 직접 제품을 체험할 수 있으며, 매장 내에서는 전문가가 상주하여 고객의 질문에 즉각적으로 대응한다. 이러한 경험은 고객에게 제품의 사용법을 잘 이해시킬 뿐만 아니라, 개인화된 고객 서비스를 제공함으로써 고객이 브랜드와의 관계에서 긍정적인 감정을 형성하게 만든다(Shaw, 2012).

[그림 3-2] 고객 경험 중심 설계

2) Apple의 고객 경험 관리 전략

고객의 감정적 반응을 중요시한다. 고객이 직접 제품을 만져보고, 경험하면서 얻는 감동적인 순간이 Apple의 차별화된 서비스의 핵심이다. 이러한 경험은 고객이 Apple 제품을 다른 브랜드와 비교할 때 더욱 긍정적인 평가를 하도록 유도한다.

고객이 브랜드와 상호작용할 때 정서적 연결을 만드는 것이 고객 충성도를 강화한다(Meyer & Schwager, 2007). 이와 같은 Apple의 접근은 고객에게 신뢰감을 주고, 고객 충성도를 향상했다.

(2) Starbucks: 고객 맞춤형 서비스

1) Starbucks는 고객 맞춤형 서비스 제공

고객 경험을 향상한 대표적인 사례이다. Starbucks는 고객의 취향을 반영한 음료를 제공하기 위해 다양한 메뉴 옵션을 제공하며, 이를 통해 고객에게 개인화된 경험을 제공한다.

Starbucks는 모바일 애플리케이션을 통해 고객이 간편하게 음료를 주문하고 결제할 수 있도록 하여, 고객의 편리함을 증대시킨다. 이러한 기술적인 도입은 고객이 매장에서 기다리는 시간을 줄이고, 주문 과정에서의 스트레스를 완화하는 효과가 있다(Sweeney & Soutar, 2001).

[그림 3-3] 고객 경험 중심 설계

2) Starbucks의 성공적인 고객 경험 관리 전략

고객이 느끼는 가치를 중심으로 한다. 고객은 자신만의 맞춤형 서비스를 받을 때 브랜드에 대한 소속감을 느끼며, 이는 고객 만족도를 증가시키고 다시 방문할 이유를 만든다(Schmitt, 2003).

고객이 Starbucks 애플리케이션을 통해 주문과 결제를 간편하게 할 수 있다는 점은 기술적 혁신을 통한 경험 향상으로 볼 수 있다. 이는 고객 경험을 효율적으로 관리하고, 고객의 일상에 자연스럽게 녹아드는 요소를 제공한다.

(3) 미용 서비스: 경험 중심의 고객 서비스 관리

1) 미용실에서의 고객 경험 최적화

미용 서비스업에서도 고객 경험을 최적화하기 위해 경험 중심의 섭근방식이 적용될 수 있다. 예를 들어, 유명한 미용실에서는 고객에게 단순히 미용 서비스를 제공하는 것뿐만 아니라, 고객이 방문하는 동안의 모든 경험을 중요하게 관리한다.

고객은 미용실에 방문할 때 스타일링을 받기 전에 차 한 잔을 제공받거나, 서비스의 하나로 맞춤형 상담을 받을 수 있다.

2) 개인화된 서비스 제공

고객이 선호하는 스타일이나 필요에 맞춘 상담을 통해, 고객은 자신만의 맞춤형 서비스를 경험할 수 있다. 미용사는 고객의 머리 상태, 피부 톤, 취향을 고려하여 헤어 스타일과 컬러 등을 제안하고, 이러한 개인화된 접근은 고객의 만족도를 높이고, 미용실에 대한 충성도를 강화한다.

3) 편안한 분위기와 감각적인 공간

미용실의 분위기와 공간 설계 역시 고객 경험의 중요한 요소로 작용한다. 조명, 인테리어, 음악 등은 고객이 편안하게 느낄 수 있도록 고려되어야 하며, 이는 고객이 미용실에서 보내는 시간 동안 더욱 긍정적인 감정을 형성하게 만든다. 고객은 미용실에서의 경험을 단순히 서비스로 인식하는 것이 아니라, 힐링과 같은 특별한 순간으로 느끼게 된다.

4) 서비스 후 지속적인 관계 유지

미용 서비스에서 고객 경험을 지속적으로 관리하는 방법으로는 후속 관리가 있다. 고객이 서비스 후에 미용실을 떠날 때, 해당 스타일이나 관리 방법에 대한 팁을 제공하거나, 필요할 때 후속 예약을 받는 등 지속적인 관계를 유지할 방법을 고려한다. 또한, 고객의 피드백을 적극적으로 반영하여 매번 새로운 경험을 제공하는 것도 중요하다.

(4) 학문적 이론을 통한 분석

Apple과 Starbucks의 사례에서 볼 수 있듯이, 고객 경험 관리의 핵심은 고객 맞춤형 서비스 제공과 기술의 효율적 도입이다. 이러한 전략들은 고객의 감정적 연결을 중시하며, 고객의 니즈를 충족시키기 위한 노력을 기반으로 한다.

고객 경험을 통해 고객의 기대를 초과하는 가치를 제공하는 것이 기업의 장기적인 성공에 필수적이다. 고객 경험이 고객 충성도에 미치는 영향은 여러 연구에서 강조되었으며, 고객 경험이 만족도 및 충성도에 큰 영향을 미친다는 점은 다양한 연구결과에서 나타난다(Lemon & Verhoef, 2016). 고객 경험이 긍정적일수록 고객은 브랜드에 대해 더 높은 충성도를 보이며, 이는 기업의 지속 가능한 경쟁력을 제공한다.

Apple과 Starbucks는 고객 경험 관리를 통해 고객의 기대를 초과하는 경험을 제공하며, 그 결과 고객 충성도와 만족도를 높이는 데 성공한 대표적인 기업들이다. 이들은 고객 맞춤형 서비스와 기술적 도입을 통해 고객의 요구를 충족시키고, 고객 경험을 최적화하여 장기적인 성공을 끌어내고 있다.

3-2 고객 경험 관리 프로세스 개발

① 고객 경험 관리의 프로세스와 개발

고객 경험 관리 프로세스는 고객의 요구를 분석하고, 최적의 경험을 설계하여 실행 후 피드백을 통해 지속적으로 개선하는 과정이다.

1. 고객 경험 관리의 프로세스

고객 경험 관리(CEM) 프로세스를 효과적으로 개발하기 위해서는 고객 여정 맵핑이 중요한 역할을 한다. 고객 여정 맵핑은 고객이 브랜드와 상호작용하는 모든 접점을 시각적으로 분석하고, 각 단계에서의 경험을 최적화하는 과정이다.

고객 여정 맵핑을 통해 기업은 고객이 브랜드와 상호작용하는 동안 어떤 감정적 반응을 보이는지 또는 어떤 문제를 겪고 있는지를 파악할 수 있다. 이를 바탕으로 고객 경험을 개선하고, 긍정적인 경험을 제공할 기회를 찾는 것이 가능하다(Rawson et al., 2013).

2. 고객 경험 관리를 위한 개발 도구

고객 경험을 관리하고 최적화하기 위한 전략적 도구에는 CRM 시스템과 고객 피드백 시스템이 포함된다. CRM 시스템은 고객과의 상호작용을 기록하고, 분석하여 고객 맞춤형 서비스를 제공하는 데 중요한 역할을 한다.

CRM 시스템은 고객의 이전 구매 이력, 선호도, 문제 해결 기록 등을 추적함으로써 기업이 개별고객의 요구를 정확히 이해하고, 맞춤형 서비스를 제공할 수 있게 해준다. 이 시스템을 통해 기업은 고객의 행동을 분석하고, 고객에게 적합한 서비스를 제시하여 고객 만족도를 증가시키는 데 기여한다(Payne & Frow, 2005).

CRM 시스템의 고객 데이터 분석 기능은 고객의 선호도와 행동 패턴을 파악하고, 이를 바탕으로 맞춤형 마케팅 전략을 개발하는 데 유용하다. 이를 통해 기업은 고객과의 관계를 보다 개인화된 방식으로 관리하고, 고객의 충성도를 증대시킬 수 있다(Peppers & Rogers, 2011).

3. 고객 여정 맵핑(Customer Journey Mapping)의 개념

고객 여정 맵핑은 고객이 브랜드와 상호작용하는 모든 접점을 시각적으로 나타내고, 고객이 경험하는 감정적, 심리적 반응을 분석하는 과정이다. 고객 여정 맵은 고객이 브랜드와 처음 접촉하는 순간부터, 제품이나 서비스를 사용하고, 그 후 경험을 평가하는 모든 단계를 포함한다. 이 과정에서 기업은 고객의 기대와 실제 경험을 비교하고, 고객이 겪는 문제점이나 불편함을 식별하여, 이를 개선할 방법을 찾아낸다. 고객 여정 맵핑을 통해 고객 경험을 최적화하고, 각 접점에서 긍정적인 경험을 창출하는 데 도움을 준다(Rawson et al., 2013).

[그림 3-4] 고객 여정 맵핑

4. 고객 여정 맵핑의 활용방법

(1) 고객 접점 식별

고객 여정 맵을 작성하기 위해서는 우선 고객이 브랜드와 상호작용하는 모든 접점을 식별해야 한다. 고객 접점은 물리적 매장 방문, 온라인상의 웹사이트 방문, 고객 서비스와의 연락 등 여러 가지가 있을 수 있다. 각 접점에서 고객이 경험하는 감정과 행동을 세밀히 분석하는 것이 중요하다.

(2) 고객의 감정 분석

각 접점에서 고객이 어떤 감정적 반응을 보이는지 분석한다. 예를 들어, 고객이 제품을 구매하기 위해 매장을 방문했을 때, 긍정적인 경험을 하는 경우와 불편함을 느끼는 경우를 구분하여 이를 시각화한다. 감정의 변화에 따라 고객의 경험을 최적화할 방법을 모색할 수 있다.

(3) 문제점 및 기회 도출

고객 여정 맵핑을 통해 고객이 겪고 있는 문제점을 발견할 수 있다. 이를 통해 문제를 해결할 기회를 찾고, 고객 경험을 향상하기 위한 개선점을 도출한다. 또한, 고객이 느끼는 불편함을 줄이는 과정에서 고객 만족도와 충성도를 높일 수 있다.

(4) 구체적인 고객 여정 단계 구분

고객 여정은 보통 인지 단계, 구매 고려 단계, 구매 후, 경험 단계로 나뉜다. 이 각 단계에서 고객이 겪는 경험을 구체적으로 분석하고, 각 단계에서 고객을 지원할 수 있는 맞춤형 서비스를 제공한다.

(5) 직원 교육 및 프로세스 개선

고객 여정 맵핑을 통해 직원 교육과 내부 프로세스 개선이 가능하다. 고객 여정에 대한 이해를 바탕으로 직원들이 각 접점에서 어떻게 고객을 응대할지, 그리고 서비스 품질을 어떻게 향상하게 할지를 정의할 수 있다.

5. 고객 여정 맵핑의 사례

(1) 에어비앤비(Airbnb)의 고객 여정 맵핑

Airbnb는 고객 여정 맵을 활용하여, 고객이 처음 숙소를 검색하고 예약하는 과정, 숙박을 마친 후, 후기를 남기는 과정까지의 전반적인 경험을 분석했다. Airbnb는 고객이 겪는 불편함이나 혼란을 해결하기 위해 각 접점에서의 문제를 개선하고, 개인화된 경험을 제공하는 방법을 모색했다.

예를 들어, 숙소 예약 시 고객이 겪을 수 있는 불편한 점을 줄이기 위해, 숙소 정보와 고객의 요구사항을 더 잘 매칭시킬 수 있는 시스템을 도입하였다. 이로 인해 고객의 만족도가 향상되었고, 재방문율도 증가했다(Homburg et al., 2017).

[그림 3-5] 고객 여정 분석

(2) 아마존(Amazon)의 고객 여정 맵핑

Amazon은 고객이 웹사이트에서 검색부터 구매 후, 배송 과정까지의 모든 단계를 세밀하게 분석하여 고객 경험을 최적화했다. 고객이 상품을 찾는 과정에서 직면할 수 있는 문제점을 해결하기 위해 추천 시스템을 강화하고, 결제 과정의 단순화를 진행했다.

Amazon은 고객이 경험하는 각 단계를 쉽게 이해하고, 고객이 느끼는 만족감을 최대화하는 전략을 취했다. 이로 인해 고객의 구매 전환율과 충성도가 증가했다(Brynjolfsson & Rahman, 2013).

(3) Sephora의 고객 여정 맵핑

Sephora는 오프라인 매장과 온라인 쇼핑몰의 고객 여정을 통합적으로 관리했다. 고객은 온라인에서 제품을 검색하고, 매장에서 직접 체험하거나 모바일 앱을 통해 구매할 수 있다. Sephora는 이러한 여러 접점에서 고객이 필요로 하는 정보나 서비스를 제공하여 고객 경험을 향상했다.

고객 여정 맵핑을 통해 고객이 제품을 선택하는 과정에서 어려움을 겪지 않도록 매장 내에서의 경험을 보다 직관적으로 개선하였다. 이를 통해 고객의 만족도와 재방문율을 증가시킬 수 있다(Blattberg, et al., 2008). 고객 여정 맵핑은 고객이 브랜드와 상호작용하는 모든 접점을 분석하고, 이를 최적화하는 중요한 도구이다.

고객 여정 맵을 활용함으로써 기업은 고객의 감정적 반응과 경험을 세밀하게 이해하고, 고객이 겪는 문제를 해결할 기회를 찾을 수 있다. 성공적인 고객 여정 맵핑을 통해 기업은 고객 만족도와 충성도를 높일 수 있으며, 이는 지속적인 경쟁우위와 장기적인 성과로 이어진다.

6. 고객 피드백 시스템과 만족도 조사

고객 피드백 시스템과 고객 만족도 조사는 고객 경험을 향상하기 위한 중요한 도구이다. 고객 피드백 시스템은 고객이 경험한 서비스나 제품에 대한 평가를 실시간으로 수집하며, 기업이 빠르게 문제를 인식하고 대응할 수 있도록 돕는다. 이 시스템을 통해 기업은 고객의 불만이나 제안을 실시간으로 반영하고, 제품이나 서비스 개선에 활용할 수 있다.

고객이 자신의 의견이 존중받고 있다는 느낌을 받게 되면, 이는 고객에게 긍정적인 경험을 제공하며, 고객의 충성도를 높이는 데 기여한다(Fornell et al., 1996). 이러한 고객 피드백 시스템은 고객과 기업 간의 신뢰를 강화하고, 장기적으로 기업의 경쟁우위를 확보하는 데 중요한 역할을 한다.

(1) 고객 피드백 시스템의 주요 목적

고객의 피드백을 실시간으로 수집하고, 이를 바탕으로 기업이 빠르게 문제를 해결하는 것이다. 고객이 겪은 불편이나 문제점을 즉각적으로 파악하여 해결책을 제공함으로써, 기업은 고객 만족도를 향상할 수 있다. 또한, 이러한 시스템은 고객의 피드백을 기반으로 제품 개발 및 서비스 개선에 유용한 정보를 제공한다. 이 과정에서 기업은 고객의 불만을 해결하는 동시에, 고객 경험을 개인화하여, 고객 만족도를 높일 수 있다(Homburg et al., 2017).

(2) 고객 만족도 조사

고객의 경험에 대한 정량적 자료를 수집하고, 고객이 느끼는 가치를 구체적으로 측정하는 데 중요한 도구로 활용된다. 고객 만족도 조사는 고객이 기업의 제품이나 서비스에 대해 얼마나 만족하는지 평가하는 중요한 지표이다. 이 조사는 서비스 품질에 대한 고객의 인식을 파악하고, 기업이 고객의 기대를 어떻게 충족시키고 있는지를 분석하는 데 기여한다(Oliver, 1999).

고객 만족도 조사에서는 고객의 만족도 수준과 함께, 고객이 서비스에 대해 갖는 기대와 실제 경험의 차이를 확인할 수 있다. 이 데이터를 바탕으로 기업은 서비스 품질향상을 위한 전략을 수립할 수 있다. 고객 만족도 조사는 또한 서비스 품질향상과 고객 충성도 증대에 큰 영향을 미친다.

고객이 만족하지 못한 영역을 정확히 파악하고, 이에 대해 개선 조처를 함으로써 기업은 고객의 만족도와 재구매 의향을 높일 수 있다. 또한, 이러한 조사를 통해 얻은 고객의 피드백은 제품 개발 및 마케팅 전략에 중요한 기초 자료를 제공하며, 기업의 경쟁력 강화를 위한 지속적인 개선을 가능하게 한다(Kotler & Keller, 2012).

고객 피드백 시스템과 만족도 조사는 고객 경험을 개선하고 충성도를 높이는 데 중요한 도구이다. 고객이 브랜드와 상호작용하는 모든 접점에서 얻은 경험을 바탕으로 기업은 고객 맞춤형 서비스를 제공하고, 서비스의 문제점을 빠르게 개선할 수 있다. 이는 고객과 기업 간의 관계를 긍정적으로 강화하며, 장기적인 성과로 이어진다(Meyer & Schwager, 2007).

기업이 이러한 피드백 시스템을 적극적으로 활용하면, 고객의 만족도와 충성도는 증가하며, 결과적으로 기업의 지속 가능한 경쟁우위 확보로 이어진다.

7. 고객 경험 관리 프로세스 개발

(1) 제1단계: 고객의 경험 과정을 분석

기업이 고객 경험 관리를 수행하기 위해서는 무엇보다 고객의 경험 세계를 철저히 이해해야 한다. 고객이 과연 어떠한 경험 사이클을 가졌는지 정확히 알지 못한다면 고객가치를 높일 기회조차 얻을 수 없다(박정현, 2006).

고객의 경험 세계는 크게 3가지 차원으로 구분할 수 있다.

❶ 제품과 서비스 자체다. 고객은 제품과 서비스를 탐색, 구매, 사용하는 모든 단계에서 브랜드를 경험한다.

❷ 커뮤니케이션이다. 고객은 브랜드가 제공하는 수많은 커뮤니케이션 채널과 접하고 있다. 예컨대 인터넷 홈페이지, TV 광고, 모바일 광고, 길거리 판촉 등 다양한 접점에서 고객은 브랜드를 경험한다.

❸ 사람이다. 고객은 기업의 임직원, 매장 점원, 친구, 기타 주변 사람들을 통해 브랜드를 경험한다.

[그림 3-6] 고객 경험 과정 분석

기업은 이러한 경험의 3가지 차원을 바탕으로 구매 전 과정에서, 고객 접점을 파악해 목표 고객의 경험 요소들을 명확히 정의해야 한다. 특히 실제 생활에서 고객의 행동을 직접 관찰하는 참여 관찰법에 주목할 필요가 있다.

관찰을 통해 고객의 자연스러운 행동을 발견할 수 있으며, 제품의 오류를 개선할 기회를 얻을 수 있다. 다만 이러한 관찰에는 단순한 마케팅 조사의 관점이 아니라 문화인류학의 관점에서 고객과의 교감을 가질 수 있는 노력이 필요하다(박정현, 2006).

(2) 제2단계: 차별적 경험을 디자인

기업이 고객의 경험 세계를 정확히 분석했다면 경쟁사 대비 차별화된 경험을 창조해야 한다. 이를 위해서는 경험의 3가지 차원에서 고객 접점별로 고객의 기대와 실제 경험의 차이를 파악해 만족, 불만족 요인들을 간파한 후 경험의 우선순위를 매겨야 한다. 마지막으로 우선순위를 바탕으로 독특한 판매 경험(Unique Selling Experience; USE)의 조합을 구성해야 한다(박정현, 2006).

[그림 3-7] 차별화된 고객 경험

(3) 제3단계: 고객의 피드백을 반영

소비자의 참여 욕구가 더욱 거세지고 있다. 생산적 소비자를 일컫는 참여형 소비자(Prosumer; 프로슈머)를 넘어 최근에는 창조적 소비자(Cresumer; 크리슈머)라는 신조어가 생겨나는 것도 이러한 맥락이다.

기업은 고객의 의견과 경험에 대한 평가를 적극적으로 반영해야 한다. 고객을 참여시킴으로써 독특한 판매 경험에 대한 실효성과 매력도를 증대시켜야 한다. 기업은 고객 피드백을 적극적으로 반영해 그들의 공감대를 이끌어 낼 수 있다(박정현, 2006).

[그림 3-8] 크리슈머(Cresumer)

▶ 알아두기: 크리슈머(Cresumer)는 R&D, 생산 및 유통 등 기업의 프로세스 전 과정에 적극적으로 참여하는 소비자를 의미.

(4) 제4단계: 일관되고 통합된 경험을 제공

기업은 고객에게 제공하는 3가지 차원에서의 경험이 통합된 고객가치를 달성할 수 있도록 노력해야 한다. 다양한 접점을 통해서 고객 경험이 일관성 있게 제공되도록 기업 내부에서 경험의 질을 종합적으로 관리해야 한다.

일관된 경험이 제공되지 않으면, 다양한 접점에서의 경험이 오히려 잡음이 되어 기업이 의도했던 브랜드 메시지 전달이 실패할 수 있다. 유명 연예인 등을 통해 자사의 이미지를 차별화했던 TV 광고가, 현장에서 가격 파괴 등 과도한 판촉 행사로 인해 불일치한 이미지를 주는 경우다(박정현, 2006).

[그림 3-9] 고객 경험 관리 프로세스(자료 출처: IG 경제연구원, 2006)

기업이 일관되고 통합된 경험을 제공하기 위해서는 경험을 체계적으로 관리하기 위한 조직을 활용하는 것도 고려할 수 있다. HP는 통합된 고객 경험을 제공하기 위해 고객 경험 관리부서를 적극적으로 활용하고 있다.

고객 경험관리부서는 매년 전 세계 4만여 명의 고객을 대상으로 글로벌 고객 조사(Global Citizenship Survey)를 수행함으로써 고객들이 제품과 서비스를 사용하는 과정상 겪게 되는 문제점 등을 진단하고 있다.

고객 경험표준(Customer Experience Standards)이라 불리는 고객 경험관리를 위한 기업 활동의 지침을 마련함으로써 전 세계 9만5000여 명의 임직원이 이를 완벽히 숙지하도록 교육하고 있다(박정현, 2006).

3-3 고객 경험 관리 개선 전략과 사례 분석

1 고객 경험 관리 개선 전략

고객의 피드백을 반영하여 서비스 품질을 향상하고, 고객의 여정을 최적화하며, 개인화된 경험을 제공하고, 모든 고객 접점에서 일관된 경험을 유지하는 것을 목표로 한다. 이를 위해 직원 교육, 기술 도입, 데이터 분석 및 고객 맞춤형 솔루션을 활용할 수 있다.

1. 고객 맞춤형 서비스

고객 맞춤형 서비스는 고객의 개별적인 요구, 선호, 행동을 분석하여 맞춤화된 제품이나 서비스를 제공하는 전략이다. 고객 맞춤형 서비스는 고객이 개인적으로 원하는 경험을 제공하여 만족도를 증가시키고, 충성도를 높이며, 고객과의 관계를 강화하는 중요한 요소이다. 이는 고객 세분화와 관련이 있으며, 고객 데이터를 분석하여, 각 고객 세그먼트에 맞는 개인화된 경험을 제공한다(Smith & Colgate, 2007).

[그림 3-10] 고객 경험 프로세스 분석

예를 들어, Amazon은 고객의 구매 이력, 검색 기록, 그리고 제품에 대한 평가를 바탕으로 맞춤형 제품 추천을 제공한다. 고객은 이를 통해 쉽게 원하는 제품을 찾을 수 있고, 구매 전환율이 증가한다. 또한, Amazon은 개인화된 이메일 마케팅을 통해 고객에게 맞는 제품을 추천하고, 이를 통해 고객의 구매 경험을 더욱 개인화한다. Amazon의 개인화 서비스는 고객의 선호를 반영하여, 고객이 원할 만한 제품을 제시함으로써 고객의 만족도와 충성도를 증대시킨다(Homburg et al., 2006).

고객 맞춤형 서비스는 고객의 개별적인 경험을 중시하며, 고객의 요구사항을 정확히 이해하고 이를 반영한 제품 또는 서비스를 제공하는 것이다. 고객이 경험하는 서비스가 개인화되고 맞춤화될수록 고객은 자신이 존중받고 있다는 느낌을 받게 되어, 브랜드에 대한 충성도와 반복 구매율이 증가한다. 온라인 쇼핑몰과 같은 디지털 플랫폼에서는 더욱 효과적인 개인화 서비스 제공이 가능하다. 이와 같은 전략은 고객과의 관계를 강화하고, 고객이 브랜드와 더 깊은 관계를 형성하도록 도와준다.

2. 기술적 도입

기술적 도입은 디지털 기술을 통해 고객 경험을 개선하고 효율적으로 관리하는 전략이다. 기술적 혁신은 고객과의 상호작용을 개선하고, 효율적이고 빠른 서비스 제공을 가능하게 한다. AI(인공지능), 빅데이터 분석, 챗봇 등과 같은 기술들은 고객의 요구를 예측하고, 즉각적으로 대응할 수 있는 기능을 제공하여 고객 경험의 질을 향상시킨다(Lemon & Verhoef, 2016).

[그림 3-11] 고객 경험 기술 도입

예를 들어, 챗봇은 24시간 실시간으로 고객의 문의에 응답하고 문제를 해결할 수 있도록 돕는다. AI 기반의 챗봇은 고객의 질문에 대해 즉각적인 답변을 제공하고, 고객이 자주 하는 질문에 대해 자동화된 응답을 생성함으로써 대기 시간을 최소화한다. 이는 고객의 편의성을 높이고, 고객 만족도를 향상하는 중요한 도구로 작용한다. 챗봇의 활용은 고객이 겪는 불편함을 최소화하고, 서비스 품질을 개선하는 데 중요한 역할을 한다.

빅데이터 분석은 고객의 행동 패턴을 분석하고, 이를 바탕으로 고객의 선호도와 미래의 요구를 예측하는 데 유용하다. 기업은 고객의 구매 이력, 웹사이트 방문 기록, 소셜 미디어 활동 등을 분석하여 개인화된 마케팅 전략을 수립하고, 타겟팅 광고를 진행한다. 이러한 기술들은 고객의 경험을 개선하고, 고객에게 더 나은 서비스를 제공하는 데 중요한 기초 자료가 된다. 또한, AI는 고객의 의도를 빠르게 파악하고, 맞춤형 서비스를 제공하는 데 중요한 역할을 한다.

예를 들어, Amazon의 Alexa와 같은 음성 인식 기술은 고객의 요청을 빠르게 처리하고, 고객의 집안 환경을 개인화하여 고객이 편리하게 이용할 수 있도록 돕는다. AI 기반 추천 시스템은 고객의 취향에 맞는 제품을 제시하고,

이를 통해 구매 경험을 개인화하여 고객 만족도를 향상시킨다.

2 고객 경험관리의 사례 분석

고객의 요구와 피드백을 정확히 이해하고, 이를 통해 서비스나 제품을 개선함으로써 고객 만족도와 충성도를 높이는 데 있다. 분석을 통해 고객의 행동 패턴을 파악하고, 고객 여정을 최적화하며, 효율적인 마케팅 전략을 수립할 수 있다. 또한, 체계적인 분석은 문제 영역을 식별하고, 서비스 품질을 향상해 경쟁우위를 확보하는 데 중요한 역할을 한다.

1. 에이비스(AVIS) 렌터카 사례

에이비스(AVIS)는 1990년대 중반, 고객들이 자동차를 대여하는 전체 과정을 분석하여, 고객 경험을 개선한 성공 사례를 보여주었다. 이 회사는 고객의 자동차 대여 과정을 100단계로 세분화하고, 각 단계에서 발생할 수 있는 문제점을 철저히 분석하여 이를 집중적으로 개선하는 전략을 채택하였다.

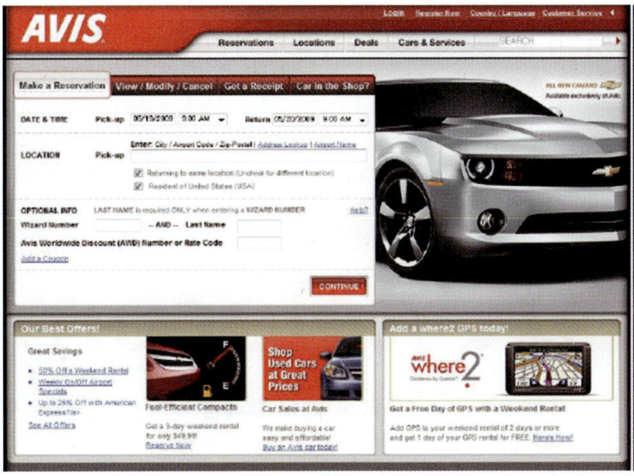

[그림 3-12] 에이비스(AVIS)

주요 개선 사항 중 하나는 회원 고객을 대상으로 공항 내 렌터카 신청 부스를 들르지 않고, 곧바로 차량을 배정받을 수 있는 서비스를 도입한 것이다. 이를 통해 대기 시간을 단축하고 편리함을 극대화하였다. 또한, 차량 반환 장소에 비행기 출발 시각을 확인할 수 있는 모니터를 설치함으로써, 고객이 비행기 탑승 시간을 효율적으로 관리할 수 있도록 지원하였다.

이러한 고객 중심의 서비스 혁신은 고객 만족도를 크게 향상했으며, 에이비스의 경쟁력을 강화하는 데 중요한 역할을 했다.

(1) 고객 경험관리를 통한 효과

❶ 빌리는데 걸리는 시간에 대한 고객의 불만을 해결하였다.

❷ 비행 출발 시각에 대한 스트레스를 해소하였다.

❸ 90년대 후반 고객 만족도 조사에서 업계 1위를 달성하였다.

2. SK텔레콤 사례 분석

SK텔레콤은 고객 관리에 새로운 패러다임으로 고객 경험 관리(CEM)를 도입하며, 대대적인 분위기 쇄신에 나섰다. 이는 기존의 고객 관계 관리(CRM)로는 고객에게 진정한 감동을 줄 수 없다는 판단에서 비롯되었다.

[그림 3-13] SK텔레콤

CRM이 기업의 목표 달성에 초점을 맞춘다면, CEM은 고객에게 감동적인 경험을 제공하는 데 주안점을 둔다. 이를 위해 고객이 서비스를 인지하는 순간부터 가입, 이용, 해지, 그리고 해지 이후에 이르는 모든 과정을 29개 구간으로 나누고, 각 구간에서 고객이 겪는 구체적인 경험을 117개로 세분화하였다.

SK텔레콤은 고객의 구체적인 경험을 심층적으로 파악하기 위해 임직원과 고객을 대상으로 심층 인터뷰를 진행했다. 또한, 경쟁사의 대리점과 다른 업종의 영업 매장을 관찰하여 고객이 SK텔레콤의 이동 통신 서비스를 접하는 시간, 장소, 상황 등을 분석하였다. 이를 통해 고객의 경험을 유형별로 정리하고, 고객이 기대하는 수준을 파악하는 데 성공하였다.

이처럼 고객의 실제 경험과 기대를 철저히 분석한 SK텔레콤의 노력은 고객 만족도와 서비스 품질향상을 위한 중요한 발판이 되었다.

(1) 고객 경험관리를 통한 효과

❶ 고객 경험관리가 효과를 나타내 고객에게 더 나은 경험을 제공하게 되어, 기존고객의 반복 구매를 상승하게 한다.

❷ 잠재 고객은 최초 구매를 유도할 수 있어, 결국 경영성과도 크게 개선될 것으로 기대한다.

3. 크리스피 크림 도너츠 사례 분석

크리스피 크림은 던킨도너츠 등 경쟁사와의 차별화를 위해 고객 경험을 철저히 분석하였다. 고객들이 단순히 새로운 맛의 도넛을 원하는 것뿐만 아니라, 제조 과정을 지켜보는 즐거운 구경거리와 같은 특별한 경험을 기대한다는 점을 파악하였다. 또한, 고객들이 제조 과정에서 위생상태에 대한 의구심을 가질 수 있다는 점도 확인하였다.

[그림 3-14] 크리스피 크림 도너츠

이를 바탕으로 크리스피 크림은 고객이 원하는 새로운 가치를 발굴하고, 이를 제공하는 데 집중하였다. 예를 들어, 달콤한 도넛, 도넛 체험, 그리고 즐거운 기다림이라는 독특한 판매 경험을 디자인하였다. 고객이 도넛 제조 과정을 매장에서 직접 볼 수 있도록 설계하였고, 대기 시간 동안 고객에게 무료 도넛을 제공하는 전략을 통해 자연스럽게 입소문 효과를 유도하였다. 이와 같은 고객 중심의 혁신적인 접근은 크리스피 크림이 경쟁사와 차별화된 브랜드 경험을 제공하는 데 기여하였다.

(1) 고객 경험관리를 통한 효과

1. 고객에게 도넛에 대한 생생한 경험을 제공하였다.
2. 고객이 우려하는 위생상태에 대해 해소하였다.
3. 고객에게 즐거운 기다림이라는 새로운 경험을 제공하였다.
4. 고객의 대기 중 무료 샘플 전략을 통해 입소문 효과를 확대하였다.
5. 2002년부터 2004년까지 2년간의 매출액이 2배 증가하였다.

3 고객 경험 지도(Customer Journey Map)

고객 경험 지도는 고객이 특정 서비스와 상호작용하는 과정을 시각적으로 표현한 도구로, 서비스 여정 전반에서의 문제점과 기회를 발견하는 데 사용된다. 고객의 관점에서 서비스 이용의 전 과정을 구조화함으로써 고객의 경험을 심층적으로 이해하고 개선점을 도출하는 데 중요한 역할을 한다 (Stickdorn & Schneider, 2010).

1. 고객 여정 지도의 구성요소

고객 여정 지도는 고객의 서비스 경험을 시간에 따라 구조화하여 단계별로 나타낸다. 주요 구성요소는 다음과 같다.

(1) 페르소나(Persona)

❶ 고객 경험 지도의 중심이 되는 가상의 대표 고객을 정의한다.

❷ 페르소나는 고객의 기본적인 인구통계학적 정보, 니즈, 목표를 포함하고 있다.

❸ 예: "25세 여성, 디지털 제품에 익숙하며 간편한 쇼핑 경험을 선호."

(2) 단계(Stage)

❶ 고객이 서비스와 상호작용하는 각 단계를 정의한다.

❷ 일반적으로 인지 → 탐색 → 구매 → 사용 → 사후관리로 구성된다.

❸ 각 단계에서 고객이 수행하는 행동과 경험을 기록한다.

(3) 행동(Action)

❶ 고객이 각 단계에서 수행하는 구체적인 행동을 나열한다.

❷ 예: "검색으로 브랜드 정보 조사", "리뷰 확인 후 제품구매 결정."

(4) 감정(Emotion)

❶ 각 단계에서 고객이 느끼는 감정을 기록한다.

❷ 긍정적 감정(기쁨, 만족)과 부정적 감정(좌절, 혼란)을 구분하여 표시한다.

❸ 감정 곡선(Emotion Curve)을 사용하여 시각적으로 표현하기도 한다.

(5) 접점(Touchpoint)

❶ 고객이 서비스와 상호작용하는 접점을 식별한다.

❷ 접점에는 온라인 플랫폼, 고객센터, 매장 등이 포함된다.

❸ 각 접점의 효과성과 고객 경험에 대한 영향을 분석한다.

(6) 문제점(Pain Point)

❶ 고객이 각 단계에서 직면하는 문제나 불편함을 명확히 정의한다.

❷ 예: "구매 페이지에서 결제가 자주 오류 발생", "배송 추적 정보 부정확."

(7) 기회(Opportunity)

❶ 문제점을 해결하거나 고객 경험을 개선할 가능성을 도출한다.

❷ 예: "더 직관적인 결제 프로세스를 설계", "실시간 배송 상태 업데이트 제공."

2. 고객 경험 지도의 작성 방법

(1) 고객 자료수집

❶ 고객 인터뷰, 설문 조사, 데이터 분석을 통해 고객의 행동과 경험을 구체적으로 기록한다.

❷ 정성적 데이터(고객 피드백)와 정량적 데이터(웹 트래픽, 판매 데이터)를 병합한다.

(2) 고객 여정 단계 정의

❶ 고객이 서비스를 이용하는 전 과정을 시간 순서에 따라 나눈다.

❷ 각 단계에서 고객이 경험하는 주요 사건과 상호작용을 정리한다.

(3) 지도 시각화

❶ 고객 경험을 시각적으로 표현하여, 쉽게 이해할 수 있도록 한다.

❷ 도식, 차트, 그래프 등을 활용하여, 각 단계의 행동, 감정, 접점을 명확히 나타낸다.

(4) 인사이트 도출

❶ 지도 분석을 통해 문제점과 기회를 도출하고, 개선 방안을 제시한다.

❷ 고객 경험 곡선을 통해 개선이 필요한 단계를 우선으로 확인한다.

(5) 팀 협업 및 실행 계획

❶ 팀과 공유하여 개선안을 논의하고, 실행 가능한 전략을 수립한다.

❷ 지속적인 피드백과 업데이트를 통해 고객 경험 지도를 발전시킨다.

3. 고객 경험 지도의 장점

❶ 고객 중심적 접근 강화: 고객의 관점에서 문제를 발견하고 해결할 수 있다.

❷ 문제 조기 발견: 서비스 이용 과정에서 고객이 겪는 불편함을 조기에 확인할 수 있다.

❸ 부서 간 협업 촉진: 다양한 팀이 고객 경험 개선이라는 공통의 목표를 공유하게 된다.

❹ 전략적 개선 지원: 고객 경험 분석 결과를 바탕으로 구체적이고, 실현 가능한 개선 전략을 수립할 수 있다.

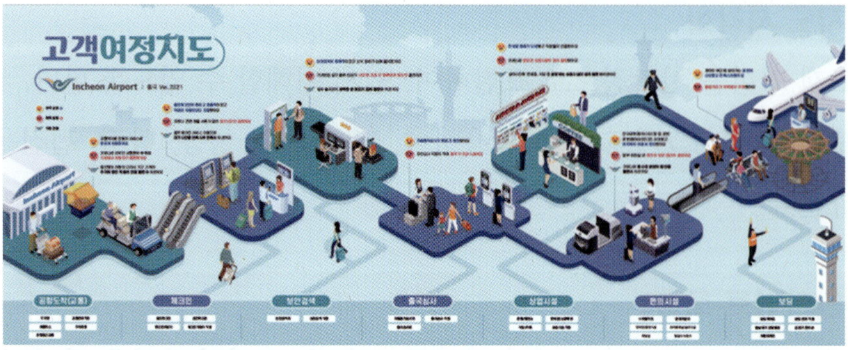

[그림 3-15] 고객 여정 지도 맵핑(자료 출처: 세계타임즈, https://m.thesegye.com/news/view/1065585410293738)

4. 고객 경험 지도 활용 사례(온라인 쇼핑몰 고객 여정)

(1) 인지(Stage: Awareness)

❶ 행동: 검색엔진을 통해 쇼핑몰 발견, SNS 광고 노출.

❷ 감정: 호기심, 기대.

❸ 문제점: 광고 내용이 명확하지 않아 클릭하지 않음.

❹ 기회: 더 매력적인 광고 카피 작성.

(2) 탐색(Stage: Exploration)

❶ 행동: 상품 카테고리 탐색, 리뷰 확인.

❷ 감정: 흥미, 신뢰 부족.

❸ 문제점: 페이지 로딩이 느림.

❹ 기회: 웹사이트 성능 최적화.

(3) 구매(Stage: Purchase)

❶ 행동: 장바구니 추가, 결제 완료.

❷ 감정: 만족, 약간의 불안(결제 안정성).

❸ 문제점: 복잡한 결제 과정.

❹ 기회: 결제 프로세스 단순화.

(4) 사용(Stage: Use)

❶ 행동: 배송 확인, 상품 사용.

❷ 감정: 만족 또는 불만족.

❸ 문제점: 배송 상태 추적 정보 부정확.

❹ 기회: 실시간 배송 추적 서비스 제공.

(5) 사후 관리(Stage: After-Service)

❶ 행동: 고객센터 문의, 상품 반품.

❷ 감정: 좌절(응답 지연 시), 만족(문제 해결 시).

❸ 문제점: 응답 시간이 느림.

❹ 기회: 채팅봇을 활용한 신속한 대응 제공.

5. 고객 경험 지표 기반 고객 경험 개선 체계

고객 경험 지표(Net Promoter Score; NPS)는 서비스 업체에서 고객의 추천 의사를 기준으로 고객 경험을 측정하고, 이를 개선하기 위한 핵심 도구이다. 고객 경험을 철저히 관리하기 위해서는 이슈 발생 시 신속한 대응과 중장기적 개선을 동시에 수행할 수 있는 체계를 구축해야 한다. 이를 위해 서비스 업체는 다음 세 가지 측면을 반드시 확보해야 한다.

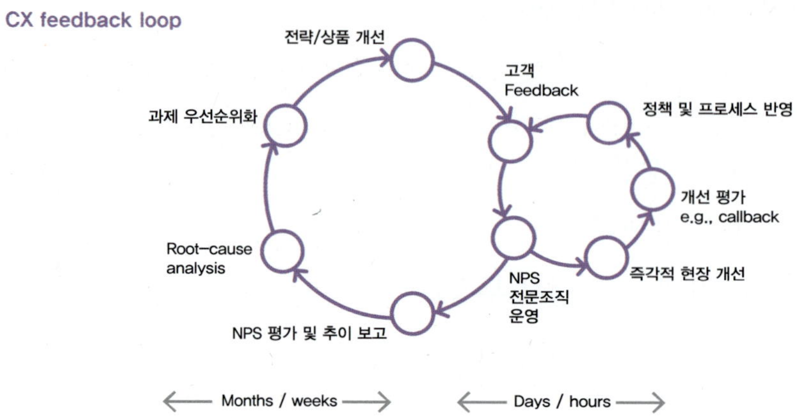

[그림 3-16] NPS 기반 고객 경험 개선

(1) 데이터 신뢰성 및 실시간성

신뢰할 수 있는 데이터를 실시간으로 수집하고 분석하는 체계를 구축해야 한다. 서비스 업체는 고객 피드백, 구매 내용, 서비스 사용 이력을 실시간으로 관리함으로써 문제를 신속히 파악하고 대응할 수 있다. 데이터의 정확성과 적시성은 고객 경험 개선에 있어 필수적이다.

(2) 현장 개선 프로세스

현장에서 발생하는 이슈들에 대해 직원들이 자체적으로 개선 방안을 도출하고, 즉각 반영하는 프로세스를 마련해야 한다. 서비스 업체는 현장에서 얻어진 성공 및 실패 사례를 데이터베이스화하여, 지속적으로 고객 경험 개선 역량을 강화할 수 있는 순환 구조를 만들어야 한다. 예를 들어, 매장에서의 대기 시간 감소 방안이나 고객 응대 방법 개선 등을 현장에서 즉각적으로 실행할 수 있다.

(3) 본사 차원 개선 프로세스

본사 차원에서 대응이 필요한 이슈에 대해서는 전사적인 전략 및 정책 변경, 서비스 프로세스 개선 등을 중장기적 과제로 전환하는 체계가 필요하다.

본사는 현장과의 통합된 연계를 통해 서비스 표준을 개선하고, 실행 매뉴얼을 업데이트하며, 모니터링 결과를 반영하여 장기적인 고객 만족도를 높이는 방안을 마련해야 한다.

(4) 이슈 분석을 위한 운영 체계

서비스 업체는 수집된 데이터를 바탕으로 고객 경험의 문제점을 체계적으로 분석할 수 있는 운영 체계를 갖추어야 한다. 고객 불만의 주요 원인을 파악하고 이를 분류하여, 중요도와 우선순위를 설정하고 해결책을 마련해야 한다. 예를 들어, 고객 피드백 분석을 통해 서비스 품질, 가격, 환경 등 주요 개선 영역을 식별할 수 있다.

(5) 이슈 해결 프로세스

발견된 문제를 신속히 해결하고 지속적으로 개선하는 프로세스를 마련해야 한다. 현장 개선 프로세스를 통해 현장에서 즉각적인 개선이 이루어지며, 본사 차원 개선 프로세스를 통해 본사가 장기적인 해결책을 제시함으로써 고객 경험 개선의 효과를 극대화할 수 있다.

NPS 기반 고객 경험 개선 체계는 서비스 업체가 현장 개선 프로세스와 본사 차원 개선 프로세스를 중심으로 신뢰성 있는 데이터, 체계적인 이슈 분석, 그리고 효과적인 문제 해결 프로세스를 구축하는 데 중점을 둔다. 이를 통해 서비스 업체는 고객 경험을 효율적으로 관리하고 개선하며, 고객 충성도를 높이고 장기적인 경쟁력을 확보할 수 있다.

학습활동

활동: 고객 경험 관리 전략 수립

❶ 시장의 페르소나를 선정하시오.

❷ 고객 여정 지도 등을 통해 시장의 문제와 개선 방향을 도출하시오.

학습정리

- 고객 경험은 고객이 브랜드와의 모든 접점을 통해 느끼는 감정, 인식 및 행동을 포함한 총합이다. 고객은 제품을 구매하기 전, 구매 과정 중, 그리고 구매 후까지 다양한 접점을 경험하며, 이 모든 경험이 결국 고객의 전반적인 만족도에 영향을 미친다.
- 고객 경험 관리(Customer Experience Management, CEM)의 목적은 고객이 브랜드나 서비스와 상호작용하는 모든 순간에서의 경험을 총체적으로 관리하고 최적화하는 전략적 접근이다.
- 고객 만족은 고객이 기업의 제품이나 서비스를 사용한 후 느끼는 긍정적인 감정의 총합을 나타낸다.
- 고객 충성도는 고객이 동일한 브랜드나 서비스를 반복적으로 선택하는 정도를 의미한다.
- 기업이 고객 경험을 잘 관리하면, 고객은 브랜드에 대해 긍정적인 이미지를 가지게 되어, 경쟁 업체의 제안에도 영향을 받지 않게 된다.
- 고객 경험 관리는 기업의 지속적인 성장과 경쟁우위 확보를 위한 핵심 전략이다. 고객 경험을 효과적으로 관리하고 최적화하는 과정에서, 고객의 만족도와 충성도를 높이는 것이 가능해진다.
- 고객 경험 관리(CEM) 프로세스를 효과적으로 개발하기 위해서는 고객 여정 맵핑이 중요한 역할을 한다.
- 고객 경험을 관리하고 최적화하기 위한 전략적 도구에는 CRM 시스템과 고객 피드백 시스템이 포함된다.
- 고객 여정 맵핑은 고객이 브랜드와 상호작용하는 모든 접점을 시각적으로 나타내고, 고객이 경험하는 감정적, 심리적 반응을 분석하는 과정이다.
- 고객 피드백 시스템과 고객 만족도 조사는 고객 경험을 향상하기 위한 중요한 도구이다. 고객 피드백 시스템은 고객이 경험한 서비스나 제품에 대한 평가를 실시간으로 수집하며, 기업이 빠르게 문제를 인식하고 대응할 수 있도록 돕는다.
- 고객 맞춤형 서비스는 고객의 개별적인 요구, 선호, 행동을 분석하여 맞춤화된 제품이나 서비스를 제공하는 전략이다.
- 기업이 고객 경험 관리를 수행하기 위해서는 무엇보다 고객의 경험 세계를 철저히 이해해야 한다.
- 기업이 고객의 경험 세계를 정확히 분석했다면 경쟁사 대비 차별화된 경험을 창조해야 한다.
- 소비자의 참여 욕구가 더욱 거세지고 있다.
- 기업은 고객에게 제공하는 3가지 차원에서의 경험이 통합된 고객가치를 달성할 수 있도록 노력해야 한다.
- 고객 맞춤형 서비스는 고객이 개인적으로 원하는 경험을 제공하여 만족도를 증가시키고, 충성도를 높이며, 고객과의 관계를 강화하는 중요한 요소이다. 이는 고객 세분화와 관련이 있으며, 고객 데이터를 분석하여 각 고객 세그먼트에 맞는 개인화된 경험을 제공한다.

- 기술적 도입은 디지털 기술을 통해 고객 경험을 개선하고 효율적으로 관리하는 전략이다.
- 기술적 혁신은 고객과의 상호작용을 개선하고, 효율적이고 빠른 서비스 제공을 가능하게 한다. AI(인공지능), 빅데이터 분석, 챗봇 등과 같은 기술들은 고객의 요구를 예측하고, 즉각적으로 대응할 수 있는 기능을 제공하여 고객 경험의 질을 향상시킨다.

CHAPTER

04 고객 관계 관리

학습내용

4-1. 고객 관계 관리

4-2. 고객 관계 관리 분석

4-3. 고객 관계 관리 전략

학습목표

4-1: 고객 관계 관리(CRM)의 개념과 중요성을 이해하고, CRM 시스템을 통해 고객과의 장기적인 관계를 유지하는 방법을 설명할 수 있다.

4-2: 고객 관계 관리 분석을 통해 고객의 행동 패턴을 파악하고, 데이터를 기반으로 고객과의 상호작용을 최적화할 수 있다.

4-3: 고객 관계 관리 전략을 수립하고, 이를 통해 고객의 만족도와 충성도를 증대시키는 방법을 제시할 수 있다.

4-1 고객 관계 관리(Customer Relationship Management, CRM)

❶ 고객 관계 관리의 개념과 필요성

고객 관계 관리(CRM)는 고객과의 지속적인 관계를 구축하고, 고객 만족도를 높이며, 장기적인 가치를 창출하는 전략이다. 이 시스템은 고객 데이터를 분석하여 맞춤형 서비스를 제공하고, 고객 충성도를 증대시킨다. CRM의 필요성은 고객 유지와 이탈 방지, 마케팅 효율성 증대, 기업 경쟁력 강화를 위해 필수적이다.

1. 고객 관계 관리(CRM)의 개념

고객 관계 관리(Customer Relationship Management; CRM)는 기존고객의 충성도를 높이는 데에 집중하고, 그로 인한 소개고객 유입을 강화하는 관리 전략이다. Gartner Group(2001)은 CRM을 신규고객을 획득하고, 기존고객을 유지하여 수익을 증대시키는 방법으로, 지속적 커뮤니케이션을 통해 고객의 행동을 이해하고, 영향을 주기 위한 광범위한 접근방법이다.

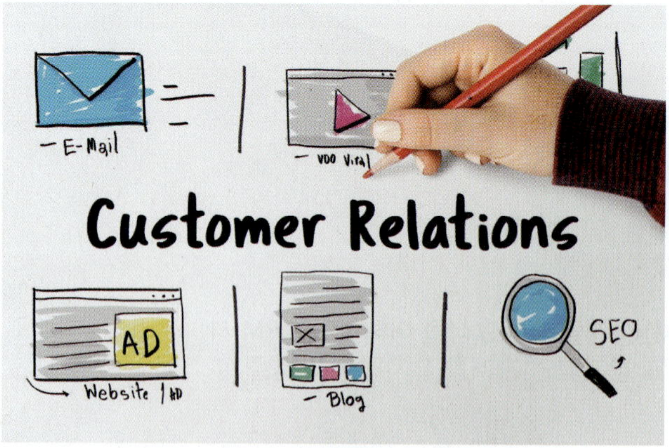

[그림 4-1] 고객 관계 관리

신규고객을 지속적으로 획득하고, 기존고객을 고정고객과 우량고객으로 확대해 나가야 기업이 성장해갈 수 있다. CRM의 측면에서는 고객을 효율적으로 관리하여, 고객 스스로 신규고객을 유치하고, 서비스를 제공하는 기업에 충성도를 높이며, 나아가 수익의 극대화를 꾀하고 기존고객의 이탈을 최소화하는 고객 관리 방법이다.

CRM의 목적은 고객의 요구와 행동을 분석하고, 이를 바탕으로 서비스를 개인화하여 고객의 가치를 극대화한다(Peppers & Rogers, 2016). 예를 들어, 아마존은 고객의 구매 이력, 검색 기록, 리뷰 등을 분석하여 개인화된 제품 추천 서비스를 제공한다. 이를 통해 아마존은 고객이 선호할 가능성이 큰 제품을 제시하고, 구매를 촉진한다. 이러한 방식은 CRM 시스템을 통해 이루어지며, 고객 경험을 개인화하고 향상하는 중요한 역할을 한다.

서비스는 무형의 상품을 제공하여, 수익을 창출하는 것이다. 자동차를 판매하는 기업의 경우 판매되는 자동차의 가격은 단순히 차량 가격이 아닌 무상 서비스를 제공하는 부대비용도 포함되어 있고, 각종 쿠폰, 영업사원의 수당과 관련 임직원의 급여, 제공되는 포인트 등의 대가도 포함되어 있다. 이처럼 자동차를 구매하면, 모든 것을 공짜로 제공해 주는 것 같지만 실상은 그렇지가 않다.

고객을 대상으로 제공되는 서비스가 공짜가 아닌 것처럼 고객이 기업에 돈을 내고 무언가를 구매했다면, 기업은 그에 따른 사후관리가 반드시 수반돼야 한다. 이는 기업은 고객들을 한 번만 상대하는 것이 아니기 때문이다. 그렇다면 기업에 100만 원의 매출을 제공한 고객과 1,000만 원의 매출을 제공한 경우, 제공되는 서비스가 같다면 고객의 관점에서 불만의 소지가 있을 것이다.

예를 들어, 1%를 포인트로 적립하여 추후 현금성으로 사용할 수 있게 해준다고 가정할 때, 100만 원의 1%와 1,000만 원의 1%는 적립된 금액이 다르지 않은가? 이런 의미에서 파레토의 2080의 법칙에서와 같이 상위 20%의 우수 고객들의 관리는 매우 중요한 일이라고 할 수 있다. 아울러 많은 매출을 가져다주는 고객에게 좀 더 많은 혜택과 서비스를 제공해 주는 것이 장기적인 안목에서 기업이 안정적으로 성장하는 데 있어 아주 중요한 버팀목 역할을 할 것이다.

2. 고객 관계 관리의 필요성

CRM은 분석 CRM과 운영 CRM으로 나눠 구분할 수 있다.

분석 CRM의 경우는 고객정보(개인정보 + 구매정보)를 DB로 구축하고, 이를 분석하여 광고나 프로모션에 이용하는 것이다. 예를 들면, 저장된 DB를 이용해 고객의 취향이나 구매 성향 등을 파악하여 선호도 높은 상품이나 서비스로 구성된 내용으로 안내장을 보낸다면, 고객은 관심 있는 내용이기 때문에 주의 깊게 볼 것이고 자연스럽게 구매로 이어질 것이다.

고객에게 제품의 필요성을 강조하여, 구매하도록 설득하는 것보다 고객의 호기심을 자극함으로써 고객이 자연스럽게 제품의 필요성을 느끼게 하고, 구매를 유도하는 것이 고객과의 관계 형성과 매출 증가를 이바지하게 될 것이다.

운영 CRM의 경우는 분석 정보를 바탕으로 고객 관리 프로그램을 운영하여, 고객 충성도에 영향을 미치는 것을 의미한다. 예를 들어, 고객정보를 바탕으로 판촉을 진행하거나, 상품과 서비스를 사용하는 데 의문이나 문제점, 사용방법 등을 유선상으로 알려주어 잘 활용할 수 있게 해주어 고객을 확대하고, 고객 충성도를 높이는 활동이다.

CRM을 통해 고객 관계 관리를 철저히 함으로써 고객의 만족도를 높여 충성도 높은 고객층을 확보하게 되고, 이로 인해 지속적인 재구매가 일어나게 하여, 더 안정적인 매출원을 확보하는 선순환적인 기업 활동이 가능해진다.

1) 기업의 판매전략 변천

❶ 1차 산업혁명(약 18~19세기, 증기기관 기반의 기계화 혁명, 경공업 중심)

↓ 수요가 공급을 초과하던 시기(생산자 중심 시대)

❷ 2차 산업혁명(19~20세기 초반, 전기 에너지 기반의 대량생산, 중화학공업 중심)

↓ 수요가 공급을 초과하던 시기(생산자 중심 시대)

❸ 1970년대(20세기 중후반, 3차 산업혁명, 컴퓨터와 인터넷 기반의 지식정보 혁명)

↓ 공급이 수요를 초과하던 시기(판매자 중심 시대)

❹ 1980년대

↓ 경쟁이 치열한 시기(마케팅 시대)

❺ 1990년대

↓ 고객과의 관계에 노력을 기울이는 시기(고객 관계관리 중심 시대)

❻ 2000년대(4차 산업혁명, 정보통신기술(ICT)의 융합으로 차세대 산업혁명)

↓ 고객 경험관리에 노력을 기울이는 시기(고객 경험관리 중심 시대)

[그림 4-2] 산업의 변화

4-2 고객 관계 관리 분석

1 데이터 마이닝과 고객 관리

데이터 마이닝은 대량의 데이터를 분석하여 숨겨진 패턴과 유용한 정보를 추출하는 기술이다. 고객 관리에서는 데이터 마이닝을 활용해 고객의 행동, 선호도, 구매 이력 등을 분석하여 개인화된 서비스와 맞춤형 마케팅 전략을 수립한다. 이를 통해 고객의 만족도와 충성도를 높이고, 이탈 방지와 재구매 유도를 효율적으로 할 수 있다.

1. 데이터 마이닝(Data mining) 분석

데이터 마이닝 기법은 고객의 인구통계학적 데이터 및 거래형태에 관한 데이터 분석기법을 통하여, 고객의 이탈 가능성을 예측하는 분석기법이다. 이를 통해 불량 고객 분석모형을 개발하고, 서비스 및 상품에 대한 고객지향화(Customization) 전략을 수립해야 한다.

고객지향화(Customization)는 주문에 따라 만듦 또는 고객 맞춤화를 의미한다. 고객의 취향을 파악하고 요구사항에 맞춘 상품 또는 적합한 맥락과 내용물 등을 고객의 취향에 맞추거나, 고객 스스로 자신의 선호정보를 입력하여 맞추는 것을 의미한다. 고객지향화 전략의 활용은 금융사, 백화점, 명품 업체 등에서 VIP 고객을 대상으로 적용하고 있다.

❶ 고객에 대한 수익성 향상 전략을 개발한다.

❷ 고객에 대한 보상전략을 개발한다.

2. 데이터 마이닝(Data Mining)

데이터베이스(DB)로부터 과거에는 알지 못했지만, 데이터 속에서 유도된 새로운 데이터 모델을 발견하여, 미래에 실행 가능한 정보를 추출하고 의사 결정에 이용하는 과정을 말한다. 즉, 데이터에 숨겨진 패턴과 관계를 찾아내어 광맥을 찾아내듯이 정보를 발견해 내는 것이다.

정보 발견은 데이터에 고급 통계분석과 모형화 기법을 적용하여, 유용한 패턴과 관계를 찾아내는 과정이다. 데이터베이스 마케팅(또는 분석 CRM)의 핵심기술이라고 할 수 있다. 예를 들어, 한 백화점에서 판매 데이터베이스의 데이터를 분석하여, 금요일 오전에는 어떤 상품들이 잘 팔리는가 또한, 팔리는 상품 간에는 어떤 상관관계가 있는가를 분석하여 이를 마케팅에 반영하는 것이다.

데이터 마이닝의 필수 요소는 신뢰도가 높은 충분한 자료이다. 이것은 신뢰도 높은 충분한 자료가 정확한 예견을 가능하게 하기 때문이다. 그러나 너무 많은 자료는 오히려 데이터 마이닝의 예견 능력을 떨어뜨릴 수 있으므로, 최적의 결과를 산출할 수 있는 의미 있는 자료의 확보가 필요하다. 주로 고객 관리에 중점을 두는 데이터베이스 마케팅 쪽으로 가고 있으므로, 데이터 마이닝의 발달은 급속히 이루어질 수밖에 없다.

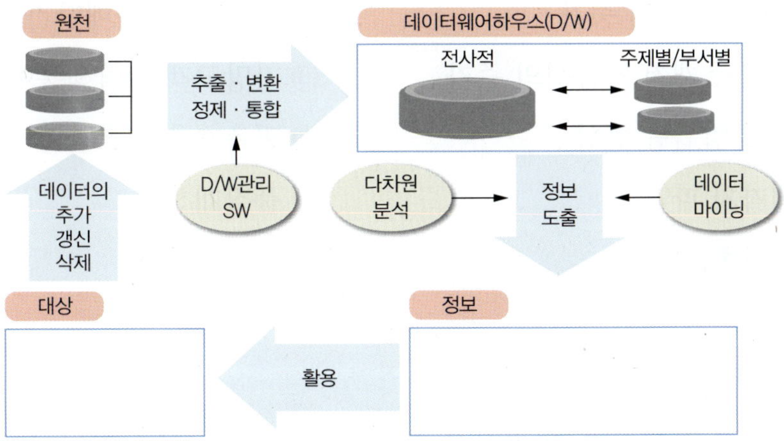

[그림 4-3] 데이터마이닝 작업 흐름도

(1) 데이터 마이닝의 과정

❶ 데이터베이스로부터 분석대상이 되는 데이터를 선별하는 과정(Data Selection)

❷ 선별된 데이터를 적절한 형태로 가공과 정제하는 과정(Cleaning, Transformation)

❸ 변환된 데이터에 마이닝 알고리즘을 수행하는 과정(Data Mining)

❹ 알고리즘의 결과를 재가공하고 기존의 지식과 통합하는 과정을 거치게 된다.

❺ 위의 과정을 거쳐 결과로 얻은 지식은 예측(Prediction)이나 분류(Classification) 모델을 만드는 것에 사용되기도 하며, 데이터베이스의 레코드들 사이의 연관성을 밝혀내기도 하고, 데이터베이스의 내용을 요약해 주기도 한다.

(2) 고객관리를 통한 기대효과

❶ 우수 고객의 유치

❷ 고객 이탈방지

❸ 잠재 고객에서 실 고객으로의 전환

❹ 고객충성도 증진

❺ 신규고객의 원활한 획득

❻ 교차판매(Cross-sell)의 기능

❼ 재구매(Re-sell)의 증가

❽ 판매액 및 판매단가의 증대

❾ 틈새시장 개척 가능성의 증가

❿ 가망고객의 탐색용이

⓫ 향상된 영업망 형성

⓬ 판촉효율증대

⓭ 고객가치 파악

⓮ 품질개선

⓯ 고객만족

3. 고객 관리의 방법

고객 관리를 함에 있어 여러 가지 방법이 있겠으나, 그중 하나로 고객을 등급별로 나누어 차별화된 관리가 필요하다. 예를 들어, 백화점과 은행의 경우 전체 고객 중 상위 20%가 전체 매출(예금)의 80%를 창출한다. 이처럼 상위고객 즉, VIP 고객에 대한 관리가 아주 중요하다는 이야기이다. 그렇다고 VIP가 아닌 고객을 소홀히 하라는 의미는 아니다.

경제학자 파레토의 2080의 법칙이 적용되지 않는 업종은 거의 없으리라 본다. 고객 관리를 할 때 상위등급의 고객에게 좀 더 특별한 서비스와 혜택을 부여하여 만족도를 높이고, 이를 통해 충성도 높은 고객층을 확보해야 한다. 또한, 일반 고객 중 상위등급으로 격상될 수 있는 고객을 파악하고, 등급이 상향될 수 있도록 유도함으로써 차별화된 서비스와 특별한 혜택을 경험하여 만족하는 고객의 수가 증가하도록 해야 한다.

"1명의 우량고객가치는 20명의 신규고객보다 크다."

❶ 고정고객 유지율 5% 증가하면, 업소의 이윤은 25%에서 최대 80%까지 증대된다.

❷ 신규고객의 유치에 따른 유지비용 절감효과를 기대하게 된다.

❸ 효율적인 고객 재방문 효과를 얻을 수 있다.

❹ 기존고객을 통한 높은 구전효과를 기대하게 된다.

❺ 고객 DB(Data base) 구축을 통한 마케팅 전략을 수립한다.

- 1:1 마케팅의 집중관리 및 특별관리가 가능하다.
- 고객의 기여도에 따른 꾸준한 혜택과 판촉을 할 수 있다.

❻ 보상관리서비스

"20%의 우수 고객들에 의해서 전체 매출 80%가 창출된다."

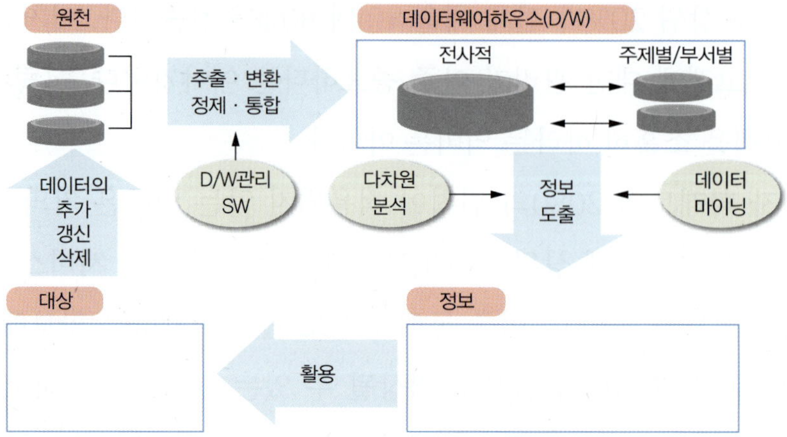

[그림 4-4] 2080 법칙 vs 롱테일 법칙

모든 고객을 VIP 고객 관리로 하기에는 시간과 비용이라는 효율성에서 문제가 된다. 그러므로 고객 데이터를 통한 효율적 관리가 필요하다. 즉, 신규고객, 고정고객, 우량고객, 충성고객으로 각각의 차별화된 전략이 필요하며, 고정고객은 우량고객으로 우량고객은 충성고객으로 올려줄 수 있는 고객 관리 방법을 사용하여야 한다.

2 고객 관계 관리 분석

고객 관계 관리 분석은 고객 데이터를 기반으로 고객 세분화, 생애 가치 예측, 이탈 분석 등을 통해 맞춤형 서비스를 제공하고, 고객 충성도를 높이며, 기업의 마케팅 전략을 최적화하는 과정이다.

고객 관계 관리에서 가장 중요한 분석방법의 하나는 고객 세분화, FRP 분석, CLV 분석 등이다. 이들은 고객의 특성과 행동을 파악하고 이를 바탕으로 맞춤형 서비스를 제공하는 데 유용하다.

1. 고객 세분화(Segmentation)

고객 세분화는 CRM 분석에서 중요한 도구로, 고객을 다양한 특성(예: 나이, 성별, 지역, 구매 패턴 등)으로 그룹화하여 각 그룹에 맞춘 마케팅 전략을 수립하는 방법이다(Kotler & Keller, 2016).

(1) 활용방법

스타벅스는 고객의 음료 선호도, 지역, 연령대 등을 분석하여, 각 고객군에 맞춘 맞춤형 마케팅을 진행한다. 예를 들어, 특정 음료를 자주 구매하는 고객에게는 할인 쿠폰을 제공하고, 시즌별로 다른 음료를 선보여 새로운 고객을 유치하는 전략을 사용한다. 이를 통해 고객 만족도와 충성도를 높이고 있다.

2. 수익 기여도 분석(Frequency, Recency, Monetary Analysis, FRP)

FRP 분석은 고객의 최근 구매 시점(Recency), 구매 빈도(Frequency), 구매 금액(Monetary)을 기준으로 고객을 분석하는 방법이다. 이 분석은 고객을 다양한 기준으로 세분화하여, 각 고객 그룹에 맞춘 마케팅 전략을 수립하는 데 유용하다.

(1) 활용방법

❶ 최근 구매 시점(Recency): 고객이 마지막으로 제품을 구매한 시점을 분석하여, 최근 구매한 고객을 대상으로 신속한 마케팅 활동을 진행할 수 있다. 예를 들어, 넷플릭스는 사용자가 최근에 시청한 콘텐츠에 따라 관련 콘텐츠를 추천한다.

❷ 구매 빈도(Frequency): 자주 구매한 고객을 대상으로는 높은 혜택을 제공하거나, VIP 프로그램에 참여하도록 유도한다. 예를 들어, 아마존은 자주 구매하는 고객에게 개인화된 프로모션을 제공한다.

❸ 구매 금액(Monetary): 많은 금액을 지출한 고객에게는 특별한 보상이나 프로모션을 제공하여 충성도를 높인다. 예를 들어, 패션 브랜드는 고액 구매 고

객에게 프리미엄 혜택을 제공하는 전략을 사용할 수 있다.

❹ 예시: 넷플릭스는 사용자의 최근 시청 기록을 바탕으로 맞춤형 추천 시스템을 운영하고, 또한 사용자가 자주 보는 장르를 바탕으로 콘텐츠 추천을 개인화한다. 이를 통해 고객 만족도를 높이고, 구독 유지율을 증가시킨다(Stone, 2009).

[그림 4-5] 고객 관계 관리 분석

(2) FRP 분석방법

1) 구매 시점(Recency) 분석방법

구매 시점(Recency)은 고객이 마지막으로 구매한 시점과의 시간 차이를 분석하여, 고객의 현재 상태를 파악한다. 최근에 활동을 많이 한 고객은 그만큼 관심이 있는 고객이므로, 이들에게는 신속한 마케팅 활동을 전개해야 한다.

(가) 분석방법

❶ 고객 데이터에서 마지막 구매일을 추출한다.

❷ 현재 날짜와 마지막 구매일의 차이를 계산하여 최근 구매 고객과 오래된 구매 고객을 구분한다. 예를 들어, 고객이 마지막으로 구매한 날짜가 30일 이내인 고객은 "최근 구매 고객", 30일 이상 지난 고객은 "오래된 고객"으로 분류할 수 있다.

(나) 예시

넷플릭스는 사용자가 최근 시청한 콘텐츠를 분석하여, 이를 기반으로 유사한 콘텐츠를 추천한다. 이 방식은 고객이 최근에 시청한 콘텐츠를 기준으로 빠르게 맞춤형 추천을 제공하여, 고객의 관심을 끌고 구독 유지율을 높이는 전략이다.

(다) 활용

고객이 최근에 어떤 장르의 콘텐츠를 시청했는지 분석하고, 이와 관련된 새로운 콘텐츠나 관련 시즌을 추천하여 고객의 재방문을 유도한다.

2) 구매 빈도(Frequency) 분석방법

구매 빈도(Frequency)는 고객이 얼마나 자주 구매하는지를 분석한다. 자주 구매하는 고객은 브랜드 충성도가 높고, 이들을 대상으로 하는 프로모션은 더 큰 효과를 가져올 수 있다.

(가) 분석방법

고객의 구매 이력에서 일정 기간(예: 1개월, 3개월)의 구매 횟수를 집계한다.

높은 빈도의 고객을 충성고객으로 분류하고, 낮은 빈도를 보인 고객은 비활성 고객으로 분류한다. 예를 들어, 한 달에 5회 이상 구매하는 고객은 높은 빈도를, 1회 이하의 고객은 낮은 빈도를 보이는 고객으로 분류할 수 있다.

(나) 예시

아마존은 고객의 구매 빈도를 분석하여, 자주 구매하는 고객에게 개인화된 프로모션을 제공하거나, 프리미엄 서비스를 유도하는 전략을 사용한다. 예를 들어, 매달 자주 구매하는 고객에게는 할인 쿠폰이나 무료 배송 서비스를 제공하여 그들의 충성도를 더욱 강화한다.

3) 구매 금액(Monetary) 분석방법

구매 금액(Monetary)은 고객이 얼마를 지출했는지를 분석하여, 고액 소비 고객에게는 더 많은 혜택을 제공하거나, 특별한 마케팅 전략을 실행한다.

(가) 분석방법

고객의 총 구매 금액을 집계한다. 일정 기간의 총지출 금액을 기준으로 고객을 구분한다. 예를 들어, 100,000원 이상을 지출한 고객은 고액 소비 고객, 50,000원 이하를 지출한 고객은 저액 소비 고객으로 분류할 수 있다.

(나) 예시

패션 브랜드는 고액 소비 고객에게 프리미엄 혜택을 제공한다. 예를 들어, 고액 구매 고객에게는 VIP 프로그램에 참여할 기회를 제공하거나, 특별 할인 및 한정판 상품을 제공하여 충성도를 유도한다.

(다) 활용

구매 금액이 높은 고객에게 맞춤형 할인, 특별 혜택 등을 제공하여 고객의 충성도를 더욱 높이고, 이들의 재구매를 유도하는 전략을 펼친다.

(3) 종합 분석방법

각각의 Recency, Frequency, Monetary를 기준으로 고객을 RFM 점수로 점수화하고, 이를 기반으로 고객을 나누는 방법이 있다.

1) RFM 스코어

고객의 Recency, Frequency, Monetary 값을 기준으로 점수를 매긴다. 예를 들어, 최근 구매일이 가까운 고객에게는 높은 점수를, 자주 구매한 고객에게는 높은 점수를, 많은 금액을 지출한 고객에게는 높은 점수를 부여한다. 고객을 상위 20%(High-Value), 중간 60%(Medium-Value), 하위 20%(Low-Value)로 구분하여, 각 그룹에 맞는 마케팅 전략을 수립한다.

(4) RFM 분석 예시

❶ 상위 20%(High-Value) 고객: 최근 구매 활동이 많고, 빈도가 높으며, 금액도 130,000원 이상을 지출한 고객. 이들에게는 VIP 혜택이나 특별 이벤트를 제공하여 충성도를 더욱 강화한다.

❷ 중간 60%(Medium-Value) 고객: 어느 정도 구매를 하지만 빈도나 금액이 중간 수준인 고객. 예를 들어, 65,000원 이상, 130,000원 이하를 지출한 고객에게는 재구매 유도 프로모션이나 할인 혜택을 제공하여, 상위고객으로 끌어올리려는 전략을 사용한다.

❸ 하위 20%(Low-Value) 고객: 최근 구매가 적고, 구매 빈도나 금액이 낮은 고객. 예를 들어, 65,000원 이하를 지출한 고객에게는 재참여 유도 캠페인이나 특별 할인을 통해 관심을 다시 유도하고 구매를 촉진하려는 전략을 사용한다.

결론적으로, FRP 분석을 통해 고객을 효과적으로 세분화하고, 각 고객군에 맞춘 맞춤형 마케팅 전략을 실행할 수 있다. 이를 통해 고객 충성도를 증대시키고, 매출을 증가시키는 효과적인 마케팅 활동을 진행할 수 있다.

3. 고객 생애 가치(Customer Lifetime Value, CLV) 분석

고객 생애 가치(CLV)는 고객이 기업과 관계를 맺는 동안 발생할 총이익을 예측하는 방법이다. CLV 분석은 고객을 장기적 관점에서 평가하고, 자원을 효율적으로 배분하기 위한 필수적인 기법이다. 고객 생애 가치는 고객과의 장기적인 관계에서 기업이 얻을 수 있는 가치를 측정하는 중요한 지표이며, 이를 통해 기업은 마케팅 전략을 더욱 전략적으로 세울 수 있다(Venkatesan & Kumar, 2004).

(1) 활용방법

고객 생애 가치 분석을 통해 기업은 각 고객의 장기적인 가치를 평가하고, 이를 바탕으로 자원을 효율적으로 배분할 수 있다. 특히 고가치 고객에게는 마케팅 자원을 집중적으로 투자하여, 그들의 충성도를 높이고, 저가치 고객에게는 리마케팅 전략을 통해 재구매를 유도한다. 이러한 전략을 통해 기업은 전체적인 수익성을 높일 수 있다.

(2) CLV 분석 활용 예시

스타벅스는 고객의 구매 이력과 행동을 분석하여, 고객의 장기적인 가치를 예측한다. 스타벅스는 CLV 분석을 활용하여, 각 고객의 가치가 다르게 평가되므로, 고가치 고객에게는 더 많은 자원을 투자하고, 저가치 고객에게는 리마케팅 전략을 통해 재구매를 유도한다. 예를 들어, 스타벅스는 고가치 고객에게는 VIP 혜택이나 특별한 할인 혜택을 제공하고, 저가치 고객에게는 개인화된 리마케팅 캠페인을 전개하여, 고객의 유입을 유도한다(Blattberg et al., 2001). 이를 통해 스타벅스는 고객 충성도를 강화하고, 장기적인 수익성을 높이는 전략을 실행한다.

(3) 고객 생애 가치(CLV) 분석 예시

❶ AOV(Average Order Value): 고객이 한 번의 구매에서 지출하는 평균 금액

❷ GM(Gross Margin): 고객이 구매할 때 얻을 수 있는 이익률

❸ Churn Rate: 고객이 서비스를 중단하는 비율

$$CLV = \frac{(AOV \times GM)}{Churn\ Rate}$$

(4) 사례 분석: 고객 A

❶ 고객 A는 매달 2번 스타벅스를 방문하고, 한 번에 평균 6,000원을 지출한다.

❷ 고객 A의 예상 수명은 5년으로 보고, 매출 이익률(Gross Margin)은 50%로 가정한다.

❸ 고객 A의 연간 이탈률(Churn Rate)은 20%로 가정한다.

1) 계산

$$CLV = \frac{6,000 \times 0.5}{0.2} = 15,000$$

❶ AOV(평균 주문 금액) = 6,000원

❷ GM(이익률) = 50% = 0.5

❸ Churn Rate(이탈률) = 20% = 0.2

따라서, 고객 A의 고객 생애 가치(CLV)는 15,000원이다. 이는 고객 A가 향후 5년 동안 스타벅스에서 제공하는 서비스에 대한 예상 가치로, 이 금액을 기준으로 기업은 마케팅 자원을 배분할 수 있다.

(5) 사례 분석: 저가치 고객

❶ 고객 B는 매달 1번 스타벅스를 방문하고, 한 번에 평균 4,000원을 지출한다.

❷ 고객 B의 예상 수명은 3년으로 보고, 매출 이익률(Gross Margin)은 40%로 가정한다.

❸ 고객 B의 연간 이탈률(Churn Rate)은 30%로 가정한다.

1) 계산

$$CLV = \frac{4,000 \times 0.4}{0.3} = 5,333.33$$

❶ AOV (평균 주문 금액) = 4,000원

❷ GM (이익률) = 40% = 0.4

❸ Churn Rate (이탈률) = 30% = 0.3

따라서, 고객 B의 고객 생애 가치(CLV)는 약 5,333원이다. 이는 고객 B가 향후 3년 동안 스타벅스에서 제공하는 서비스에 대한 예상 가치로, 이 금액을 기준으로 기업은 고객 B에게 적절한 마케팅 전략을 수립할 수 있다.

(6) 고객 생애 가치 분석 방법

고객 생애 가치(CLV) 분석은 고객의 장기적인 가치를 예측하는 데 중요한 역할을 한다. 이 분석을 통해 기업은 각 고객에 대해 얼마나 많은 가치를 창출할 수 있을지 예측하고, 자원을 효율적으로 배분할 수 있다. CLV 분석방법에는 여러 가지가 있으며, 가장 기본적인 방법은 역산법(Backward Calculation)과 예측 모형화(Predictive model ling)다.

1) 역산법(Backward Calculation)

역산법은 고객의 과거 구매 이력과 행동을 기반으로 고객이 기업과 관계를 맺고 있는 동안의 총지출을 예측하는 방법이다. 이 방법은 고객의 과거 데이터(구매 빈도, 평균 구매 금액 등)를 바탕으로 미래의 가치를 계산한다. 이는 고객의 구매 패턴을 분석하여 예상되는 매출을 도출하는 방식이다.

2) 역산법 계산 과정

❶ 고객의 평균 구매 금액(AOV)을 계산한다.

❷ 고객의 평균 구매 빈도를 파악하여, 일정 기간 동안의 총 구매 횟수를 계산한다.

❸ 고객의 예상 수명 기간을 추정한다.

❹ 고객의 이탈률(Churn Rate)을 고려하여, 미래에 얼마나 많은 매출이 발생할 것인지 예측한다.

3) 예시

❶ 고객 A는 매월 3회 방문하여, 평균 10,000원을 지출한다.

❷ 고객 A의 예상 수명은 4년으로 가정한다.

❸ 고객 A의 이탈률은 연 25%로 가정한다.

4) 자료 변환

❶ 1단계: 평균 구매 금액(AOV)

고객 A의 한 번의 구매 금액은 10,000원.

❷ 2단계: 평균 구매 빈도(Frequency)

고객 A는 한 달에 3번 구매하므로, 연간 36번(3회 × 12개월) 구매를 한다.

❸ 3단계: 예상 수명

고객 A의 예상 수명은 4년이다.

❹ 4단계: 이탈률(Churn Rate)

이탈률이 25%일 때, 고객 A가 기업과의 관계를 유지할 확률은 75%이다.

5) 계산

$$CLV = \text{AOV} \times \text{구매 빈도} \times \text{수명} \times (1 - \text{이탈율})$$

$$CLV = 10,000 \times 36 \times 4 \times (1 - 0.25) = 10,000 \times 36 \times 4 \times 0.75 = 1,080,000\text{원}$$

따라서, 고객 A의 고객 생애 가치(CLV)는 1,080,000원이다. 이는 고객 A가 스타벅스에서 향후 4년 동안 예상되는 총 지출액을 의미하며, 이를 기반으로 마케팅 전략을 세울 수 있다.

4. 예측 모형화(Predictive Modeling)

예측 모형화는 고객의 다양한 특성(구매 패턴, 나이, 지역, 선호도 등)을 바탕으로 고객이 향후 기업과 거래를 얼마나 지속할지 예측하는 방법이다. 이 방법은 통계적 분석 및 머신러닝 알고리즘을 활용하여, 고객 행동을 예측하고, 고객의 잠재적인 생애 가치를 계산하는 데 사용된다.

예측 모형화에서는 고객의 과거 데이터(구매 이력, 온라인 행동, 고객 세그먼트 등)를 기반으로 고객의 이탈 가능성이나 재구매 가능성 등을 분석한다. 이를 통해 고객이 얼마나 오랫동안 활동할지 예측하고, 이를 바탕으로 장기적인 CLV를 계산할 수 있다.

(1) 예측 모형화 과정

❶ 고객 자료수집: 고객의 나이, 구매 빈도, 선호도, 지리적 위치 등의 자료를 수집한다.

❷ 모델 개발: 로지스틱 회귀분석, 의사결정나무, 랜덤 포레스트 등의 예측 모델을 개발하여 고객의 이탈 가능성 및 구매 패턴을 예측한다.

❸ 예측값 도출: 모델을 통해 각 고객의 미래 가치를 예측한다.

(2) 예시

❶ 고객 B는 30대 초반, 매달 평균 5,000원 이상을 소비하며, 월 2회 구매한다.

❷ 예측 모델에 의한 고객 B의 이탈률은 30%로 예상된다.

(3) 모델 계산

고객 B의 평균 구매 금액(AOV)은 5,000원이고, 연간 구매 빈도는 24번(2회 × 12개월)이다. 예측 모델을 통해 고객 B의 예상 수명은 3년이며, 이탈률은 30%로 예측된다.

(4) 계산

$$CLV = \text{AOV} \times \text{구매 빈도} \times \text{수명} \times (1 - \text{이탈율})$$

$$CLV = 5,000 \times 24 \times 3 \times (1 - 0.30) = 5,000 \times 24 \times 3 \times 0.70 = 252,000\text{원}$$

따라서, 고객 B의 고객 생애 가치(CLV)는 252,000원이다. 예측 모형화를 통해 고객 B의 장기적인 가치를 예측할 수 있으며, 이를 기반으로 맞춤형 마케팅 전략을 수립할 수 있다.

역산법과 예측 모형화는 고객 생애 가치(CLV)를 계산하는 두 가지 주요 방법이다. 역산법은 과거 구매 이력을 기반으로 예측하는 방법이며, 예측 모형화는 고객의 다양한 특성을 바탕으로 향후 고객의 행동을 예측하여 CLV를 계산하는 방법이다. 두 방법 모두 기업이 자원을 효율적으로 배분하고, 고객 세그먼트별 맞춤형 마케팅 전략을 수립하는 데 중요한 역할을 한다.

4-3 고객 관계 관리 전략

1 맞춤 서비스Customized Service)와 고객지향화(Customization) 전략

고객의 다양한 요구를 이해하고 이를 바탕으로 제품이나 서비스를 개인화하는 전략이다. 맞춤 서비스는 고객지향화 전략을 실제로 구현하는 방식으로, 고객에게 차별화된 경험을 제공하고 고객 만족을 증대시키는 데 중요한 역할을 한다.

1. 고객 맞춤 서비스(Customer Customized Service) 제공

고객 맞춤형 서비스는 고객의 선호, 요구, 구매 이력 등 다양한 데이터를 분석하여, 개인화된 제품이나 서비스를 제공하는 전략이다. 이 전략은 고객의 기대에 부합하는 경험을 제공하고, 이를 통해 고객 만족도를 증대시키며, 충성도를 높인다(Shaw & Jones, 2005). 고객 맞춤형 서비스는 고객과의 관계를 개인화하고, 기업이 제공하는 가치의 차별성을 높이는 데 중요한 역할을 한다.

(1) 고객지향화(Customization)의 개념

개인화 또는 맞춤 제작(Customizing)은 주문 제작이라는 뜻의 'Customize'에서 유래한 말로, 개인의 취향과 필요에 따라 제품의 기능과 설정, 디자인 등을 변경하는 것을 의미한다. 이는 고객의 개별적인 요구와 선호를 반영하여, 맞춤형 제품이나 서비스를 제공하는 전략이다. 고객지향화(Customization)는 고객 만족을 향상하는 전략으로, 고객의 요구를 만족시키면서도 효율성을 극대화할 수 있다.

Customizing은 1980년대 중반 고객 개별의 요구를 반영한 제품을 대량으로 생산하는 방법을 제시하며, IT와 생산 기술의 발전을 통해 대규모 맞춤형 제품을 생산할 수 있다는 가능성을 열었다(Pine, 1993). Customizing의 핵심은 고객의 선택을 유도하고, 그 선택에 맞춰 제품을 조정하는 것이다.

(2) 고객 맞춤형 서비스(Customizing)의 중요성

고객 맞춤형 서비스를 제공함으로써, 기업은 고객의 기대에 부합하는 가치를 제공할 수 있다. 고객의 선호를 반영한 제품 추천이나 맞춤형 서비스를 통해 고객은 자신에게 가장 적합한 서비스를 경험하게 된다. 이러한 개인화된 경험은 고객 만족도를 높이고, 이를 바탕으로 장기적인 고객 충성도를 증대시킨다(Peppers & Rogers, 2016). 고객 맞춤형 서비스를 제공하는 과정에서 고객의 기대에 부합하는 서비스가 이루어지면, 이는 고객과의 관계를 강화하고, 장기적인 이익을 창출할 수 있다.

넷플릭스는 고객의 시청 기록, 선호 장르, 시청 빈도 등을 분석하여, 개인화된 영화 및 TV 프로그램을 추천한다. 고객은 자신이 선호할 만한 콘텐츠를 빠르게 찾을 수 있으며, 이는 고객 만족도와 재방문율을 증가시키는 효과를 가져온다. 이 과정에서 넷플릭스는 고객의 취향을 정확히 반영한 콘텐츠 추천을 통해 고객의 만족을 높이고, 서비스의 재사용을 유도한다(Mikolajewicz & Rosłan, 2021). 이러한 맞춤형 서비스를 통해 고객은 더욱 개인적인 경험을 얻을 수 있고, 이는 고객 충성도에 긍정적인 영향을 미친다.

(3) 고객 맞춤형 서비스(Customizing)의 주요 특징

1) 고객 맞춤화

고객이 자신의 필요와 취향에 맞게 제품을 선택하고 조정할 수 있도록 돕는다. 예를 들어, 자동차 제조업체는 고객에게 색상, 디자인, 부품 등을 선택할 수 있는 옵션을 제공한다.

2) 디지털 기술의 활용

온라인 플랫폼, 3D 프린팅, CAD 시스템 등 디지털 기술을 활용하여, 제품의 설계와 생산을 유연하게 맞춤화할 수 있다.

(4) 고객지향화의 사례

1) 넷플릭스 추천 시스템

넷플릭스의 추천 알고리즘은 고객 맞춤형 서비스를 제공하기 위해, 협업 필터링(Collaborative Filtering) 기법을 활용한다. 이 기법은 고객이 이전에 시청한 영화 및 TV 프로그램을 바탕으로, 유사한 취향을 가진 다른 고객들이 선호한 콘텐츠를 추천하는 방식이다. 예를 들어, A라는 고객이 액션 영화를 좋아한다고 할 때, 그와 비슷한 취향을 가진 고객이 선호한 다른 액션 영화를 추천하는 것이다. 이 방식은 고객의 행동을 기반으로 고객이 선호할 가능성이 있는 콘텐츠를 추천한다. 고객은 자신이 좋아할 만한 영화를 더 쉽게 찾을 수 있으며, 이는 고객 만족도를 높이고, 재방문율을 증가시키는 효과를 가져온다(Ricci et al., 2015). 또한, 협력 필터링은 고객에게 맞춤형 경험을 제공하고, 고객 충성도를 강화하는 데 기여한다.

2) 분석방법

넷플릭스는 협력 필터링(Collaborative Filtering) 기법을 활용하여 고객 간의 유사성을 분석하고, 이를 기반으로 추천 시스템을 운영한다. 고객 간의 유사성을 측정하는 데 사용되는 주요 방법은 유사도 측정(예: 코사인 유사도), 행렬 분해 기법 등이 있다. 또한, 콘텐츠 기반 필터링 기법도 사용하여 콘텐츠의 특성과 고객의 선호도를 기반으로 추천을 제공한다.

고객 맞춤형 추천 시스템은 고객의 니즈를 정확히 파악하고, 이를 바탕으로 개인화된 서비스를 제공하는 중요한 예시이다. 넷플릭스는 고객이 이전에 선호했던 장르나 영화의 특성을 분석하여, 고객이 좋아할 만한 콘텐츠를 자동으로 추천함으로써 사용자 경험을 향상하고 있다.

2. 서비스 고객지향화(Customization)의 전략

고객지향화(Customization)는 고객의 취향과 필요에 따라 제품의 기능, 설정, 디자인 등을 변경하는 것을 의미한다. 서비스 고객지향화는 고객의 개별적인 취향과 요구에 맞춰 서비스를 변경하거나 조정하는 전략이다. 이는 고객 맞춤형 경험을 제공하여, 고객 만족도를 높이고, 기업의 경쟁력을 강화하는 데 중요한 역할을 한다.

(1) 고객 세분화 및 표적화

서비스 고객지향화(Service Customization)를 효과적으로 적용하려면, 우선 고객을 정확히 세분화하고, 각 세분화에 맞는 서비스를 제공하는 것이 중요하다. 고객 세분화는 고객의 특징, 요구, 행동 패턴 등을 기반으로 그룹화하여 맞춤형 서비스를 제공하는 과정이다. 고객 세분화를 통해 기업이 각 시장에 맞는 서비스를 설계하고, 이를 통해 더 나은 마케팅 효과를 얻을 수 있다(Kotler & Keller, 2016).

1) 활용 예시

스타벅스는 고객의 음료 선호, 지역, 방문 시간 등을 기반으로 세분된 고객에게 맞춤형 서비스를 제공한다. 예를 들어, 특정 시간대에 자주 방문하는 고객에게는 할인 쿠폰을 제공하거나, 특정 음료 선호도가 높은 고객에게는 해당 음료의 개선할 버전을 추천할 수 있다.

(2) 고객 참여 및 맞춤형 선택 제공

서비스의 맞춤화를 위해 고객이 자신의 요구에 맞는 서비스를 선택하거나 디자인할 수 있도록 하는 것이 중요하다. 고객 참여가 서비스의 맞춤화 수준을 높이며, 고객이 자신의 요구를 반영한 서비스를 경험할 때 만족도가 높아진다(Prahalad & Ramaswamy, 2004).

1) 활용 예시

Nike By You 서비스는 고객이 신발의 디자인을 개인적으로 선택할 수 있는 플랫폼을 제공한다. 고객은 색상, 소재, 디자인 요소 등을 선택하여, 자신만의 맞춤형 신발을 만들 수 있다. 이는 고객의 참여를 촉진하고, 고객의 개별적인 요구를 만족시키는 방식이다.

(3) 데이터 기반 고객 맞춤화

데이터 기반 맞춤화는 고객 데이터를 분석하여, 개별고객에게 가장 적합한 서비스를 제공하는 방법이다. CRM 시스템을 통해 고객의 행동 패턴과 구매 이력을 분석하여 맞춤형 서비스를 제공한다(Peppers & Rogers, 2016). 이는 고객의 취향과 필요에 맞춘 제품이나 서비스를 추천하는 데 효과적이다.

1) 활용 예시

넷플릭스는 고객의 시청 이력을 바탕으로 추천 알고리즘을 활용하여 개인화된 영화 및 TV 프로그램을 추천한다. 고객은 자신의 선호도에 맞는 콘텐츠를 쉽게 찾을 수 있으며, 이는 고객의 만족을 높이고 재방문율을 증가시킨다.

(4) 개인화된 서비스 경로 제공

서비스를 제공하는 과정에서 고객의 요구에 맞춘 개인화된 경로를 제공하는 것도 중요한 맞춤화 전략이다. 고객의 요구에 맞는 서비스 경로를 설계하는 것이 고객 만족도를 높이는 것이 핵심 요소이다(Schneider & Bowen, 1999). 고객은 자신에게 맞는 서비스를 원할 때, 서비스 제공자의 능동적인 반응과 맞춤형 경로를 선호한다.

1) 활용 예시

에어비앤비(Airbnb)는 사용자가 예약할 숙소를 선택하는 과정에서 개인화된 검색 결과와 추천을 제공한다. 고객은 다양한 필터를 통해 가격대, 위치, 유형에 맞는 숙소를 선택할 수 있으며, 이는 고객의 요구에 최적화된 경로를 제공한다.

(5) 고객 피드백을 통한 지속적인 개선

서비스 고객지향화에서 중요한 것은 고객의 피드백을 적극적으로 수집하고, 이를 바탕으로 서비스를 지속적으로 개선하는 것이다. 고객의 피드백을 반영한 서비스 개선이 고객의 충성도를 높이는 중요한 요소이다(Oliver, 1999). 고객은 자신이 제공한 피드백이 반영된 서비스를 경험할 때 더욱 만족감을 느끼며, 이는 장기적인 관계 유지로 이어진다.

1) 활용 예시

아마존(Amazon)은 고객의 구매 후 리뷰와 피드백을 분석하여, 서비스 품질을 개선하고, 고객 맞춤형 추천을 제공한다. 이와 같은 고객의 평가를 토대로 제품이나 서비스의 품질을 지속적으로 개선하고, 맞춤형 제안을 더욱 정확하게 제공한다.

(6) 감성적 맞춤화(Emotional Customization)

서비스 고객지향화는 단순히 기능적인 요구를 충족시키는 것에서 벗어나, 고객의 감성적인 요구를 충족시키는 방향으로도 확장할 수 있다. 감성적 맞춤화가 고객과의 정서적 연결을 강화하고, 고객의 만족도를 증대시킬 수 있다(Higgins, 2000). 감성적 맞춤화는 고객이 경험하는 서비스가 개인적으로 특별하고 의미 있는 경험으로 다가가도록 한다.

1) 활용 예시

디즈니랜드는 고객이 특정 캐릭터와의 만남을 예약하거나, 개인화된 생일 축하 메시지를 받을 수 있는 서비스를 제공하여 고객의 감성적인 요구를 충족시킨다. 이는 고객이 특별한 경험을 통해 브랜드에 대한 감정적인 애착을 형성하게 만든다.

서비스 고객지향화는 고객의 개별적인 요구와 취향을 반영한 맞춤형 서비스를 제공하여 고객 만족도를 높이고, 기업의 경쟁력을 강화하는 중요한 전략이다. 고객 세분화, 고객 참여, 데이터 기반 맞춤화, 개인화된 서비스 경로 제공, 고객 피드백 반영, 감성적 맞춤화 등 다양한 방법을 활용하여, 서비스의 맞춤화를 실현할 수 있다. 이러한 전략들은 고객에게 차별화된 경험을 제공하고, 장기적인 고객 관계를 구축하는 데 기여한다.

2 관계 기반 마케팅(Relationship Marketing)

고객의 요구와 피드백을 반영하여 맞춤형 서비스를 제공하고, 이를 통해 재구매와 추천을 유도하는 방식으로 기업과 고객 간의 상호 이익을 추구한다.

[그림 4-6] 관계 기반 마케팅

1. 관계 기반 마케팅의 개념

관계 기반 마케팅은 고객과의 지속적이고, 신뢰할 수 있는 관계를 구축하여, 장기적인 관계를 유지하는 전략이다. 이 전략은 고객과의 관계를 관리하고, 신뢰를 쌓는 것을 목표로 한다(Gronroos, 1994). 기업은 고객과의 상호작용을 통해 장기적인 관계를 유지하고, 이를 통해 지속적인 수익을 창출할 수 있다.

(1) 관계 기반 마케팅의 배경

관계 기반 마케팅은 단기적인 거래 관계를 넘어, 고객과의 장기적인 관계를 유지하는 데 중점을 둔다. 고객과의 관계를 강화하기 위해, 기업은 고객에게 지속적인 가치를 제공하고, 신뢰를 형성하는 것이 중요하다(Morgan & Hunt, 1994). 이러한 관계는 고객이 반복적으로 기업의 서비스를 이용하게 하고, 기업의 브랜드에 대한 충성도를 증가시킨다.

(2) 활용 예시

애플은 고객에게 정기적인 제품 업데이트, 기술 지원, 그리고 새로운 기능을 제공하는 방식으로 고객과의 장기적인 관계를 유지한다. 예를 들어, 애플은 iPhone, iPad, MacBook 등 다양한 제품을 통합하여, 고객이 동일한 생태계 내에서 여러 제품을 계속 사용할 수 있도록 유도한다. 또한, Apple Care와 같은 서비스는 고객의 문제를 해결하고 신뢰를 쌓는 데 기여한다.

2. 고객 우량화 유지 전략

고객 우량화(Customer Prioritization)는 고객을 그들의 가치에 따라 우선순위로 분류하고, 이들 중 특히 우수한 고객에게는 더 많은 자원을 투입하여 장기적으로 강한 관계를 구축하는 전략이다.

고객 우량화는 고객 생애 가치(CLV) 분석을 기반으로 이루어진다. CLV는 고객이 기업과의 관계 동안 발생시킬 것으로 예상하는 전체 이익을 평가하는 지표로, 고객의 가치를 예측하여 마케팅 및 서비스 전략을 세울 때 중요한 기준이 된다(Hughes, 2001).

고객 우량화 전략은 일반적으로 두 가지 주요 측면을 포함한다.

❶ 가치 분석: 고객의 구매 행동, 주기성, 지출 금액, 충성도 등을 분석하여 가장 가치 있는 고객을 식별한다.

❷ 자원 집중: 식별된 우수 고객에게는 맞춤형 서비스, 혜택, 보상 등을 제공하여 고객의 만족도를 증대시키고, 이들의 충성도를 강화한다.

3. 고객 우량화 전략 수립

고객 우량화 전략은 단순히 고액 소비자에게 혜택을 제공하는 것 이상의 의미를 지닌다. 전략 수립에 있어 다음과 같은 요소를 고려해야 한다.

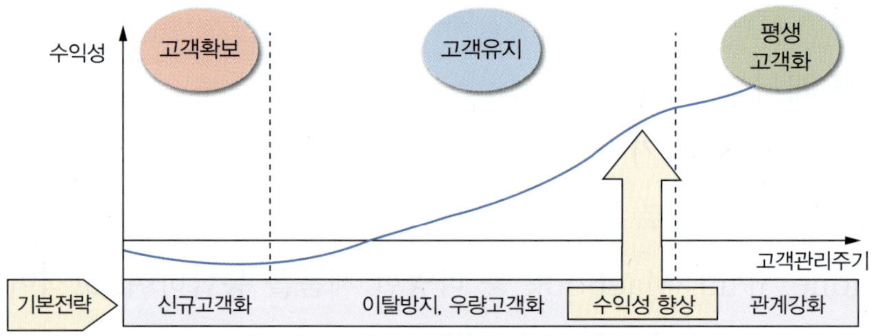

[그림 4-7] 고객 우량화 전략

(1) 고객가치 평가

1) 구매 이력 분석

고객의 구매 빈도, 평균 구매 금액, 구매 채널을 분석하여, 각 고객의 기여도를 평가한다.

2) 충성도 점수 산출

고객의 재구매 패턴, 브랜드 선호도, 후기 작성 등의 행동을 통해 충성도를 측정하고, 이를 바탕으로 고객의 가치를 예측한다.

3) 비용 분석

고객을 관리하는 데 드는 비용과 해당 고객의 예상 수익을 비교하여, 실제로 기업에 이득이 되는 고객을 식별한다.

(2) 우수 고객에 대한 맞춤형 서비스 제공

1) VIP 고객 관리

우수 고객에게는 더 고급스럽고, 개인화된 서비스를 제공하여, 이들의 만족도를 증대시킨다.

2) 충성도 프로그램 강화

고액 고객에게는 기존 마일리지 프로그램 외에도 특별 혜택을 부여하여, 이들의 만족도를 유지하고, 장기적으로 기업과의 관계를 지속적으로 강화한다.

(3) 고객 피드백 및 관계 지속 관리

1) 고객 피드백 시스템 구축

고객의 피드백을 적극적으로 수집하고, 이를 서비스 개선과 고객 맞춤형 서비스에 반영한다.

2) 관계 유지 프로그램

우수 고객에게는 장기적인 관계 유지를 위한 다양한 프로그램을 제공한다. 예를 들어, 정기적인 감사 메시지나 생일, 기념일에 맞춘 특별 혜택을 제공하여, 고객의 충성도를 더욱 강화한다.

[그림 4-8] 관계 유지를 통한 고객 우량화

(4) 리스크 관리

1) 고객 이탈방지

고객의 이탈을 방지하기 위해, 우수 고객의 행동 패턴을 분석하고, 이들이 이탈할 가능성이 있을 때, 적절한 맞춤형 혜택이나 서비스를 제공하여 이탈을 예방한다.

2) 서비스 품질개선

고객의 불만을 즉시 처리하고, 고객 경험을 지속적으로 개선하여 우수 고객을 장기적으로 유지할 수 있도록 한다.

5. 고객 생애 가치(CLV) 분석을 통한 고객 우량화 전략

고객 생애 가치(CLV)는 특정 고객이 기업과의 관계를 유지하는 동안 기여할 예상 수익을 계산한 지표로, 고객의 가치를 명확하게 정의하고, 이를 기반으로 전략적 결정을 내릴 수 있게 한다. CLV 분석을 통해 기업은 다양한 고객 그룹에서 우수 고객을 식별하고, 이들에게 집중적인 마케팅, 특별한 혜택, 맞춤형 서비스를 제공할 수 있다(Berger & Nasr, 1998).

예를 들어, 대한항공은 마일리지 프로그램을 통해 고객의 여행 이력을 기반으로 적립 마일리지를 관리한다. 이 마일리지를 기반으로 고객의 충성도를 평가하고, 우수 고객에게는 업그레이드 서비스, 우선 탑승, 전용 라운지 이용 등 특별한 혜택을 제공한다. 이러한 전략은 고객 우량화의 좋은 사례로, 고객의 가치를 평가하고 해당 고객에게 집중적인 서비스를 제공하여 고객의 장기적인 충성도를 유도한다.

6. 고객 우량화 전략 수립을 위한 비용 산출방법

(1) 고객 관리 비용 분석 예시

기업은 고객 관리에 드는 다양한 비용을 계산할 수 있다. 예를 들어, 한 고객에 대해 관리하는 비용을 다음과 같이 분석할 수 있다.

1) 고객 서비스 비용

고객에게 제공하는 서비스에 드는 비용을 계산한다.

❶ 예시: 고객 서비스 센터 운영비용이 고객당 10,000원 발생한다고 가정한다.

2) 마케팅 및 프로모션 비용

고객 맞춤형 할인, 쿠폰 발송 등 마케팅 비용을 포함한다.

❶ 예시: 고객에게 제공하는 맞춤형 할인 쿠폰이나 마케팅 캠페인 비용이 고객당 20,000원이라고 가정한다.

3) 배송 및 물류비용

상품 배송비와 관련된 비용을 포함한다.

❶ 예시: 고객에게 배송되는 상품에 드는 물류비용이 고객당 15,000원이

라고 가정한다. 이 경우, 한 고객에게 소요되는 총고객 관리 비용= 10,000 + 20,000 + 15,000 = 45,000원이다.

(2) 고객 수익 분석 예시

고객이 기업에 제공할 수 있는 수익을 계산하기 위해, 고객의 구매 패턴과 평균 구매 금액을 기준으로 수익을 분석한다.

1) 구매 빈도

고객이 연간 얼마나 자주 구매하는지 분석한다.

① 예시: 한 고객이 연간 10번 구매한다고 가정한다.

2) 구매 금액

고객이 한 번에 지출하는 평균 금액을 계산한다.

① 예시: 한 고객이 한 번 구매할 때 평균 100,000원을 지출한다고 가정. 이 경우, 연간 수익은 연간 수익=10 × 100,000 = 1,000,000원이다.

(3) 고객 생애 가치(CLTV) 분석 예시

고객 생애 가치는 고객이 기업과 관계를 유지하는 동안 발생할 수 있는 총 수익을 의미한다.

1) 연간 수익

고객은 매년 1,000,000원을 지출한다.

2) 고객 생애 기간

고객이 평균적으로 5년 동안 기업과 관계를 유지한다고 가정한다. 따라서 고객 생애 가치는 다음과 같이 계산하면, 고객 생애 가치(CLTV)= 1,000,000 × 5 = 5,000,000원이다.

(4) 비용-수익 비교 및 우수 고객 식별

고객 관리 비용과 고객이 발생시킬 수 있는 수익을 비교하여 우수 고객을 식별할 수 있다. 예를 들어, 한 고객에 대해 관리 비용이 45,000원이고, 이 고객이 연간 1,000,000원의 수익을 창출하며, 5년간의 고객 생애 가치는 5,000,000원인 경우를 가정하자.

❶ 고객 관리 비용: 45,000원, 연간 수익: 1,000,000원, 고객 생애 가치: 5,000,000원으로, 고객 관리 비용이 45,000원이고, 고객이 5년 동안 총 5,000,000원의 수익을 창출할 수 있으므로, 해당 고객은 우수 고객으로 평가할 수 있다.

1) 예시: 고액 소비 고객 관리

가) 고객 A 사례

❶ 고객 관리 비용: 45,000원

❷ 연간 수익: 1,000,000원

❸ 고객 생애 가치: 5,000,000원

이 고객은 관리 비용 대비 매우 높은 수익을 창출하므로, 우수 고객으로 분류된다.

2) 고객 B 사례

❶ 고객 관리 비용: 45,000원

❷ 연간 수익: 200,000원

❸ 고객 생애 가치: 1,000,000원

이 고객은 관리 비용보다 수익이 낮아, 장기적으로 우수 고객으로 분류되기 어려운 경우일 수 있다. 고객 B는 더 많은 마케팅을 통한 재구매 유도나 맞춤형 서비스 제공 등의 전략이 필요할 수 있다.

7. 장기적인 관계 유지

고객과의 장기적인 관계를 유지하는 전략은 고객의 충성도를 높이고, 이를 통해 기업이 지속적으로 이익을 얻을 수 있게 한다. 고객 피드백을 수집하고 이를 서비스 개선에 반영하는 것이 중요한 전략적 요소이다(Oliver, 1999).

(1) 장기적인 관계 유지의 배경

장기적인 관계 유지는 고객의 충성도와 직결된다. 충성도 높은 고객은 반복적인 구매를 유도하며, 입소문 마케팅을 통해 새로운 고객을 유치하는 데 기여한다(Dick & Basu, 1994). 기업은 고객의 피드백을 적극적으로 반영하고, 지속적으로 고객에게 가치를 제공함으로써 장기적인 관계를 유지할 수 있다.

1) 활용 예시

구글은 사용자의 피드백을 적극적으로 반영하여, 검색 알고리즘, 유튜브(YouTube), 지메일(Gmail) 등 서비스의 품질을 지속적으로 개선하고 있다. 예를 들어, 사용자가 검색 결과에 불만을 가질 경우, 구글은 알고리즘을 개선하여, 유용한 결과를 제공하고 있다.

학습활동

• 활동: 고객 관계 관리 사례 분석

❶ 기업의 고객 관계 관리가 성공적으로 이루어진 사례를 분석하고, 이 사례에서 어떤 요소들이 고객 만족을 극대화했는지 설명하시오.

• 해당 사례의 전략과 적용 방안을 평가하고, 창업 시 어떻게 활용할 수 있을지 제안하시오.

학습정리

- 고객 관계 관리(Customer Relationship Management; CRM)는 기존고객의 충성도를 높이는 데에 집중하고, 그로 인한 소개고객 유입을 강화하는 관리 전략이다.
- CRM의 목적은 고객의 요구와 행동을 분석하고 이를 바탕으로 서비스를 개인화하여 고객의 가치를 극대화하는 것이다
- 분석 CRM의 경우는 고객정보(개인정보 + 구매정보)를 DB로 구축하고 이를 분석하여 광고나 프로모션에 이용하는 것이다.
- 운영 CRM의 경우는 분석 정보를 바탕으로 고객 관리 프로그램을 운영하여 고객충성도에 영향을 미치는 것을 의미한다.
- 데이터마이닝(Data mining) 기법은 고객의 인구통계학적 데이터 및 거래형태에 관한 데이터 분석기법을 통하여 고객의 이탈 가능성을 예측하는 분석기법이다.
- 데이터베이스로부터 분석대상이 되는 데이터를 선별하는 과정(Data selection)
- 선별된 데이터를 적절한 형태로 가공과 정제하는 과정(Cleaning, Transformation)
- 변환된 데이터에 마이닝 알고리즘을 수행하는 과정(Data mining)
- 알고리즘의 결과를 재가공하고 기존의 지식과 통합하는 과정을 거치게 된다.
- CRM 분석 도구는 고객 행동을 분석하고 이를 기반으로 맞춤형 서비스를 제공하는 데 사용된다. 고객 세분화, FRP 분석, CLV 분석 등이 분석 도구를 활용한다.
- FRP 분석은 고객의 최근 구매 시점(Recency), 구매 빈도(Frequency), 구매 금액(Monetary)을 기준으로 고객을 분석하는 방법이다.
- 고객 생애 가치(CLV)는 고객이 기업과 관계를 맺는 동안 발생할 총 이익을 예측하는 방법이다. CLV 분석은 고객을 장기적 관점에서 평가하고, 자원을 효율적으로 배분하기 위한 필수적인 기법이다.
- 고객지향화(Customization)는 주문에 따라 만듦 또는 고객 맞춤화를 의미한다.
- 고객 맞춤형 서비스는 고객의 선호, 요구, 구매 이력 등 다양한 데이터를 분석하여 개인화된 제품이나 서비스를 제공하는 전략이다.
- 고객 맞춤형 서비스를 제공함으로써 기업은 고객의 기대에 부합하는 가치를 제공할 수 있다.
- 고객의 선호를 반영한 제품 추천이나 맞춤형 서비스를 통해 고객은 자신에게 가장 적합한 서비스를 경험하게 된다.
- 커스터마이징은 주문 제작'이라는 뜻의 'customize'에서 유래한 말로, 개인의 취향과 필요에 따라 제품의 기능과 설정, 디자인 등을 변경하는 것을 의미한다. 이는 대량생산의 효율성을 유지하면서, 고객의 개별적인 요구와 선호를 반영하여 맞춤형 제품이나 서비스를 제공하는 전략이다.
- 고객지향화(Customization)는 고객의 취향과 필요에 따라 제품의 기능, 설정, 디자인 등을 변경하는 것을 의미한다.
- 서비스의 맞춤화를 위해 고객이 자신의 요구에 맞는 서비스를 선택하거나 디자인할 수

있도록 하는 것이 중요하다.

- 관계 기반 마케팅은 고객과의 지속적이고 신뢰할 수 있는 관계를 구축하여 장기적인 관계를 유지하는 전략이다.
- 고객 우량화는 고객을 그들의 가치에 따라 우선순위로 분류하고, 이들 중 특히 우수한 고객에게는 더 많은 자원을 투입하여 장기적으로 강한 관계를 구축하는 전략이다.

CHAPTER

05 서비스 공정성

학습내용

5-1. 서비스 공정성

5-2. 서비스 공정성의 사례 분석

5-3. 서비스 공정성의 프로세스 개발

학습목표

5-1: 서비스 공정성의 개념을 이해하고, 서비스 제공 시 공정성과 투명성을 유지하는 방법을 설명할 수 있다.

5-2: 서비스 공정성과 관련된 다양한 사례를 분석하고, 공정성 부족으로 인한 문제점을 파악할 수 있다.

5-3: 서비스 공정성을 보장하는 프로세스를 개발하고, 고객에게 신뢰를 줄 수 있는 공정한 서비스를 설계할 수 있다.

5-1 서비스 공정성(Service Justice)

1 서비스 공정성의 개념과 목적

서비스 공정성은 고객에게 제공되는 서비스가 일관되고 공정하게 이루어지는지를 의미하며, 고객의 기대를 충족시키고 신뢰를 구축하기 위해 중요하다. 그 목적은 고객의 만족도를 높이고, 불만을 최소화하며, 공정한 서비스를 통해 고객의 충성도를 증대시키는 것이다.

1. 서비스 공정성(Service Justice)의 개념

서비스 공정성은 일반적으로 서비스를 제공하는 주체로부터 적절한 대우를 받고 있는지에 대한 평가이다(Furby, 1986). 서비스를 제공하는 종업원으로부터 공정한 서비스를 받지 못하였을 때 서비스 기업은 제품 또는 서비스의 오류를 개선하려고 시도하는 과정으로 정의한다(Kelley & Davis, 1994).

고객이 지각하는 공정성은 서비스 제공기업과 고객 간의 상호작용에서 발생하는 교환 상황에 대해 고객이 느끼는 심리적 반응을 의미한다. 이는 고객이 서비스 제공과정에서 경험한 상황이나 대우가 공정하다고 여기는지에 대한 평가로, 고객의 기대와 실제 경험 간의 일치 여부에 따라 형성된다. 이러한 심리적 평가는 고객의 만족도, 신뢰, 그리고 향후 서비스에 대한 태도에 큰 영향을 미친다.

[그림 5-1] 서비스 공정성

2. 서비스 공정성의 목적

서비스 공정성을 확보하는 목적은 기업과 고객 간의 신뢰를 구축하고 장기적 관계를 강화하는 데 있다. 구체적으로 다음과 같은 목적을 가진다.

(1) 고객 신뢰와 브랜드 이미지 강화

공정성은 고객이 기업을 신뢰하고 긍정적인 이미지를 형성하는 데 중요한 역할을 한다(Lind & Tyler, 1988). 예를 들어, 고객이 모든 서비스 절차가 투명하고 공정하게 운영된다고 느낄 때, 기업에 대한 신뢰도가 높아진다.

(2) 고객 만족도 향상

공정한 서비스 제공은 고객 만족도를 높이는 주요 요인 중 하나로 작용한다. 고객은 서비스 절차와 결과에서 공정성을 경험할 때 긍정적인 감정을 갖게 되며, 이는 전반적인 만족도로 이어진다(Spreng et al., 1996).

(3) 불만 감소와 충성도 증대

서비스 공정성은 고객 불만을 예방하고, 고객 충성도를 증대시키는 데 효과적이다. 고객은 공정한 대우를 받을 때 불만을 느낄 가능성이 작으며, 재구매 의향과 구전효과가 증가한다(Bolton, 1998).

(4) 사회적 책임과 윤리적 경영 구현

공정성을 통해 기업은 사회적 책임을 실현하고, 윤리적 경영의 원칙을 지킬 수 있다. 공정한 서비스를 제공함으로써 고객뿐만 아니라 사회 전반에 긍정적인 영향을 미칠 수 있다(Homburg & Fürst, 2005).

3. 서비스 공정성의 중요성

서비스 공정성은 고객 경험 관리의 핵심 요소로, 경쟁이 치열한 서비스 산업에서 기업의 지속 가능성을 결정짓는 주요 요인으로 평가된다(Colquitt et al., 2001). 이는 단순한 서비스 품질 관리 차원을 넘어, 고객과의 관계에서 신뢰를 형성하고 유지하는 전략적 수단이다.

서비스는 고객과 제공자가 서비스 접점에서 일종의 가치를 교환하는 행위이다. 이는 고객은 원하는 서비스를 받기 위해 자신의 시간과 비용 등을 투자하여 서비스를 받는 것이다. 서비스 공정성은 고객과의 접점에서 서비스를 제공하는 과정에 대해 공정했는지 평가하게 되므로 서비스 제공과정에서 중요한 개념이다(Bowen & Schneider, 1999).

서비스 공정성은 서비스가 전달되는 과정에서 발생한 불공정 인식을 의미하며(Adams, 1965), 이는 서비스 기업의 불만 처리는 서비스 품질 관리 요소로 서비스 기업의 경쟁우위를 창출할 수 있는 중요한 도구이다(Schweikhart et al., 1993). 즉, 서비스에 대한 불만은 문제를 제기한 고객과의 관계를 유지하도록 하는 근본적인 문제 해결과 방법을 제공하고 그 결과 수익을 창출하기 때문이다(Hart al., 1990).

서비스 공정성은 고객 관점에서 개인적 감정을 포함하고 있으며, 이러한 개인적 감정은 금전적 계산 이상의 문제인 경제적, 감정적 계산으로 고객만족에 많은 영향을 미친다(Parasuramanet al,. 1994).

4. 서비스 공정성의 구성요소

공정성에 관한 연구는 Adams(1965)는 사회 교환이론, 교환이론, 인지부조화이론, 균형이론 등의 여러 선행연구 이론을 사용하여, 조직 공정성 이론을 제시하였다. 이후 Thibaut & Walker(1975)는 공정성 연구에서 과정과 절차의 개념을 도입하여 결과가 나오게 된 과정과 절차의 중요성을 강조하였다.

Bies & Moag(1986)는 공정성에 대한 지각이 사람들 간의 상호작용 질에 따라 달라질 수 있다는 개념을 제시하며, 이를 상호작용 공정성이라 정의하였다. 상호작용 공정성은 서비스나 절차의 결과뿐만 아니라, 그 과정에서 개인이 겪는 상호작용의 질이 고객의 공정성 지각에 큰 영향을 미친다. 상호작용의 질은 공정성 지각을 형성하는 중요한 요소임을 강조하였다.

공정성 유형들은 상호작용하며, 공정성 지각에 영향을 미친다(Lind & Tyler, 1988). 이러한 이론은 초기 인사조직 및 조직심리 분야에서 연구되어, 서비스 산업의 발전으로 서비스마케팅 분야에서 활발히 연구되고 있다.

분배에 대한 공정성 지각은 분배의 수단과 절차를 실행하는 과정 그리고 분배의 실행에 대한 충분한 정보를 제공해 주기 때문에, 절차 공정성과 상호작용 공정성은 분배 공정성의 효과를 증대시켜줄 가능성이 매우 크다.

[그림 5-2] 서비스 공정성 구성요소

(1) 분배 공정성(Distributive Fairness)

서비스 공정성은 서비스가 제공된 경험 또는 상황에서 고객이 지각하는 공정성을 의미한다(Rousseau, 1995). 서비스가 전달되는 상황에서 고객이 지각하는 공정성은 고객과 서비스를 제공하는 조직 사이에 존재하는 명시적, 묵시적 교환 합의 상황에 대한 심리적 계약을 서비스를 제공하는 조직이 얼마나 잘 제공하였는가에 관한 평가라 할 수 있다

(2) 절차 공정성(Procedural Fairness)

서비스가 전달되는 과정에서 고객의 인식에 많은 영향을 미치는 절차 공정성은 서비스 지원에 대한 인식은 상호 간의 관계가 비경제적인 관계에 바탕을 두고 형성될 때 더욱 강하며, 오랜 시간 지속하기 때문이다.

사회적 교환이론인 절차 공정성을 교환의 결과에 도달하는데 사용되는 평가 기준의 적절성, 종업원의 수준 및 처리시간과 결정하는데 사용되는 정보의 정확성으로 의사결정과정의 구조적 특징을 의미한다.

(3) 상호작용 공정성(Interaction Fairness)

상호작용 공정성은 소비자의 구매 과정에 대한 공식적인 측면에 초점을 맞추었던 절차 공정성에 관한 연구가 진행되면서, 서비스 전달과정에 대한 질적 관계가 중요한 요인으로 주목받기 시작하였다.

서비스 전달과정에서 자신에게 대하는 태도에 대한 공정성으로 서비스 전달 업무 수행 과정에서 자신에게 대하는 방식과 내용에 대한 자신의 공정성 지각을 의미한다. 서비스를 제공하는 공식적 절차의 수행 과정에서 절차에 대한 충분한 정보를 제공하고 상대방을 배려하는 행동이다.

2 공정성 지각(Fairness Perception)

고객이 서비스나 상호작용에서 느끼는 공정함의 정도로, 서비스의 절차, 결과, 상호작용 방식에 대해 고객이 어떻게 평가하는지를 의미한다. 이는 고객 만족도에 큰 영향을 미치며, 공정성이 높게 지각될수록 고객의 신뢰와 충성도가 강화된다.

1. 공정성 지각의 개념

공정성 이론은 개인이 절대적인 기준에 따라 자신이 받은 보상의 공정성을 인식하기보다는, 다른 사람과의 비교를 통해 자신이 받은 보상의 공정성을 평가하는 경향이 있다고 밝힌다(Adams, 1963). 이를 바탕으로 초기 공정성 이론은 공정성을 인식할 때 다른 준거 대상과의 비교가 필수적이다.

Adams(1963)는 공정성 지각의 요소를 수식으로 간단히 제시하였다. 즉, 자신의 기여를 I_a, 그에 따른 보상을 O_a, 다른 사람의 기여를 I_b, 다른 사람의 보상을 O_b라고 할 때 공정성은 다음과 같다.

공정성: $$\frac{O_a}{I_a} = \frac{O_b}{I_b}$$

자신의 투입-산출 비율이 타인의 투입-산출 비율과 같을 때 공정성을 느끼며, 이 경우 공정성을 인식하고 만족감을 경험한다. 공정한 상태로 인식하여, 현 상태를 유지하려 한다. 그러나 형평성이 깨지면 개인은 감정적, 인지적, 행동적 차원에서 다른 반응을 보이며, 감정적으로는 부정적 감정을 느낀다. 이 부정적 감정은 자신의 정당한 보상과 주어진 보상 사이의 차이가 클수록 더 크게 나타난다(Folger & Cropanzano, 1998).

(1) 부정적 불공정성

자신의 투입-산출 비율이 타인의 투입-산출 비율보다 적을 때 발생하며, 과소 보상 시 분노와 불만족을 경험한다.

경제적 보상, 사회적 배경, 유사성의 정도 등을 비교하여, 자신이 불리하면, 이를 참지 못하고 불만을 표출한다.

과소 보상은 과대 보상과 비교하면, 불공정에 대한 효과가 더 크게 나타나는 비대칭성이 있다. 전망 이론에 따르면, 사람들은 손실을 회피하려는 경향이 있어 자신이 잃은 것을 자신이 얻은 것보다 더 크게 생각한다(Tversky & Kahneman, 1991).

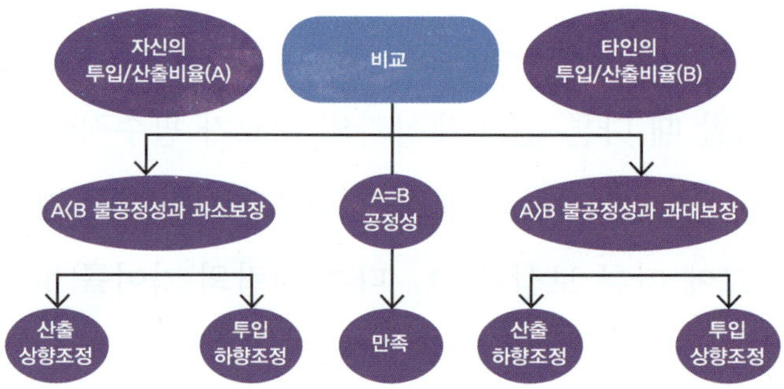

[그림 5-3] 공정성 지각

(2) 긍정적 불공정성

자신의 투입-산출 비율이 타인의 투입-산출 비율보다 클 때 발생하며, 과대 보상 시 죄책감과 부채감을 경험한다. 자신에게 유리한 경우 이를 인지적으로 합리화하려는 경향을 보인다.

2. 불공정의 해결 방법

(1) 환경의 변화

직무 환경에서 불공정성을 느낀 사람은 다른 직무로 전환하거나 회사를 그만두는 방법으로 불공정성을 없애려 한다. 이는 불공정성이 극단적일 때, 혹은 개인이 이를 감당할 수 없을 때 나타난다(Greenberg, 1990).

(2) 비교 대상의 변화

비교 대상인 인물이나 집단을 자신과 비슷한 수준의 대상으로 변경하여, 공정성을 회복하려 시도한다. 준거 대상이 동료일 경우, 그 준거 대상의 투입과 산출을 조정하기 쉽다.

준거 대상에게 더 많은 책임을 요구하거나 작업을 지연시킬 수 있다. 또한, 더 유리한 비교를 할 수 있는 사람을 선택할 수 있다. 예를 들어, 자신의 전문지식수준을 석학이나 동료 전문가와 비교함으로써 불공정성을 줄일 수 있다(Lind & Tyler, 1988).

(3) 투입의 변화

직무에 투입하는 시간과 노력, 신뢰성, 협동, 창의성, 책임의 수용을 조절하여 불평등을 해결하려 한다. 과소 보상일 경우에 직무 노력을 줄이고, 과대 보상일 경우에 직무 노력을 증가시킨다(Stouffer et al., 1949).

(4) 산출의 변화

임금이나 작업조건을 개선하여 개인의 산출을 증대시키는 방법으로 불평등을 해결한다. 이때, 임금 인상, 휴가, 더 나은 직무를 요구할 수 있다. 노동강도의 증가 없이 임금 인상이나 작업 환경 개선을 추구하는 노동조합이 존재한다(Hulin, 1991).

(5) 태도의 변화

개인의 태도를 변화시킨다. 실제로 투입과 산출을 변화시키기보다 자신이나 타인의 투입과 산출에 대한 인식을 변화시켜 불평등을 해소하려 한다. 예를 들어, 더 많은 시간과 노력을 투자할 수 있음에도 이를 충분하다고 여기는 것이다(Adams, 1963).

5-2 서비스 공정성의 사례 분석

1 서비스 공정성 인식 사례 분석

고객이 서비스 제공과정에서 공정성을 어떻게 느끼는지를 이해하고, 실제 상황에서 발생할 수 있는 갈등이나 불만을 예측할 수 있게 해준다. 이를 통해 기업은 고객 불만을 최소화하고, 서비스 품질을 개선하며, 고객 충성도를 높이는 전략을 개발할 수 있다. 사례 분석을 통해 다양한 고객 반응과 서비스 과정에서의 공정성 문제를 파악하고, 실질적인 해결책을 마련하는 데 도움이 된다.

1. 공정성 인식

(1) 학생 A와 B의 학점 차이

학생 A와 학생 B가 모두 같은 양의 공부를 하고, 결석도 하지 않았으나, A의 학점이 더 높다면 B는 이를 불공정하다고 느끼고 교수에게 학점 정정을 요청할 것이다. 그러나 A가 B보다 더 열심히 수업에 참여하고, 더 많은 시간을 공부에 투자하여, 더 높은 학점을 받았다면, B는 공정성의 훼손을 느끼지 않고, 이를 받아들일 것이다. 이 경우, B는 A의 노력과 결과를 공정하다고 인식하게 된다.

(2) 팀 프로젝트 과제

팀 프로젝트에서 모든 팀원이 같은 점수를 받는 상황을 가정한다. 그러나 팀원 중 한 명이 거의 참여하지 않고, 다른 팀원들의 노력에 의존하는 경우, 열심히 한 다른 팀원은 불공정성을 느끼게 된다. 이 경우, 열심히 한 팀원은 노력의 양을 줄이거나 교수에게 불공정한 팀원에게 감점을 요구하는 등의 방법으로 공정성을 회복하려 할 것이다. 이와 같은 상황에서는 노력의 차이에 따라 공정한 보상을 요구하려는 경향이 나타난다.

(3) 교환학생 선발과 장학금 차이

A가 교환학생으로 선발되어 우수한 조건으로 합격하고 150만 원의 장학금을 받았다. 그런데 A보다 낮은 조건으로 선발된 다른 학생들이 학번이 높다는 이유로 200만 원의 장학금을 받게 된 사실을 알게 되었다. A는 이를 불합리한 기준이라 생각하고 공정성을 느끼지 못한다. 결과적으로 A는 학교에 문제를 제기하거나, 학교 외부 프로그램을 통해 유학이나 어학연수를 가려고 할 것이다. 이 상황은 공정성의 기준이 어떻게 결정되는지에 대한 불만을 나타낸다.

2. 불공정성의 인식 해결 방법

(1) 학생 A와 B의 학점 차이의 문제 인식

B는 A와 같은 양의 공부를 하고 결석도 하지 않았음에도 불구하고 A의 학점이 더 높다면, 이를 불공정하다고 느끼고 교수에게 학점 정정을 요청할 것이다.

1) 해결 방법

❶ 비교 대상의 변화: B는 자신의 학점과 다른 학생 A의 학점을 비교하면서 불공정성을 인식한다. 이때, 교수는 A와 B의 노력, 수업 참여도, 공부 시간 등을 반영하여 학점의 기준을 명확히 설명함으로써 B가 A와의 비교를 통해 느낀 불공정성을 해소할 수 있다.

❷ 투입의 변화: B가 더 많은 시간과 노력을 투자했음에도 불구하고 A의 학점이 더 높다면, 교수는 학점 부여에 있어 다양한 투입 요소를 고려해 평가

의 공정성을 높이도록 개선할 수 있다.

❸ 분배적 공정성 해결: 교수는 학점 부여 기준을 명확히 공개하고, 학점 평가 시 투입 요소(수업 참여도, 학습 시간 등)를 공정하게 반영해야 한다.

❹ 절차적 공정성 해결: 교수는 학점 부여 과정을 명확히 설명하고, 학점에 이의를 제기할 수 있는 절차를 마련하여 학생들이 공정하게 평가받고 있다고 느낄 수 있도록 한다.

(2) 팀 프로젝트 과제의 문제 인식

팀 프로젝트에서 참여를 거의 하지 않은 팀원이 다른 팀원들의 노력에 의존하여 같은 점수를 받는 상황에서 열심히 한 팀원은 불공정성을 느낄 것이다.

1) 해결 방법

❶ 환경의 변화: 프로젝트 진행 중 팀 내에서 각자의 역할과 기여도를 명확히 하고, 팀원들이 일정한 기여를 할 수 있도록 지속적으로 피드백을 제공하는 시스템을 도입함으로써 불공정성 인식을 예방할 수 있다.

❷ 산출의 변화: 프로젝트 후 평가에서 참여도와 기여도를 반영하여, 각 팀원의 점수를 다르게 부여함으로써 불공정성을 해결할 수 있다.

❸ 투입의 변화: 참여하지 않는 팀원의 투입을 강제로 늘릴 방법을 마련하거나, 해당 팀원에게 과제를 추가로 배분하는 방식으로 불공정성을 해소할 수 있다.

❹ 분배적 공정성 해결: 프로젝트의 점수는 각 팀원의 기여도를 반영하여 공정하게 분배되어야 한다. 참여도와 기여도에 따른 차별적 보상을 통해 공정성을 확보할 수 있다.

❺ 상호작용 공정성 해결: 팀 내에서 모든 구성원은 자신의 역할에 대해 명확히 인지하고, 팀원 간 상호 존중과 협력적 상호작용을 유지해야 한다. 팀원

간의 불만이나 갈등을 해결할 수 있는 효과적인 의사소통과 피드백 시스템을 마련해야 한다.

(3) 교환학생 선발과 장학금 차이의 문제 인식

A는 우수한 조건으로 교환학생에 선발되었고 150만 원의 장학금을 받았으나, A보다 낮은 조건으로 선발된 다른 학생들이 학번이 높다는 이유로 200만 원의 장학금을 받게 된 사실을 알게 되었다. A는 이를 불합리한 기준이라 생각하고 공정성을 느끼지 못한다.

1) 해결 방법

❶ 비교 대상의 변화: A는 자신과 다른 학생들의 조건을 비교하며 불공정성을 느낀다. 이를 해결하려면, 학교는 선발 기준과 장학금 지급 기준을 명확히 공개하고, 조건에 따른 차등 보상이 왜 필요한지를 설명함으로써 학생들의 공정성을 회복할 수 있다.

❷ 투입의 변화: A는 자신이 받은 장학금에 불만을 느끼고 이를 불공정하다고 인식한다. 이에 대해 학교는 장학금의 기준을 투입(예: 조건, 성과 등)에 맞춰 재조정하거나, 상위 조건의 학생에게는 추가적인 혜택을 부여하여 공정성을 유지할 수 있다.

❸ 분배적 공정성 해결: 장학금의 지급 기준을 명확히 설명하고, 선발 기준을 투명하게 공개하여 학생들이 공정한 기준을 바탕으로 보상받고 있다고 느낄 수 있도록 한다.

❹ 절차적 공정성 해결: 장학금과 교환학생 선발 과정에서의 절차적 투명성을 확보하여, 각 학생이 왜 해당 보상을 받았는지 이해할 수 있도록 한다. 불공정한 기준에 대한 이의 제기를 할 수 있는 절차를 마련한다.

(4) 서비스 기업의 연봉제 도입의 문제 인식

서비스 기업이 연봉제를 도입하여 종업원의 능력, 성과, 공헌도를 평가하고 이를 기준으로 급여체계를 차별화했지만, 여전히 일부 직원들은 그 과정에서 불공정성을 느낄 수 있다.

1) 해결 방법

❶ 비교 대상의 변화: 직원들이 다른 동료들과의 비교에서 불공정성을 느낄 수 있다. 이를 해결하려면, 보상 기준을 명확히 하고, 성과가 고르게 분배되도록 평가 기준을 투명하게 설정한다.

❷ 분배적 공정성 해결: 각 직원의 능력, 성과, 공헌도에 맞는 차별적 보상이 이루어지도록 해야 한다. 이를 통해 직원들은 자신의 노력과 기여가 공정하게 보상받는다고 느낄 수 있다.

❸ 상호작용 공정성 해결: 직원들과의 지속적인 피드백과 의사소통을 통해 상호작용의 공정성을 확보해야 한다. 각 직원의 노력과 성과를 인정하고 피드백을 통해 직원들이 동기를 부여받을 수 있도록 한다.

❹ 절차적 공정성 해결: 보상 결정 과정에서의 투명성을 높이고, 직원들이 보상 결정에 참여하거나 의견을 제시할 수 있는 시스템을 마련하여 절차적 공정성을 향상할 수 있다.

3. 서비스 공정성 실천 사례

(1) 공정성 회복 사례

1) 항공 산업의 절차 공정성 회복 사례

특정 항공사는 항공권 구매 시 충성도 프로그램의 점수와 가격을 기준으로 탑승 우선권을 배정하였다. 이 기준은 사전에 명확히 공지되어 고객들로부터 높은 신뢰를 받았다. 항공사는 절차의 공정성을 확보하여 고객 불만을 줄이고, 충성도를 향상시켰다(McCain & Carr, 2005).

2) 은행업의 절차 공정성 회복 사례

은행은 대기 시간을 줄이기 위해 모바일 예약 시스템을 도입하여 절차의 효율성을 높였다. 고객이 예약한 시간에 맞춰 서비스를 받을 수 있도록 프로세스를 설계함으로써 절차 공정성과 고객 만족을 동시에 달성하였다(Lovelock & Wirtz, 2011).

3) 전자상거래의 분배 공정성 회복 사례

글로벌 전자상거래 플랫폼은 상품 환불 정책을 표준화하여 분배 공정성을 강화하였다. 모든 고객이 동일한 조건으로 환불을 받을 수 있도록 시스템을 설계하고, 이를 고객에게 명확히 전달하였다. 이러한 공정성 강화 노력은 고객 만족도와 재구매율 상승으로 이어졌다(Ha & Jang, 2010).

(2) 서비스 공정성 고객 불만 사례

1) 할인 혜택 불균형 사례

특정 서비스 기업이 VIP 고객에게만 할인 혜택을 제공하면서, 일반 고객들의 불만이 증가하였다. 이로 인해 브랜드 신뢰도가 하락했으며, SNS상에서 형평성 문제로 비판을 받았다(Bolton, 1998). 일반 고객들이 혜택을 받지 못한다고 느낄 때, 분배 공정성에 대한 불만이 커진다.

2) 불만 처리 절차 문제 사례

고객 불만 처리 절차가 복잡하고 비효율적으로 설계된 경우, 고객은 절차가 공정하지 않다고 느낄 수 있다. 예를 들어, 고객이 반복적으로 같은 문제를 설명해야 하거나, 해결 과정이 명확하지 않으면 고객 불만으로 이어질 수 있다(Sousa & Voss, 2006). 이 사례는 절차 공정성의 부족으로 인해 고객 경험에 부정적인 영향을 미친다.

3) 서비스 공정성의 개선

❶ 절차 공정성: 공정한 절차와 프로세스를 통해 고객들이 기대한 대로 공정한 대우를 받도록 보장해야 한다. 예를 들어, 항공사의 우선 탑승 배정 기준, 은행의 모바일 예약 시스템 등을 확보해야 한다.

❷ 분배 공정성: 보상이나 혜택이 공정하게 분배되도록 보장해야 한다. 예를 들어, 전자상거래의 표준화된 환불 정책, 할인 혜택 불균형 문제를 해소해야 한다.

❸ 상호작용 공정성: 고객과 직원 간의 상호작용에서 존중과 공정성을 확보해야 한다. 해당 사례에서는 직접 언급되지 않았지만, 고객 불만 처리 절차에서의 비효율적인 대응은 상호작용 공정성의 부족을 시사한다.

5-3 서비스 공정성의 프로세스 개발

1 서비스 공정성 프로세스와 서비스 공감지도

서비스 공정성 프로세스는 공정하고 일관된 서비스를 제공하는 절차이고, 서비스 공감지도는 고객의 경험과 감정을 시각적으로 나타내는 도구로, 두 가지는 고객의 공정성 인식을 개선하고 서비스 품질을 향상하는 데 상호 보완적인 역할을 한다.

1. 서비스 공정성 기준 설정

(1) 정량적 지표 개발

정량적인 지표는 서비스 공정성을 객관적으로 평가하고 측정할 수 있는 기준을 제공한다. 예를 들어, 대기 시간을 측정하여 고객이 기다리는 시간이 불합리하게 길어지지 않도록 관리할 수 있다. 고객 만족도 점수는 고객이 서비스의 공정성을 어떻게 평가하는지를 직관적으로 알 수 있는 중요한 지표다.

문제 해결 응답 속도를 측정하여 고객의 불만이 빠르게 해결되도록 하며, 이를 통해 서비스 공정성을 높일 수 있다. 예를 들어, 항공사는 대기 시간이 일정 시간 이상 길어지면 자동으로 보상을 제공하여 고객 만족도를 높이고 공정성을 유지한다 (Lind & Tyler, 1988).

(2) 정성적 지표 설정

고객의 인터뷰와 피드백을 통해 서비스의 공정성에 대한 인식을 구체적으로 파악하는 것도 중요하다. 예를 들어, 호텔에서는 고객의 피드백을 통해 객실 배정, 청소 서비스 등에서의 불공정성을 파악할 수 있다. 또한, 설문 조사나 포커스 그룹 인터뷰를 통해 고객이 서비스 절차와 결과에 대해 어떻게 느끼는지에 대한 의견을 수집하고, 이를 바탕으로 개선할 수 있다(Zeithaml et al., 1990).

(3) 기준 주기적 검토

서비스 환경과 고객의 기대는 시간이 지남에 따라 변화한다. 예를 들어, 온라인 쇼핑몰에서는 모바일 쇼핑의 증가로 고객 기대가 변화함에 따라 기존의 서비스 공정성 기준을 수정해야 한다. 이처럼 공정성 기준을 지속적으로 업데이트하여, 서비스의 일관성과 신뢰성을 유지하는 것이 필요하다(Homburg & Fürst, 2005).

2. 공정성 관리 프로세스 설계

(1) 평가와 피드백 수집

고객의 공정성 인식을 파악하기 위해 다양한 방법으로 피드백을 수집한다. 예를 들어, 식음료 체인에서는 실시간 피드백 시스템을 도입해 고객이 불만을 느낄 때 즉시 대응할 수 있도록 한다. 소셜 미디어 분석을 통해 고객이 서비스에 대해 어떻게 이야기하고 있는지를 실시간으로 파악할 수 있다. 이로써 서비스 공정성을 실시간으로 관찰하고, 필요한 조처를 할 수 있다(Spreng et al., 1996).

(2) 문제 개선 프로세스

서비스 공정성 결여 문제를 발견했을 때 이를 해결하기 위한 빠른 대응 프로세스를 마련해야 한다. 예를 들어, 고객 서비스 센터에서는 고객 불만이 접수되면 담당 팀이 신속히 원인 분석 후 조처를 하는 시스템을 구축하여, 고객이 느끼는 불공정성을 최소화한다. 또한, 불만이 반복되지 않도록 프로세스를 개선하여 서비스 품질을 높인다(Berry et al., 1990).

(3) 직원 교육 프로그램

서비스 제공자가 고객과 상호작용할 때 공정성의 중요성을 인식하도록 교육하는 프로그램을 운영한다. 예를 들어, 호텔 직원에게는 고객의 요청에 공정하고 일관되게 대응하는 방법을 교육하고, 고객과의 대화에서 상호 존중과 투명성을 강조하여 상호작용 공정성을 높인다. 고객과 긍정적인 관계를 형성하는 것은 장기적인 고객 충성도를 증가시킨다(Wirtz & Lovelock, 2016).

(4) 성과 모니터링 및 보고

서비스 공정성에 대한 지표를 정기적으로 관찰하여 성과를 관리한다. 예를 들어, 통신사에서는 고객의 서비스 평가 결과를 바탕으로 각 지역의 서비스 공정성을 점검하고, 이를 경영진에게 주기적으로 보고하여 개선 방향을 설정한다. 이를 통해 투명한 관리가 이루어지고, 각 부서와 팀은 공정성 강화를 위해 지속적으로 노력할 수 있다(Homburg & Fürst, 2005).

3. 서비스 업체의 공정성 프로세스 개발 사례

(1) 스타벅스의 고객 경험 공정성 향상 사례

스타벅스는 고객 불만관리와 서비스 공정성 향상을 위해 체계적인 프로세스를 도입하였다.

1) 절차 공정성 개선

고객 불만이 접수되면, 이를 실시간으로 처리할 수 있는 디지털 시스템을 구축하였다. 모든 고객에게 동일한 절차를 적용하고, 해결 프로세스를 추적할 수 있게 설계하여, 고객 신뢰를 강화하였다(Starbucks Annual Report, 2020).

2) 분배 공정성 강화

고객이 음료 품질에 불만을 제기할 경우, 즉시 무료 리필이나 환불을 제공하여, 고객의 기대를 초과하는 보상을 했다. 이를 통해 공정성을 보장하고 충성도를 높였다(Lee & Kim, 2021).

3) 상호작용 공정성 확보

매장 직원들은 고객과의 상호작용에서 공정성을 유지하기 위해, 정기적인 서비스 교육을 받는다. 특히 고객 불만 처리 과정에서 존중과 공감을 표현하도록 훈련을 받았다(Wirtz & Lovelock, 2016). 스타벅스의 이러한 노력은 고객 만족도와 브랜드 충성도를 동시에 높이는 성공적인 사례로 평가된다.

4. 서비스 공정성의 선행요인(Independent Variables)

서비스 제공자가 고객에게 공정한 경험을 제공하기 위한 중요한 요소들로, 각 선행변수는 공정성의 인식을 형성하는 데 중요한 역할을 한다. 이러한 선행변수는 고객의 태도와 행동, 그리고 전반적인 서비스 품질에 영향을 미친다. 구체적인 이론적 근거를 통해 선행변수를 살펴본다.

(1) 서비스 제공자의 태도와 행동(Provider Behavior and Attitude)

서비스 제공자가 고객을 대하는 태도는 상호작용 공정성에서 중요한 역할을 한다. 상호작용 공정성을 강조하며, 고객이 서비스 제공자로부터 존중과 예의를 받는다고 느낄 때 공정성 인식이 강화된다(Bies & Moag, 1986). 고객과의 상호작용에서 정직하고 친절한 태도가 공정성의 인식을 높이며, 고객의 만족을 향상한다.

고객의 공정성 인식은 서비스 제공자의 태도에 의해 직접 영향을 받는다. 이는 서비스가 제공되는 상황에서 긍정적인 대인 관계를 유지하는 것이 중요함을 시사한다. 서비스 제공자가 고객을 존중하는 태도를 보일 때 공정성의 인식이 높아지고, 이는 전반적인 만족도에 긍정적인 영향을 미친다.

(2) 절차의 투명성과 일관성(Transparency and Consistency of Procedures)

절차 공정성의 서비스 절차는 투명성과 일관성이 공정성 인식에 큰 영향을 미친다(Thibaut & Walker, 1975). 공정성은 단지 결과에 국한되지 않고, 결과를 도출하는 과정의 일관성과 투명성에서 중요한 요소가 있다.

고객은 서비스를 제공받는 과정에서 명확하고 일관된 절차를 경험할 때 공정하다고 느낀다. 예를 들어, 서비스 절차가 명확하게 설명되고 모든 고객에게 동일한 방식으로 처리될 때, 고객은 공정성을 높게 평가하게 된다. 절차 공정성은 고객의 신뢰와 만족도를 높이는 데 중요한 역할을 한다.

(3) 분배의 형평성(Equity in Distribution)

사람들이 자신의 노력과 결과를 다른 사람들과 비교하여 공정성을 평가한다(Adams, 1965). 분배 공정성은 고객이 경험한 서비스 결과가 자신의 기대와 노력에 비례한다고 느끼는 정도를 의미한다.

고객은 서비스 제공 결과가 공정하게 분배된다고 느낄 때 긍정적인 반응을 보인다. 예를 들어, 고객이 서비스에 대한 대가로 제공한 비용이나 시간에 비례하는 결과를 경험할 때, 공정성을 높게 평가하게 된다. 반대로, 서비스의 결과가 자신의 기대보다 미흡하다고 느낄 경우, 불만족이 발생하며 공정성에 대한 부정적인 인식이 형성된다.

(4) 서비스 품질(Service Quality)

서비스 품질이 고객의 공정성 인식에 큰 영향을 미친다(Parasuraman et al., 1988). Parasuraman et al.(1988)은 서비스 품질의 다섯 가지 차원이 고객의 경험에 어떻게 영향을 미치는지를 분석하여, 서비스 품질이 높을수록 고객은 서비스 제공자의 공정성을 긍정적으로 평가하게 된다. 예를 들어, 서비스가 기대에 부합하거나 그 이상일 때, 고객은 공정하게 대우받았다고 느끼며, 이는 공정성의 긍정적인 인식으로 이어진다.

(5) 고객의 기대(Customer Expectations)

Zeithaml et al.(1993)는 고객의 기대와 실제 서비스 경험 간의 차이가 고객의 공정성 평가에 중요한 역할을 한다. 고객은 서비스 제공 이전에 특정 기대를 하고 있으며, 이러한 기대가 충족되지 않으면 공정성에 대한 부정적인 평가를 할 수 있다.

고객이 경험하는 서비스의 질이 그들의 기대와 일치할 때, 고객은 서비스가 공정하다고 느끼게 된다. 이처럼 기대 관리가 서비스 공정성 인식에 중요한 역할을 하며, 기대를 적절히 관리하고 충족시키는 것이 공정성 평가를 높이는 데 필수적이다.

(6) 커뮤니케이션의 명확성(Clarity of Communication)

서비스 제공자가 고객과의 커뮤니케이션에서 얼마나 명확하게 정보를 전달하는지가 공정성 인식에 큰 영향을 미친다(Tax et al., 1998). 서비스의 정책이나 절차, 결과에 대한 명확한 커뮤니케이션은 고객에게 공정한 대우를 받았다는 느낌을 전달할 수 있다. 반면, 불명확한 커뮤니케이션은 고객이 공정하지 않다고 느끼게 만들 수 있다.

고객이 서비스와 관련된 중요한 정보를 충분히 이해할 수 있을 때, 공정성에 대한 긍정적인 인식을 형성하게 된다. 서비스 제공자가 고객에게 신뢰를 주는 명확한 정보를 제공하는 것이 중요하다.

(7) 고객 참여(Customer Participation)

고객이 서비스 제공과정에 참여할수록 공정성 인식이 강화된다(Bendapudi & Leone, 2003). 고객이 서비스 과정에 어느 정도 영향을 미칠 수 있다고 느낄 때,

그들은 더 높은 수준의 공정성을 경험한다고 평가한다. 예를 들어, 고객이 문제 해결에 참여하거나 선택의 여지가 있을 때, 그들은 결과에 대해 더 공정하다고 느끼게 된다. 고객의 참여는 그들의 공정성 인식을 높이며, 고객의 충성도와 만족도를 증가시키는 데 기여한다.

(8) 조직의 윤리적 문화(Organizational Ethical Culture)

조직의 윤리적 문화가 서비스 공정성 인식에 큰 영향을 미친다. 윤리적 가치가 중시되는 기업은 고객에게 공정하고 정직한 서비스를 제공할 가능성이 높다(Homburg & Fürst, 2005).

기업의 윤리적 문화가 고객에게 신뢰감을 전달하며, 이는 고객이 공정성을 인식하는 데 긍정적인 영향을 미친다. 또한, 윤리적 경영이 확립된 조직에서는 직원들이 고객을 더 공정하게 대할 가능성이 커져, 고객의 공정성 경험을 증가시킨다.

서비스 공정성을 형성하는 선행변수들은 서비스 제공자의 태도, 절차의 투명성, 분배의 형평성, 서비스 품질, 고객의 기대, 명확한 커뮤니케이션, 고객 참여, 그리고 윤리적 문화 등 다양한 요인들이다. 이들 각각의 선행변수는 고객의 공정성 인식에 큰 영향을 미치며, 서비스 제공자는 이러한 변수들을 고려하여 공정성의 인식을 높이는 전략을 구축해야 한다.

5. 서비스 공정성을 위한 공감 지도(Empathy Map)

공감 지도는 사용자가 특정 상황에서 느끼는 생각, 감정, 행동, 말을 시각적으로 표현하여 숨겨진 니즈와 문제를 발견하는 도구이다. 이 도구는 사용자 중심 설계(User-Centered Design) 과정에서 초기 단계에 주로 활용되며, 고객을 더 깊이 이해하고 서비스 설계에 반영하는 데 중요한 역할을 한다(Stickdorn & Schneider, 2010).

공감 지도가 서비스 설계 초기 단계에서 고객 경험을 최적화하고 문제 해결의 기반을 제공한다(Stickdorn & Schneider, 2010).

(1) 공감 지도의 구성요소

공감 지도는 고객 경험을 여러모로 이해하기 위해 4~6개의 주요 영역으로 구성된다. 각 영역은 고객의 특정 관점을 구체적으로 탐구하는 데 초점을 맞춘다.

1) 생각(Think)

❶ 고객이 특정 상황에서 무엇을 생각하는지를 조사한다.

❷ 고객의 주된 관심사, 우려, 기대 등을 파악하여 내면의 사고 과정을 이해한다

❸ 예시: "이 서비스가 정말로 내 문제를 해결할 수 있을까?", "이 브랜드는 믿을 만한가?"

2) 느낌(Feel)

❶ 고객이 서비스를 경험하며 느끼는 감정을 탐구한다.

❷ 긍정적 감정(만족, 기쁨)과 부정적 감정(불안, 좌절) 모두를 확인한다.

❸ 예시: "복잡한 절차가 너무 스트레스를 준다.", "이 앱을 사용할 때 직관적이라서 편안하다."

3) 말(Say)

❶ 고객이 실제로 말하는 내용을 바탕으로 그들의 의사소통 방식을 분석한다.

❷ 인터뷰, 피드백 등에서 수집된 구체적 발언을 활용한다.

❸ 예시: "이 기능은 정말 편리하네요.", "다음에는 다른 브랜드를 이용할 것 같아요."

4) 행동(Do)

❶ 고객이 서비스를 이용하며 실제로 수행하는 행동을 관찰하고 분석한다.

❷ 고객이 문제 해결을 위해 거치는 단계나 사용하는 도구를 파악한다.

❸ 예시: "앱을 내려받은 후 자주 도움말 센터를 방문한다.", "구매 후 항상 리뷰를 작성한다."

5) 들음(Hear)

❶ 고객이 주변 환경이나 다른 사람들에게서 듣는 이야기를 분석한다.

❷ 친구, 동료, 전문가 리뷰 등 외부 요인들이 고객의 결정에 어떤 영향을 미치는지 이해한다.

❸ 예시: "친구가 이 브랜드를 추천했어요.", "SNS에서 좋은 평가를 많이 봤어요."

6) 고통(Pain)

❶ 고객이 경험하는 주요 문제나 불편함을 명확히 정의한다.

❷ 고객이 겪는 좌절감이나 서비스 사용의 어려움을 구체적으로 도출한다.

❸ 예시: "결제 과정이 너무 복잡해서 중도에 포기했다.", "지속적으로 앱이 오류를 일으킨다."

7) 이익(Gain)

❶ 고객이 서비스로부터 기대하는 성과나 혜택을 구체화한다.

❷ 서비스나 제품이 제공하는 가치와 성공적인 결과를 파악한다.

❸ 예시: "빠른 배송 덕분에 시간을 절약할 수 있었다.", "이 기능으로 업무 효율이 크게 향상되었다."

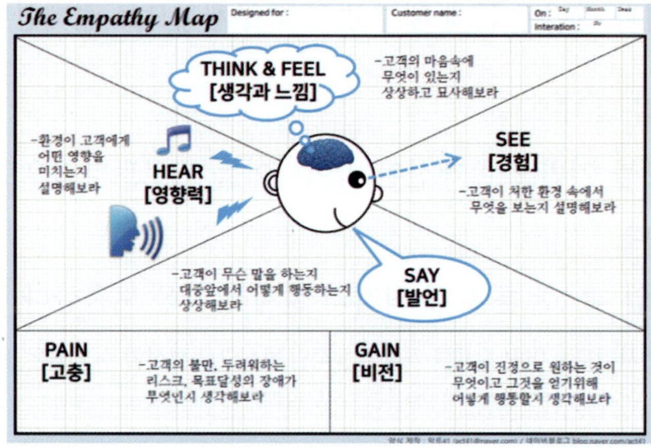

[그림 5-4] **공감 지도**(자료 출처: https://blog.naver.com/act41/221580345176)

(2) 공감 지도의 활용방법

공감 지도는 자료수집, 시각화, 문제 해결이라는 일련의 과정을 통해 실행된다.

1) 자료수집

❶ 고객 인터뷰, 설문 조사, 현장 관찰 등 다양한 방법을 통해 고객의 행동과 감정을 기록한다.

❷ 정성적 데이터(인터뷰, 의견)와 정량적 데이터(통계, 분석)를 병합하여 더 깊이 있는 정보를 확보한다.

2) 공감 지도 작성

❶ 수집한 데이터를 바탕으로 팀과 협력하여 공감 지도를 작성한다.

❷ 포스트잇이나 디지털 도구(Miro, MURAL 등)를 활용하여 구조화된 시각 자료를 만든다.

3) 인사이트 도출

❶ 작성된 공감 지도를 분석하여 고객의 숨겨진 니즈, 문제점, 개선 기회를 도출한다.

❷ 고객 여정과 관련된 문제 해결 방안을 구체적으로 설계한다.

4) 프로토타입 및 테스트

❶ 공감 지도를 기반으로 개선된 아이디어를 프로토타입으로 만들어 고객 피드백을 받는다.

❷ 프로토타입 테스트를 통해 최적의 설계 방안을 도출한다.

▶ 알아두기: 인사이트는 어떤 문제를 가장 효율적인 방식으로 분석할 수 있음은 물론 이해하는 능력.

(3) 공감 지도의 장점

공감 지도는 고객 중심적 사고를 강화하고, 서비스 설계 초기 단계에서 문제를 조기에 발견하는 데 유용하다. 공감 지도가 팀 간 협업을 촉진하며, 사용자 경험 최적화를 위한 중요한 도구이다(Stickdorn & Schneider, 2010).

❶ 고객 중심적 사고 정립: 공감 지도는 고객의 사고와 감정을 시각적으로 표현하여 팀이 고객 중심적으로 사고하도록 돕는다.

❷ 문제 조기 발견: 초기 설계 단계에서 고객의 불편한 점을 사전에 발견할 수 있다.

❸ 효과적인 협업 도구: 팀 내 다양한 이해관계자가 같은 목표를 공유하며 협업할 수 있도록 돕는다.

❹ 결정 과정 지원: 고객의 실질적 요구를 기반으로 설계와 비즈니스 전략을 개선할 수 있다.

(4) 공감 지도 사례 분석

1) 상황: 온라인 쇼핑몰 이용 고객의 공감 지도

❶ Think: "배송이 지연되면 내가 필요한 시점에 물건을 받을 수 없을까 봐 걱정된다."

❷ Feel: "배송 추적 정보가 명확하지 않아 답답하고 스트레스를 받는다."

❸ Say: "더 세부적인 배송 정보를 제공했으면 좋겠다."

❹ Do: 배송 상태를 확인하려고 고객센터에 연락하거나 배송 추적 페이지를 반복적으로 확인한다.

❺ Pain: 배송 지연, 복잡한 결제 과정, 고객 지원팀의 느린 응답.

❻ Gain: 빠르고 정확한 배송, 실시간 추적 정보 제공.

학습활동

활동: 서비스 공정성의 프로세스 개발

❶ 공정성을 고려한 서비스 프로세스 설계

- 고객에게 공정한 서비스를 제공하기 위한 프로세스를 개발하고, 각 단계에서 공정성을 어떻게 구현할 수 있을지 설명하시오.
- 서비스 제공과정에서 발생할 수 있는 불공정한 상황을 예방하기 위한 규칙과 시스템을 제시하시오.

학습정리

- 서비스 공정성(Service justice)은 일반적으로 서비스를 제공하는 주체로부터 적절한 대우를 받고 있는지에 대한 평가이다.
- 서비스를 제공하는 종업원으로부터 공정한 서비스를 받지 못하였을 때 서비스 기업은 제품 또는 서비스의 오류를 개선하려고 시도하는 과정으로 정의한다.
- 서비스 공정성을 확보하는 목적은 기업과 고객 간의 신뢰를 구축하고 장기적 관계를 강화하는 데 있다.
- 공정성은 고객이 기업을 신뢰하고 긍정적인 이미지를 형성하는 데 중요한 역할을 한다.
- 공정한 서비스 제공은 고객 만족도를 높이는 주요 요인 중 하나로 작용한다.
- 서비스 공정성은 고객 불만을 예방하고, 고객 충성도를 증대시키는 데 효과적이다.
- 공정성을 통해 기업은 사회적 책임을 실현하고, 윤리적 경영의 원칙을 지킬 수 있다.
- 서비스 공정성은 고객 경험 관리의 핵심 요소로, 경쟁이 치열한 서비스 산업에서 기업의 지속 가능성을 결정짓는 주요 요인으로 평가된다.
- 서비스 공정성은 분배 공정성(Distributive justice), 절차 공정성(Procedural justice), 상호작용 공정성(Interactional justice)으로 구분한다.
- 분배 공정성은 서비스 기업이 약속한 혜택을 얼마나 공평하게 제공하였는지에 관한 인지 정도를 의미한다.
- 절차 공정성은 관련된 절차 또는 방침이 공정하게 이루어졌는지에 관한 지각이다.
- 상호작용 공정성은 서비스를 제공과정에서 종업원이 고객 응대에 공정한지에 관한 지각이다.
- 은행업에서는 대기 시간을 줄이기 위해 모바일 예약 시스템을 도입하여 절차의 효율성을 높였다.
- 글로벌 전자상거래 플랫폼은 상품 환불 정책을 표준화하여 분배 공정성을 강화하였다.
- 고객 불만 처리 절차가 복잡하고 비효율적으로 설계된 경우, 고객은 절차가 공정하지 못하였다고 느낄 수 있다.
- 서비스 공정성을 측정하기 위한 지표로는 대기 시간, 고객 만족도 점수, 문제 해결 응답 속도 등이 있다.
- 고객 인터뷰와 피드백을 통해 서비스 절차와 결과의 공정성에 대한 고객의 인식을 파악한다.
- 서비스 환경과 고객 기대가 변화함에 따라 공정성 기준도 지속적으로 업데이트해야 한다.
- 서비스 제공자가 고객에게 공정한 경험을 제공하기 위한 중요한 요소들로, 각 선행변수는 공정성의 인식을 형성하는 데 중요한 역할을 한다.
- 서비스 제공자가 고객을 대하는 태도는 상호작용 공정성(interactional fairness)에서 중요한 역할을 한다.
- 절차 공정성(procedural fairness)의 서비스 절차는 투명성과 일관성이 공정성 인식에 큰 영향을 미친다.

- 고객의 기대와 실제 서비스 경험 간의 차이가 고객의 공정성 평가에 중요한 역할을 한다. 고객은 서비스 제공 이전에 특정 기대를 하고 있으며, 이러한 기대가 충족되지 않으면 공정성에 대한 부정적인 평가를 할 수 있다.
- 서비스 제공자가 고객과의 커뮤니케이션에서 얼마나 명확하게 정보를 전달하는지가 공정성 인식에 중요한 영향을 미친다.
- 고객이 서비스 제공과정에 참여할수록 공정성 인식이 강화된다.

CHAPTER 06 서비스 품질과 고객 만족

학습내용

6-1. 서비스 품질

6-2. 서비스 품질개선 전략

6-3. 고객만족 서비스 프로세스 개발

학습목표

6-1: 서비스 품질의 개념과 그것이 고객만족 및 기업 성과에 미치는 영향을 이해하고, 서비스 품질을 측정하는 방법을 설명할 수 있다.

6-2: 서비스 품질을 개선하기 위한 전략(예: 교육, 피드백 시스템, 기술적 개선 등)을 수립하고 실제 적용 방안을 제시할 수 있다.

6-3: 고객만족을 증진하기 위한 서비스 프로세스를 설계하고, 고객의 요구와 기대에 맞는 프로세스를 개발할 수 있다.

6-1 서비스 품질(Service Quality)

1 서비스 품질과 측정도구

서비스 품질은 고객이 경험한 서비스의 우수성이나 만족도를 나타내며, 측정도구는 이를 평가하고 분석하는 방법이다. 고객의 기대와 실제 경험을 비교하여 서비스 품질을 측정하는 다양한 도구가 있으며, 이를 통해 서비스 품질을 개선하고 고객 만족을 높일 수 있다.

1. 서비스 품질의 개념

서비스 품질(Service Quality)은 주관적이며, 고객 지향적인 관점에서 접근하고, 제공되는 서비스에 대한 소비자의 전반적 인식으로 정의할 수 있다(이유재·이준엽, 2001). Gronroos(1982)는 지각된 서비스 품질이 기대한 서비스 품질과 제공된 서비스 품질 간의 차이에서 인식된다. PZB(1988)는 지각된 서비스 품질의 개념은 서비스의 우수성이나 우월성과 연관되고, 이는 고객의 전반적인 판단 또는 태도로 정의한다.

[그림 6-1] 고객 서비스 만족과 불만족(자료 출처: 한국식품 정보원)

서비스 품질은 서비스 접점에서 고객과의 상호작용을 통하여 전달됨으로써 고객에 대한 종업원의 행동과 태도는 고객이 인식하는 서비스 품질과 고객만족, 고객충성도 등에 영향을 주어 궁극적으로 경영성과에 영향을 미친다(Schneider & Bowen, 1985). 따라서 고객과 대면하여 서비스를 제공하는 종업원이 양질의 서비스를 제공하기 위한 역량을 갖추고, 적절한 행동을 할 수 있도록 동기부여하는 조직 차원의 노력이 요구된다.

▶ 알아두기: 품질은 제공된 제품 또는 서비스가 고객의 요구를 만족하게 하는가에 관한 것이며, 일종의 질(Quality)적 대상이고, 양(Quantity)과 대비되는 질(Quality)을 의미하는 개념으로 품질은 사람마다 느끼는 감정이다.

▶ 알아두기: Garvin(1984)은 품질의 여덟 차원은 심미성(Asthetics), 유용성(Serviceability), 인지된 품질(Perceived quality), 성능(Performance), 특징(Features), 내구성(Durability), 신뢰성(Rellability), 적합성(Conformance)으로 구분한다.

[그림 6-2] 고객 서비스

2. 서비스 품질 측정 도구

(1) SERVQUAL 모형

SERVQUAL은 서비스 품질을 설명하는 대표적인 개념으로 서비스(Service)와 품질(Quality)의 합성어이다. P.Z.B(1985)는 서비스 품질의 속성을 10개로 세부 측정항목을 97개로 정리하여, 가장 타당성 있는 속성과 측정항목으로 개발되었고, 1988년 실증연구를 통하여 유형성, 신뢰성, 응답성, 확신성, 공감성, 5가지 차원으로 재구성되었다.

1) 서비스 품질의 구성요소

❶ 유형성: 물리적 요소의 외형에 대한 차원으로 품질을 설정하는 항목이다. 예를 들어 최신장비, 시설, 종업원 외모와 분위기, 안내 시설, 휴식 공간, 시설물 관리, 이동 동선의 편리성 등을 말할 수 있다.

❷ 신뢰성: 믿을 수 있는 정확한 임무 수행의 차원으로 품질을 설정하는 항목이다. 예를 들어 서비스 철저, 업무의 정확도, 예약 시간 관리, 상담과 작업 결과의 정확성, 약속한 시각에 마무리 등을 말할 수 있다.

❸ 응답성: 고객에 대한 반응이 즉각적이고 자발적인가에 관한 차원으로 품질을 설정하는 항목이다. 예를 들어 신속한 서비스 제공, 스스로 도움을 제공, 고객이 무엇인가 요구하였을 시 신속하게 대응하는 것을 말한다.

❹ 확신성: 직원의 능력, 공손함, 안전성 등에 관한 차원으로 설정하는 항목이다. 예를 들어 미용에 관련된 유익한 정보나 전문 지식을 숙지하고 제공, 트렌드를 파악하여 고객이 스타일을 믿고 맡길 수 있는 것을 말한다.

❺ 공감성: 고객에 대해 충분히 이해하고, 의사소통이 원활한가에 대한 차원으로 품질을 설정하고 항목이다. 예를 들어 개별적 관심, 접근 용이성, 고객에 대한 이해, 제공하는 서비스에 관해 관심과 주의를 기울이고 고객이 원하는 서비스를 제공, 고객의 이해를 쉽게 도와주는 것을 말한다.

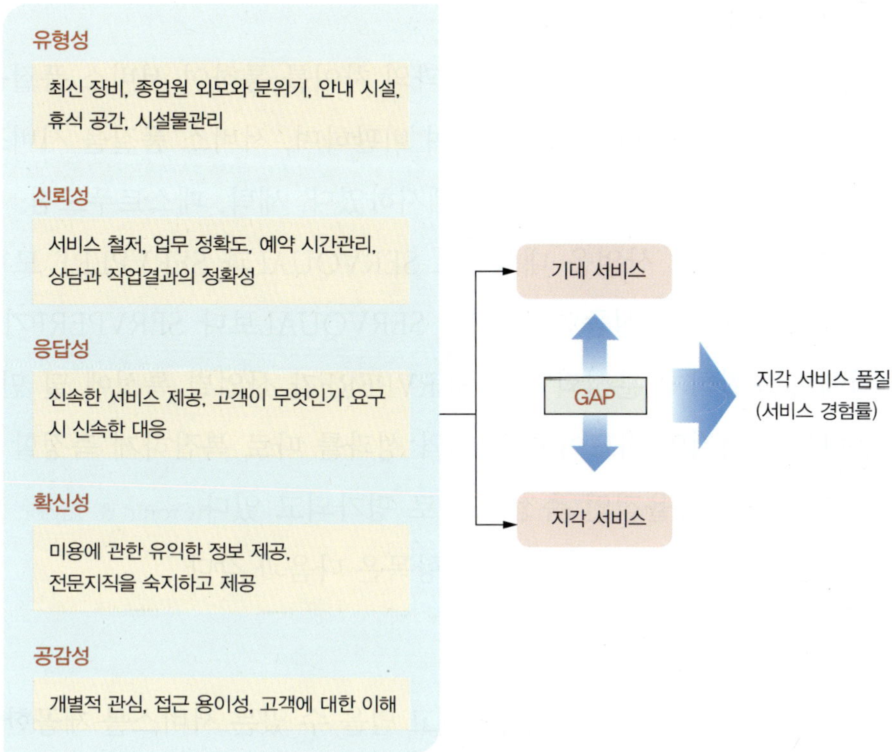

[그림 6-3] P.Z.B(1988) SERVQUAL 모형

2) 서비스 품질의 평가

서비스 품질의 5가지 차원의 서비스 수준에 대한, 고객의 기대감과 실제 제공된 서비스의 인지된 성과 차이를 비교하여 측정한다. 서비스에 대한 고객의 평가는 기대대비 만족으로 나타나는데, 절대적 만족도가 A 사에서 제공된 서비스의 만족도가 50%이고, B 사에서 제공된 서비스의 만족도가 80%라는 가정에서, A 사의 서비스 기대치가 5%였다면, A 사에서 제공된 서비스의 만족도는 10배가 되며, B 사의 서비스 기대치가 40%이었다면, B 사에서 제공된 서비스 만족도는 2배이다. 그러므로 서비스 만족도는 A 사가 제공된 서비스 가치가 높다.

(2) SERVPERF 모형

Cronin & Taylor(1992)는 기대와 성과의 차이를 통하여 서비스 품질을 측정하는 SERVQUAL의 타당성에 대하여 비판하며, 서비스 품질을 서비스 성과만을 측정하는 SERVPERF 모형을 제시하였다. 세탁, 패스트푸드점, 은행, 방역의 4개의 서비스 산업을 대상으로 SERVQUAL과 SERVPERF 모형 간의 우수성을 비교하는 실증연구 결과, SERVQUAL보다 SERVPERF가 4개의 산업에서 적합하게 분석되었다. SERVPERF가 산업별 특성에 덜 민감하게 반응하는 안정적인 척도이며, 기대와 성과를 따로 복잡하게 측정할 필요가 없어 간편하고 효율적인 측정 도구로 평가되고 있다(Cronin & Taylor, 1992). SERVPERF 모형의 주요 차원 및 설문 항목은 다음과 같다.

1) 신뢰성(Reliability)

❶ 서비스 제공자가 일관되게 정확하고 믿을 수 있는 서비스를 제공한다.

❷ 서비스가 약속대로 제공된다.

❸ 문제 해결이 신속하고 효율적으로 이루어진다.

2) 응답성(Responsiveness)

❶ 서비스 제공자는 고객의 요구를 신속하게 반영한다.

❷ 직원들은 고객의 요청에 빠르게 반응한다.

❸ 고객이 요청한 서비스는 빠르게 제공된다.

3) 확신성(Assurance)

❶ 직원들은 고객에게 신뢰감을 준다.

❷ 서비스 제공자가 전문적이고, 고객에게 안정감을 제공한다.

❸ 고객은 서비스 제공자의 능력에 대해 확신을 갖는다.

4) 공감성(Empathy)

❶ 서비스 제공자는 고객 개별의 필요에 관심을 기울인다.

❷ 직원들은 고객을 이해하고 존중하는 태도를 보인다.

❸ 고객은 서비스 제공자가 자신을 중요하게 여긴다고 느낀다.

5) 유형성(Tangibles)

❶ 서비스 제공자는 깨끗하고 잘 정돈된 환경을 제공한다.

❷ 장비나 시설은 현대적이고, 잘 유지 관리된다.

❸ 서비스 제공자는 전문적인 외모를 유지한다.

(3) Gronroos의 2차원 모형

Gronroos(1984)는 서비스 품질을 결과품질과 과정품질의 두 가지 차원으로 나누어 설명하였다. 이 두 차원은 고객이 서비스를 경험하는 방식에서 중요한 역할을 한다. 또한, 그가 제시한 모델에서는 이미지 요소가 서비스 품질 평가에 큰 영향을 미친다.

1) 결과품질(Technical Quality)

결과품질은 기술적 품질(Technical Quality)로 불리며, 고객이 서비스 제공과 상호작용에서 무엇(What)을 얻느냐에 해당하는 부분이다. 즉, 서비스가 제공된 결과, 즉 서비스의 최종적인 성과가 결과품질에 해당한다. 예를 들어, 병원에서는 치료 결과가 결과품질에 포함되고, 항공 서비스에서는 비행의 안전성과 편안함이 결과품질에 해당한다. 결과품질은 고객이 서비스를 이용한 후 얻은 실질적 혜택을 평가하는 측면이다.

2) 과정품질(Functional Quality)

과정품질은 기능적 품질(Functional Quality)로 불리며, 고객이 서비스를 어떻게(How) 경험하는지에 관련된다. 이는 서비스 제공과정에서 고객이 겪는 경험을 의미하며, 고객이 서비스 제공자와 상호작용하는 과정을 포함한다. 예를 들어, 병원에서는 진료를 받는 과정에서 의사와의 소통, 병원 직원의 태도, 대기 시간 등이 과정품질에 영향을 미친다. 또한, 호텔에서는 체크인 과정, 직원의 응대 태도, 시설의 상태 등이 과정품질을 구성하는 요소가 된다.

과정품질은 고객이 서비스를 받는 동안의 경험에 대해 서비스 제공 방법에 대한 인식을 기반으로 형성된다. 좋은 과정품질은 고객에게 긍정적인 경험을 제공하며, 이는 고객 만족도를 높이는 데 중요한 역할을 한다.

3) 지각된 서비스 품질과 이미지

지각된 서비스 품질이 고객이 기대한 품질과 실제 제공된 품질 간의 차이에서 인식된다고 주장하였다. 즉, 서비스 품질은 고객의 기대와 실제 경험 사이의 차이를 반영하며, 이 차이에 의해 고객이 평가하는 서비스 품질이 결정된다. 기대한 품질보다 더 나은 품질이 제공될 경우, 고객은 높은 품질을 지각하게 된다. 반면, 기대보다 낮은 품질을 경험할 경우 고객의 서비스 품질 평가는 낮아진다.

또한, 두 차원의 품질인 "결과품질과 과정품질"은 서비스 기업의 이미지라는 필터를 거쳐 지각된 서비스 품질로 형성된다. 기업의 이미지나 평판은 고객이 경험한 서비스 품질을 평가하는 데 중요한 역할을 한다. 즉, 고객이 기업에 대해 가진 이미지는 그들이 서비스를 어떻게 평가할지에 큰 영향을 미친다.

Gronroos(1984)의 2차원 서비스 품질 모델은 결과품질(기술적 품질)과 과정품질(기능적 품질)이라는 두 차원을 통해 고객의 서비스 품질 인식을 체계적으로 설명하고 있다. 이 모델의 핵심은 고객이 서비스를 어떻게 경험하고, 그 결과가 무엇인지를 종합적으로 평가하는 데 있다. 또한, 기업의 이미지가 고객의 품질 평가에 큰 영향을 미친다고 강조하며, 서비스 품질 평가에서 서비스 환경품질도 중요한 역할을 한다

Gronroos(1984)의 2차원 모형은 결과품질과 과정품질을 중심으로 구성된 서비스 품질 모형으로, 결과품질 관련 항목들을 포함했을 때, 모형의 요인구조, 수렴타당성, 판별타당성, 인과관계모형의 적합도 등에서 SERVQUAL 모형보다 우수한 평가를 받았다. 이는 Gronroos 모형이 서비스 품질 평가를 결과와 과정 두 가지 차원에서 더 체계적으로 다루기 때문이다.

(4) 3차원 모형

Brady & Cronin(2001)은 서비스 품질에 관한 기존의 연구를 바탕으로, 3차원 서비스 품질 모형을 제안하였다. 이 모형은 Rust & Oliver(1994)의 3차원 모형과 Dabholkar et al.(1996)의 위계 구조모형을 기반으로 하여, 서비스 품질을 상호작용품질, 결과품질, 물리적 환경품질의 세 가지 차원으로 나누어 설명하였다. 이들은 서비스 품질을 다차원적으로 분석함으로써 서비스 품질에 대한 보다 세밀한 평가가 가능하다.

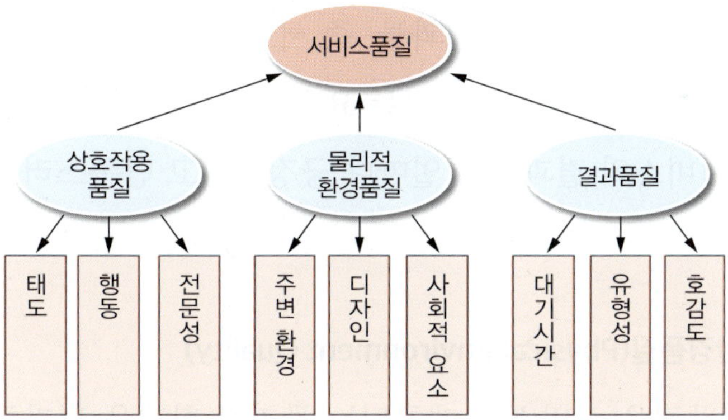

[그림 6-4] Brady & Cronin의 3차원 모형

1) 3차원 모형의 구성요소

서비스 품질의 3차원 모형은 상호작용품질, 결과품질, 물리적 환경품질이라는 세 가지 주요 차원으로 구분된다. 각 차원은 세부적인 하위 차원으로 더 나뉘며, 이를 통해 서비스 품질에 대한 종합적인 평가가 이루어진다.

(가) 상호작용품질(Interaction Quality)

상호작용품질은 고객과 서비스 제공자 간의 상호작용에서 발생하는 품질을 나타낸다. 이는 고객이 서비스 제공자와 직접 접촉하는 과정에서의 경험을 평가하는 것이다. 상호작용품질의 하위 차원은 종업원의 태도, 행동, 전문성을 포함한다.

❶ 종업원의 태도: 고객에 대한 친절함, 고객을 대하는 태도 등.

❷ 종업원의 행동: 고객의 요구에 대한 반응, 문제 해결 능력 등.

❸ 종업원의 전문성: 고객에게 제공되는 서비스의 지식, 기술적 능력 등.

(나) 결과품질(Outcome Quality)

결과품질은 서비스의 최종 결과를 평가하는 차원이다. 고객은 서비스 이용 후 얻은 결과를 바탕으로 서비스 품질을 판단한다. 결과품질의 하위 차원에는 대기 시간, 유형성, 호감성이 포함된다.

❶ 대기 시간: 서비스 제공에 걸리는 시간이나 대기 시간에 대한 고객의 평가.

❷ 유형성: 서비스의 물리적 결과물, 즉 서비스가 제공한 실질적 결과가 얼마나 명확하고 구체적인지를 평가하는 요소.

❸ 호감성: 서비스의 결과물이 얼마나 긍정적이고 만족스러운지에 대한 고객의 평가.

(다) 물리적 환경품질(Physical Environment Quality)

물리적 환경품질은 서비스가 제공되는 물리적 환경을 평가하는 차원이다. 서비스의 품질은 서비스가 제공되는 공간이나 시설의 상태에 크게 영향을 받으며, 물리적 환경품질의 하위 차원에는 주변 환경, 디자인, 사회적 요소가 포함된다.

❶ 주변 환경: 서비스가 제공되는 장소나 공간의 청결도, 안전성 등.

❷ 디자인: 공간의 미적 요소나 구성, 시설의 편리성.

❸ 사회적 요소: 고객이 서비스 제공자의 직원과 상호작용하는 동안 느끼는 사회적 분위기나 상호작용의 품질.

2) 연구결과와 서비스 품질 인식

Brady & Cronin(2001)은 이 3차원 모형을 통해, 서비스 품질은 결과품질, 상호작용품질, 물리적 환경품질 세 가지 차원의 평가를 통해 형성된다고 주장하였다. 즉, 고객은 이 세 가지 차원을 종합적으로 평가하여 서비스를 경험하고, 그 경험을 바탕으로 전체 서비스 품질에 대한 인식을 형성한다.

3) SERVQUAL 모형과 3차원 모형의 차이

SERVQUAL 모형은 구조적 간명성에서 다소 단점이 있지만, 전달품질과 환경품질 차원에서 중요한 평가 요소들을 집중적으로 다루는 강점이 있다. SERVQUAL 모형은 서비스 품질을 기대와 실제 제공된 품질 간의 차이를 기반으로 평가하며, 고객의 기대와 서비스 제공 실태를 비교하여 품질을 평가하는 방식이다.

4) 3차원 모형의 의의

Brady & Cronin의 3차원 모형은 서비스 품질의 다차원적인 특성을 잘 반영하며, 다양한 서비스 유형을 보다 포괄적으로 평가할 수 있는 틀을 제공한다. 이 연구는 서비스 품질에 대한 새로운 방향을 제시하며, 기존의 단일 차원적 평가 방식에서 벗어나 상호작용품질, 결과품질, 물리적 환경품질이라는 세 가지 차원의 평가를 통해 서비스 품질을 보다 종합적으로 이해하고 평가할 수 있도록 도와준다. 또한, 서비스 품질에 대한 포괄적인 다차원 체계로의 통합을 통해 서비스 품질 연구의 새로운 이론적 기반을 마련하는 데 기여하였다.

2. 서비스 품질 관리

서비스 품질 관리는 서비스 접점에서 결정되며, 평가를 좌우하는 요인들은 서비스를 전달하는 요소에 있다고 할 수 있다. 서비스 접점에서 고객만족을 창출하기 위해서는 서비스 전달시스템을 잘 구축하고 효과적으로 관리해야 한다는 것을 의미한다.

서비스 전달시스템은 고객에게 서비스가 제공되는 시점에서부터 전달될 때까지의 흐름을 의미하며, 서비스의 효율성을 높이기 위해 서비스 전달시스템을 잘 설계하는 것은 기업의 경쟁력을 위해 중요한 업무이다. 동종 산업에서 경쟁기업과의 차별화된 서비스 전략은 서비스 전달시스템의 설계과정으로부터 시작될 수 있으며, 서비스 전달시스템을 구축하기 전에 다양한 대안들을 놓고 고민하고 분석해야 한다.

(1) 서비스 품질 평가의 원칙

서비스 품질의 기준은 고객이 주체이며, 고객만족의 기준에 맞게 제공되는 서비스의 프로세스를 개발, 유지, 관리하여야 한다.

❶ 서비스는 눈에 보이는 가시적인 상품이 아니기에 직접 경험을 통하여 서비스 품질을 알 수 있다.

❷ 서비스가 반드시 동시에 수행되고 소비되어야 하므로 서비스의 질은 서비스 제공자의 능력과 서비스 제공자와 고객 사이 상호작용의 질에 크게 의존한다.

❸ 서비스의 품질이 고르지 않아 누가, 언제, 어디서 서비스를 제공하느냐에 따라 차이가 큼을 의미하는 것으로, 서비스는 생산과정에서 가변 요소가 많고 고객의 동일한 주문이라도 미용사에 따라 다르게 수행될 수 있어서 서비스 품질의 균일화가 어렵다.

❹ 서비스에 대한 수요와 공급의 균형을 이루기 어렵다. 따라서 수요와 공급 간의 조화를 이루는 전략이 필요하다.

- 고객은 기억해 주고 대접해 주기를 원한다.
- 고객은 어떤 서비스를 제공하느냐에 따라 고객의 반응이 달라진다.

6-2 서비스 품질개선 전략

1 서비스 품질개선과 측정 도구

측정 도구는 서비스 품질을 평가하고, 고객의 기대와 실제 경험 간의 차이를 파악하는 데 사용된다. 이를 통해 얻은 데이터를 바탕으로 서비스 품질을 개선하는 전략을 수립할 수 있으며, 지속적인 품질개선을 위해 다시 측정 도구를 활용해 개선 효과를 평가한다. 즉, 측정 도구는 품질개선의 방향을 제시하고, 개선된 품질을 검증하는 역할을 한다.

1. 서비스 품질개선

서비스 품질을 높이기 위해서는 체계적인 교육 및 훈련이 필수적이다. 교육은 고객과의 접점에서 직원의 전문성을 향상하는 데 중점을 두어야 하며, 이는 고객 서비스 기술뿐만 아니라 문제 해결 능력과 감성 지능 개발을 포함한다(Lovelock & Wirtz, 2011). 예를 들어, 항공 산업에서 승무원은 안전 교육뿐만 아니라 고객 응대와 위기 상황 대처 훈련도 받는다.

서비스 표준화는 서비스 품질의 일관성을 유지하는 데 중요한 역할을 한다. 표준화는 서비스를 제공하는 모든 직원이 동일한 절차와 지침을 따르도록 보장하며, 이를 통해 고객 경험의 변동성을 줄일 수 있다(Parasuraman et al., 1988).

[그림 6-5] 서비스 품질 개선

(1) 교육 및 훈련

1) 고객 응대 시뮬레이션

실제 고객 응대 상황을 가정한 훈련을 통해 직원의 대처 능력을 향상한다. 예를 들어, 호텔 프론트 데스크 직원에게 다양한 상황(예약 오류, 고객 불만 처리 등)을 시뮬레이션하도록 하고, 그에 따른 응대 방법을 피드백한다.

2) 정기적 리프레셔 교육

기존 직원도 변화하는 고객 요구에 맞춰 주기적으로 교육을 시행한다. 예를 들어, 신기술 활용법, 새 서비스 정책 등을 포함한 워크숍을 개최한다(Zeithaml et al., 2017).

3) 교육 및 훈련 사례

(가) 사례 1: 스타벅스의 바리스타 교육

스타벅스는 모든 바리스타에게 고객 응대 기술과 커피 제조 기술을 동시에 교육한다. 특히, 고객의 이름을 부르고 음료를 제공하는 방식으로 고객 맞춤 경험을 제공한다. 이를 통해 스타벅스는 고객 충성도를 높이고, 품질 높은 서비스를 일관되게 제공한다(Lovelock & Wirtz, 2011).

(나) 사례 2: 항공사 승무원 훈련

대한항공은 승무원에게 정기적으로 감성 지능 개발과 위기 상황 대응 훈련을 제공한다. 예를 들어, 고객이 기내에서 불만을 제기했을 때, 적절한 언어와 태도로 문제를 해결하는 방법을 교육한다. 이를 통해 서비스 품질을 높이고 고객 만족도를 증진한다.

(2) 서비스 표준화

1) 표준 절차 매뉴얼 개발

서비스 제공 전 과정에 대한 매뉴얼을 작성하고, 직원들이 이를 철저히 준수하도록 교육한다. 예를 들어, 패스트푸드점에서는 주문 접수에서부터 음식 제공까지의 절차를 상세히 정의한다.

2) 모니터링 시스템 도입

서비스의 일관성을 유지하기 위해 점검 시스템을 구축한다. 예를 들어, 고객 만족도를 조사하거나 매장 방문을 통한 미스터리 쇼퍼(Mystery Shopper) 프로그램을 실행한다.

3) 서비스 표준화 사례

맥도날드의 표준화 시스템은 전 세계 매장에서 동일한 품질의 제품과 서비스를 제공하기 위해 조리시간, 재료 사용량, 고객 응대 방식 등을 표준화했다. 이를 통해 어디에서나 일관된 고객 경험을 제공하며, 글로벌 브랜드로서 신뢰도를 유지한다(Parasuraman et al., 1988).

2. 서비스 품질개선 도구

서비스 품질개선 도구는 조직이 서비스 품질을 향상하기 위해 사용하는 기법과 도구를 의미한다. 이는 고객 만족도를 높이고, 운영 효율성을 개선하며, 지속적인 품질 관리를 가능하게 한다.

(1) 고객 피드백 시스템

고객 설문조사와 리뷰를 통해 서비스에 대한 문제를 파악하고 이를 개선한다. 예를 들어, 호텔 체인은 투숙객 퇴실 후 피드백 설문을 요청하여 고객 불만 사항을 개선한다(Zeithaml et al., 2017).

1) 실시간 피드백 시스템

고객이 서비스 이용 직후 간단한 설문 조사를 통해 평가할 수 있는 QR 코드를 제공한다. 예를 들어, 카페에서는 영수증에 피드백 설문 링크를 추가하고, 참여 고객에게 소정의 할인 혜택을 제공한다.

2) 소셜 미디어 모니터링

온라인 리뷰와 댓글을 분석해 고객이 자주 제기하는 문제를 파악한다. 예를 들어, 항공사는 트위터와 페이스북에서 언급된 서비스 관련 불만 사항을 모니터링한다.

3) 고객 피드백 수집 및 활용 사례

아마존의 고객 리뷰 시스템은 구매 고객이 리뷰를 남기고 별점을 부여할 수 있도록 시스템을 운영한다. 고객 리뷰를 분석하여 물류 시스템, 상품 품질, 고객 서비스 개선에 반영한다. 예를 들어, "배송이 느리다"라는 피드백이 많았을 때 프라임 서비스를 통해 빠른 배송 옵션을 도입했다.

(2) 품질개선 워크숍

내부적으로 직원들이 참여하는 워크숍을 통해 문제를 분석하고 해결책을 마련한다. 이는 직원들의 자발적 참여를 유도하며 창의적 아이디어를 도출하는 데 효과적이다(Lovelock & Wirtz, 2011).

1) 협업 세션

현장 직원과 관리자 간의 아이디어 교환을 통해 문제점을 파악하고 해결책을 도출한다. 예를 들어, 콜센터에서는 정기적으로 직원들의 의견을 수렴하고 응대 스크립트를 개선한다.

2) 해결책 테스트

도출된 개선안을 소규모로 실험 적용하고, 성과를 바탕으로 확대 적용한다.

[그림 6-6] 품질개선 워크숍

3) 품질개선 워크숍 운영

메리어트 호텔은 직원들이 참여하는 월간 워크숍을 통해 고객 피드백을 분석하고 개선 방안을 도출한다. 워크숍에서 나온 아이디어는 시범 운영 후 본격적으로 도입되며, 이는 고객 만족도를 높이는 데 기여한다(Lovelock & Wirtz, 2011).

3. 고객 만족도 측정방법

(1) 설문 조사

서비스 만족도를 정량적으로 분석하는 도구로, 응답자에게 구체적인 질문을 던져 고객 경험을 평가한다.

1) 설문 조사 활용방법

❶ 온라인 설문 링크를 이메일로 발송하거나 QR 코드로 제공하여 고객이 간편하게 응답할 수 있도록 한다.

❷ 설문 항목은 서비스 속도, 친절도, 시설 만족도 등을 포함하며, Likert 5점 척도로 측정한다.

(2) 고객 피드백 시스템

웹사이트 리뷰, 고객 서비스 상담 등에서 수집된 피드백 데이터를 분석해 개선점으로 활용한다.

(3) 순추천점수(Net Promoter Score; NPS)

"이 서비스를 지인에게 추천하시겠습니까?"라는 단순 질문을 통해 고객 충성도를 평가한다. 이는 점수가 높을수록 추천 가능성이 크며, 기업의 성장을 예측하는 데 유용하다(Reichheld, 2003).

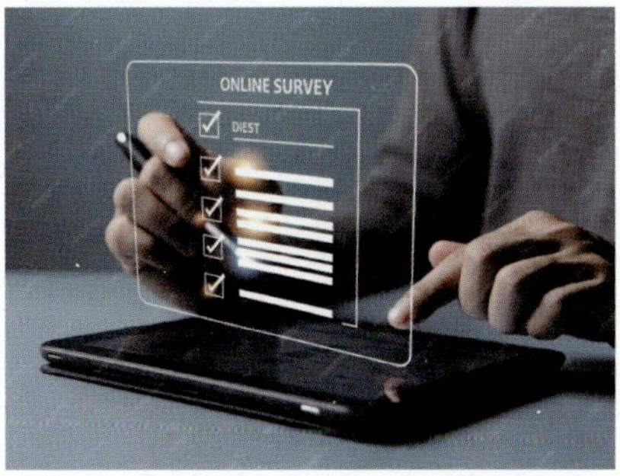

[그림 6-7] 고객 설문 조사

1) NPS(Net Promoter Score) 운영

고객에게 "이 서비스를 친구나 가족에게 추천하시겠습니까?"라는 질문을 던지고 0~10점으로 응답받는다.

2) 점수에 따라 고객을 세 그룹으로 분류

❶ 9~10점: 홍보자(Promoters)

❷ 7~8점: 수동적 고객(Passives)

❸ 0~6점: 비판자(Detractors)

예를 들어, 호텔 체인은 NPS를 기반으로 비판자의 의견을 분석하고 개선책을 마련한다.

(4) 고객 만족도 측정방법

고객 만족도 측정방법은 고객이 서비스나 제품에 대해 느끼는 만족 수준을 정량적 또는 정성적으로 평가하는 방식이다. 이를 통해 기업이나 조직은 고객의 기대와 실제 경험 간의 차이를 파악하고, 서비스 품질을 개선할 수 있다.

1) NPS(Net Promoter Score) 운영사례: 애플의 NPS 활용

애플은 제품구매 후 고객에게 "이 제품을 지인에게 추천하시겠습니까?"라는 질문을 던진다. 높은 점수를 받은 경우, 해당 고객에게 감사 메일을 보내고 추가 제품 추천을 유도한다. 반대로 낮은 점수를 준 고객에게는 추가 설문을 통해 불만 사항을 파악하고, 이를 기반으로 제품과 서비스를 개선한다(Reichheld, 2003).

2) 설문 조사 사례: 항공사 고객 만족 설문 조사

에미레이트 항공은 모든 고객에게 비행 후 설문 조사를 요청한다. 설문 항목에는 좌석 편안함, 기내식 품질, 승무원의 응대 등이 포함된다. 수집된 데이터를 분석하여, 특정 노선이나 좌석 등급에서 발생하는 문제를 해결하고, 서비스의 품질을 높인다(Zeithaml et al., 2017).

(5) 의사결정나무(Decision Tree)와 랜덤 포레스트(Random Forest) 모델을 활용

1) 고객 세분화 및 타겟 마케팅

❶ 목표는 고객을 다양한 특성에 따라 세분화하고, 마케팅 전략을 개인화하여, 마케팅 효과를 극대화하는 것이다.

❷ 방법은 의사결정나무를 사용하여 고객의 특성(연령, 성별, 구매 패턴 등)에 따라 고객을 분류하는 것이다.

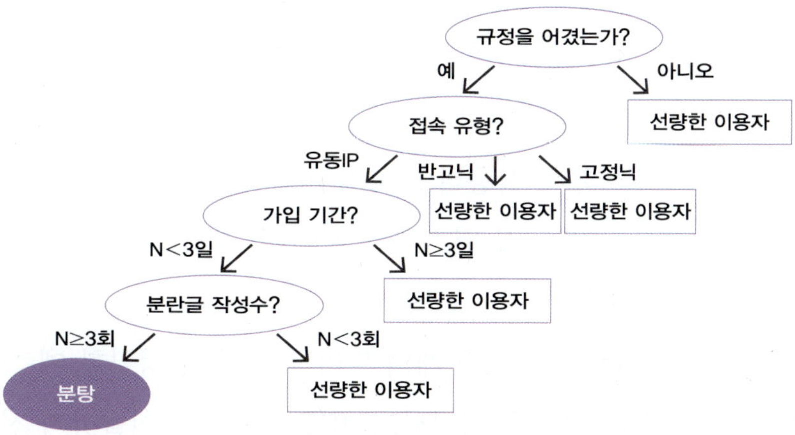

[그림 6-8] 의사결정나무 예시(자료 출처: 나무위키)

랜덤 포레스트를 사용하면, 여러 나무를 통해 고객을 더 정확하게 분류할 수 있다. 예를 들어, 고객의 구매 빈도, 선호 서비스, 가격 민감도를 바탕으로 고객을 여러 그룹으로 나누고, 각 그룹에 맞는 맞춤형 마케팅을 시행할 수 있다.

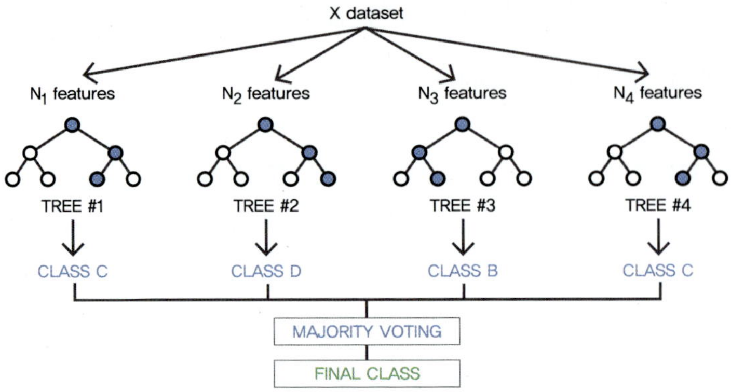

[그림 6-9] 랜덤 포레스트 예시(자료 출처: https://humankind.tistory.com/m/16)

이를 통해 타겟 마케팅이 가능해지고, 고객 맞춤형 서비스 제공으로 고객 만족도와 충성도를 높일 수 있다.

2) 고객 이탈 예측

❶ 목표는 고객이 서비스를 이용하지 않게 될 가능성(이탈)을 예측하고, 이를 방지하는 전략을 수립하는 것이다.

❷ 방법은 의사결정나무를 사용하여 고객 이탈에 영향을 미치는 주요 요인(가격, 서비스 품질, 고객 지원 서비스 등)을 분석하는 것이다. 각 고객의 특성과 행동 패턴을 바탕으로 이탈 가능성이 큰 고객을 예측할 수 있다.

랜덤 포레스트를 활용하면, 여러 개의 트리를 통해 더 정확한 예측을 할 수 있으며, 이탈 위험이 큰 고객을 식별하고 이를 기반으로 이탈방지 전략을 세울 수 있다. 예를 들어, 고객이 이탈하기 전에 할인 쿠폰을 제공하거나 맞춤형 서비스를 제공할 수 있다.

3) 서비스 품질개선

❶ 목표는 고객 서비스 품질을 향상해 고객 만족도를 높이는 것이다.

❷ 방법은 의사결정나무를 활용하여 고객의 불만을 유발하는 주요 요소를 식별하는 것이다. 예를 들어, 서비스 대기 시간, 직원 태도, 청결도 등 다양한

요인을 기반으로 서비스 개선 방안을 도출할 수 있다.

랜덤 포레스트를 통해 여러 요인의 복합적인 영향을 분석하고, 서비스 품질을 높이기 위한 우선순위를 정할 수 있다. 이를 통해 서비스 품질을 개선하고 고객 만족도를 높일 수 있다.

4) 가격 최적화

❶ 목표는 최적의 가격을 설정하여 매출을 극대화하고, 고객의 가격 민감도를 고려한 전략을 수립하는 것이다.

❷ 방법은 의사결정나무를 사용하여 고객의 구매 결정에 영향을 미치는 주요 가격 요인(할인, 가격 경쟁력 등)을 분석하고, 각 가격 수준에서 고객의 반응을 예측하는 것이다.

랜덤 포레스트를 활용하면 여러 가격 요인과 고객 특성을 결합하여 더 정교한 가격 책정 모델을 만들 수 있다. 이를 통해 최적의 가격을 책정하고, 가격 민감도에 맞춘 가격 전략을 세울 수 있다.

5) 고객 만족도 예측

❶ 목표는 고객의 만족도를 예측하고, 이를 개선할 방법을 찾는 것이다.

❷ 방법은 의사결정나무를 이용해 고객의 만족도에 영향을 미치는 요소(서비스 속도, 직원 친절도, 가격 등)를 분석하는 것이다. 이를 통해 어떤 요소가 만족도를 높이는지, 또는 낮추는지를 파악할 수 있다.

랜덤 포레스트를 사용하여 다양한 요인의 상호작용을 고려하고, 고객 만족도를 높이기 위한 개선 조치를 취할 수 있다.

6) 수요 예측

❶ 목표는 서비스 수요를 예측하여, 적절한 자원을 배치하고 효율적인 운영을 달성하는 것이다.

❷ 방법은 의사결정나무를 사용하여 과거 데이터를 바탕으로 고객의 서비

스 수요를 예측하는 것이다. 예를 들어, 특정 시즌에 따라 수요가 급증하는 패턴을 파악하거나, 날씨와 고객 방문 패턴의 관계를 분석할 수 있다.

랜덤 포레스트를 사용하면 여러 변수의 상호작용을 고려하여 수요 예측의 정확도를 높일 수 있다. 이를 통해 자원 관리나 인력 배치를 최적화하고, 서비스 제공 효율을 높일 수 있다.

의사결정나무와 랜덤 포레스트는 고객 데이터, 서비스 품질, 마케팅 전략, 가격 책정 등 다양한 분야에서 효과적으로 활용될 수 있는 도구이다.

6-3 고객만족과 서비스 프로세스 개발

1 고객만족과 서비스 프로세스

고객만족 프로세스는 고객이 제품이나 서비스를 사용하고 경험한 후, 고객이 느끼는 만족도를 높이기 위해 체계적으로 설계된 일련의 활동 및 절차로, 고객의 기대를 충족시키고 초과하는 경험을 제공하여 만족도를 향상시킨다.

1. 고객만족의 개념

Oliver(1980)는 고객만족을 고객의 실제 경험과 기대 간의 불일치로 인해 발생하는 감정과 구매 경험 전의 감정이 결합하여 발생하는 종합적 심리상태로 정의한다. 다수의 연구에서 고객만족을 결정하는 변수들을 설명하기 위하여 기대와 불일치 패러다임을 개발하고, 이를 통해 고객만족을 설명하려는 시도가 진행되었다. 이러한 패러다임에 기초하여 사전 기대와 제품 성과 간의 불일치는 고객만족과 불만족에 영향을 미치며, 고객만족은 내적 결정요소와 지각된 성과에 기초하여 결정된다.

(1) 고객만족의 두 가지 관점

고객만족을 소비 경험이 최소한 기대되었던 것보다 좋았다는 평가로 고객만족은 크게 두 가지 관점으로 개념화할 수 있다(Hunt, 1977).

첫째, 거래 특유적 관점으로 개별적 거래에 대한 성과와 기대의 비교로써 판단되는 만족이다.

둘째, 개별적인 거래적 관점은 각각에 대한 경험들이 모여서 제품이나 서비스에 대한 진빈적 평가로 나타나는 전반적 만족 또는 누적적 만족이다. 고객만족은 구매 과정 및 구매 후 평가와 관련된 마케팅 활동의 중요한 요인으로 서비스 분야에서도 그 중요성이 매우 크다고 할 수 있다.

고객만족에 대해 정립한 개념들을 크게 과정(Process)과 결과(Outcome)로 구분된다. 과정론적으로 고객만족을 소비 경험이 최소한 기대했던 것보다 좋았다거나 선택했던 대안이 그 대안에 대한 사전적 신념과 일치되었다는 평가를 의미한다. 결과론적으로 고객만족을 고객이 지불한 대가가 적절하거나 부적절하다고 느끼는 고객의 인지적 상태 또는 감정적 반응 등으로 의미한다.

(2) 고객만족과 성과

고객만족을 서비스 제공자에 대한 고객들의 태도로 정의하고 있다. 서비스 제공과 관련된 개인의 평가적 판단이 만족의 수준을 결정하게 된다. 고객만족은 고객이 구매 전 기대와 구매 후 만족도를 조사하고, 비교하여 고객이 불만족스럽게 느끼는 내용을 개선 및 보완하고 더불어 지속적인 고객의 욕구충족을 위하여 수행하는 기업 활동이라고 할 수 있다(Hulka ret al., 1970).

❶ 고객만족은 긍정적 경험을 토대로 구전하게 하여, 신규고객을 확보함과 동시에 재구매 의도를 높여, 매출을 증가시키는 측면에서 공격 효과(Offensive Effect)에 영향을 준다.

❷ 고객만족은 기존고객을 유지하고, 고객의 전환을 줄이는 측면에서 수비 효과(Defensive Effect)도 가진다(이유재, 2016).

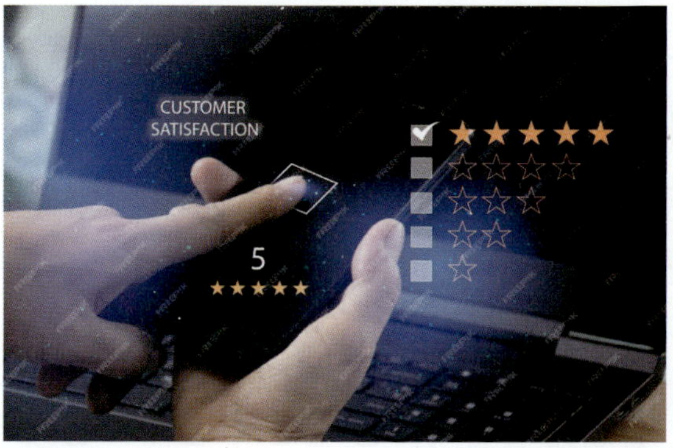

[그림 6-10] 고객만족과 성과

기업은 고객만족을 통해 기업의 미래 가치인 비재무적 성과와 재무 성과를 예측할 수 있다. 즉, 고객만족은 목적에 적합한 회계 정보로 이용될 수 있으며, 기업에 대한 성과 평가와 전략적 목표 달성에 대한 유용한 정보가 제공될 수 있다.

비재무적 성과지표는 기업의 성과 향상 동인이 되는 고객 만족도, 고객충성도, 지적 자본과 같은 중요한 무형의 자산가치에 대한 정보를 제공한다. 또한, 비재무적 지표는 미래의 수익을 창출하기 위해 현재 수행에 필요한 기업의 활동에 관한 정보를 제공함으로써 재무적 성과를 더욱더 정확하게 예측할 수 있다.

2. 고객만족 서비스

고객만족 서비스를 한 마디로 결론을 내리기는 어려운 부분이므로 몇 가지의 사례를 가지고 이야기하려고 한다. 일반적으로 고객만족 서비스는 고객에게 상냥하게 웃고 최선을 다하는 것을 의미하지는 않는다. 단순히 친절하기만 하다면 경쟁력이 없을 뿐 아니라 고객만족, 아니 고객을 감동하게 만들 수 없다.

서비스 시장은 2000년 이후부터 고객 감동을 넘어 고객 졸도, 고객은 왕 등의 다양한 표현을 사용한다. "그것은 무엇을 의미하는 것일까?" 이는 고객의 중요성을 표현한 것으로 생각한다. 즉, 고객의 눈과 귀, 입과 감정(오감)을 만족시키려는 노력과 정성을 다할 때 진정한 고객 감동 서비스라 할 것이다.

서비스는 고객을 만나기 전부터 시작되며, 고객의 보이지 않는 마음조차 읽어내야 하는 고도의 감성 테크닉이 필요하다. 최상의 서비스는 언제나 고객의 처지에서 생각하고 행동하고 느끼는 것이 중요하다.

[그림 6-11] 서비스의 개념

서비스는 고객 중심의 배려다. 고객을 생각하고 배려하는 마음과 자세가 없다는 것은 진정한 서비스가 아닐 것이다.

3. 서비스 품질과 고객 만족도

서비스 품질은 고객 만족도에 직접적인 영향을 미친다. Groonroos(1984)는 서비스 품질을 기술적 품질(결과물)과 기능적 품질(과정)로 구분하며, 두 가지 모두 고객의 만족도를 결정짓는 요소라고 보았다. 예를 들어, 병원 서비스에서 기술적 품질은 정확한 진단과 치료를 의미하며, 기능적 품질은 의료진의 친절한 태도와 신속한 응대를 포함한다.

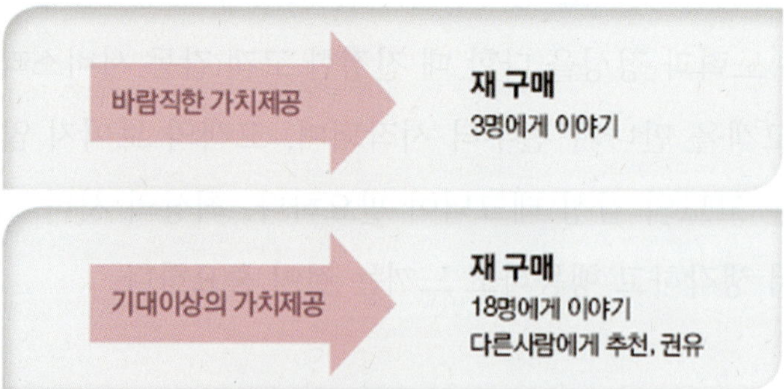

[그림 6-12] 고객만족 서비스의 효과(자료 출처: 미국 TRAP 조사)

(1) 고객 불만 해결 프로세스 구축

1) 고객 불만 처리 프로세스 정의

고객 불만 사항이 접수되면 24시간 내로 해결 방안을 제시하는 서비스 수준 계약(Service Level Agreement; SLA)을 설정한다.

▶ 알아두기: 서비스 수준 계약(SLA)은 서비스 제공자와 고객 간에 합의된 계약으로, 제공되는 서비스의 품질, 가용성, 책임 및 기타 세부사항에 대한 명확한 기준과 기대치를 정의한다. SLA는 서비스 제공과정에서의 모호성을 줄이고, 문제가 발생했을 때 명확한 기준으로 활용될 수 있다.

2) 사후관리

불만 해결 후 고객에게 감사 메시지를 발송하고, 서비스 개선 결과를 공유한다.

3) 개인화된 서비스 제공

가) 고객 데이터 분석

고객의 선호도를 파악하고 이를 서비스에 반영한다. 예를 들어, 호텔에서는 단골 고객의 선호 객실 유형, 체크인 시간 등을 사전에 준비한다.

나) 충성도 프로그램 도입

고객의 재방문을 유도하기 위해 포인트 적립 및 특별 혜택을 제공한다.

4. 고객 만족도 관리 방안

(1) 서비스 개선

고객 피드백을 분석하여 서비스 설계 및 제공 방식을 수정한다. 예를 들어, 전자상거래 플랫폼은 배송 지연 문제를 해결하기 위해 물류 프로세스를 최적화한다(Zeithaml et al., 2017).

(2) 피드백 반영

고객 의견을 수렴하여 서비스 제공 방식에 반영한다. 항공사는 고객 불만 데이터를 기반으로 기내 서비스 품질을 지속적으로 조정한다(Lovelock & Wirtz, 2011).

(3) 피드백 반영 구체적 방법

1) 데이터 기반 개선

❶ 고객 피드백 데이터를 분석하여, 주요 불만 사항을 분류한다. 예를 들어, 레스토랑 체인은 "음식 제공 속도"에 대한 불만이 높은 경우, 주방 운영 시간을 최적화한다.

❷ 분석결과를 직원들과 공유하고, 개선 목표를 설정한다.

2) 반영 프로세스 시각화

❶ 고객 만족도, 불만 해결률, 재방문율 등의 지표를 실시간으로 확인할 수 있는 대시보드를 개발한다.

❷ 월간 보고서를 통해 개선 경과를 평가하고, 필요한 추가 조치를 도출한다.

5. 고객만족 서비스 프로세스 개발 사례

(1) 서비스 개선사례

1) 고객 불만 해결 프로세스 구축사례: 현대자동차의 고객 불만관리

현대자동차는 고객의 불만 사항을 접수하면, 24시간 내로 답변을 제공, 고객의 문제가 해결될 때까지 담당자가 직접 관여하여, 고객의 신뢰와 브랜드 이미지를 개선한다.

2) 개인화된 서비스 제공 사례: 넷플릭스의 개인화 추천 알고리즘

넷플릭스는 고객의 시청 기록과 선호도를 분석해 맞춤형 콘텐츠를 추천한다. 이 과정은 고객 경험을 향상하고, 구독 유지율을 높이는 데 기여한다 (Oliver, 1997).

(2) 피드백 반영 사례

1) 데이터 기반 개선사례: 전자상거래 플랫폼의 데이터 분석

쿠팡은 고객 피드백 데이터를 분석해 자주 발생하는 문제(예: 배송 지연, 상품 불량)를 파악하고, 이를 개선하기 위해 물류센터를 추가하거나 품질 점검 절차를 강화한다.

2) 반영 프로세스 시각화 사례: 스타트업의 KPI 대시보드 활용

한 스타트업은 고객 만족도(KPI)를 대시보드에 실시간으로 시각화하여 경영진과 직원 모두가 쉽게 성과를 확인할 수 있도록 했다. 이를 통해 고객 만족도 목표를 달성하기 위한 행동 계획을 빠르게 수립하고 실행할 수 있었다.

학습활동

활동: 고객만족 서비스 프로세스 개발

❶ 고객만족을 위한 서비스 프로세스 설계

- 고객의 기대를 충족시키고, 초과하는 경험을 제공하기 위한 서비스 프로세스를 설계하시오.
- 단계별로 고객만족을 극대화할 방법을 제시하고, 고객 피드백을 반영하여 지속적인 개선을 할 방안을 설명하시오.

학습정리

- 서비스 품질(Service quality)은 주관적이며, 고객 지향적인 관점에서 접근하고, 제공되는 서비스에 대한 소비자의 전반적 인식으로 정의할 수 있다.
- Gronroos(1982)는 지각된 서비스 품질이 기대한 서비스 품질과 제공된 서비스 품질 간의 차이에서 인식된다.
- PZB(1988)는 지각된 서비스 품질의 개념은 서비스의 우수성이나 우월성과 연관되고, 이는 고객의 전반적인 판단 또는 태도로 정의한다.
- SERVQUAL은 서비스 품질을 설명하는 대표적인 개념으로 유형성, 신뢰성, 응답성, 확신성, 공감성, 5가지 차원으로 구성되었다.
- 유형성은 물리적 요소의 외형에 대한 차원으로 품질을 설정하는 항목이다.
- 신뢰성은 믿을 수 있는 정확한 임무 수행의 차원으로 품질을 설정하는 항목이다.
- 응답성은 고객에 대한 반응이 즉각적이고 자발적인가에 관한 차원으로 품질을 설정하는 항목이다.
- 확신성은 직원의 능력, 공손함, 안전성 등에 관한 차원으로 설정하는 항목이다.
- 공감성은 고객에 대해 충분히 이해하고, 의사소통이 원활한가에 대한 차원으로 품질을 설정하고 항목이다.
- Brady & Cronin(2001)의 서비스 품질의 3차원 모형은 상호작용품질, 결과품질, 물리적 환경품질이라는 세 가지 주요 차원으로 구분된다.
- 상호작용품질은 고객과 서비스 제공자 간의 상호작용에서 발생하는 품질을 나타낸다.
- 결과품질은 서비스의 최종 결과를 평가하는 차원이다. 고객은 서비스 이용 후 얻은 결과를 바탕으로 서비스 품질을 판단한다.
- 물리적 환경품질은 서비스가 제공되는 물리적 환경을 평가하는 차원이다.
- 서비스 품질 관리는 서비스 접점에서 결정되며, 평가를 좌우하는 요인들은 서비스를 전달하는 요소에 있다고 할 수 있다.
- 서비스 품질을 높이기 위해서는 체계적인 교육 및 훈련이 필수적이다. 교육은 고객과의 접점에서 직원의 전문성을 향상하는 데 중점을 두어야 하며, 이는 고객 서비스 기술뿐만 아니라 문제 해결 능력과 감성 지능 개발을 포함한다.
- Oliver(1980)는 고객만족을 고객의 실제 경험과 기대 간의 불일치로 인해 발생하는 감정과 구매 경험 전의 감정이 결합하여 발생하는 종합적 심리상태로 정의한다.
- 고객만족을 소비 경험이 최소한 기대되었던 것보다 좋았다는 평가로 고객만족은 크게 두 가지 관점으로 개념화할 수 있다.
- 거래 특유적 관점으로 개별적 거래에 대한 성과와 기대의 비교로써 판단되는 만족이다.
- 개별적인 거래적 관점은 각각에 대한 경험들이 모여서 제품이나 서비스에 대한 전반적 평가로 나타나는 전반적 만족 또는 누적적 만족이다.
- 과정론적으로 고객만족을 소비 경험이 최소한 기대했던 것보다 좋았다거나 선택했던 대안이 그 대안에 대한 사전적 신념과 일치되었다는 평가를 의미한다.
- 결과론적으로 고객만족을 고객이 지불한 대가가 적절하거나 부적절하다고 느끼는 고객의 인지적 상태 또는 감정적 반응 등으로 의미한다.

CHAPTER

07 서비스 충성도와 고객 불만관리

학습내용

7-1. 서비스 충성도

7-2. 서비스 충성도와 감성 마케팅

7-3. 고객 불만관리

학습목표

7-1: 서비스 충성도의 개념과 고객 충성도가 기업에 미치는 영향을 이해하고 설명할 수 있다.

7-2: 서비스 충성도 향상을 위한 감성 마케팅 전략을 이해하고, 이를 실제 마케팅 활동에 적용할 수 있다.

7-3: 고객 불만관리의 중요성을 이해하고, 효과적인 불만 처리 및 해결 방법을 제시할 수 있다.

7-1 서비스 충성도(Service Loyalty)

1 서비스 충성도와 충성도 4단계 모형

고객이 특정 서비스에 지속적으로 선호하고, 재구매하는 정도를 의미하며, 충성도 4단계 모형은 고객이 서비스에 대한 신뢰도를 형성하는 과정으로 인지, 태도, 정서, 행동의 충성도 단계로 나뉜다.

1. 서비스 충성도의 개념

서비스 충성도는 특정 브랜드, 제품 또는 서비스를 지속적으로 이용하거나, 추천하는 고객의 경향성을 의미하며, 이는 기업의 장기적인 성공에 핵심적인 요소로 간주한다(Berry, 1995). 고객 충성도는 반복적인 구매 행동뿐만 아니라 긍정적인 구전 행동, 즉 다른 잠재 고객에게 추천하는 행동을 포함한다(Oliver, 1999). 이러한 충성도는 고객 만족, 신뢰, 서비스 품질에 의해 크게 영향을 받는다.

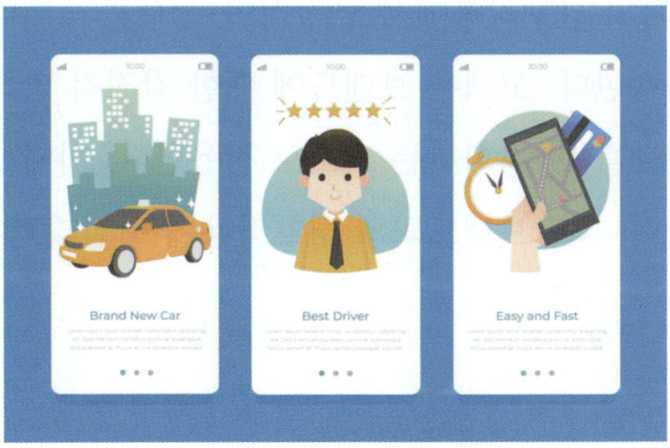

[그림 7-1] 서비스 충성도

Oliver(1999)는 서비스 충성도를 고객이 특정 브랜드나 서비스에 대해 보이는 긍정적인 태도와 지속적인 구매 행동을 포함하는 복합적인 심리적 상태로 정의한다. 고객의 충성도는 단순히 반복적인 구매 행동에 그치지 않고, 브랜드와의 관계에서 심리적, 감정적, 행동적 요소가 복합적으로 작용하는 과정으로 형성된다. 이 충성도는 고객의 인지적 평가, 정서적 반응, 행동적 반응, 지속적 반응의 단계적으로 발전한다.

2. 충성도 평가 단계

(1) 인지적 평가(Cognitive Evaluation)

고객이 브랜드나 서비스를 합리적으로 평가하는 단계이다. 고객은 브랜드의 품질, 가격, 성능 등 객관적인 특성을 비교하고 분석하여, 브랜드에 대한 신뢰를 쌓아간다. 이 단계에서 충성도는 논리적이고 합리적인 사고에 기반하여 형성되며, 고객은 브랜드가 제공하는 실용적 가치에 대해 긍정적으로 평가한다.

(2) 정서적 반응(Affective Response)

고객은 브랜드와의 상호작용에서 긍정적인 감정을 느끼며, 브랜드에 대한 정서적 애착을 형성한다. 고객은 브랜드에 대한 감정적 만족을 경험하고, 이는 브랜드와의 관계를 더 강화하는 요소로 작용한다. 이때 고객은 단순히 기능적인 만족뿐만 아니라, 브랜드와의 상호작용에서 심리적이고 정서적인 만족을 느낀다.

(3) 행동적 반응(Behavioral Response)

고객이 브랜드에 대한 감정적 유대와 신뢰를 바탕으로 실제 행동으로 나타내는 단계이다. 이 단계에서 고객은 브랜드에 대한 긍정적인 감정을 반복적인 구매와 추천 행동으로 나타낸다. 고객은 브랜드에 대한 충성도를 단순히 마음속에만 가지고 있지 않고, 이를 실제로 행동으로 표현한다.

(4) 지속적 반응(Sustained Response)

고객이 브랜드에 대한 깊은 충성을 느끼고, 그 브랜드에 대한 선택이 단순한 구매를 넘어서, 브랜드 옹호와 지지 행동으로 이어지는 단계이다. 고객은 브랜드에 대해 극단적인 충성을 보이며, 브랜드의 가치나 철학을 지지하고, 이를 다른 사람에게 전달하는 행동을 한다.

[그림 7-2] 서비스 충성도 발전 과정

3. 서비스 충성도 모형 4단계

고객이 브랜드에 대한 충성도를 형성하는 과정에서 경험하는 네 가지 주요 단계를 제시한다. 각 단계는 고객의 감정적 반응과 행동 변화에 따라 점진적으로 강화된다(Oliver, 1999). 이 모형은 브랜드와 고객 간의 관계가 점차 깊어지는 과정을 다루며, 각 단계에서의 주요 특징과 실제 사례를 통해 설명한다.

(1) 인지적 충성도(Cognitive Loyalty)

인지적 충성도는 고객이 특정 브랜드에 대해 기본적인 신뢰를 가지며, 주로 합리적인 평가를 통해 그 브랜드를 선호하는 단계이다. 이 단계에서 고객은 브랜드에 대해 객관적인 특성(가격, 품질 등)을 평가하고, 경쟁 브랜드와 비교하여 특정 브랜드를 선택한다. 그러나 감정적인 애착은 아직 형성되지 않으며, 충성도는 주로 기능적 요소에 의해 결정된다.

1) 인지적 충성도의 특징

고객은 브랜드를 기능적인 기준에서 평가하며, 브랜드의 가치를 합리적으로 판단한다. 이 단계에서는 브랜드에 대한 감정적 연결보다는, 객관적인 특성에 기반한 신뢰와 선호가 중심이다.

2) 인지적 충성도의 사례

고객이 스마트폰을 구매할 때, 가격 대비 성능이 우수한 브랜드를 선택한다고 하자. 고객은 가격이 더 저렴하거나 기능이 더 우수한 브랜드를 선택할 때 이 브랜드를 지속적으로 선택할 것이다. 그러나 고객은 이 브랜드에 특별한 감정을 느끼지 않으며, 단지 이 브랜드가 더 실용적이고 효율적이라는 이유로 선택한다.

(2) 정서적 충성도(Affective Loyalty)

정서적 충성도는 고객이 브랜드에 대해 긍정적인 감정을 느끼고, 브랜드와의 관계에서 감정적 유대가 형성되는 단계이다. 고객은 브랜드와의 상호작용에서 즐거움이나 만족감을 느끼며, 이를 바탕으로 브랜드에 대한 애착이 생긴다. 고객은 반복적인 구매를 통해 브랜드와의 감정적 관계를 더욱 강화하고, 브랜드에 대해 긍정적인 감정을 지속적으로 유지한다.

1) 정서적 충성도의 특징

고객은 브랜드에 대해 감정적인 애착을 느끼며, 브랜드와의 관계에서 기쁨이나 만족감을 경험한다. 또한, 반복적인 구매나 상호작용이 이루어지며, 고객은 브랜드에 대해 더 큰 애정을 느끼게 된다.

2) 정서적 충성도의 사례

특정 브랜드의 커피를 마시는 고객이 그 브랜드의 커피 맛, 향, 분위기 등에 대해 큰 만족감을 느끼고, 그 브랜드에서 제공하는 서비스가 친절하고 따뜻하다고 생각한다면, 고객은 이 브랜드에 대해 정서적 충성도를 느끼게 된다. 고객은 커피를 마실 때마다 만족감을 경험하고, 그 브랜드를 다른 사람에게 추천하게 된다. 이 브랜드에 대한 감정적 애착이 형성되면서, 고객은 계속해서 그 브랜드를 선택하게 된다.

(3) 행동적 충성도(Conative Loyalty)

행동적 충성도는 고객이 브랜드에 대한 감정적 유대와 신뢰를 바탕으로 지속적으로 구매하거나 서비스를 이용하는 행동을 보이는 단계이다. 이 단계에서는 고객의 충성도가 단지 감정적 차원에 머물지 않고, 실제 구매 행동으로 나타난다.

고객은 브랜드에 대한 신뢰와 만족을 바탕으로 반복적인 구매를 하며, 경쟁 브랜드의 유혹에도 불구하고 해당 브랜드를 지속적으로 선택한다.

1) 행동적 충성도의 특징

고객은 브랜드에 대해 긍정적인 감정이 있으며, 이를 바탕으로 반복적인 구매나 서비스를 이용한다. 또한, 경쟁사의 제안이 있음에도 불구하고, 브랜드에 대한 신뢰와 만족을 유지하면서 지속적으로 해당 브랜드를 선택한다.

2) 행동적 충성도의 사례

고객이 Apple 제품에 대해 높은 신뢰와 만족감을 느끼고, iPhone, iPad, MacBook 등을 계속해서 구매한다고 하자. 고객은 Apple의 제품이 매우 직관적이고 사용하기 편리하다는 점에서 만족감을 느끼며, 그 브랜드에 대한 충성도가 깊어진다. 경쟁 브랜드가 더 저렴하거나 더 많은 기능을 제공하더라도, 고객은 Apple 제품을 계속해서 선택한다. 이 단계에서 충성도는 고객의 실제 행동으로 나타난다.

(4) 지속적 충성도(Action Loyalty)

지속적 충성도는 고객이 브랜드에 대해 극단적인 충성도를 느끼며, 브랜드 선택이 단순한 구매나 사용을 넘어, 브랜드 옹호로 이어지는 단계이다. 고객은 브랜드에 대해 매우 강한 충성도를 형성하고, 그 브랜드를 다른 사람에게 적극적으로 추천하거나 브랜드의 가치와 철학을 지지하는 행동을 보인다. 고객은 이 브랜드를 단순히 소비하는 것이 아니라, 그 브랜드를 적극적으로 옹호하며, 브랜드가 지향하는 사회적, 환경적 가치에 대한 지지를 표명한다.

1) 지속적 충성도의 특징

고객은 브랜드를 적극적으로 옹호하고, 타인에게 브랜드를 추천하는 행동을 한다. 또한, 브랜드의 가치나 철학을 지지하며, 브랜드에 대한 긍정적인 태도를 지속적으로 표명한다.

2) 지속적 충성도의 사례

고객이 테슬라 전기차를 구매한 후, 이 브랜드에 대해 매우 만족하여 친구나 가족에게 적극적으로 추천한다. 고객은 테슬라의 환경 보호 가치와 혁신적인 기술에 깊은 인상을 받으며, 테슬라의 사회적 기여를 높이 평가한다. 이 고객은 테슬라의 브랜드 철학에 공감하며, 이 브랜드의 가치를 지지하는 여러 활동을 통해 브랜드를 옹호한다. 고객은 단순히 제품을 소비하는 것 이상으로, 테슬라의 브랜드 가치를 널리 알리고 지지하는 행동을 취한다.

서비스 충성도를 고객이 브랜드나 서비스에 대해 보이는 복합적인 심리적 상태로 정의한다. 이 충성도는 단순한 구매 행동을 넘어서 인지적 평가, 정서적 반응, 행동적 반응, 지속적 반응의 4단계를 통해 점진적으로 형성된다. 각 단계는 고객이 브랜드와의 관계에서 점차 깊은 심리적 유대와 충성을 형성하며, 그 브랜드를 지속적으로 선택하고 지지하는 과정이다.

4. 서비스 충성도의 목적

(1) 재구매 의도 증대

충성도 높은 고객은 동일한 서비스를 반복적으로 이용하거나, 구매할 가능성이 크다. 따라서 서비스 제공자는 장기적인 수익을 확보할 수 있다.

(2) 고객 유지 및 이탈 방지

충성도 높은 고객은 경쟁 서비스로의 전환을 최소화하며, 브랜드 이탈을 방지할 수 있다.

(3) 구전 마케팅 촉진

충성도가 높은 고객은 자발적으로 브랜드를 추천하고, 이는 새로운 고객을 유치하는 데 중요한 역할을 한다.

(4) 브랜드의 경쟁우위 강화

높은 충성도는 브랜드와 서비스를 경쟁사와 차별화하는 중요한 요소가 된다. 충성도 높은 고객은 브랜드의 가치를 지지하고, 경쟁사와의 비교에서 우위를 점할 수 있다.

고객 충성도가 단순히 반복적인 구매 행동으로만 정의되지 않고, 고객의 정서적, 인지적 반응까지 포함하는 다차원적 개념임을 강조한다. 이로 인해 기업은 고객과 깊은 감정적 유대감을 형성하고, 이를 통해 지속 가능한 관계를 구축하려는 노력이 필요하다.

5. 충성도 향상 방법

서비스 충성도(Service Loyalty) 향상 방안은 고객이 지속적으로 특정 브랜드나 서비스를 이용하고, 긍정적인 추천을 하도록 유도하는 전략이다. 고객 충성도를 높이면 재구매율이 증가하고, 장기적인 수익성을 확보할 수 있다.

(1) 고객 맞춤형 서비스

고객 맞춤형 서비스는 고객의 개별적인 요구와 선호를 반영하여, 개인화된 경험을 제공하는 서비스이다. 이는 고객에게 특별한 경험을 제공하고, 브랜드와의 정서적 유대감을 강화하는 데 중요한 역할을 한다(Parasuraman et al., 1988).

[그림 7-3] 고객 충성도 향상

1) 사례 분석

아마존은 고객의 구매 이력을 분석하여, 맞춤형 추천 서비스를 제공한다. 아마존의 알고리즘은 고객이 선호할 만한 상품을 자동으로 제안하며, 이를 통해 고객은 더 빠르고 효율적으로 원하는 제품을 찾을 수 있다. 또한, 아마존은 고객의 검색 패턴과 구매 행동을 분석하여, 맞춤형 이메일을 보내는 등, 고객에게 맞춘 서비스와 혜택을 제공하고 있다. 이처럼 고객 맞춤형 서비스를 통해 아마존은 고객과의 정서적 유대감을 강화하고, 고객의 충성도를 높일 수 있었다.

(2) 보상 프로그램

보상 프로그램은 고객이 지속적으로 브랜드와 상호작용하도록 유도하는 효과적인 방법이다(Kumar & Reinartz, 2012). 스타벅스의 "스타벅스 보상" 프로그램은 대표적인 리워드 프로그램의 사례이다.

1) 사례 분석

❶ 스타벅스 보상 프로그램은 고객이 음료를 구매할 때마다 별을 적립할 수 있게 하며, 일정 수의 별이 모이면 무료 음료나 다양한 혜택을 제공한다. 이 프로그램은 고객의 재구매를 유도하고, 장기적인 고객 충성도를 증대시키는 데 중요한 역할을 한다.

❷ 디즈니의 디즈니+ 보상 프로그램으로, 디즈니는 고객에게 다양한 영화나 TV 프로그램을 시청할 때마다 포인트를 적립하고, 이를 통해 새로운 콘텐츠를 무료로 제공하거나 특별한 혜택을 제공하는 방식이다. 이를 통해 디즈니는 고객의 지속적인 구독을 유도하고, 브랜드와의 관계를 더욱 강화하고 있다.

(3) 고객 경험 최적화

❶ 일관된 서비스 제공: 매번 동일한 수준의 품질과 경험을 제공하여 신뢰

를 구축한다.

❷ 빠른 문제 해결: 고객의 불만이나 요청을 신속하고 효과적으로 해결하여 만족도를 높인다.

1) 사례 분석

❶ 스타벅스는 고객이 매장에서 대기하지 않고 앱을 통해 미리 주문 및 결제할 수 있도록 '사이렌 오더' 서비스를 제공한다. 이를 통해 고객의 편의성을 높이고, 재방문율을 증가시켜 충성도를 향상한다.

❷ 아마존은 고객의 구매 이력과 검색 데이터를 분석하여 개인 맞춤형 상품을 추천한다. 이를 통해 고객이 원하는 제품을 빠르게 찾을 수 있도록 돕고, 만족도를 높여 지속적인 이용을 유도한다.

(4) 고객과의 감성적 연결 구축

❶ 브랜드 스토리 전달: 브랜드의 가치와 철학을 공유하여 고객이 정서적으로 공감할 수 있도록 한다.

❷ 사회적 책임 실천(CSR 활동): 환경 보호, 사회 공헌 등의 활동을 통해 긍정적인 브랜드 이미지를 형성한다.

❸ 고객 커뮤니티 활성화: 온라인 커뮤니티, SNS, 이벤트 등을 활용하여 고객과의 관계를 강화한다.

1) 사례 분석

❶ 파타고니아는 환경 보호 캠페인과 지속가능한 제품 생산을 강조하여 친환경 브랜드 이미지를 구축한다. 이를 통해 가치 소비를 중시하는 고객층의 충성도를 확보한다.

❷ 나이키는 'Nike Run Club'이라는 러닝 커뮤니티를 운영하여 고객이 브랜드와 지속적으로 연결될 수 있도록 한다. 이를 통해 고객이 앱을 통해 기록을 공유하고 이벤트에 참여하도록 유도하여 브랜드 충성도를 향상한다.

(5) 서비스 품질 개선

❶ VOC(Voice of Customer) 분석: 고객의 의견을 수집하고 개선점으로 반영한다.

❷ 직원 교육 강화: 서비스 직원의 역량을 향상시켜 더 나은 고객 경험을 제공한다.

❸ 서비스 속도 및 편의성 개선: 대기 시간 단축, 간편한 결제 시스템 도입 등 고객의 불편함을 줄인다.

1) 사례 분석

❶ 넷플릭스는 고객의 시청 패턴을 분석하여 맞춤형 콘텐츠를 추천한다. 이를 통해 이용자의 만족도를 높이고 장기 구독을 유지하도록 유도한다.

❷ 리츠칼튼 호텔은 고객이 이전 방문 시 선호했던 객실 온도, 음식, 침구 등을 기록하여 다음 방문 시 반영한다. 이를 통해 세심한 배려를 제공하여 고객의 재방문을 유도한다.

(6) 고객 신뢰 구축

❶ 투명한 정보 제공: 가격, 정책, 서비스 내용을 명확히 공개하여 신뢰도를 높인다.

❷ 데이터 보안 강화: 고객 정보 보호를 위한 철저한 보안 정책을 운영한다.

❸ 일관된 브랜드 이미지 유지: 오프라인과 온라인에서 동일한 브랜드 메시지와 서비스를 제공한다.

1) 사례 분석

❶ 애플은 "사용자의 데이터는 보호받아야 한다"는 원칙을 강조하며 강력한 보안 기능을 제공한다. 이를 통해 고객이 안심하고 제품과 서비스를 이용할 수 있도록 신뢰를 구축한다.

❷ 현대자동차는 일정 기간 내 특정 부품을 무상 교체해주는 평생 고객 보장 프로그램을 운영한다. 이를 통해 고객의 신뢰를 확보하고 브랜드 충성도를 향상한다.

(7) 고객 피드백 반영

고객의 의견을 적극적으로 반영하여 제품과 서비스를 개선한다.

1) 사례 분석

❶ 다이슨은 고객의 제품 사용 후기를 분석하여 신제품 개발에 반영함으로써 만족도를 높였다.

❷ 맥도날드는 고객 피드백을 바탕으로 메뉴를 개선하고 한정판 메뉴를 출시하여 고객과의 소통을 강화하였다.

(8) 감성 마케팅 활용

감성적인 브랜드 스토리와 캠페인을 통해 고객과의 유대감을 형성한다.

1) 사례 분석

❶ 코카콜라는 '공유하는 행복'이라는 감성적인 광고 캠페인을 통해 고객과의 정서적 유대감을 형성하였다.

❷ 디즈니는 어린 시절의 추억과 감성을 자극하는 스토리텔링 마케팅을 활용하여 지속적인 팬층을 유지하였다.

(9) 고객 편의성 증대

서비스의 접근성과 사용 편의성을 높여 고객 만족도를 향상시킨다.

1) 사례 분석

❶ 배달의 민족은 직관적인 UI/UX 디자인과 빠른 주문 프로세스를 적용하여 고객이 쉽고 빠르게 음식을 주문할 수 있도록 하였다. 이를 통해 고객 만

족도를 높이고 재이용률을 증가시켰다.

❷ 카카오T는 하나의 앱에서 택시 호출, 대리운전, 전기자전거 이용 등 다양한 서비스를 통합 제공하여 고객이 편리하게 이동 서비스를 이용할 수 있도록 하였다. 이를 통해 고객 충성도를 향상시켰다.

7-2 서비스 충성도와 감성 마케팅

1 고객 감성과 서비스 충성도

고객 감성은 고객이 서비스나 브랜드에 대해 느끼는 감정적인 반응을 의미하며, 서비스 충성도는 고객이 해당 서비스에 지속적으로 선호를 보이고 재구매를 하는 정도를 나타낸다. 고객의 감정적인 만족은 서비스 충성도를 높이는 중요한 요소로, 긍정적인 감성은 고객의 충성도를 강화하고, 장기적인 관계를 유지하는 데 기여한다.

1. 서비스 충성도와 감성 마케팅

서비스 충성도를 향상하기 위한 감성 마케팅의 핵심은 고객과 브랜드 간의 감정적 유대감을 형성하는 것이다. 고객이 브랜드와의 감정적 연결을 느끼면, 그들은 브랜드에 대한 신뢰와 충성도가 증가하게 된다(Grewal et al., 2004). 이 감성적 유대는 재구매 의도 및 장기적인 고객 관계를 강화하는 중요한 요소로 작용한다.

감성적 유대는 고객의 행동에 깊은 영향을 미친다. 감성적 경험은 고객이 브랜드에 대해 갖는 전반적인 평가에 큰 영향을 미치며, 이는 고객의 충성도와 관련된 주요 변수가 된다(Oliver, 1999). 또한, 고객이 브랜드에 대해 긍정적인 감정을 가지면, 그 브랜드에 대한 충성도가 증가하고, 그들은 지속적인 재구매를 통해 브랜드와의 관계를 강화하게 된다(Chaudhuri & Holbrook, 2001).

서비스의 품질뿐만 아니라, 고객의 감정적 경험을 고려한 마케팅 전략은 고객의 충성도를 높이는 데 중요한 역할을 한다. 고객은 브랜드의 서비스나 제품을 사용할 때, 그들이 느끼는 감정이 긍정적일수록 브랜드에 대한 충성도가 더욱 높아진다. 이는 고객이 브랜드와의 관계를 감정적 차원에서 이해하고, 이를 통해 브랜드의 지속적인 선택을 유도하기 때문이다(Morgan & Hunt, 1994).

감성 마케팅은 고객의 재구매 의도를 증가시키고, 브랜드와의 관계를 강화하는 중요한 전략적 접근법이다. 고객과의 감정적 연결을 중시하는 마케팅 전략은 장기적인 성공을 위한 핵심적인 요소가 된다(Grewal et al., 2004).

2. 감성 마케팅의 개념

감성 마케팅은 고객이 브랜드와 상호작용할 때 긍정적인 감정을 느끼도록 유도하며, 이러한 감정적 연결은 고객 충성도를 강화하는 데 중요한 역할을 한다(Pine & Gilmore, 1998). 예를 들어, 브랜드가 고객의 삶의 가치와 연결된 메시지를 전달하면 고객은 브랜드에 대한 더 깊은 유대감을 느끼게 된다. 감성 마케팅은 단순히 제품을 판매하는 것을 넘어, 고객과의 정서적 연결을 통해 차별화된 경험을 제공하는 것을 목표로 한다.

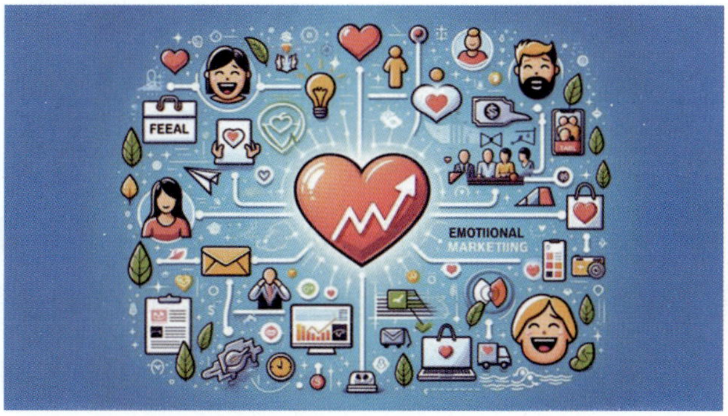

[그림 7-4] 감성 마케팅(자료 출처: https://mbanote2.tistory.com/entry)

(1) 감성 마케팅(Emotional Marketing)의 배경

감성 마케팅은 고객의 감정을 자극하여, 브랜드와 정서적 연결을 강화하는 마케팅 전략이다(Schmitt, 1999). 이는 고객의 의사결정과정에서 감정이 중요한 역할을 한다는 심리학적 이론에 기반한다(Isen, 2001). 감정적 요소는 고객 경험의 질을 결정짓는 주요 요인으로 작용한다.

1) 감성적 소비 이론(Emotional Consumption Theory)

감성적 소비 이론은 소비자들이 제품이나 서비스를 선택할 때, 단순히 기능적인 특성만을 고려하는 것이 아니라, 감정적인 가치를 중심으로 선택한다. 소비자는 브랜드가 제공하는 감성적 가치에 의해 영향을 받으며, 감성적 요소는 구매 결정에 중요한 역할을 한다(Schmitt, 1999).

2) 브랜드 관계 이론(Brand Relationship Theory)

브랜드와 소비자 사이에 감정적인 관계가 형성된다. 브랜드는 소비자의 심리적 및 감정적 요구를 충족시키는 역할을 한다. 이는 브랜드를 사람과의 관계처럼 바라보며, 감정적 반응이 브랜드의 충성도를 결정짓는 주요 요소이다(Fournier, 1998).

3) 감성 마케팅과 오감

❶ 시각적 경험: 색상, 로고, 광고 디자인을 통해 고객의 감각을 자극한다.

❷ 청각적 경험: 브랜드의 정체성을 강화하는 배경 음악이나 사운드를 활용한다.

❸ 촉각적 경험: 제품의 질감과 패키징을 통해 물리적 만족감을 제공한다.

스토리텔링을 활용하여 브랜드와 고객 간의 공감과 신뢰를 형성하는 것도 중요하다(Hirschman & Holbrook, 1982). 이를 통해 고객은 브랜드와 더 강한 정서적 유대감을 형성하게 된다.

(2) 감성 마케팅의 핵심 요소

❶ 감정적 연결: 고객이 브랜드와 연결되는 감정적인 경험을 창출하여 고객의 마음을 사로잡는다.

❷ 스토리텔링: 브랜드가 전하는 메시지를 감동적인 이야기나 경험을 통해 전달함으로써 고객이 감정을 이입하도록 유도한다.

❸ 공감대 형성: 고객이 느끼고 있는 감정이나 상황을 이해하고 공감하는 태도를 보이며, 고객의 감정을 자극하는 콘텐츠나 메시지를 전달한다.

(3) 감성 마케팅의 효과

❶ 브랜드 충성도 향상: 감정적으로 연결된 고객은 브랜드에 대한 신뢰가 더 강하고, 장기적으로 브랜드 충성도가 높아진다.

❷ 구매 의사 증가: 고객이 브랜드에 대해 긍정적인 감정을 가질 경우, 구매 결정을 내릴 확률이 높아진다.

❸ 차별화된 경쟁력 확보: 감성 마케팅은 단순히 제품을 판매하는 것을 넘어 고객과의 관계를 강화하는 전략으로, 경쟁 업체들과 차별화되는 효과를 가져올 수 있다.

3. 서비스 충성도 향상을 위한 감성 마케팅

(1) 감성 마케팅의 구성

감성 마케팅의 주요 구성요소는 고객 경험, 브랜드의 감성적 메시지, 사회적 상호작용 등이다.

❶ 고객 경험: 고객이 브랜드와 접촉하는 모든 순간에서의 감정적 반응을 포함한다. 고객 경험이 긍정적일수록 감성적 유대는 강화되며, 고객 충성도가 향상된다(Shankar et al., 2003).

❷ 브랜드의 감성적 메시지: 브랜드가 전달하는 가치나 이미지를 통해 고객의 감정을 자극하는 요소이다. 감성적 메시지는 고객이 브랜드에 대해 느끼는 애착을 형성하는 데 중요한 역할을 한다(Keller, 2003).

❸ 사회적 상호작용: 고객과 브랜드 간의 관계를 더욱 강화하는 중요한 요

소로, 개인화된 고객 서비스를 통해 고객의 요구를 충족시키는 방식이다. 고객이 브랜드와의 상호작용에서 만족감을 느끼면, 이는 고객 충성도에 긍정적인 영향을 미친다(Morgan & Hunt, 1994).

(2) 감성 마케팅의 전략

감성 마케팅을 실행하는 방법에는 다음과 같은 몇 가지 중요한 전략이 있다.

❶ 브랜드 이미지 강화: 스토리텔링 기법을 활용한 감성적 접근이다. 브랜드는 고객이 감정적으로 공감할 수 있는 이야기를 전달함으로써, 브랜드에 대한 긍정적인 이미지를 구축할 수 있다(Schmitt, 1999). 예를 들어, 코카콜라는 '행복'을 핵심 메시지로 감성적인 광고 캠페인을 통해 고객에게 긍정적인 감정을 전달한다.

❷ 감동적인 광고 및 캠페인: 개인화된 경험 제공은 고객이 브랜드와의 관계에서 개인적인 터치를 느낄 수 있도록 하는 방법이다. 고객 맞춤형 서비스나 제품을 제공하는 것은 고객에게 감성적 가치를 전달하는 방법이 된다(LaBarbera & Mazursky, 1983). 고객의 감정을 자극하는 광고나 캠페인을 활용하여 감동적인 순간을 선사한다. 예를 들어, 애플은 "Think Different" 캠페인에서 혁신적이고 감성적인 메시지를 통해 브랜드에 대한 충성도를 높였다.

❸ 사회적 책임과 가치 강조: 사회적 미션 연계는 브랜드가 사회적 책임을 다하는 모습을 보이며 고객과의 감정적 유대를 강화하는 방법이다. 고객은 브랜드가 사회적 책임을 다할 때 긍정적인 감정을 느끼고 충성도를 보인다(Holt, 2002). 예를 들면, 파타고니아는 환경 보호와 지속 가능성이라는 메시지를 감성적으로 전달하여 고객의 충성도를 이끌어낸다.

(3) 감성 마케팅 활용 시 주의점

❶ 과도한 감성적 접근 피하기: 감성 마케팅이 지나치게 감동적이거나 억지로 감정을 이끌어내려 할 경우 오히려 고객이 불쾌감을 느낄 수 있다.

❷ 일관된 메시지 전달: 감성 마케팅을 통한 메시지는 일관되게 유지되어야 한다. 브랜드가 전하는 감정적 메시지가 시간이 지남에 따라 변하면 고객의 신뢰를 잃을 수 있다.

❸ 고객의 감정 존중: 감성 마케팅은 고객의 감정을 자극하는 것이 중요하지만, 고객이 느낄 수 있는 부정적인 감정을 과도하게 자극하지 않도록 주의해야 한다.

감성 마케팅은 단기적인 판매 증대뿐만 아니라 장기적인 고객 충성도 구축에도 중요한 역할을 한다. 고객의 감성을 제대로 이해하고 적절히 자극하는 전략을 통해 브랜드와 고객 간의 관계를 더욱 깊이 있게 만들 수 있다.

4. 감성 마케팅 사례 분석

(1) 스타벅스(Starbucks)

스타벅스는 고객 맞춤형 서비스를 제공하고, 매장에서 고객과의 사회적 상호작용을 강조하여 고객 충성도를 높였다. 스타벅스는 매장에서 고객에게 친밀감을 주는 경험을 제공하고, 커피 문화의 상징적 의미를 부여함으로써 브랜드와의 감정적 연결을 강화했다(Schmitt, 1999).

(2) 애플(Apple)

애플은 고객에게 혁신적이고, 세련된 이미지를 전달함으로써 브랜드에 대한 감성적 애착을 형성했다. 애플의 스토리텔링 기법과 브랜드 아이덴티티는 고객에게 감성적 유대를 형성하는 데 중요한 역할을 했다(Keller, 2003).

애플은 단순한 기술적 우수성뿐만 아니라 디자인과 사용자 경험을 통해 고객의 감정적 만족을 극대화한다. 예를 들어, 애플의 제품 발표 이벤트는 고객에게 혁신적이고 특별한 경험을 제공한다(Johnson et al., 2012). 이러한 접근은 애플 고객의 충성도를 높이는 데 기여한다.

(3) 배달의 민족

감성적인 광고 캠페인과 스토리텔링을 통해 고객과의 정서적 연결을 강화하였다. 유머와 감동적인 메시지를 결합한 광고는 브랜드 이미지 향상에 기여하였다(박철수, 2020). 이러한 전략은 고객과의 공감대를 형성하여 브랜드 충성도를 강화한다.

서비스 충성도 향상을 위한 감성 마케팅은 고객과의 감정적 유대감을 강화하고, 이를 통해 장기적인 관계를 형성하는 중요한 전략이다. 고객 경험, 브랜드의 감성적 메시지, 사회적 상호작용 등의 요소를 통해 감성 마케팅을 효과적으로 구현할 수 있으며, 이로 인해, 충성도를 강화하는 핵심적인 접근법이 된다.

7-3 고객 불만관리(Customer Complaint Management)

1 고객 불만과 불만관리

고객이 서비스나 제품에 대해 기대에 미치지 못하는 경험을 하였을 때 느끼는 불쾌감이나 실망감에 대한 불만관리는 이러한 불만을 해결하고, 고객의 불만을 최소화하며, 향후 같은 문제가 발생하지 않도록 개선하는 과정이다. 효과적인 불만관리는 고객의 신뢰를 회복하고, 기업의 이미지를 긍정적으로 유지하는 데 중요한 역할을 한다.

1. 고객 불만관리의 정의

고객 불만관리는 고객이 경험한 불만을 식별, 처리, 해결하는 모든 과정을 포함하는 관리 활동이다. 고객 불만은 서비스나 제품에 대한 불만족에서 비롯되며, 이를 해결하는 과정은 고객의 요구를 충족시키고, 고객과의 관계를 유지하는 데 중요한 역할을 한다(Davidow, 2003). 고객 불만관리는 단순히 불만을 처리하는 것에 그치지 않고, 불만의 원인을 파악하고 이를 해결하는 체계적인 접근을 포함한다.

고객 불만은 고객이 서비스에서 기대한 수준과 실제 제공된 서비스 간의 차이에서 발생한다(Bitner et al., 1990). 고객 불만관리는 고객의 불만을 신속하고 효율적으로 처리하여, 이들이 브랜드에 대한 부정적인 감정을 갖지 않도록 도와주는 중요한 경영 활동이다. 불만을 적절히 처리함으로써, 고객은 더 나은 경험을 하고, 결국 기업에 대한 신뢰와 충성도를 높일 수 있다.

(1) 고객 불만관리의 중요성

고객의 불만을 이해함으로써 고객에 대한 정확한 사실을 얻을 수 있다.

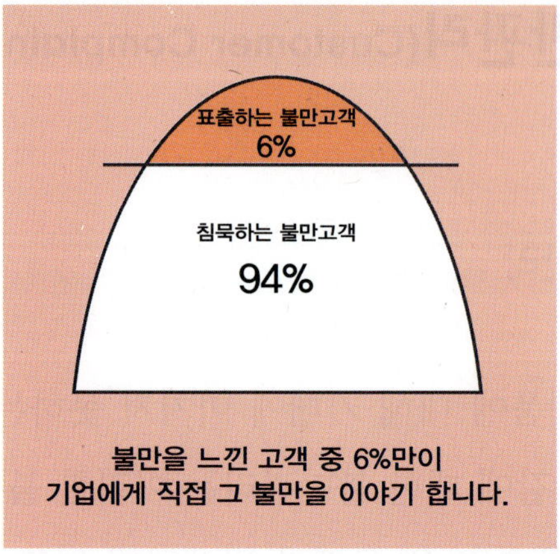

[그림 7-5] 불만의 고객 반응(자료 출처: 한국식품 정보원)

(2) 고객 충성도 및 관계 유지

고객이 불만을 제기하는 것은 기업과의 관계에서 중요한 시점이다. 불만을 잘 처리하면 고객은 그들의 의견이 존중받고 있다고 느끼며, 이는 충성도로 이어질 수 있다. 이와 같이 불만 처리 과정에서 고객에게 빠르고 효과적인 해결책을 제공하는 것이 고객 충성도에 긍정적인 영향을 미친다(Davidow, 2003).

(3) 서비스 품질향상

고객 불만을 관리하는 과정은 서비스나 제품의 문제를 식별하는 중요한 방법이다. 고객이 불만을 제기할 때, 기업은 문제의 원인을 분석하고 이를 해결하는 방법을 찾아낸다. 이 과정은 서비스 품질을 지속적으로 개선하는 데 중요한 기회가 된다(Parasuraman et al., 1988).

(4) 부정적 구전효과 방지

고객이 불만을 제기하고 해결되지 않은 경우, 부정적인 구전효과가 발생할 수 있다. 이는 기업의 평판에 악영향을 미치고, 신규고객 유치에 어려움을 겪게 한다. 따라서 고객 불만을 적절히 해결하는 것은 부정적인 구전을 방지하는 중요한 역할을 한다(Bitner et al., 1990).

(5) 경쟁우위 확보

고객 불만을 효과적으로 관리하는 기업은 경쟁사와의 차별화된 경쟁력을 확보할 수 있다. 고객 불만을 해결하는 과정에서 제공하는 경험은 고객에게 특별한 가치를 부여하며, 이는 브랜드에 대한 신뢰를 쌓고 시장에서 경쟁우위를 점할 기회를 제공한다(Oliver, 1999).

(6) 장기적인 수익성 증가

고객 불만을 적절히 처리하면, 고객의 재구매를 유도할 수 있으며, 이는 장기적인 수익성 향상에 기여한다. 기업이 불만을 해결하는 과정에서 고객의 만족도를 높이고, 이는 고객과의 장기적인 관계를 구축하는 데 중요한 역할을 한다(Hart et al., 1990).

고객 불만관리는 단순히 문제를 해결하는 것 이상으로, 기업의 장기적인 성공과 성장을 위한 중요한 활동이다. 효과적인 불만관리가 이루어지면 고객 충성도와 만족도가 향상되고, 부정적인 구전효과를 방지할 수 있다. 또한, 고객 불만을 적절히 해결하는 과정은 서비스 품질향상, 경쟁우위 확보, 장기적인 수익성 증가에 이바지할 수 있다. 따라서 고객 불만을 체계적으로 관리하는 것은 모든 기업에 필수적인 전략적 요소이다.

2. 컴플레인(Complaint)과 클레임(Claim)

(1) 컴플레인(Complaint)의 정의

컴플레인은 고객이 경험한 불만족을 표현하는 행동이다. 고객이 서비스를 이용하면서 경험한 불편이나 불만을 고객의 감정적 반응으로 정의하며, 이는 서비스 품질 문제, 기대 불일치, 직원 불친절 등 다양한 원인으로 발생할 수 있다(Bitner et al., 1990). 고객은 이러한 불만을 표현하며, 이는 서비스 제공자의 개선을 유도하는 중요한 피드백이다. 즉, 고객의 불만은 그들이 서비스에 대한 기대를 충족하지 못한 결과로 나타난다(Oliver, 1999).

(2) 클레임(Claim)

클레임은 고객이 법적 권리 또는 계약에 따라 보상이나 해결책을 요구하는 공식적인 요구이다. 클레임을 고객이 권리를 주장하고 이를 통해 실질적인 해결을 얻으려는 시도로 정의한다(Davidow, 2003). 클레임은 단순한 불만을 넘어, 보상이나 법적 조치를 요구하는 고객의 공식적인 행동을 포함한다.

[그림 7-6] 고객 불만

3. 컴플레인과 클레임의 구성요소

(1) 컴플레인 구성요소

1) 문제의 식별

고객은 자신이 경험한 문제를 구체적으로 인식하고 이를 불만으로 표현한다. 이는 주로 서비스 품질의 부족, 직원의 불친절, 혹은 제품의 불만족과 관련이 있다(Bitner et al., 1990).

2) 고객의 감정 표현

고객은 불만족을 표현하며 자신이 느낀 감정을 강조한다. 감정적 요소는 고객의 만족도와 밀접한 관련이 있으며, 감정적 반응은 고객의 행동을 변화시키는 중요한 요소로 작용한다(Isen, 2001).

3) 원하는 해결책

고객은 문제를 해결할 수 있는 구체적인 방법을 제시하거나, 최소한 해결의 의사를 나타낸다(Oliver, 1999).

(2) 클레임 구성요소

1) 문제 설명

클레임은 고객이 서비스나 제품에 대해 법적 요구를 하는 공식적인 행동이다. 이때 고객은 문제의 자세한 설명과 함께 해결책을 요구한다(Davidow, 2003).

2) 보상 요구

클레임은 고객이 손해를 입었다고 주장하며 보상(환불, 교환, 수리 등)을 요구하는 형태로 나타난다.

3) 법적 근거

클레임은 고객의 법적 권리 또는 계약에 따른 요구가 포함된다. 이로 인해 클레임은 보다 공식적이고 법적인 성격을 지닌다(Kotler & Keller, 2015).

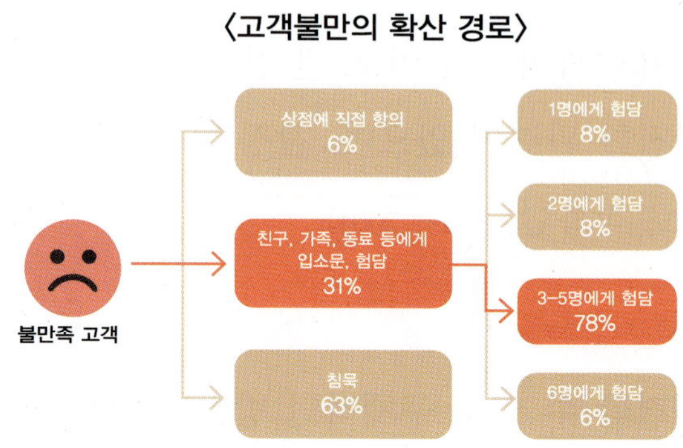

[그림 7-7] 고객 불만 확산 경로(자료 출처: 한국식품 정보원)

4. 컴플레인과 클레임의 처리방법

(1) 컴플레인 처리방법

1) 경청

고객의 불만을 충분히 경청하는 과정은 고객 만족도를 높이는 중요한 첫 번째 단계이다. 경청을 통해 고객의 감정적 반응을 이해하고 이를 해결하는 데 필요한 정보를 얻을 수 있다(Bitner et al., 1990).

2) 문제 파악

불만의 근본 원인을 신속하게 파악하고 이를 해결하기 위한 정확한 분석이 필요하다. 고객 불만의 핵심을 이해함으로써 적절한 해결책을 제시할 수 있다(Parasuraman et al., 1988).

3) 적절한 해결책 제시

문제의 해결을 위해 고객에게 적절한 해결책을 제공하는 것이 중요하다. 해결책은 고객의 기대를 충족하고, 만족도를 높이며, 브랜드에 대한 충성도를 강화할 수 있다(Oliver, 1999).

4) 후속 조치

문제 해결 후, 고객이 만족했는지 확인하고 추가적인 지원을 제공하는 후속 조치가 중요하다. 이 과정은 고객의 충성도를 높이고 장기적인 관계를 유지하는 데 필수적이다(Davidow, 2003).

(2) 클레임 처리방법

1) 요구사항 확인

클레임에 대해 고객의 요구사항을 확인하고, 고객이 요구하는 보상이나 해결 방법을 명확히 이해해야 한다. 이는 법적, 계약적 요구에 기반한 해결책을 제시하는 데 필수적이다(Kotler & Keller, 2015).

2) 보상 제공

클레임 처리 과정에서 고객에게 적절한 보상을 제공하는 것이 핵심이다. 보상은 고객의 손해를 보전하고, 신뢰를 회복하는 데 중요하다(Davidow, 2003).

3) 법적 처리

클레임이 법적 성격을 포함하고 있을 때, 법적 절차에 따라 해결해야 한다. 이는 고객과의 관계를 법적으로 보호하는 중요한 단계이다(Kotler & Keller, 2015).

4) 확인 및 피드백

클레임 해결 후, 고객에게 피드백을 제공하고 해결이 완료되었는지 확인하는 과정이 필요하다. 이 과정을 통해 고객과의 관계를 강화할 수 있다(Davidow, 2003).

5. 불만 처리 프로세스 개선법

(1) 기술적 도구 활용

CRM 시스템을 활용하면 고객 불만 데이터를 체계적으로 관리하고, 불만 처리 과정을 효율적으로 지원할 수 있다. 예를 들어, Zappos는 CRM 시스템을 활용하여 고객의 불만과 요청을 기록하고 이를 바탕으로 고객의 문제를 빠르게 해결한다. Zappos는 고객의 불만을 데이터베이스에 기록하고, 그 데이터를 분석하여 불만을 반복적으로 제기하는 원인을 파악하며, 이를 통해 지속적으로 고객 서비스를 개선한다. CRM 시스템을 활용한 이러한 접근방식은 불만의 근본 원인을 파악하고 고객과의 소통을 원활하게 한다(Hart et al., 1990).

(2) 직원 교육

고객 응대 교육은 불만을 효과적으로 처리할 수 있는 핵심 방법이다. 예를 들어, 리치 칼튼(Ritz-Carlton)은 직원들에게 엄격한 고객 서비스 교육을 제공하며, 고객의 불만을 효과적으로 해결할 수 있도록 돕는다. Ritz-Carlton의 직원들은 고객의 불만을 접수하면 즉시 해결책을 제시하고, 문제 해결 과정을 고객과 소통하며 진행한다. 이 교육을 통해 고객의 불만을 빠르고 정확하게 해결하고, 고객의 만족도를 높인다(Parasuraman et al., 1988).

(3) 불만 분석

불만 데이터를 분석하여 문제의 원인을 파악하고, 이를 바탕으로 서비스 개선을 지속적으로 반영하는 것은 매우 중요하다. 예를 들어, Amazon은 고객의 불만 데이터를 분석하여 제품 배송의 지연 문제를 해결하기 위해 물류 시스템을 개선하였다. 고객이 주로 불만을 제기한 사항을 데이터 분석을 통해 파악하고, 그 원인을 해결하는 방식으로 고객 만족을 향상한다(Hart et al.,

1990). 반복되는 문제를 파악하고 해결함으로써 고객 경험을 개선하는 것이 데이터 분석의 핵심이다.

(4) 피드백 시스템 개선

고객의 피드백을 수집하고 분석하여 서비스 개선을 위한 데이터로 활용하는 것은 지속적인 서비스 개선에 중요한 역할을 한다. Apple은 고객의 피드백을 통해 제품과 서비스의 개선점을 지속적으로 찾아내고, 그에 맞는 업데이트를 제공한다. Apple은 정기적으로 고객 설문 조사를 시행하고, 이를 통해 불만 사항을 반영하여 서비스의 질을 높인다. 고객의 요구와 기대를 정확히 반영하는 피드백 시스템은 고객 만족도를 높이는 데 중요한 요소가 된다 (Bitner et al., 1990).

(5) 불만 처리 프로세스의 표준화

불만 처리 절차를 표준화하여 일관된 서비스를 제공하는 것도 중요한 개선 방법이다. 제트블루(JetBlue)는 고객의 불만 처리 절차를 표준화하여, 모든 고객이 동일한 품질의 서비스를 경험하도록 한다.

JetBlue는 고객의 불만을 신속하게 처리할 수 있도록 사전에 준비된 매뉴얼을 가지고 있으며, 고객 서비스팀은 이 매뉴얼을 기준으로 고객에게 적절한 보상을 제공하거나 문제를 해결한다. 이를 통해 불만 처리의 효율성을 높이고, 고객 만족도를 향상하는 데 기여하고 있다(Kotler & Keller, 2015).

불만 처리 프로세스를 개선하는 다양한 방법들은 고객 만족도를 높이는 중요한 요소이다. 기술적 도구의 활용, 직원 교육, 불만 분석, 피드백 시스템 개선, 그리고 불만 처리 프로세스의 표준화는 모두 고객과의 긍정적인 관계를 유지하는 데 필수적인 전략적 방법들이며, 실제 기업 사례들을 통해 그 효과를 확인할 수 있다. 이러한 전략들을 통해 기업은 고객의 불만을 효과적으로 처리하고, 장기적인 충성도를 구축할 수 있다.

학습활동

활동: 고객 불만관리

❶ 고객 불만관리 프로세스 설계

- 고객 불만을 효과적으로 처리할 수 있는 관리 프로세스를 설계하고, 불만 해결 과정에서 중요한 요소를 설명하시오.
- 고객 불만을 예방하기 위한 시스템이나 정책을 제시하고, 불만을 해결하는 방식이 고객 충성도에 미치는 영향을 분석하시오.

학습정리

- 서비스 충성도는 특정 브랜드, 제품 또는 서비스를 지속적으로 이용하거나 추천하는 고객의 경향성을 의미하며, 이는 기업의 장기적인 성공에 핵심적인 요소로 간주된다.
- Oliver(1999)는 서비스 충성도를 고객이 특정 브랜드 또는 서비스에 대해 긍정적인 태도와 지속적인 구매 행동을 보이는 복합적인 심리적 상태로 정의한다.
- 충성도 높은 고객은 동일한 서비스를 반복적으로 이용하거나 구매할 가능성이 크다. 따라서 서비스 제공자는 장기적인 수익을 확보할 수 있다.
- 충성도 높은 고객은 경쟁 서비스로의 전환을 최소화하며, 브랜드 이탈을 방지할 수 있다.
- 충성도가 높은 고객은 자발적으로 브랜드를 추천하고, 이는 새로운 고객을 유치하는 데 중요한 역할을 한다.
- 높은 충성도는 브랜드와 서비스를 경쟁사와 차별화하는 중요한 요소가 된다. 충성도 높은 고객은 브랜드의 가치를 지지하고, 경쟁사와의 비교에서 우위를 점할 수 있다.
- 인지적 충성도(Cognitive Loyalty) 단계에서 고객은 특정 브랜드에 대해 기본적인 신뢰를 하고 있으며, 경쟁 브랜드보다 해당 브랜드를 선호한다는 인식을 한다.
- 정서적 충성도(Affective Loyalty) 단계에서 고객은 브랜드에 대해 긍정적인 감정을 느끼며, 그 브랜드와의 관계가 더 감정적으로 연결된다.
- 행동적 충성도(Conative Loyalty) 단계에서 고객은 브랜드에 대한 감정적 유대와 신뢰를 바탕으로 지속적으로 구매하거나 서비스를 이용하는 행동을 보인다.
- 지속적 충성도(Action Loyalty) 단계에서 고객은 브랜드에 대한 충성도가 매우 강하며, 이 브랜드에 대한 선택은 단순한 구매나 이용을 넘어서, 브랜드 옹호로 이어진다.
- 감성 마케팅은 고객의 감정을 자극하여 브랜드와 정서적 연결을 강화하는 마케팅 전략이다. 이는 고객의 의사결정과정에서 감정이 중요한 역할을 한다는 심리학적 이론에 기반한다.
- 서비스 충성도를 향상하기 위한 감성 마케팅의 핵심은 고객과 브랜드 간의 감정적 유대감을 형성하는 것이다. 고객이 브랜드와의 감정적 연결을 느끼면, 그들은 브랜드에 대한 신뢰와 충성도가 증가하게 된다.
- 고객 불만관리는 고객이 경험한 불만을 식별, 처리, 해결하는 모든 과정을 포함하는 관리 활동이다.
- 고객 불만은 서비스나 제품에 대한 불만족에서 비롯되며, 이를 해결하는 과정은 고객의 요구를 충족시키고, 고객과의 관계를 유지하는 데 중요한 역할을 한다.
- 고객이 불만을 제기하는 것은 기업과의 관계에서 중요한 시점이다. 불만을 잘 처리하면 고객은 그들의 의견이 존중받고 있다고 느끼며, 이는 충성도로 이어질 수 있다.
- 컴플레인은 고객이 경험한 불만족을 표현하는 행동이다. 고객이 서비스를 이용하면서 경험한 불편이나 불만을 고객의 감정적 반응으로 정의한다.
- 클레임은 고객이 법적 권리 또는 계약에 따라 보상이나 해결책을 요구하는 공식적인 요구이다. 클레임을 고객이 권리를 주장하고 이를 통해 실질적인 해결을 얻으려는 시도로

정의한다.

- CRM 시스템을 활용하면 고객 불만 데이터를 체계적으로 관리하고, 불만 처리 과정을 효율적으로 지원할 수 있다.

CHAPTER

08 시장 분석 및 경쟁 환경

학습내용

8-1. 시장 수요 조사

8-2. 시장 수요 분석

8-3. 시장 환경 분석

학습목표

8-1: 시장 조사의 개념과 조사방법을 이해하고, 수요 예측을 위한 다양한 방법을 활용할 수 있다.

8-2: 시장 수요 분석을 통해 트렌드와 패턴을 도출하고, 분석결과를 기반으로 대고객 전략을 수립할 수 있다.

8-3: 시장 환경분석을 통해 경쟁 시장에서의 위치를 파악하고, 전략적 경쟁우위를 수립할 수 있다.

8-1 시장 수요 조사

1 시장 조사와 조사 방법

시장 조사는 소비자 행동, 경쟁상황 등을 분석하여, 의사결정에 필요한 정보를 수집하는 과정이며, 조사 방법에는 정성적 조사와 정량적 조사가 있다. 이는 고객의 소리를 기반으로 하는 중요한 개념이다.

1. 시장 조사의 개념

시장 조사는 기업이 당면하고 있는 구체적인 상황에 적합한 관련 자료를 체계적으로 설계, 수집, 분석하여 보고하는 것이다. 따라서 시장 조사는 고객의 소리(Voice of Customer; VOC)를 반영하여 마케팅 전략의 수립과 결정에 의미 있는 정보를 제공하는 것이 목적이다. 시장 조사는 상권분석, 경쟁 업체 분석, 소비자 분석, 점포의 입지와 입지조건 분석으로 구분하여 조사한다(곽진만, 2023).

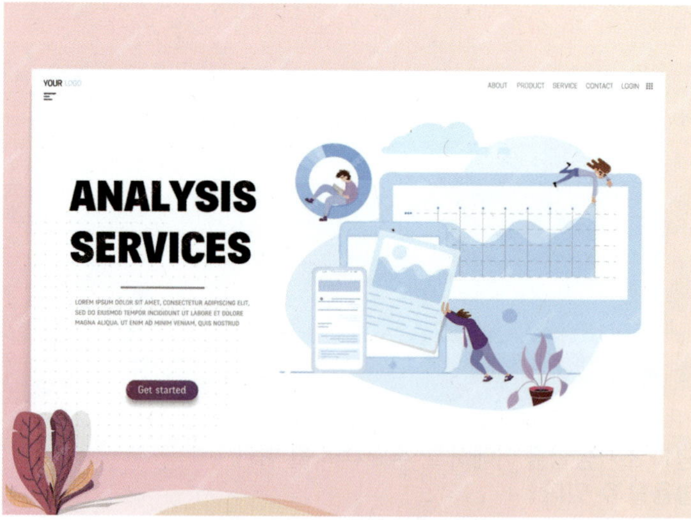

[그림 8-1] 서비스 시장 분석

(1) 시장 조사의 목적

시장 조사의 목적은 소비자 행동, 경쟁사의 동향, 시장 환경 등을 분석하여 기업이 의사결정을 내리는 데 필요한 정보를 제공하는 활동이다. 이를 통해 시장의 요구와 트렌드를 파악하고, 제품 개발 및 마케팅 전략을 최적화하는 데 중요한 역할을 한다. 시장 조사는 기업이 경쟁력을 유지하고 성장할 수 있는 기반을 제공하며, 데이터 기반으로 효율적인 결정을 내리는 데 중요한 역할을 한다.

시장 조사는 데이터 기반 분석을 통해 고객의 행동, 선호, 반응 등을 정확히 이해하고, 이를 바탕으로 시장에서의 위치를 파악하는 것이 매우 중요하다. 이를 위해 여러 가지 분석 방법론을 활용할 수 있으며, 각 방법론은 고객과 시장 간의 관계를 강화하고, 기업이 고객의 니즈에 맞춘 전략을 수립하는 데 필수적인 역할을 한다. 다음은 각 방법론을 통해 고객과 시장의 연결 고리를 찾아내는 구체적인 방법이다.

[그림 8-2] 시장과 고객의 연결 고리

1) 고객 요구 및 트렌드 파악

고객의 선호와 변화하는 요구를 추적하여, 제품 및 서비스가 시장에 적합하도록 조정한다. 고객의 행동을 심층적으로 분석하고, 그들이 현재와 미래에 원하는 바를 정확히 파악함으로써, 기업은 더 나은 고객 맞춤형 제품과 서비스를 제공할 수 있다. 또한, 고객의 요구를 예측함으로써 경쟁사보다 빠르게 시장에 대응할 수 있다.

2) 제품 개발 및 마케팅 전략 수립 지원

시장 조사 데이터를 기반으로 제품을 개선하고, 목표 고객을 정확히 설정하여 효과적인 마케팅 전략을 설계한다. 소비자 선호와 트렌드를 반영한 제품 개발과, 타겟 시장에 맞춘 마케팅 활동을 통해 기업은 제품의 성공 가능성을 극대화할 수 있다. 또한, 경쟁사의 동향을 분석함으로써, 차별화된 경쟁전략을 수립하고, 마케팅 캠페인을 더욱 효과적으로 운영할 수 있다.

3) 위기관리와 기회 탐색

시장의 불확실성을 줄이고, 잠재적인 기회를 식별하여 경쟁우위를 확보한다. 시장 조사는 기업이 직면할 수 있는 위험요소를 예측하고, 이를 최소화하는 전략을 마련하는 데 도움을 준다. 또한, 신규시장이나 제품군에 대한 기회를 발견하여, 기업이 새로운 사업 영역을 성공적으로 개척할 수 있도록 지원한다. 이를 통해 기업은 더 큰 성장을 추구하며, 시장에서의 리더십을 강화할 수 있다.

시장 조사는 단순한 자료를 수집하는 과정이 아니라, 기업의 전략적 의사결정에 중요한 통찰을 제공하며, 변화하는 시장 환경에 민첩하게 대응할 수 있는 능력을 키워준다.

2. 시장 조사의 중요성

시장 조사는 기업이 성공적인 전략을 수립하고, 경쟁에서 우위를 점할 수 있도록 돕는 필수적인 활동이다. 시장의 동향을 정확하게 파악하고, 고객의 요구를 반영하는 과정은 기업의 성장과 지속 가능성에 큰 영향을 미친다. 시장 조사는 단순히 정보 수집을 넘어, 기업의 미래를 예측하고 경쟁력을 확보하는 데 중요한 역할을 한다.

[그림 8-3] 다양한 소비자의 니즈

(1) 고객 중심 전략 수립의 기초

시장 조사를 통해 고객의 요구와 선호를 이해하고, 이를 바탕으로 고객 맞춤형 전략을 개발할 수 있다. 고객이 무엇을 원하는지, 어떤 문제를 해결하려는지를 파악함으로써, 기업은 고객의 기대를 충족시킬 수 있는 제품과 서비스를 제공할 수 있다.

고객의 의견을 반영한 전략은 고객의 충성도를 높이고, 기업의 브랜드 가치와 시장 점유율을 증대시키는 데 이바지한다. 또한, 고객의 변화하는 요구에 맞춰 신속하게 전략을 조정함으로써, 기업은 시장에서 지속적으로 경쟁력을 유지할 수 있다.

(2) 경쟁우위 확보

경쟁사 분석 및 시장 동향을 통해 시장에서 우위를 점할 수 있는 전략을 도출할 수 있다. 시장 조사는 경쟁사의 강점과 약점을 파악하고, 자사의 차별화된 가치를 강조할 방법을 제시한다. 또한, 시장의 변화와 트렌드를 실시간으로 파악하여 경쟁사보다 더 빠르게 대응할 수 있는 전략을 수립한다. 경쟁사보다 앞서가는 전략을 수립함으로써, 기업은 시장에서 선도적인 입지를 확보하고, 지속 가능한 경쟁우위를 창출할 수 있다.

(3) 투자와 자원 배분의 효과적 활용

시장 조사는 자원을 효율적으로 배분하고, 위험을 최소화하며, 투자 결정을 더 정확히 할 수 있도록 돕는다. 시장의 잠재력과 수익성 있는 분야를 식별하고, 기업의 자원을 필요한 곳에 집중할 수 있게 한다. 또한, 시장 조사는 위험성을 예측하고, 투자 시 발생할 수 있는 불확실성을 줄여줌으로써, 기업의 투자 결정이 더욱 신뢰할 수 있도록 만든다. 이를 통해 기업은 자원을 낭비하지 않고, 효율적으로 활용하여 최대의 수익을 올릴 수 있다.

3. 시장 수요 자료수집

시장 수요 조사는 소비자들의 구매 행동과 시장에서의 수요 패턴을 이해하기 위해 사용하는 다양한 기법과 절차를 의미한다. 시장 수요 조사를 위한 자료수집은 특정 목적을 달성하는 데 필요한 정보를 체계적으로 확보하는 과정이다. 이는 연구, 분석, 의사결정 등을 지원하기 위해 데이터나 정보를 수집하는 활동을 포함한다. 자료수집은 주로 두 가지 주요 단계로 나뉜다.

(1) 내부 자료(1차 자료)

기업의 조사 목적에 맞춰 처음으로 직접 수집된 데이터로, 판매 데이터, 고객정보, 제품 사용 데이터는 관계형 데이터베이스 관리 시스템(RDBMS, Relational Database Management System)을 통해 수집된 자료를 의미한다. RDBMS는 데이터를 효율적으로 저장하고 관리하며, 빠르게 데이터를 추출할 수 있게 해준다. 이러한 데이터베이스 시스템은 기업들이 고객 행동 분석, 판매 트렌드 분석 및 제품 선호도를 파악할 수 있는 중요한 도구로 활용된다(Date, 2004).

(2) 외부 자료(2차 자료)

기존에 수집된 데이터를 목적에 맞게 활용하는 것으로, 경쟁사 동향, 경제 지표, 사회적 동향은 시장 구조 이론(Market Structure Theory)에 따라 수집된 자료를 의미한다. 정부 기관, 연구소, 학술 논문, 상업 데이터베이스 등으로, 이를 통해 기업은 경쟁사 분석 및 시장의 환경을 이해할 수 있다.

4. 시장 수요 조사 방법

(1) 조사 설계 단계

시장 조사 설계는 특정 시장에 대한 정보를 수집하고 분석하기 위한 체계적인 계획과 실행 과정이다. 설계 단계에서는 조사 목적, 대상, 방법(정량적/정성적), 샘플링 방식 등을 결정하고, 실행 단계에서는 실제 자료를 수집하고 분석하여 결과를 도출한다. 이를 통해 기업은 소비자 동향, 경쟁상황, 시장 기회 등을 파악하고, 전략적 결정을 내리는데 필요한 정보를 얻을 수 있다.

❶ 문제 정의: 조사 목표를 명확히 설정하여, 무엇을 조사할 것인지, 어떤 질문에 답을 할 것인지 정리한다. 이는 조사 과정의 방향을 결정하는 중요한 첫 단계이다.

❷ 표본 설계: 표본 크기는 조사 결과의 정확성과 비용 사이에서 균형을 맞추어야 한다. 너무 작은 표본은 정확도가 떨어지고, 너무 큰 표본은 비용이 과다하게 발생할 수 있다.

❸ 표본 추출: 조사대상자의 인구통계학적 특성과 표본 크기를 정의하여, 조사 대상이 연구하고자 하는 집단을 대표할 수 있도록 한다.

❹ 조사 도구개발: 설문지, 인터뷰 가이드 등 자료수집을 위한 도구를 개발한다. 이는 조사 질문을 체계적으로 구성하여 일관된 데이터를 얻는 데 중요하다.

(2) 질적 조사 방법(정성적 방법)

1) 심층 인터뷰

개별 소비자의 동기와 가치를 탐구하는 조사 방법이다. 이를 통해 소비자가 제품을 선택하는 이유와 선호도를 깊이 이해할 수 있다. 예를 들어, 이케아(IKEA)는 심층 인터뷰를 통해 DIY 가구에 대한 수요를 발견하고 이를 반영하여 제품 라인을 확장한 사례가 있다.

2) 포커스 그룹(Focus Group)

포커스 그룹은 집단 대화를 통해 다양한 소비자 의견을 수집하는 방법으로, 특정 주제에 대해 심도 있는 의견 교환이 가능하다. 예를 들어, 구글(Google)은 포커스 그룹을 활용해 구글 홈(Google Home)의 개선점을 도출하고 이를 반영하여 제품을 개선한 사례가 있다.

3) 관찰 조사

관찰 조사는 소비자의 행동을 자연스럽게 관찰하여 무의식적인 행동 패턴을 발견하는 방법이다. 이를 통해 소비자가 실제로 어떻게 행동하는지 알 수 있다. 예를 들어, 이케아(IKEA)는 매장 내 고객 행동을 관찰하여 쇼핑 경험을 개선했으며, 맥도날드(McDonald's)는 드라이브 스루에서 고객 행동을 분석해 효율성을 높였다.

(3) 양적 조사 방법(정량적 방법)

1) 설문 조사

설문 조사는 대규모 표본을 통해 구조적인 자료를 수집하는 방법으로, 통계적 분석이 가능하며 신뢰할 수 있는 데이터를 제공한다. 이를 위해 Google Forms, Type form과 같은 온라인 설문 도구를 활용하여 대규모 자료를 수집할 수 있다.

2) 실험 조사

A/B 테스트는 사회 조사 방법론 중 유사 실험 조사 설계로, A/B 테스트를 통해 특정 요인이 결과에 미치는 영향을 평가하는 방법으로, 실험과 비교를 통해 가장 효과적인 요소를 찾아낼 수 있다. 예를 들어, 아마존(Amazon)은 가격 변화를 테스트하여 최적의 가격을 도출하고 이를 통해 매출을 극대화한 사례가 있다.

3) 패널 조사 방법

동일한 집단을 지속적으로 관찰하여 동향(Trend)을 분석하는 방법이다. 이를 통해 시간이 지남에 따라 변화하는 소비자 행동을 파악할 수 있다.

(4) 혼합 조사 방법

질적 데이터를 통해 통찰을 도출하고, 양적 데이터를 활용해 이를 검증하는 방식이다. 두 가지 방식을 결합함으로써 더 정확하고 심도 있는 분석을 수행할 수 있다. 예를 들어, 넷플릭스(Netflix)는 고객 피드백(질적)과 시청 데이터(양적)를 결합하여 추천 알고리즘을 강화하고 사용자 맞춤형 콘텐츠를 제공한 사례가 있다.

(5) 윤리적 고려사항

1) 소비자 조사 윤리

❶ 개인정보 보호: 조사 응답자의 데이터는 익명성을 보장하여 보호해야 한다. 소비자의 개인정보는 동의 없이 유출되거나 사용되어서는 안 된다.

❷ 자발적 참여: 조사 목적과 데이터 사용 계획을 명시하여, 응답자가 자발적으로 참여할 수 있도록 해야 한다.

❸ 사례: 페이스북(Facebook)은 데이터 유출 문제로 윤리적 조사의 중요성을 강조했으며, 이를 통해 개인정보 보호와 데이터 윤리에 대한 경각심을 일깨우게 되었다.

8-2 시장 수요 분석

1 시장 수요 분석과 의사결정

시장 수요 분석은 소비자의 구매 행동과 시장의 수요 패턴을 파악하는 과정으로, 이를 통해 기업은 제품이나 서비스의 생산량, 가격 책정, 마케팅 전략 등을 결정할 수 있다. 의사결정은 이러한 분석결과를 바탕으로 실행 가능한 전략을 수립하고, 자원을 효율적으로 배분하는 데 중요한 역할을 한다.

1. 시장 수요 분석

시장 수요 분석은 미래의 소비자 수요를 예측하기 위해 과거 데이터를 분석하여, 경제적, 사회적, 경쟁적 요소를 고려하여 시장 변화에 대한 예측을 수행하는 과정이다. 이를 통해 기업은 생산 계획, 재고 관리, 마케팅 전략 등을 미리 준비할 수 있다.

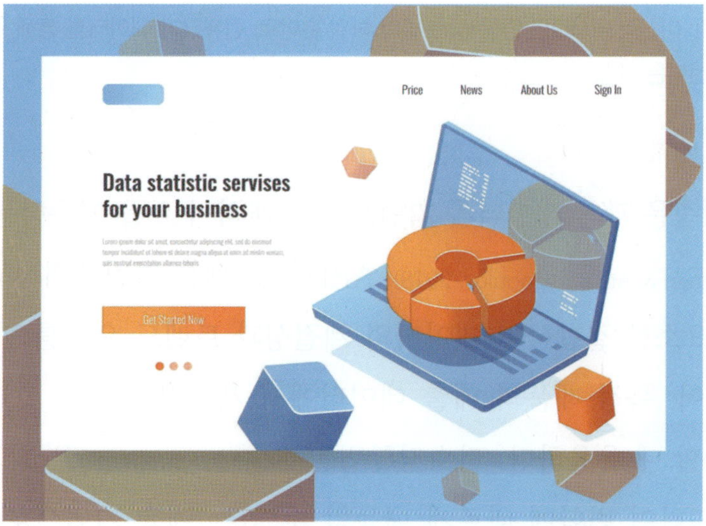

[그림 8-4] 데이터 기반 서비스 고객 분석

(1) 시장 수요 예측

시장 수요 예측은 소비자의 행동을 분석하고, 시장 변화를 이해하기 위한 핵심 과정이다. 이를 위해 다양한 이론과 방법론을 활용한다. 대표적으로 머신러닝 이론, 시계열 예측, 가격 탄력성 분석이 있다. 이 과정은 데이터를 체계적으로 수집하고, 분석하여 의미 있는 정보를 도출하는 데 중점을 둔다. 이를 통해 기업은 더 나은 의사결정을 내리고 경쟁우위를 확보할 수 있다.

1) 머신러닝 모델

머신러닝은 시장 수요 예측에서 강력한 도구로 사용된다. 특히 비선형 관계를 설명하는 데 효과적인 결정 트리(Decision Trees)와 랜덤 포레스트(Random Forest) 같은 알고리즘이 자주 사용된다(Hastie et al., 2009). 결정 트리는 데이터를 계층적으로 분류하여 이해하기 쉽게 시각화할 수 있으며, 랜덤 포레스트는 다수의 결정 트리를 결합하여 예측의 정확성과 안정성을 높인다(Breiman, 2001). 예를 들어, 소비자 행동에 영향을 미치는 요인으로 가격, 광고 노출 빈도, 계절성을 분석할 때 머신러닝 모델은 요인 간 복잡한 상호작용을 효과적으로 설명할 수 있다.

▶ 알아두기: 머신러닝(ML)은 인공지능(AI)의 하위 분야로, 컴퓨터가 데이터를 통해 학습하고 경험을 통해 개선되는 기술.

2) 시계열 예측

시계열 예측은 과거 데이터를 기반으로 미래의 수요를 예측하는 데 초점을 맞춘다(Hyndman & Athanasopoulos, 2018). ARIMA 모델은 자기회귀(AR), 차분(I), 이동평균(MA) 요소를 결합하여 데이터의 계절성과 트렌드 요소를 반영할 수 있다. 예를 들어, 특정 제품의 매출 데이터에서 계절적 변동을 고려하여 향후 수요를 예측할 때 유용하다. 지수평활법(Exponential Smoothing)은 최근 데이터를 더 많이 반영하여 변화에 빠르게 대응할 수 있는 예측 기법으로, 단기 수요 예측에 적합하다(Box et al., 2015).

▶ 알아두기: 지수 평활법은 최근의 자료에 더 큰 가중치를 주고 현 시점에서 멀수록 작은 가중치를 주어 지수적으로 과거의 비중을 줄여 미래값을 예측하는 방법

3) 가격 탄력성

가격 탄력성(Price Elasticity of Demand)은 가격 변화가 수요에 미치는 영향을 정량적으로 평가하는 방법이다. 탄력성이 높은 제품은 가격 변화에 민감하여 수요가 크게 변하지만, 탄력성이 낮은 제품은 가격 변화에 대한 반응이 상대적으로 적다. 이를 활용하면 특정 가격 전략이 수요에 미칠 영향을 예측할 수 있다(Varian, 2014). 예를 들어, 가격을 10% 인하했을 때 예상되는 수요 증가율을 계산하고, 이를 마케팅 및 가격 정책 수립에 반영할 수 있다.

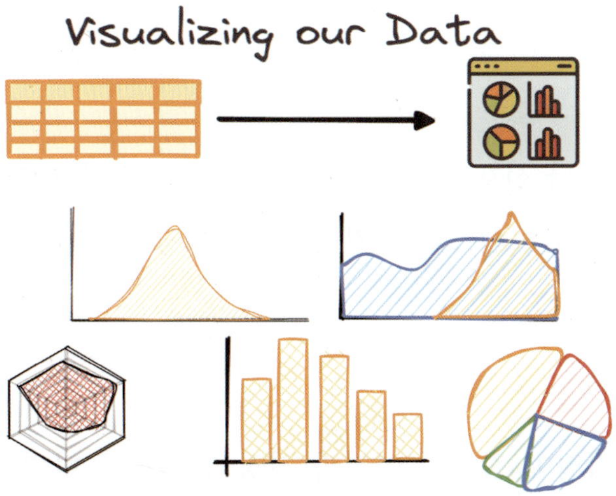

[그림 8-5] 데이터 시각화(자료 출처: https://ai.atsit.in/posts/5941776043/)

(2) 시장 수요 예측을 위한 목표 설정

목표 설정은 기업의 전략적 방향을 제시하는 중요한 과정으로, 경제학의 수요 이론(Demand Theory)은 가격, 소득, 취향 등의 변화가 소비자 행동에 어떻게 영향을 미치는지를 설명하며, 이를 통해 기업은 시장과 소비자의 변화에 대응하는 전략을 세울 수 있다. 소비자의 수요를 가격, 소득, 선호도와 같은

주요 요소의 함수로 설명한다. 이는 경제학의 기초 이론 중 하나로, 가격 변화와 소득 변화가 소비자의 구매 결정을 어떻게 변화시키는지에 대한 중요한 통찰을 제공한다(Marshall, 1890).

1) 가격 변화와 수요

가격이 하락하면, 일반적으로 수요는 증가하는 경향을 보인다. 이는 소비자들이 가격이 더 저렴한 제품을 선택하게 된다는 원리이다.

2) 소득 변화와 수요

소비자의 소득이 증가하면, 수요는 증가하는 경향이 있다. 즉, 더 많은 자원이 소비자에게 제공되면, 그들은 더 많은 상품을 소비하려는 경향을 보인다.

3) 선호도 변화와 수요

소비자의 취향이나 선호도가 변하면, 이 또한 수요에 영향을 미친다. 예를 들어, 특정 제품이나 브랜드가 인기를 끌면, 해당 제품의 수요는 증가할 수 있다.

(3) 목표 설정

목표 설정은 기업이 경제적 여건과 시장의 변화를 반영하여, 특정 시장이나 제품군에서 실현하고자 하는 결과를 명확하게 정의하는 과정이다. 이때 수요 이론은 기업이 효과적인 목표를 설정하는 데 필수적인 역할을 한다(Marshall, 1890).

1) 수요 예측 및 목표 설정

기업은 수요 예측을 통해, 특정 제품이나 서비스에 대한 소비자의 수요가 어떻게 변할지를 예측한다. 예를 들어, 경제 상황 변화에 따라 소비자들의 지출 패턴이 어떻게 달라질지를 분석하여, 기업은 적절한 목표를 설정할 수 있다(Marshall, 1890).

2) 제품 출시 및 가격 책정

시장의 수요를 예측한 후, 기업은 제품 출시 시점을 결정하고, 그에 맞는 가격 책정 전략을 수립할 수 있다. 가격 하락에 따른 수요 증가 예측을 통해, 가격 인하 전략을 세울 수 있으며, 소득 증가를 예측하고 프리미엄 제품의 시장을 공략할 수도 있다.

3) 마케팅 전략 수립

기업은 마케팅 전략을 세울 때, 소비자의 선호도와 취향을 분석하고, 이를 바탕으로 맞춤형 광고, 프로모션 등을 기획할 수 있다. 예를 들어, 특정 계층의 소비자들이 가격에 민감하다면, 가격 인하나 할인 혜택을 통해 수요를 증가시킬 수 있다.

따라서 목표 설정은 단순히 내부적인 전략 수립에 그치는 것이 아니라, 경제적 변수를 고려하여 시장에서의 위치를 명확하게 하고, 실현 가능한 목표를 설정하는 중요한 과정이다. 수요 이론을 통해 변화하는 시장의 패턴을 정확하게 예측하고, 이에 맞는 목표를 설정하는 것이 성공적인 전략 수립의 핵심이라 할 수 있다.

2 데이터 정제와 분석방법

데이터 정제는 분석에 적합한 데이터를 준비하는 과정이며, 분석방법은 정제된 데이터를 활용해 유의미한 정보를 도출하는 과정으로, 데이터 정제가 분석의 정확성을 높인다.

1. 데이터 정제

데이터 정제 및 준비의 이론적 배경은 통계학적 방법론과 자료 분석 이론(Data Consistency Theory)을 기반으로 한다. 이는 수집된 데이터를 분석에 적합하게 만들기 위한 필수적인 과정이다. 데이터 정제 과정은 불완전한 데이터나 부정확한 데이터를 수정하고, 분석에 적합한 형태로 변환하는 것이다.

(1) 결측값 처리

결측값 처리 이론에는 여러 방법론이 존재한다. 가장 널리 사용되는 방법은 최대우도법(Maximum Likelihood Estimation; MLE)이다. MLE는 결측 데이터를 추정하여 가장 가능성 있는 값을 찾는 방법으로, 데이터의 분포를 가정하여 결측값을 추정한다.

다중 대체법(Multiple Imputation)은 결측값을 여러 번 대체하여 여러 개의 가능한 값을 생성하고, 이후 이를 종합적으로 분석하여 더 신뢰할 수 있는 추정값을 도출한다. 이 방법은 결측값 처리 시 불확실성을 반영할 수 있어 더 정확한 분석을 가능하게 한다(Rubin, 1987).

▶ 알아두기: 우도(尤度)는 가능도(可能度), 영어로 likelihood로 확률 분포의 모수가 어떤 확률변수의 표집값과 일관되는 정도를 의미하며, 그 값이 최대화된 값.

(2) 정합성 검토

데이터 정합성을 유지하려면 정확한 데이터 처리가 필수적이다. 이를 위해 통계적 품질 관리(Statistical Quality Control; SQC) 기법이 활용된다. SQC는 데이터의 품질을 높이는 방법으로, 표본 검사, 변동 분석 등을 통해 데이터의 오류를 탐지하고 수정한다. 이를 통해 데이터의 정확성과 신뢰성을 확보할 수 있다.

자료 정합성 검사(Data Consistency Check)를 통해 데이터의 일관성을 보장해야 한다. 이는 데이터 간의 상호 관계가 올바르게 설정되어 있는지, 예상된 범위 내에서 값이 입력되었는지 등을 검토하는 과정이다. 정합성 검사를 통해 오류나 중복된 데이터를 제거하고, 분석에 적합한 데이터만을 사용할 수 있다(Montgomery, 2009).

데이터 정제 및 준비는 분석의 품질을 높이는 데 필수적인 과정이다. 결측값 처리와 정합성 검토는 데이터를 정확하고 일관되게 유지하며, 분석결과의 신뢰성을 확보하는 데 중요한 역할을 한다. 이를 통해 데이터 분석의 정확도를 높일 수 있다.

2. 데이터 분석 도구

데이터 분석의 근거는 기초 통계학 이론, 회귀분석 이론, 시계열 분석 이론, 군집 분석 이론 등 다양한 통계적 기법에 기반한다. 데이터 분석은 시장의 특성을 파악하고, 예측 모델을 구축하며, 의사결정을 위한 근거를 제공하는 핵심적인 과정이다.

▶ 알아두기: 회귀분석(Regression Analysis)은 통계학에서 변수 간의 관계를 파악하고 예측하는 분석 방법.

(1) 액셀(Excel)과 구글 시트(Google Sheets)

Excel과 Google Sheets는 기본적인 데이터 분석 도구로, 그 사용의 용이성과 직관성 덕분에 널리 사용된다.

Excel은 함수와 피벗 테이블, 차트 도구 등을 통해 데이터를 정리하고, 계산하며, 결과를 시각적으로 나타낼 수 있다. 예를 들어, AVERAGE(평균값), MEDIAN(중앙값), STDEV(표준편차)와 같은 기본적인 통계 함수를 통해 데이터의 중심 경향성과 변동성을 파악할 수 있다(Walkenbach, 2013).

Google Sheets는 Excel과 유사하지만, 클라우드 기반으로 실시간 협업과 데이터 공유에 유리하다. 또한, Excel에서 제공하는 기능 대부분을 그대로 지원한다.

❶ 장점: 데이터의 기본적인 분석 및 시각화에 매우 유용하고, 사용법이 간단하다.

❷ 단점: 대규모 데이터셋에 대한 처리나 고급 통계분석에 한계가 있다.

(2) R 또는 파이썬(Python)

R과 Python은 데이터 과학과 통계분석에 널리 사용되는 프로그래밍 언어로, 고급 분석을 처리할 수 있는 강력한 기능을 제공한다.

1) R

R은 통계분석에 특화된 언어로, 지지플롯2(ggplot2)와 디플라이알(dplyr) 등 다양한 라이브러리를 통해 데이터 분석 및 시각화, 데이터 처리 기능을 제공한다. 예를 들어, R에서는 회귀 분석, 군집 분석, 시계열 분석 등 복잡한 분석을 수행할 수 있다(Wickham, 2016).

2) Python

Python은 팬더스(Pandas)와 넘피(NumPy) 라이브러리로 데이터를 효율적으로 처리하고, 사이파이(SciPy)를 통해 수학적 계산과 고급 통계분석을 할 수 있다. 또한, 맷플롯립(Matplotlib)과 시본(Seaborn)을 사용하여 분석결과를 시각화할 수 있다(McKinney, 2012).

❶ 장점: 고급 분석과 복잡한 데이터 처리에 강력하며, 다양한 라이브러리와 커뮤니티 지원이 있다.

❷ 단점: 프로그래밍 지식이 필요하여 사용하기 어려운 점이 있을 수 있다.

▶ 알아두기: 라이브러리(library)는 혼자서 동작하는 완전한 프로그램이 아닌, 특정한 부분 기능만을 수행하도록 제작된, 컴파일되어 기계어의 형태

▶ 알아두기: SciPy는 고성능 선형대수, 함수 최적화, 신호 처리, 특수한 수학 함수와 통계 분포 등을 포함한 많은 기능을 제공한다.

▶ 알아두기: Seaborn은 Matplotlib을 기반으로 다양한 색상 테마와 통계용 차트 등의 기능을 추가한 시각화 패키지이다.

(3) SPSS(Statistical Package for the Social Sciences, 사회과학통계패키지)

SPSS는 사회과학 연구에서 주로 사용되는 통계분석 소프트웨어로, 사용하기 쉬운 그래픽 사용자 인터페이스(GUI)를 제공하여 통계적 분석을 손쉽게 수행할 수 있게 해준다.

회귀 분석, 분산 분석(ANOVA), 상관 분석 등의 고급 통계분석을 지원하며, 결과를 시각적으로 표현하거나 보고서 형식으로 출력할 수 있다. 또한, SPSS Statistics는 시장 조사, 사회과학 연구, 심리학적 연구에서 널리 사용된다(Field, 2013).

❶ 장점: 직관적인 사용법을 제공하여 비전문가도 쉽게 사용할 수 있다.

❷ 단점: 상용 소프트웨어이기 때문에 구매 비용이 발생하며, 일부 고급 분석 기능에는 제한이 있을 수 있다.

- ▶ 알아두기: GUI(Graphical User Interface)는 그래픽 사용자 인터페이스를 의미한다. 사용자가 컴퓨터, 스마트폰 등의 디지털 기기와 상호작용할 수 있도록 도와주는 시각적 인터페이스
- ▶ 알아두기: 회귀 분석은 통계학에서 변수들 사이의 관계를 파악하고 예측하는 분석방법.
- ▶ 알아두기: 분산 분석(ANOVA)은 독립 변수의 유의성을 알아보는 통계 기법으로, 종속 변수의 분산을 설명하는 데 사용.
- ▶ 알아두기: 상관 분석은 두 변수 간의 선형적 또는 비선형적 관계를 분석하는 방법으로, 두 변수 사이의 밀접성을 나타내는 상관계수를 구하고 그 통계적 유의성을 검정.

(4) 매트랩(MATLAB)

MATLAB은 고급 수학적 계산과 수치해석을 위한 소프트웨어로, 주로 공학과 과학 연구에서 많이 사용된다. MATLAB은 행렬 연산과 수학적 모형화에 강력한 기능을 제공하며, 시계열 분석, 확률 모형화, 데이터 시각화와 같은 고급 분석을 할 수 있다.

MATLAB은 ARIMA(Autoregressive Integrated Moving Average) 모델과 같은 복잡한 시간 시계열 예측 분석을 수행하는 데 유용하다. 이 외에도 시뮬링크(Simulink)와 같은 툴박스를 통해 복잡한 시스템 모형화를 수행할 수 있다(Hanselman & Littlefield, 2011).

❶ 장점: 고급 수학적 분석에 강력하며, 특히 공학적 및 과학적 연구에 적합하다.

❷ 단점: 가격이 비싸며, 프로그래밍 경험이 없는 사람에게는 사용이 어려울 수 있다.

▶ 알아두기: ARIMA(Autoregressive Integrated Moving Average) 모델은 시계열 분석 및 시계열의 가능한 미랫값을 예측.

(5) 미니탭(Minitab)

Minitab은 품질 관리 및 통계분석을 위한 소프트웨어로, 주로 제조업 및 품질 관리 분야에서 널리 사용된다. 이는 품질 관리 도구(예: 관리도, 생산성 분석)와 기본 통계분석을 제공하며, 회귀 분석, 가설 검정, 변량 분석(ANOVA) 등을 통해 다양한 통계적 분석을 수행할 수 있다. 또한, 제조업체나 품질 관리 담당자가 효율적으로 문제를 해결하고 품질개선을 할 수 있도록 돕는다(Montgomery, 2020).

❶ 장점: 품질 관리 및 간단한 통계분석에 매우 유용하며, 사용이 쉽다.

❷ 단점: 다른 고급 분석 도구들보다 분석의 범위가 좁을 수 있다.

이와 같은 분석 도구들은 각기 다른 특성과 목적이 있어, 분석하려는 데이터의 특성, 분석의 깊이, 사용자의 기술 수준에 따라 적절한 도구를 선택하여 사용해야 한다.

3. 시장 수요 분석

(1) 고객 세분화 및 타겟팅(Customer segmentation and targeting)

고객 세분화는 시장을 더 작은 그룹으로 나누어 각 군집의 특성을 이해하는 과정이다. 이를 통해 고객의 다양한 요구사항과 선호도를 파악할 수 있으며, 각 군집에 맞춘 타겟팅 전략을 수립할 수 있다.

세분된 시장별 목표 전략을 수립하고, 각 시장에 맞는 차별화 정책을 설정함으로써 고객과 시장의 연결 고리를 강화할 수 있다. 예를 들어, 가격에 민감한 고객에게는 할인 혜택을 제공하고, 고급 브랜드를 선호하는 고객에게는 프리미엄 제품을 마케팅하는 방식으로 접근할 수 있다(Kotler & Keller, 2016).

(2) 고객 행동 분석(Customer Behavior Analysis)

고객 행동 분석은 고객이 구매 결정을 내리는 데 영향을 미치는 요인들을 파악하고, 그들의 행동 패턴을 예측하는 데 중요한 역할을 한다. 이를 통해 시장에서의 수요 변화를 예측하고, 고객의 요구에 맞는 전략을 도출할 수 있다.

(3) 고객 여정 분석(Customer Journey Analysis)

고객 여정 분석은 고객이 구매 결정을 내리기까지의 과정과 접점을 추적하는 방법이다. 이 과정에서 고객이 브랜드와 어떻게 상호작용하는지, 어떤 경로를 통해 제품을 구매하는지, 어떤 요소가 결정적인 영향을 미쳤는지를 파악할 수 있다.

1) 경로 분석(Path Analysis)

고객이 브랜드와 처음 접하게 된 경로부터 제품구매까지의 흐름을 분석한다. 예를 들어, 온라인 광고를 클릭한 고객이 제품을 구매하는 경로를 추적하여, 특정 광고가 효과적인지 평가할 수 있다. 이를 통해 효과적인 마케팅 채널을 파악하고 전략을 개선할 수 있다(Pearl, 2010).

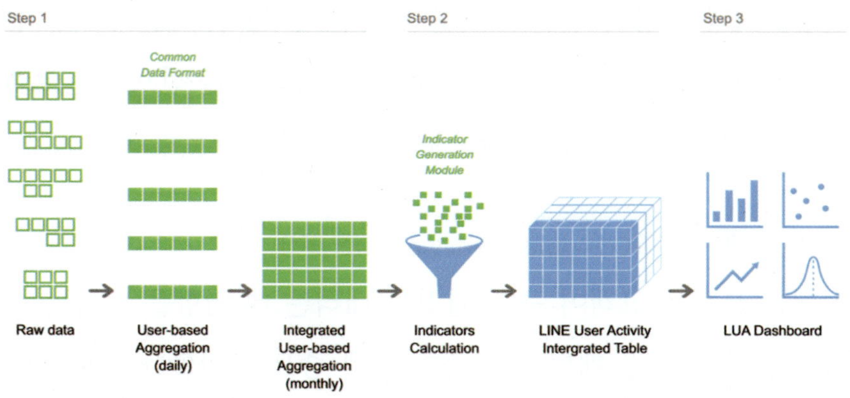

[그림 8-6] 사용자 경로 분석 (자료 출처: Park Yongjae, Data Analyst & Data Project Manager at LINE)

2) 판매전략 모형화(Marketing Mix Modeling)

마케팅 활동이 고객의 구매 결정에 미치는 영향을 분석한다. 예를 들어, 온라인 광고, 텔레비전 광고, 소셜 미디어 캠페인 등의 다양한 마케팅 채널이 각기 다른 고객 그룹에 어떻게 영향을 미쳤는지를 분석함으로써 가장 효과적인 마케팅 전략을 파악할 수 있다(Hanssens et al., 2003).

(4) 고객 피드백 및 시장 반응 분석

고객 피드백과 시장 반응을 분석하는 것은 고객이 실제로 무엇을 원하는지, 그리고 시장의 트렌드가 어떻게 변화하는지를 이해하는 데 중요한 방법이다.

1) 설문 조사 및 인터뷰

고객의 만족도와 요구를 직접 파악하기 위해, 설문 조사나 인터뷰를 진행한다. 이를 통해 고객의 피드백을 얻고, 시장에서의 위치나 제품에 대한 반응을 분석할 수 있다. 설문 조사는 고객의 세부적인 의견을 수집할 수 있는 유효한 방법이다(Fowler, 2014).

2) 제품 리뷰 분석

감성 분석기법을 활용하여, 제품 리뷰에서 고객이 긍정적, 부정적, 중립적 의견을 분류하고, 이를 통해 고객의 불만 사항이나 선호도를 파악할 수 있다. 예를 들어, 제품의 품질, 가격, 디자인에 대해 고객이 어떤 의견을 제시하는지 분석할 수 있다(Liu, 2012).

(5) 고객의 생명주기 이해

고객의 생명주기를 분석함으로써, 고객과의 관계가 어떻게 변화하는지를 이해할 수 있다. 이를 통해 고객이 기업과 어떤 관계를 형성하고, 그 관계가 어떻게 변화하는지 추적할 수 있다.

1) 고객 유지 분석(Customer Retention Analysis)

고객이 브랜드에 대한 충성도를 유지하는 요인을 파악하여 고객 이탈을 방지하고, 장기적인 관계를 구축하는 방법을 제시한다. 예를 들어, 고객 생애 가치(Customer Lifetime Value; CLTV) 분석을 통해 고객이 브랜드에 기여하는 가치를 계산하고, 이를 기반으로 재구매율을 높이는 전략을 수립할 수 있다 (Blattberg et al., 2008).

2) 고객 획득 분석(Customer Acquisition Analysis)

신규고객을 유치하는 데 효과적인 방법을 분석한다. 이를 통해 고객이 처음 브랜드에 접하게 되는 순간부터 실제 구매로 이어지는 과정에서의 주요 변수를 파악하고, 마케팅 전략을 최적화할 수 있다(Gupta & Lehmann, 2005).

8-3 시장 환경 분석

1 시장 환경 분석과 전략 수립

경쟁사 분석은 경쟁사의 강점, 약점, 시장 위치 등을 파악하는 과정이며, 이를 통해 얻은 인사이트를 바탕으로 효과적인 전략을 수립하여 경쟁우위를 확보하고 시장에서 차별화된 위치를 차지할 수 있다.

1. SWOT 분석기법

기업의 환경분석을 통해 강점(Strength)과 약점(Weakness), 기회(Opportunity)와 위협(Threat) 요인을 규정하고 이를 토대로 전략을 수립하는 기법이다. 앞글자를 따서 합성된 단어이며, 이를 통해 경쟁사의 강점(S), 약점(W), 기회(O), 위협(T)을 분석하여 경쟁 환경을 이해하고 자사의 경쟁력을 높이는 방법을 모색한다.

기업이 당면한 환경 및 상황과 자신의 능력을 파악한 후 대응방안을 모색하기 위한 전략기법이다. 목표와 비전을 함께 고려하여 조직의 강점과 약점, 기회와 위협요인에 대해 지속적으로 분석과 재평가를 하고 반영할 수 있어야 한다.

예를 들어, 대형 프랜차이즈인 스타벅스의 SWOT 분석에서 강점은 브랜드 인지도, 약점은 높은 가격대, 기회는 친환경 제품 수요 증가, 위협은 지역 커피숍의 저가 경쟁 등이 될 수 있다.

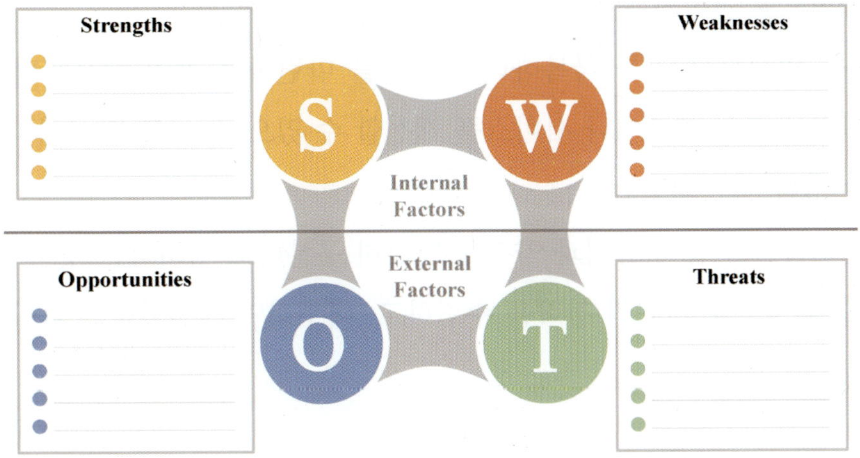

[그림 8-7] SWOT 분석 매트릭스

(1) 내부 환경 요인

1) 강점(Strength)

외부 기회를 이용하거나 위험요소를 최소화하기 위해 사용할 수 있는 보유한 자원 또는 능력을 의미한다. 강점은 기업이 경쟁에서 우위를 점할 수 있는 중요한 요소로 작용한다.

❶ 다른 기업(또는 경쟁자)과 비교하여 사업의 확장 가능성이 월등히 높은가?

❷ 위험을 피하거나 최소화할 수 있는 전략이 도출되는가?

이를 통해 강점은 기업의 경쟁력을 높이고, 시장에서의 위치를 확고히 할 수 있는 중요한 자원이다.

2) 약점(Weakness)

목표를 달성하는 데 있어 기업의 능력을 저해하거나 실패를 초래할 수 있는 자원이나 능력의 결핍을 의미한다. 약점은 경쟁사에 취약점을 노출할 수 있는 요소로 작용할 수 있다.

❶ 강점으로 인식되는 것은 무엇인가?

❷ 약점으로 인식되는 것은 무엇인가?

약점을 인식하고 이를 극복하려는 전략을 마련하는 것이 중요하다. 이를 통해 기업은 자사 제품이나 서비스를 개선할 수 있으며, 목표 달성에 더 가까워질 수 있다.

위의 질문들을 통해 강점과 약점을 명확히 구분하고 정리하는 것이 중요하다. 이를 바탕으로 기업의 전략을 수립하고, 내부적인 개선점을 도출할 수 있다.

(2) 외부 환경 요인

1) 기회(Opportunity)

기업이나 조직이 사업이나 시장을 확장하거나 개선할 수 있는 능력을 의미한다. 기회는 기업이 자사의 강점을 집중하여 이익을 극대화할 수 있는 영역으로, 이를 활용하여 경쟁우위를 점할 수 있다.

❶ 유리한 기회의 요인은 무엇인가?

기회를 잘 활용하는 기업은 시장에서 빠르게 성장할 수 있으며, 더 많은 이익을 얻을 수 있다. 기업은 기회를 탐색하고 이에 집중하여 성장을 이끌어낼 수 있다.

2) 위협(Threat)

경쟁사가 자사의 약점을 이용하여 경쟁에서 우위를 점할 수 있는 영역을 의미한다. 외부 환경에서 발생할 수 있는 위험요소는 기업에 큰 도전이 될 수 있다. 따라서 이를 인식하고 대비하는 것이 중요하다.

❶ 불리한 위협의 요인은 무엇인가?

위협을 파악하여 미리 대응방안을 마련하는 것은 경쟁력을 유지하는 데 중요한 역할을 한다. 기업은 외부 환경의 변화에 민감하게 반응하고, 위협을 최소화할 전략을 수립해야 한다.

앞의 질문들을 통해 기회와 위협요인을 구분하고 자사에 미치는 영향을 분석함으로써 외부 환경에 대한 전략적 대응을 할 수 있다. 이를 바탕으로 기업은 더 나은 의사결정을 내릴 수 있으며, 지속 가능한 성장을 이룰 수 있다.

(3) SWOT 분석을 통한 전략 수립

<표 8-1> SWOT 분석의 예시

강점 나에 대한 자신의 관점	약점	강점+약점에 대한 해결방안
기회 자신이 통제할 수 없는 외부적 인 요소	위험	기회+위험에 대한 해결방안
강점+기회에 대한 해결방안	약점+위험에 대한 해결방안	해결방안

1) SO 전략: 공격전략

강점을 가지고 기회를 살리는 전략, 전략상 가장 유리한 전략이며, 기업이 가진 장점이 있고 외부 환경의 기회를 활용하여 목표를 원활히 달성할 방안이다.

2) ST 전략: 위험 회피전략

강점을 활용해 위협을 회피하거나 최소화하는 전략이며, 자신의 강점을 이용하여 시장의 좋지 않은 상태를 극복할 방안을 말한다.

3) WO 전략: 공격전략 및 포기전략

약점을 보완하여 기회를 살리는 전략, 자신이 가지고 있는 것은 불리한 약점을 보완할 것인지 아니면 포기할 것인지에 대하여 결정하는 것이라 할 수 있다. 만약 약점을 보완하는 데 어려움이 있고 그 한계가 있다면 보완을 하기보다 포기하는 것이 효율적이다.

4) WT 전략: 방어전략

약점을 보완하여 위협을 회피 또는 최소화하는 전략과 약점을 강점으로 최대한 커버하여 위협을 회피하는 전략을 말한다.

위 내용을 중심으로 전략을 수립하고, 각 요인 간의 관계와 중요도를 파악하고 구체적인 전략을 수립할 수 있다. 최종적인 전략선택에 고려되어야 할 부분은 전략적 중요도가 높고 긴급하게 추진해야 한다. 전략적 중요도가 높고 자원투입 정도가 낮은 전략을 선택하는 것이 바람직하다.

(4) SWOT 분석 시 3가지 오류

SWOT 분석은 조직의 전략적 의사결정을 지원하는 중요한 도구이지만, 이를 잘못 활용하면 잘못된 결론을 도출할 수 있다. 특히, 다음과 같은 세 가지 오류를 피하는 것이 중요하다.

1) 기회와 위협 요소에 내부 환경을 포함하는 경우

기회와 위협은 외부 환경에서 발생하는 요소로, 기업이 직접 통제할 수 없는 요소이다. 따라서 기회와 위협 항목에 기업의 내부 환경을 포함하는 것은 오류가 될 수 있다.

내부 환경은 기업이 통제할 수 있는 부분이므로, 이를 분석할 때는 강점과 약점 항목에 포함해야 한다. 외부 환경에서 발생하는 기회와 위협 요소를 정확히 파악하고, 내부 환경과의 혼동을 피하는 것이 중요하다.

2) 4가지 요소에 가정적인 시나리오를 포함한 경우

SWOT 분석은 실질적인 데이터와 분석을 바탕으로 해야 한다. "만약~~~한다면"과 같은 가정적인 시나리오를 포함하는 것은 분석의 정확성을 떨어뜨린다. SWOT 분석은 현재와 과거의 실제 데이터에 근거하여 강점, 약점, 기회, 위협을 도출하는 것이며, 가정이나 추측을 포함해서는 실질적인 전략을 수립하는 데 어려움을 겪을 수 있다. 이로 인해 불확실한 상황에 대비한 분석이 아닌, 잘못된 예측에 근거한 계획이 수립될 수 있다.

3) 경쟁 우위적 요소가 아닌 능력을 강점에 포함한 경우

회사가 잘하고 있는 점이나 잘할 수 있는 점을 강점으로 보는 것은 오해를 불러일으킬 수 있다. 강점 항목은 경쟁우위를 제공하는 요소여야 하며, 이를 통해 시장에서 다른 기업들과 차별화될 수 있어야 한다.

단순히 회사가 잘하는 활동이 강점으로 포함되면, 실제 경쟁우위와는 관계없는 내용이 분석에 포함되어 전략적으로 유효하지 않은 방향으로 자원이 투입될 수 있다. 경쟁 우위적 요소가 아닌 능력을 강점에 포함하는 것은 기업의 자원을 비효율적으로 배분하는 결과를 초래할 수 있다.

SWOT 분석이 잘못되면, 기업은 잘못된 전략적 결정을 내리게 되고, 이는 자원의 낭비나 비효율적인 경영으로 이어질 수 있다. 따라서, 각 요소를 정확하게 정의하고 분석하는 것이 성공적인 전략 수립을 위해 매우 중요하다.

(5) 경쟁자 맵핑

경쟁자들을 경쟁력(가격, 품질, 혁신 등)에 따라 시각적으로 배치하여 시장에서의 상대적 위치를 파악한다. 이는 자사의 시장 위치를 분석하고, 어디에 집중해야 할지 결정하는 데 도움을 준다. 예를 들어, 스마트폰 시장에서 애플(Apple), 삼성(Samsung), 화웨이(Huawei)를 가격대와 품질에 따라 구분하여 경쟁상황에 대응하여 분석한다.

2. 포터의 5 Forces 분석기법

포터의 5 Forces는 경쟁 분석 모델로, 특정 산업에서 경쟁 강도와 기업이

처한 경쟁 환경을 이해하는 데 유용한 기법이다. 이 모델은 산업의 경쟁 강도를 결정하는 다섯 가지 주요 요소를 분석한다(Porter, 2008).

[그림 8-8] 포터의 5 Forces 분석

(1) Porter's 5 Forces

1) 산업 내 경쟁 강도(Industry Rivalry)

산업 내에서 동일한 기업들이 서로 경쟁하는 강도를 의미한다. 경쟁이 심할수록 기업들의 수익성은 낮아지고, 가격 전쟁과 마케팅 경쟁이 치열해진다.

2) 공급자의 협상력(Bargaining Power of Suppliers)

원자재나 중요한 부품을 공급하는 공급자들이 가격이나 조건을 조정할 수 있는 능력을 의미한다. 공급자의 수가 적고, 대체 가능한 공급자가 적을 경우, 공급자의 협상력이 강해진다.

3) 구매자의 협상력(Bargaining Power of Buyers)

소비자나 고객이 가격이나 품질에 대해 협상할 수 있는 능력을 의미한다. 구매자가 많거나 대체 가능한 제품이 많으면 구매자의 협상력이 강해진다.

4) 대체 제품의 위협(Threat of Substitutes)

소비자에게 같은 니즈를 충족시키는 대체 제품이 시장에 등장할 경우 기존 제품의 수요가 줄어들 위험을 의미한다. 대체 제품이 많고, 저렴하거나 효율적이면 위협이 강해진다.

5) 새로운 경쟁자의 위협(Threat of New Entrants)

새로운 기업이 시장에 진입하려는 위험을 나타낸다. 진입 장벽이 낮을수록 새로운 경쟁자의 위협이 강하게 나타난다.

(2) 나이키(Nike)의 5 Forces 분석을 통한 전략

Nike는 포터의 5 Forces 분석을 통해 경쟁 환경을 철저히 분석하고 전략을 구축했다. 특히 나이키(Nike)는 아디다스(Adidas)와의 경쟁에서 차별화된 전략을 강화하며 스포츠 분야에서 독자적인 브랜드 이미지를 구축하는 데 성공했다.

1) 산업 내 경쟁 강도(Industry Rivalry)

나이키(Nike)는 스포츠 의류와 운동화 시장에서 아디다스(Adidas), 푸마(Puma), 언더아머(Under Armour) 등과 치열한 경쟁을 벌이고 있다. 경쟁이 치열하지만, 나이키는 혁신적인 디자인과 기술을 지속적으로 개발하며 브랜드 충성도를 높였다. 예를 들어, Nike Air 기술과 Nike+ 디지털 플랫폼은 차별화된 경쟁력을 제공하고 있다.

2) 공급자의 협상력(Bargaining Power of Suppliers)

글로벌 공급망을 운영하고 있으며, 다양한 국가에서 원자재와 부품을 조달하고 있다. 공급자의 협상력은 상대적으로 낮지만, 특정 원자재(예: 고급 고무, 합성 섬유 등)에 대한 의존도가 높아지는 때도 있다. 이를 해결하기 위해 Nike는 다양한 공급처 확보와 장기 계약을 통해 협상력을 분산시켰다.

3) 구매자의 협상력(Bargaining Power of Buyers)

스포츠 의류와 운동화 산업에서 소비자가 선택할 폭은 매우 다양하다. 그러나, 브랜드 충성도와 고유의 혁신적인 제품 라인을 통해 소비자들의 선택을 끌어내며 협상력을 약화했다. Nike Training Club, Nike Run Club과 같은 디지털 플랫폼을 통해 고객과의 상호작용을 강화하여 구매자의 협상력을 낮추는 전략을 취했다.

4) 대체 제품의 위협(Threat of Substitutes)

운동화와 스포츠 의류 분야에서 대체 제품의 위협은 피트니스 기기나 대체 스포츠 브랜드와 같은 방향으로 나타낸다. 그러나 브랜드 이미지와 고유의 기술 혁신을 통해 대체 제품에 대한 위협을 최소화하고 있다. 또한, 지속 가능한 제품(예: Nike's Flyknit)을 선보이며 대체 제품에 대응하고 있다.

5) 새로운 경쟁자의 위협(Threat of New Entrants)

스포츠 산업에 진입하려는 새로운 경쟁자의 위협은 브랜드 구축의 어려움과 기술적 차별화로 인해 상대적으로 낮다. 나이키는 글로벌 브랜드 인지도와 혁신적인 기술을 확보한 상태여서 새로운 경쟁자가 시장에 진입하더라도 큰 위협을 받지 않았다. 또한, 높은 진입 장벽(마케팅, 유통망, 공급망 등)이 존재하여 신규 진입자를 억제하는 효과를 거두고 있다.

3. 게임 이론(Game Theory)

게임 이론은 수학과 경제학에서 개발된 이론으로, 의사결정자(플레이어)들이 상호작용하는 상황에서 최적의 선택을 분석하고, 예측하는 데 사용된다. 게임 이론은 특히 경쟁이나 협력 상황에서 참가자들의 전략적 행동을 이해하고, 이를 통해 최선의 결정을 내리는 데 도움을 준다.

(1) 게임 이론의 요소

❶ 플레이어(Player): 게임에 참여하는 주체(예: 기업, 개인, 국가 등)를 의미한다.

❷ 전략(Strategy): 플레이어가 선택할 수 있는 행동의 계획, 플레이어는 자신의 목표를 달성하기 위해 다양한 전략 중 하나를 선택한다.

❸ 보수(Payoff): 플레이어가 특정 전략을 선택했을 때 얻는 결과로 보수는 이익, 비용, 점수 등으로 표현된다.

(2) 게임의 종류

❶ 협력적 게임(Cooperative Game): 플레이어들이 협력하여 공동의 이익을 추구하는 게임.

❷ 비협력적 게임(Non-Cooperative Game): 각 플레이어가 자신의 이익을 극대화하려고 행동하는 게임.

❸ 제로섬 게임(Zero-Sum Game): 한 플레이어의 이익이 다른 플레이어의 손실과 동일한 게임.

❹ 비제로섬 게임(Non-Zero-Sum Game): 플레이어들이 협력하거나 상호작용하여 모두 이익을 얻을 수 있는 게임.

(3) 균형(Nash Equilibrium)

모든 플레이어가 자신의 전략을 바꾸지 않을 때의 상태. 이 상태에서는 어떤 플레이어도 자신의 선택을 바꿔 더 나은 결과를 얻을 수 없다.

(4) 게임 이론의 활용

❶ 경쟁사 분석: 기업은 게임 이론을 통해 경쟁사가 취할 전략을 예측할 수 있다. 예를 들어, 가격 경쟁, 신제품 출시, 시장 점유율 확보 등의 상황에서 경쟁사가 어떻게 행동할지 가정하고 최적의 대응방안을 설계할 수 있다.

❷ 협상 전략: 게임 이론은 협상 과정에서 각 당사자가 어떤 전략을 선택할

지, 협상이 어떤 결과로 이어질지 분석하는 데 유용하다.

❸ 시장 진입 장벽 분석: 신규 기업이 시장에 진입할 때 기존 기업의 반응(가격 인하, 마케팅 강화 등)을 예측하여 진입 여부를 결정할 수 있다.

❹ 광고와 투자 전략: 광고 예산이나 투자 규모를 결정할 때 경쟁사의 행동을 고려하여 자원을 효율적으로 배분할 수 있다.

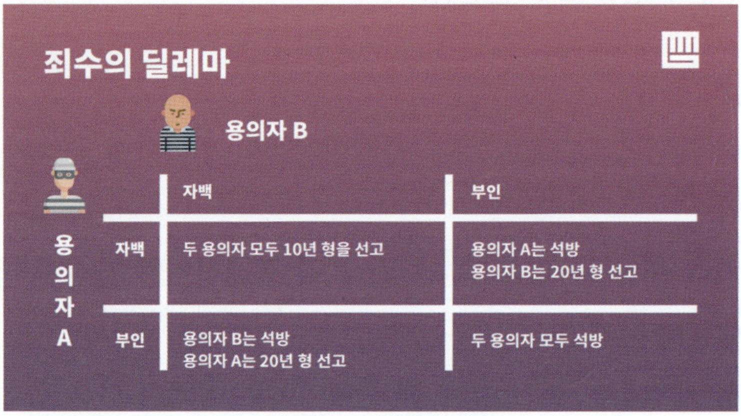

[그림 8-9] 죄수의 딜레마

(5) 사례: 감옥의 딜레마(Prisoner's Dilemma)

감옥의 딜레마는 게임 이론에서 가장 잘 알려진 사례로, 플레이어들이 협력과 배신 중에서 선택해야 하는 상황을 나타낸다.

1) 상황

두 명의 용의자가 경찰에 체포되었으며, 둘은 서로 의사소통할 수 없다.

2) 선택

❶ 서로 배신한다.

❷ 서로 협력한다.

❸ 한쪽은 협력하고, 다른 쪽은 배신한다.

결과적으로, 둘 다 배신하는 선택(내쉬 균형)을 하게 되는 경향이 높지만, 이는 두 사람 모두에게 최선의 결과는 아니다.

▶ 알아두기: 내시 균형(Nash Equilibrium)은 경쟁자의 대응에 따라 각자 제일 합리적인 선택을 했을 때, 서로가 자신의 선택을 더는 바꿀 필요를 느끼지 않는 상태에 도달한 상황을 의미.

4. 고객과 경쟁자 분석을 통한 전략 수립

(1) 시장 조사 결과 분석

결과 해석은 데이터 분석에서 도출된 결과를 바탕으로 시장의 흐름을 이해하고 이를 전략에 반영하기 위한 중요한 단계이다. 이 과정은 사회적 네트워크 분석(Social Network Analysis; SNA)과 시장 세분화 이론(Market Segmentation Theory)을 기반한다.

1) 시장 동향 파악

사회적 네트워크 분석(SNA)은 소비자와 기업 간의 관계망을 분석하여, 시장의 전반적인 동향을 이해하는 데 사용된다. 예를 들어, 특정 제품이나 서비스가 소셜 미디어에서 어떻게 언급되고 공유되는지를 분석하면, 시장에서의 인기와 트렌드를 파악할 수 있다. 또한, SNA를 통해 영향력이 큰 소비자(Influencers)를 식별하고 이들을 중심으로 한 마케팅 전략을 수립할 수 있다(Borgatti et al., 2018).

2) 세분화 분석

시장 세분화 이론(Market Segmentation Theory)은 다양한 소비자 그룹의 특성을 이해하고, 각 그룹에 맞는 맞춤형 전략을 제시하는 데 유용하다. 예를 들어, 가격에 민감한 소비자 그룹은 프로모션이나 할인 정책을 통해 공략하고, 품질을 중요시하는 그룹에는 프리미엄 제품을 강조하는 전략을 채택할 수 있다. 이를 통해 각 세분화된 고객의 요구에 맞는 서비스를 제공함으로써 고객의 만족도를 높일 수 있다(Kotler & Keller, 2016).

(2) 전략 수립

결과 해석을 바탕으로 기업은 구체적인 실행 전략을 수립하며, 이 과정에서 제품/서비스 개선, 가격 전략과 같은 다양한 요소를 고려한다. 이를 통해 데이터 분석과 이론적 근거를 기반으로 한 체계적인 전략 분석방법이 가능하다.

1) 제품/서비스 개선

제품 또는 서비스 개선은 혁신이론(Innovation Theory)과 기술 수용 이론(Technology Adoption Theory)을 기반으로 하여, 시장 변화에 유연하게 대응하는 방안을 도출하는 과정이다(Drucker, 1985). 혁신이론은 제품과 서비스의 기능을 개선하거나 새로운 기술을 도입하여, 시장의 경쟁력을 확보하는 데 초점을 맞춘다.

예를 들어, 신기술을 기반으로 한 제품 개발은 기술 수용 이론을 통해 소비자들이 기술을 받아들이는 과정을 분석하여, 최적의 도입 시기를 결정한다. 이 접근법은 특히 기술 혁신이 중요한 IT, 전자기기, 바이오산업에서 효과적으로 활용된다(Rogers, 2003).

2) 가격 전략

가격 전략은 시장의 수요와 공급, 소비자의 민감도를 반영하여, 최적의 가격 정책을 수립하는 과정을 포함한다. 특히 가격 탄력성(Price Elasticity of Demand) 분석은 가격 변화에 따른 수요 변동을 이해하는 데 중요한 역할을 한다(Varian, 2014).

❶ 탄력성이 높은 시장: 가격 인하 정책을 통해 소비자의 구매를 유도하고, 매출을 극대화할 수 있다. 예를 들어, 대규모 할인 행사나 한정 프로모션은 이러한 시장에서 효과적이다(Nagle et al., 2016).

❷ 탄력성이 낮은 시장: 품질, 브랜드 이미지, 독창성 등을 강조하여, 소비자 충성도를 강화하는 전략이 유효하다.

이와 같은 시장에서는 가격 상승이 매출에 미치는 영향이 상대적으로 적으므로, 고급화 전략이나 프리미엄 가격 설정이 가능하다(Nagle et al., 2016).

3) 마케팅 전략

차별화(Positioning) 이론과 STP(Segmentation, Targeting, Positioning) 전략은 시장을 세분화하고, 각 세분된 고객의 요구를 충족시키는 맞춤형 마케팅을 가능하게 한다. 예를 들어, 고급 제품 시장에서는 프리미엄 이미지를 강조하는 반면, 대중 시장에서는 가성비를 강조하는 차별화를 활용할 수 있다. 이를 통해 소비자의 마음속에 차별화된 이미지를 구축할 수 있다.

학습활동

활동: 경쟁사 분석기법

❶ 경쟁사 분석을 통한 전략적 인사이트 도출

- 경쟁사 분석의 중요성과 주요 기법(예: SWOT 분석, 포터의 5 Forces 등)을 설명하고, 이를 사용하여 특정 경쟁사를 분석하시오.
- 분석결과를 바탕으로 자사의 경쟁우위를 확보하기 위한 전략을 제시하시오.

학습정리

- 시장조사는 기업이 당면하고 있는 구체적인 상황에 적합한 관련 자료를 체계적으로 설계, 수집, 분석하여 보고하는 것이다.
- 시장조사는 고객의 소리(Voice of Customer; VOC)를 반영하여 마케팅 전략의 수립과 결정에 의미 있는 정보를 제공하는 것이 목적이다.
- 시장조사의 목적은 소비자 행동, 경쟁사의 동향, 시장 환경 등을 분석하여 기업이 의사결정을 내리는 데 필요한 정보를 제공하는 활동이다.
- 고객의 선호와 변화하는 요구를 추적하여, 제품 및 서비스가 시장에 적합하도록 조정한다.
- 시장조시 데이터를 기반으로 제품을 개선하고, 목표 고객을 정확히 설정하여 효과적인 마케팅 전략을 설계한다.
- 시장의 불확실성을 줄이고, 잠재적인 기회를 식별하여 경쟁우위를 확보한다.
- 시장조사는 기업이 성공적인 전략을 수립하고, 경쟁에서 우위를 점할 수 있도록 돕는 필수적인 활동이다.
- 시장 수요 분석방법은 소비자들의 구매 행동과 시장에서의 수요 패턴을 이해하기 위해 사용하는 다양한 기법과 절차를 의미한다.
- 시장조사 설계 및 실행은 특정 시장에 대한 정보를 수집하고 분석하기 위한 체계적인 계획과 실행 과정이다.
- 소비자 조사 실습 및 사례 분석은 소비자의 행동, 선호도, 요구사항 등을 파악하기 위해 실제 데이터를 수집하고 분석하는 과정이다.
- 데이터 분석 방법론은 수집된 데이터를 효과적으로 해석하고 의미 있는 정보를 도출하기 위한 체계적인 절차와 기법이다.
- 기업은 마케팅 전략을 세울 때, 소비자의 선호도와 취향을 분석하고 이를 바탕으로 맞춤형 광고, 프로모션 등을 기획할 수 있다.
- 시장 수요 예측은 미래의 소비자 수요를 예측하기 위해 과거 데이터를 분석하고, 경제적, 사회적, 경쟁적 요소를 고려하여 시장 변화에 대한 예측을 수행하는 과정이다.
- 전략 수립은 시장 수요 예측 결과를 바탕으로 목표를 설정하고, 자원 배분, 제품 개발, 가격 책정, 마케팅 등을 포함한 장기적 계획을 수립하는 과정이다.
- 데이터 기반 분석을 통해 고객의 행동, 선호, 반응 등을 정확히 이해하고, 이를 바탕으로 시장에서의 위치를 파악하는 것이 매우 중요하다.
- 고객 세분화는 시장을 더 작은 그룹으로 나누어 각 군집의 특성을 이해하는 과정이다. 이를 통해 고객의 다양한 요구사항과 선호도를 파악할 수 있으며, 각 군집에 맞춘 타겟팅 전략을 수립할 수 있다.
- 기업의 환경분석을 통해 강점(Strength)과 약점(Weakness), 기회(Opportunity)와 위협(Threat) 요인을 규정하고 이를 토대로 전략을 수립하는 기법이다. 앞글자를 따서 합성된 단어이며, 이를 통해 경쟁사의 강점(S), 약점(W), 기회(O), 위협(T)을 분석하여 경쟁 환경을 이해하고 자사의 경쟁력을 높이는 방법을 모색한다.
- 포터의 5 Forces는 경쟁 분석 모델로, 특정 산업에서 경쟁 강도와 기업이 처한 경쟁 환경을 이해하는 데 유용한 기법이다. 이 모델은 산업의 경쟁 강도를 결정하는 다섯 가지 주요 요소를 분석한다

CHAPTER 09 재무 분석 및 경영 분석

학습내용

9-1. 재무제표

9-2. 손익계산서

9-3. 경영 분석 실무

학습목표

9-1: 재무제표의 개념과 활용방법을 이해하고, 이를 통해 기업의 재무 상태를 분석할 수 있다.

9-2: 손익계산서의 구조와 항목을 이해하고, 이를 통해 기업의 수익성과 경영성과를 평가할 수 있다.

9-3: 경영 분석 실무를 적용하여 기업의 재무적, 운영적 측면을 분석하고 전략적 의사결정을 지원할 수 있다.

9-1 재무제표(Financial Statements)

1 재무제표의 구성

재무제표는 기업의 재정 상태와 성과를 평가하기 위한 핵심 도구로, 크게 세 가지 주요 재무제표로 구성된다. 각 재무제표는 기업의 경제적 활동에 대한 다른 측면을 반영하며, 분석자는 이를 통해 기업의 전체적인 재정 건전성과 성과를 파악할 수 있다.

[그림 9-1] 경영성과를 위한 기업 분석

1. 재무상태표(Balance Sheet)

재무상태표는 기업이 특정 시점에서 보유한 자산, 부채, 자본의 상태를 나타내는 보고서이다. 재무상태표는 자산 = 부채 + 자본이라는 기본 원칙에 따라 작성된다. 자산은 기업이 소유한 모든 경제적 자원을 포함하며, 부채는 외부로부터 차입한 자금이나 상환해야 할 의무를 나타낸다. 자본은 기업이 자산을 확보하기 위해 투자된 자금을 의미한다.

재무상태표는 기업의 재정적 안정성, 유동성 및 장기적인 재정 건전성을 평가하는 데 중요하다. 특히, 기업의 부채비율, 자본구조 등을 분석하여 기업이 위험을 얼마나 잘 관리하고 있는지를 평가할 수 있다(한국회계기준원, 2022).

❶ 유동자산(Current assets): 1년 이내에 현금으로 전환될 수 있는 자산으로, 현금, 매출채권, 재고자산 등이 포함된다.

❷ 비유동자산(Non-current assets): 1년 이상 장기적으로 기업이 보유하는 자산으로, 토지, 건물, 기계 등이 포함된다.

❸ 유동부채(Current liabilities): 1년 이내에 상환해야 하는 부채로, 단기차입금, 매입채무 등이 포함된다.

❹ 비유동부채(Non-current liabilities): 1년 이상 장기적으로 상환해야 할 부채로, 장기차입금, 사채 등이 포함된다.

❺ 자본(Capital): 기업이 보유한 자산 중 부채를 제외한 나머지 부분으로, 주주지분이라고도 하며, 자본금, 이익잉여금 등이 포함된다.

2. 손익계산서(Income Statement)

손익계산서는 일정 기간 기업이 발생시킨 수익과 비용, 그 차이를 통해 이익 또는 손실을 산출하는 재무제표이다. 손익계산서는 기업의 경영성과를 평가하는 가장 중요한 도구 중 하나로, 기업이 얼마나 효율적으로 자원을 활용했는지를 알 수 있게 해준다. 기업이 실제로 얼마나 효율적으로 비용을 관리하고, 이익을 창출하고 있는지 평가할 수 있다(강동석, 2020).

❶ 매출: 기업이 상품이나 서비스를 제공하고 받은 대가를 의미한다. 이는 손익계산서에서 가장 중요한 항목으로, 매출의 성장성과 규모는 기업의 성장을 나타내는 주요 지표이다.

❷ 매출원가(Cost of Goods Sold: COGS): 매출을 창출하기 위해 발생한 직접적인 비용을 의미하며, 이는 매출액에서 차감되어 총이익(Gross Profit)을 계산하는

데 사용된다.

❸ 판매비와 관리비(Selling General & Administrative Expense; SG&A): 기업의 일반적인 운영비용을 의미하며, 인건비, 마케팅 비용, 연구개발비 등이 포함된다. 이는 영업이익(Operating Profit)을 산출하는 데 중요한 요소이다.

❹ 이자비용과 법인세: 기업이 차입금에 대해 지불해야 하는 이자와, 발생한 이익에 대해 납부해야 하는 법인세가 포함된다. 이는 순이익(Net Income)을 계산하는 데 포함된다.

3. 현금흐름표(Cash Flow Statement)

현금흐름표는 기업의 현금 유입과 현금 유출을 기록하여, 기업이 실제로 현금을 어떻게 관리하고 있는지 보여준다. 기업의 재정 건전성을 평가하는 데 유용한 도구로, 영업활동, 투자활동, 재무활동으로 구분된다.

기업이 실제로 현금을 얼마나 잘 관리하고 있는지, 그리고 자금조달 및 운영에서 발생하는 현금 유동성을 평가하는 데 중요한 지표로 사용된다(이성호, 2018).

1) 영업활동으로 인한 현금 흐름

기업의 주요 사업 활동에서 발생한 현금 유입과 유출을 포함한다. 이는 기업의 기본적인 운영에서 현금이 얼마나 창출되고 있는지를 보여준다.

2) 투자활동으로 인한 현금 흐름

장기 자산 구매, 매각 등 투자 활동과 관련된 현금 흐름을 나타낸다.

3) 재무활동으로 인한 현금 흐름

자금조달 및 상환, 즉 주식 발행, 대출 상환 등과 관련된 현금 흐름을 나타낸다.

[그림 9-2] 재무제표를 통한 자료의 시각화

4. 재무제표를 통한 경영 분석의 이해

경영 분석은 기업의 경영성과를 평가하고 문제를 해결하는 데 중요한 역할을 한다. 주요 경영 분석 기법으로는 재무 비율 분석, ROI, ROE 등이 있다.

(1) 주요 재무 지표 분석

1) 자기자본이익률(Return On Equity; ROE)

당기순이익을 대차대조표에 있는 자본 총계로 나눠서 나오며, 한국의 증권거래소 상장 기업의 평균 ROE가 14% 정도이다.

2) 총자산순이익률(Return On Assets; ROA)

기업의 총자산으로 당기순이익이 얼마나 올랐는지 가늠하는 지표이다. 즉, ROE는 투입한 자본대비 수익, ROA는 부채를 포함한 기업의 총자산을 얼마나 효율적으로 활용해서 이익을 냈는지 알 수 있다.

3) 투자자본수익률(Return on Investment; ROI)

투자 대비 얼마의 이익을 얻었냐는 것이다. 투자금과 비교하면 효율적인 수익성을 높이는 데 사용된다.

4) 주가수익비율(Price earning ratio; PER)

주가를 주당순이익으로 나눈 것이다. 주가가 주당순이익의 배율이 얼마인가를 나타내는 지표이다. 따라서 PER이 낮을 때 해당 회사가 거둔 이익에 비해 주가가 낮고, 그에 따라 기업의 가치에 비해 주가가 저평가되어 있다는 의미로 볼 수 있다. 반대로 PER이 높으면 거둔 이익에 비해 주가가 고평가되었음을 의미한다.

5) 주가순자산비율(Price to Book Ratio; PBR)

주가를 주당순자산으로 나눈 것이다. 만약 주가순자산비율이 1이라면, 주가가 순 자산의 1배로 팔린다는 의미이며, 주가순자산비율이 20이라면 주가가 순자산의 20배로 팔린다는 것을 의미한다.

6) 영업이익률(Operating Profit Margin; OPM)

매출액에서 발생한 영업수익에 대한 영업이익의 비율로 영업활동의 수익성을 나타낸다. 총매출액에서 매출원가를 감산한 것이 매출총이익이고, 다시 관리비와 판매비용을 제한 것이 영업이익인데 이의 총매출액에 대한 비율이 영업이익률이다.

(2) 지표 분석의 예

1) 자기자본이익률(ROE)

❶ 공식: ROE = 당기순이익/자본 총계

❷ 예시: 회사 A의 당기순이익이 10억 원이고 자본 총계가 50억 원일 경우, ROE = 10억 원/50억 원 = 20%이다. 이 회사는 자본 1원당 20%의 이익을 창출한 것이다.

2) 총자산순이익률(ROA)

❶ 공식: ROA = 당기순이익/총자산

❷ 예시: 회사 B의 당기순이익이 5억 원이고 총자산이 200억 원일 경우, ROA = 5억 원/200억 원 = 2.5%이다.

이 회사는 자산 1원당 2.5%의 이익을 창출한 것이다.

3) 투자자본수익률(ROI)

❶ 공식: ROI = (이익 - 투자금)/투자금

❷ 예시: 회사 C가 2억 원을 투자하여 4억 원의 이익을 얻었다면, ROI = (4억 원 - 2억 원)/2억 원 = 100%이다. 이 회사는 투자금의 100%에 해당하는 이익을 얻은 것이다.

4) 주가수익비율(PER)

❶ 공식: PER = 주가/주당순이익

❷ 예시: 회사 D의 주가는 100,000원이고 주당순이익(EPS)이 5,000원일 경우, PER = 100,000원/5,000원 = 20배이다. 이 회사는 주당순이익의 20배로 주식이 거래되고 있다.

5) 주가순자산비율(PBR)

❶ 공식: PBR = 주가/주당순자산

❷ 예시: 회사 E의 주가는 200,000원이고 주당순자산이 100,000원일 경우, PBR = 200,000원/100,000원 = 2배이다. 이 회사는 순자산의 2배로 주식이 거래되고 있다.

6) 영업이익률(OPM)

❶ 공식: OPM = 영업이익/매출액

❷ 예시: 회사 F의 매출액이 1,000억 원이고 영업이익이 100억 원일 경우, OPM = 100억 원/1,000억 원 = 10%이다. 이 회사는 매출 1원당 10%의 영업이익을 얻은 것이다.

9-2 손익계산서(Income Statement)

1 손익계산서와 점포 체질 분석

한 회계 기간에 발생한 비용 항목과 수익 항목을 기재하여 당해 기간의 손익을 표시한 재무제표이다. 대차대조표가 일정 시점에서 기업의 정적 상태, 즉 정태적 재무제표이며, 손익계산서는 일정 기간 기업의 동적 상태를 표시한 동태적 재무제표이다.

1. 손익계산서의 이해

손익계산서의 핵심은 수익과 비용의 비교를 통해 이익을 도출하는 것이다. 손익계산서 항목을 분석하면 기업의 경영성과와 자원 관리의 효율성을 평가할 수 있다.

손익계산서의 기재방법에는 기업 본래의 기간경영에서 계속하여 발생하는 경상적 손익만을 기재하는 당기 업적주의와 1회계연도에 발생 및 발견된 비용·수익은 그 귀속 시기를 묻지 아니하고 모두 귀속시키는 포괄주의가 회계 이론상 대립한다.

손익계산서에는 한 회계 기간에 발생 또는 실현한 모든 손익항목을 기재하는 포괄주의 손익계산서와 경상적이고, 기간적인 손익항목만을 기재하는 당기 업적주의 손익계산서가 있다.

원칙적으로 수익과 비용이 한 회계 기간을 단위로 하여 측정되므로, 그 차액인 이익도 기간적인 것으로 간주한다. 따라서 이익은 일반적으로 한 회계 기간 중의 총 수익에서 총비용을 감한 기간 순이익을 뜻한다.

❶ 기업회계기준에서는 포괄주의를 취한다(기업회계기준 제64조).

❷ 손익계산서의 양식은 계정식과 보고식이 있으나 기업회계는 보고식이 원칙이다(기업회계기준 제64조 2호).

❸ 계정 항목은 기업회계기준에서 상세히 정하고 있다(기업회계기준 제65조 4항).

(1) 주요항목 분석

<표 9-1> 손익계산서 계정과목

손익계산서							
계정과목	차변	대변	합계	계정과목	차변	대변	합계
Ⅰ. 매출액				16. 판매수수료			
Ⅱ. 매출원가(1 + 2 - 3)				17. 대손상각비			
1. 기초상품(제품)재고액				18. 소모품비			
2. 당기 매입액(제조원가)				19. 인적용역비			
3. 기말상품(제품)재고액				20. 기타			
Ⅲ. 매출 총이익(Ⅰ - Ⅱ)				Ⅴ. 영업손익(Ⅲ - Ⅳ)			
Ⅳ. 판매비와 일반관리비				Ⅵ. 영업 외 수익			
1. 급여와 제수당				1. 고정자산 처분이익			
2. 퇴직급여(충당금 포함)				2. 이자수익			
3. 의약품비				3. 판매장려금			
4. 복리후생비				4. 국고보조금			
5. 여비교통비				5. 제준비금 환입액			
6. 제세금과공과				6. 기타			
7. 임차료				Ⅶ. 영업 외 비용			
8. 보험료				1. 고정자산 처분손실			
9. 감가상각비				2. 이자비용			
10. 수선비				3. 기부금			
11. 접대비				4. 재해손실			
12. 광고선전비				5. 제준비금 전입액			
13. 운반비				6. 기타			
14. 차량유지비				Ⅷ.당기순손익(Ⅴ + Ⅵ - Ⅶ)			
15. 지급수수료							

1) 손익계산서의 항목별 요소

Ⅰ. 총매출액(1 + 2 + 3)

1. 서비스 매출(미용 서비스에 대한 매출)
2. 제품 판매 매출(제품 등을 판매한 매출)
3. 기타 매출 (미용 서비스 이외의 부가적인 매출)

Ⅱ. 매출원가(1 + 2)

1. 서비스 매출 재료비(재료비, 단위당 인건비, 그 외 소모품비 등)
2. 제품 판매 원가(제품의 매입가격, 매입가격 + 이윤= 판매가격)

Ⅲ. 매출총이익(Ⅰ - Ⅱ)

Ⅳ. 판매비와 일반관리비(고정비와 변동비로 구분)

1. 급여와 제수당(기본급 + 인센티브, 제품판매수당, 각종 포상금 등)
2. 퇴직급여(충당금 포함) (개인 사업자의 경우 실시하지 않지만, 퇴직금 적립금)
4. 복리후생비(회식비 등)
5. 여비교통비(공무를 위해 움직일 때 지급, 퇴근 늦은 직원에게 택시비 지급 등)
6. 세금과공과(납부 예상 부가세, 전기요금, 수도요금, 관리비 등)
7. 임차료(점포의 월세를 말한다.)
8. 보험료(사업 시 가입하는 보험으로 화재보험, 영업배상 책임보험 등)
9. 감가상각비(시설 및 기구의 사용으로 가치하락 분을 비용으로 처리하여 적립)
10. 수선비(시설의 보수나 개선 등에 드는 비용)
11. 접대비(영업의 활성화를 위해 접대가 필요할 때, 아파트 부녀회원의 행사에 찬조)
12. 광고 선전비(광고 및 홍보에 쓰이는 비용)
13. 운반비(원자재의 운반이 필요한 경우 그에 따른 비용)
14. 차량 유지비(업무용 차량을 보유한 경우 유류비, 보험료, 차량 보수비 등)
15. 지급수수료(미용실의 경우 제외항목)
16. 판매수수료(미용실의 경우 제외항목)

17. 대손상각비(미래에 손해를 볼 경우를 대비해 준비하는 자원, 외상 매출금 등)

18. 소모품비(일회성이나 단기간 내에 교체 또는 재구매해야 하는 재료 등)

20. 기타(그 외의 지출)

V. 영업손익(III - IV) (매출금에서 재료비, 인건비, 각종 비용을 공제함)

VI. 영업 외 수익

1. 고정자산 처분이익 (보유한 자산의 처분으로 발생한 이익)

2. 이자수익(감가상각비나 퇴직급여, 대손상각비 등의 예금으로 발생한 이자수익 등)

3. 판매 장려금(직원에게 제품 판매 시 지급하는 수당)

4. 국고보조금(미용실의 경우 제외)

5. 제준비금 환입액(미용실의 경우 제외)

6. 기타

VII. 영업 외 비용

1. 고정자산 처분손실(보유한 자산의 처분으로 발생한 손실)

2. 이자 비용(차입금이 있을 시 지급하기로 된 이자 부분, 금융비 등)

3. 기부금(특정 단체에 기부한 경우 영수증을 첨부하면 연말 정산 시 공제대상)

4. 재해손실(화재, 태풍 등으로 인한 피해가 발생할 때 입은 손실)

5. 제준비금 전입액(미용실의 경우 제외)

6. 기타

VIII. 당기 순손익(V + VI - VII) (주된 영업의 손익 + 그 외 손익)

(2) 손익계산서에서 얻을 수 있는 정보

서비스업의 경우 매월 단위로 정리한 계산서를 일 년 단위로 모아보게 되면, 일 년 동안의 매출 추이를 파악할 수 있고, 그에 따른 수익과 비용의 효율적인 운영이 가능해진다. 일 년간의 성장성을 평가하고, 향후 성장 가능성을 진단해 볼 수 있는 도구로 활용이 가능하다.

[그림 9-3] 손익계산서의 정보 기능

(3) 손익계산서 통한 영업 분석

손익계산서의 중점 점검 사항은 총 매출에 대비하여 이익이 얼마나 되는지를 파악하여 향후 내·외부적으로 조절 가능한 부분을 찾아내어 늘일 부분과 줄일 부분을 적절히 조절할 수 있다. 이를 통해 매출 대비 수익성의 극대화를 끌어내 꾸준한 성장을 만들어 낼 수 있다.

[그림 9-4] 손익계산서 점검 사항

(4) 서비스 기업의 손익계산서 특성

서비스 기업은 상품 기업과 달리 물리적인 재고가 없으며, 인건비와 같은 서비스 제공과 관련된 비용이 주요 매출원가를 차지한다. 이로 인해 손익계산서에서 매출원가가 상대적으로 단순하고, 매출 발생 주기가 짧은 경우가 많다. 서비스 기업은 주로 인건비나 운영비가 주요 비용 항목이 된다(김영호, 2019).

개인 사업자의 경우 법인과 달리 규모의 한계로 인해 회계 정리를 명확히 정리하지 못하는 것이 현실이다. 그러나 매일 매일 수입과 지출을 기재하여 한 달 단위로 모아서 검토하고, 다음 달의 계획을 수립하여 실행하는 것이 중요하다.

서비스업을 운영하는 경영자는 매일 임의로 작성하고 있다. 이를 좀 더 자세히 작성하여 일정 기간의 성과를 파악할 수 있으므로 손익계산서를 작성하는 것은 실익이 크다는 것을 알 수 있다.

2. 점포의 체질 분석

점포의 체질 분석, 즉 수익과 비용의 구조 또는 매출총이익과 영업이익을 통하여 바람직한 영업 방향을 제시하는 방법이다.

(1) 이익 체질형

이익 체질형은 매출이 높고 그에 따른 이익도 많은 점포를 의미한다. 이런 점포는 외형적으로도 매력적이며, 고객들이 방문했을 때 그만큼의 가치를 실현할 수 있는 다양한 요소들이 존재한다. 예를 들어, 상품의 품질이나 서비스 수준이 뛰어나고, 효과적인 마케팅 전략이 잘 적용된 경우가 많다. 이런 점포는 지속적으로 이익을 창출하는 능력이 뛰어난, 돈 잘 버는 점포로 평가된다.

1) 이익 체질형 분석방법

❶ 수익성 분석: 매출과 이익의 관계를 분석하여, 높은 매출이 이익으로 어떻게 전환되는지 파악한다. 주로 이익률, ROI(투자 대비 수익률), 매출 대비 비용 비율 등을 사용하여 분석한다.

❷ 성장성 분석: 매출 증가율과 이익 증가율을 비교하여 점포의 지속적인

성장 가능성을 평가한다.

❸ 시장 경쟁력 분석: 고객 만족도, 브랜드 가치, 시장 점유율 등의 데이터를 통해 점포가 경쟁우위를 어떻게 확보하고 있는지 분석한다.

(2) 내부관리형

내부관리형은 매출은 상대적으로 적지만, 내부적으로 비용을 효율적으로 관리하여 매출 대비 이익을 극대화하는 점포를 의미한다. 이 점포는 비용 절감과 자원 배분에서 탁월한 능력을 보이며, 대표나 관리자에게 뛰어난 경영 능력이 요구된다.

예를 들어, 은행에서 근무한 경험이 있거나 기업의 관리부서에서 일한 경험이 있는 대표가 있을 가능성이 크며, 이들은 조직 내 자원을 효율적으로 활용하여 높은 이익률을 달성한다.

1) 내부관리형 분석방법

❶ 비용 효율성 분석: 매출 대비 비용 구조를 분석하여, 어떻게 비용을 최소화하면서 이익을 극대화할 수 있는지 평가한다. 비용 구조, 비용 절감 항목, 자원 배분 효율성 등을 분석한다.

❷ 운영 효율성 분석: 점포의 업무 프로세스와 자원 활용도를 분석하여 운영의 효율성을 평가한다. 대표가 관리 능력이 탁월한 경우, 조직 내부에서 어떻게 업무가 최적화되고 있는지 분석한다.

❸ 관리 능력 분석: 경영자나 관리자의 경험 및 역량을 평가하여 점포 운영에 어떤 영향을 미치는지 분석한다.

(3) 방만 경영형

방만 경영형은 매출은 많지만, 실제 이익이 현저히 적거나 적자 상태인 경우를 말한다. 이 점포의 주요 특징은 자금 관리의 부재나 불필요한 비용 지출이 원인이다. 대표가 자금 운용에 대한 계획을 세우지 않거나, 운영비용을 효율적으로 통제하지 못하는 경우가 많다.

이런 점포는 경영 개선이 시급하며, 전문적인 외부 컨설팅이나 전문가의 조언을 통해 자금 관리 및 비용 절감에 집중할 필요가 있다. 방만한 경영을 개선하려는 노력이 없다면, 장기적으로 어려움을 겪을 수 있다.

1) 방만 경영형 분석방법

❶ 자금 관리 분석: 점포의 현금 흐름, 자금 운용 및 재무 상태를 분석하여 자금 관리의 부재나 문제점을 식별한다. 유동성 비율, 부채비율, 현금 흐름 분석 등을 활용하여 분석할 수 있다.

❷ 비용 분석: 비효율적인 비용 지출이 발생하는 곳을 식별하고, 각 비용 항목을 세부적으로 분석하여 불필요한 지출을 줄일 방법을 모색한다.

❸ 운영 구조 개선: 점포의 운영 프로세스를 자세히 분석하여, 비효율적인 부분을 개선하기 위한 구체적인 전략을 수립한다.

(4) 만성적자형

만성적자형은 매출과 이익 모두가 적거나 지속적으로 적자를 기록하는 점포를 말한다. 외부적인 요인, 예를 들어 시장의 침체나 경쟁 심화로 인한 매출 부진이 원인일 수 있으며, 내부적인 문제로는 비효율적인 운영이나 부적절한 관리가 있을 수 있다.

외부 요인으로 인한 매출 부진은 개선이 어렵지만, 내부 문제라면 점포 운영 방식을 바꾸거나 전략을 수정하여 개선할 수 있다. 만약 매출 증대가 어려운 경우, 점포를 정리하거나 다른 사업 모델로 전환하는 것도 고려해야 할 방안이다.

1) 만성적자형 분석방법

❶ 수익성 및 매출 분석: 매출과 이익이 낮은 원인을 분석하고, 외부적인 요인과 내부적인 문제를 구분하여 분석한다. 시장의 침체나 경쟁 심화와 같

은 외부 요인과 점포 내 비효율적인 운영이나 관리 문제를 파악한다.

❷ 경쟁 분석: 동일 업종 내 경쟁 점포와 비교하여, 점포의 시장 내 위치와 경쟁력을 평가한다. 시장 점유율, 경쟁 점포의 전략, 가격 경쟁력 등을 분석한다.

❸ 점포 수익 개선 전략: 만약 매출 부진이 내부적인 문제에 의한 것이라면, 점포 운영 방안을 변경하거나 새로운 마케팅 전략을 수립하여, 수익성을 개선할 방안을 모색한다.

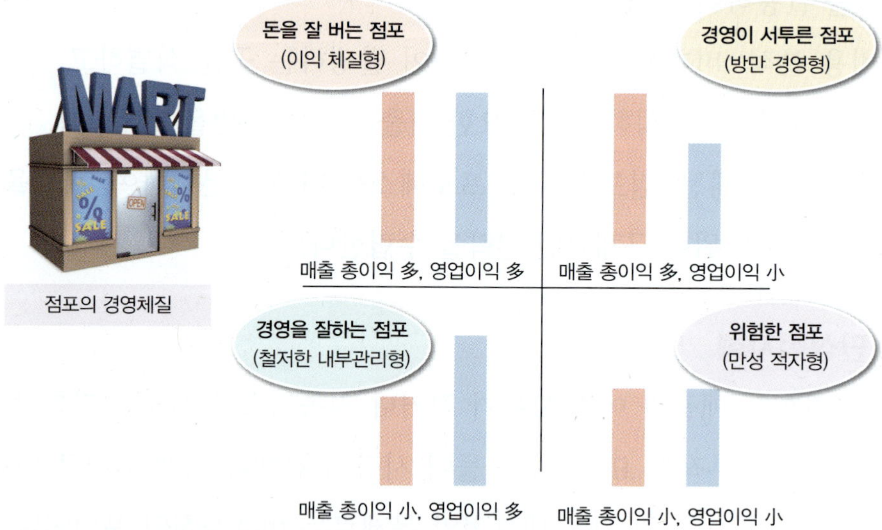

[그림 9-5] 점포 체질 분석 매트리스

9-3 경영 분석 실무

1 경영 분석의 이해

경영 분석은 기업의 운영 상태를 평가하고, 문제를 식별하여 개선 방안을 제시하는 과정이다. 이를 통해 기업은 재무적, 운영적 문제를 파악하고, 성과를 향상할 수 있는 전략을 마련한다. 예를 들어, 비율 분석을 통해 낮은 ROI(투자수익률)를 발견하면, 자산 운용 방식을 개선하여 자원을 효율적으로 활용할 수 있다.

1. 재무 비율 분석

재무 비율 분석은 기업의 재무 상태와 성과를 평가하기 위해 재무제표에서 도출한 비율들을 분석하는 방법이다. 이 분석은 기업의 수익성, 효율성, 유동성, 안정성 등을 파악하는 데 유용하다.

주요 비율로는 매출 총이익률, 자산 회전율, 부채비율, 유동비율 등이 있으며, 이를 통해 기업의 재정 건전성과 경영 효율성을 평가할 수 있다.

(1) 유동비율

기업의 단기 채무를 상환할 능력을 평가하는 비율로, 유동자산을 유동부채로 나눈 값이다. 유동비율이 낮으면 기업의 단기 지급능력이 부족하다는 의미다.

(2) 부채비율

기업의 자본대비 부채 수준을 나타내며, 부채비율이 높으면 기업의 외부 자본 의존도가 크다는 것을 의미한다(정석호, 2020).

이러한 재무 비율 분석은 기업이 직면한 재정적 문제를 평가하고 해결 방안을 제시하는 데 유용하다.

(3) 재무 비율 분석방법과 사례

1) 유동비율 분석

(가) 분석방법

❶ 유동비율 계산 공식:

$$유동비율 = \frac{유동자산}{유동부채} \times 100$$

일반적으로 유동비율이 100% 이상이면 단기 채무를 상환할 능력이 있다고 평가되지만, 산업에 따라 적정 비율은 다를 수 있다.

(나) 분석 단계

❶ 기업의 재무제표에서 유동자산(현금, 매출채권, 재고자산 등)과 유동부채(매입채무, 단기차입금 등)를 파악한다.

❷ 계산된 유동비율을 과거 데이터, 경쟁사, 업계 평균과 비교한다.

❸ 비율이 낮을 때 원인을 분석(재고 과잉, 매출채권 회수 불량, 부채 증가 등)한다.

(다) 사례: A 회사의 재무제표에 따르면, 유동자산이 1,000억 원, 유동부채가 800억 원인 경우,

유동비율

$$유동비율 = \frac{1,000}{800} \times 100 = 125\%$$

이는 A 회사가 단기 부채를 상환할 능력이 있다고 판단된다. 그러나 같은 업계 평균 유동비율이 150%라면, A 회사의 비율은 업계 대비 낮아 추가 분석이 필요하다.

2) 부채비율 분석

(가) 분석방법

❶ 부채비율 계산 공식

$$부채비율 = \frac{총부채}{자기자본} \times 100$$

일반적으로 부채비율이 100% 이하일 때 안정적이라고 평가되지만, 산업 특성에 따라 다를 수 있다. 예를 들어, 제조업은 부채비율이 높아도 수익성이 높으면 위험이 크지 않을 수 있다.

(나) 분석 단계

❶ 재무제표에서 총부채(유동부채+비유동부채)와 자기자본(자본금+이익잉여금 등)을 확인한다.

❷ 부채비율을 계산하고 과거 데이터 및 경쟁사와 비교한다.

❸ 비율이 높을 때 기업의 자금조달 전략과 이자 비용 부담을 평가한다.

(다) 사례: B 회사의 총부채가 500억 원, 자기자본이 300억 원일 경우,

❶ 부채비율

$$부채비율 = \frac{500}{300} \times 100 = 166.7\%$$

이는 B 회사가 자기자본 대비 부채 의존도가 높음을 의미한다. 추가로 이자비용 부담이 클 수 있으므로 재무적 안정성을 점검해야 한다. 하지만 부채로 인한 수익성(예: ROE, 영업이익률)이 충분하다면 긍정적으로 볼 여지도 있다.

2. 원가-수익 구조(Cost-Revenue Structure Analysis; CVP) 분석

기업의 원가(비용)와 수익의 관계를 체계적으로 분석하여 경영 효율성과 수익성을 평가하는 기법이다. 이 분석은 기업의 비용 구조와 수익 창출 방식을 이해하고, 손익분기점, 이익 창출 요소, 비용 절감 및 수익 증대 가능성을 파악하는 데 사용한다.

(1) 주요 목적

1) 비용과 수익의 상관관계 분석

고정비와 변동비의 구조를 이해하고, 수익 변화가 비용에 미치는 영향을 평가한다.

2) 손익분기점(BEP) 도출

특정 수준의 매출에서 수익과 비용이 균형을 이루는 지점을 찾음으로써 최소 필요 매출액을 계산한다.

3) 공헌이익 및 이익 구조 파악

매출에서 변동비를 차감한 공헌이익을 계산하여 고정비를 초과하는 이익 창출 능력을 평가한다.

4) 수익성 및 원가 효율성 개선

비용 절감과 수익 증대 전략 수립의 기초 자료를 제공한다.

원가-수익 구조 분석을 위해서 원가 구조를 분석해야 한다, 즉, 고정비와 변동비를 분석해야 하며, 수익 구조를 파악하기 위해서는 매출액과 공헌이익을 분석해야 한다. 이렇게 분석한 자료를 통해 손익분기점(BEP)을 찾을 수 있다.

(2) 고정비(Fixed cost)와 변동비(Variable Costs)

1) 고정비

고정비는 일정 기간 영업활동(생산자는 조업도, 판매자는 매출액)과 관계없이 항상 일정액으로 발생하는 원가로 고정자산의 감가상각비나 경영자의 급여, 보험료, 제세공과, 임차료 등이 이에 속한다. 고정비는 일정한 기간 내에 일성한 조업도의 범위 내에서만 고정적이다.

고정비의 경우에 관련 범위 내에서 그 발생액은 항상 일정하므로 판매량(조업도)이 증가하면 할수록 부담되는 단위 원가는 감소하게 된다. 대량생산의 경우 규모의 경제가 있다고 하는 것은 생산량이 증가할수록 생산량 단위당 부담되는 고정비의 크기가 이처럼 감소하기 때문이다. 서비스업의 경우 시간당 생산량이 많아지게 되면, 고정비가 감소하여 이익률이 높아지게 된다. 그러므로 직원들의 작업시간을 표준화할 필요가 있다.

2) 변동비

판매량(생산량)의 증감에 따라 변화되어 발생하는 비용을 말한다. 변동비의 주요항목은 재료비, 부분품비, 위탁가공비 등이 있으며, 서비스업에서는 재료비, 각종 시술을 위해 사용하는 전기요금, 수도요금 등이 된다.

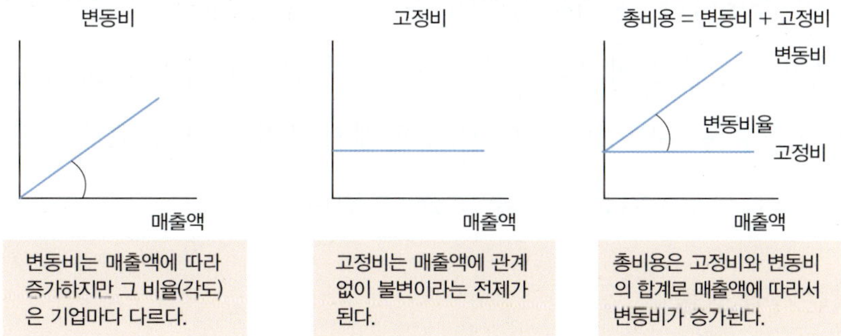

[그림 9-6] 고정비와 변동비

(3) 손익분기점(Break-even point)

손익분기점은 일정 기간의 매출액과 그 매출을 위해 소요된 모든 비용이 일치되는 점을 말하며, 투입된 비용을 완전히 회수할 수 있는 매출액이 얼마인가를 나타내는 것이다. 다시 말해 손익분기점은 사업을 하여 일으킨 매출에서 필요비용 등을 제외하고 남은 금액이 없을 시점 즉, 0 이 되는 기점을 의미한다(총매출에서 각종 비용과 공제대상 등을 빼고 남는 것이 0일 때 이익도 없고 손해도 없는 지점을 손익분기점이라 한다).

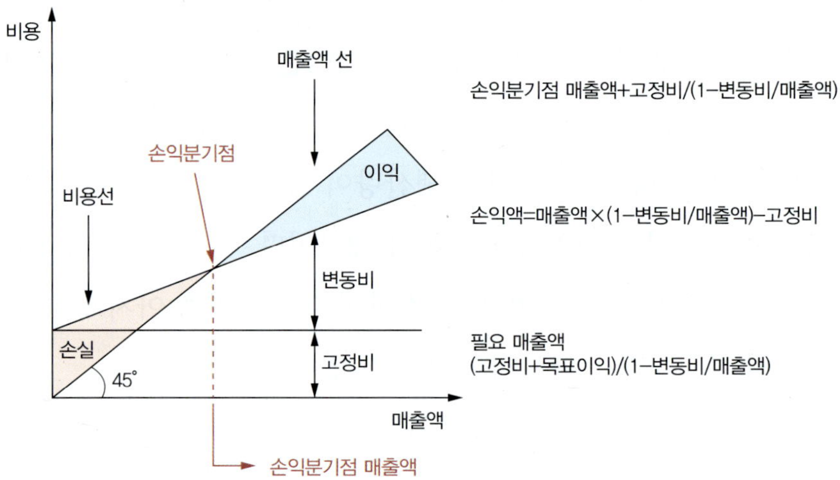

[그림 9-7] 손익분기점

손익분기점 산출 시 비용을 조업도와의 관련에 따라 고정비와 변동비로 구분하는 것이 중요하다. 손익분기점이 주는 의미는 매출액이 손익분기점 이하일 때 기업이 손실을 보게 되는 것이고, 그 이상이면 이익을 보게 되며, 손익분기점이 낮을수록 수익성이 높아지고 판매가격의 인상과 고객 수의 증가 또는 비용의 절감으로 손익분기점을 낮출 수 있다.

1) 손익분기점 산출

어느 김밥집에서 김밥 하나만을 판다고 가정해보자. 김밥 한 줄의 판매가격은 1,000원이며, 김밥 한 줄을 만들기 위해 들어가는 비용은 500원(단위당 변동비용)이다. 김밥집은 매월 1,000,000원의 월세(임대료)를 지불한다.

[풀이] 김밥을 전혀 팔지 못하면 손실이 100만 원이다. 김밥 1개를 팔면 매출이익이 500원이며, 손실이 99만 9,500원이 된다. 이때, 김밥 1개를 팔아서 변동비를 차감하고 남는 이익을 공헌이익이라 한다. 이는, 김밥 2,000개를 팔면, 매출이익이 "개당 이익 500원 × 2,000개= 100만 원"이 되어 고정비용을 줄이는 데 공헌한다. 이때의 매출 수량 2,000개가 손익분기점 매출량이며, 손익분기점 매출액은 1,000원 × 2,000개= 200만 원이다.

매출에는 분명 재료비와 비용이 들어가기 때문에 이 부분까지 고려해야 한다. 서비스업은 사업소득 금액을 산출하고, 그에 따라 손익분기점을 파악하여 일별, 월별 매출액 목표를 설정할 때 기준으로 활용하게 하며, 분기별로 성과를 점검하여 향후 기업의 성장률을 예측할 수 있다.

(4) 공헌이익(Contribution margin)

공헌이익은 판매 수량의 변화에 따라 변하는 총수익과 총변동비의 차이를 의미한다. 공헌이익이 증가함에 따라 점차 고정원가가 회수되어 이익이 증가하게 된다. 즉, 공헌이익이 고정원가보다 크면 이익이 발생하고, 반대로 고정원가보다 작을 때 손실이 발생한다.

[그림 9-8] 공헌이익

❶ 영업이익 = 총수익 - 총비용

❷ 총수익 = 단위당 판매가격 × 생산량

❸ 총비용 = 고정비 + (단위당 변동비 × 생산량)

❹ 공헌이익 = 매출액 - 변동비

❺ 순이익 = 총공헌이익 - 고정비

1) 단위당 공헌이익(Unit contribution margin)

단위당 공헌이익은 단위당 판매가격에서 단위당 변동비를 차감한 금액으로 판매한 제품 1단위가 고정비를 회수하고 이익을 획득하는 데 얼마나 공헌하였는가를 나타낸다.

단위당 공헌이익 = 단위당 판매가격 - 단위당 변동비

변동비와 고정비는 매출액의 크기에 비례하여 발생하는 금액이기 때문에 매출이 늘어나면 매출액과 변동비 모두 상승하게 된다. 즉, 많이 팔리는 만큼 부가적으로 들어가는 비용도 늘어나게 된다. 공헌이익에 고정비를 빼면, 기업이 얼마를 벌어들였는지 알 수 있는 순이익을 구할 수 있다.

2) 공헌이익률(Contribution margin ratio)

공헌이익률은 매출액에 대한 공헌이익의 비율을 말하며, 매출액 중에서 몇 %가 고정비를 회수하고 이익을 획득하는 데 공헌하는가를 나타낸다.

$$\text{공헌이익률} = \frac{\text{공헌이익}}{\text{매출액}} = \frac{\text{단위당 공헌이익}}{\text{단위당 판매가격}}$$

3) 변동비율(variable cost ratio)

변동비율은 매출액에 대한 변동비의 비율로서, 매출액 중에서 몇 %가 변동비인가를 나타낸다.

$$변동비율 = \frac{변동비}{매출액} = \frac{단위당\ 변동비}{단위당\ 판매가격}$$

4) 공헌이익률 산출

[문제] A, B, C 제품의 판매 정보가 다음과 같다. 각 제품의 단위당 판매가격, 단위당 변동비, 매출 구성 비율을 바탕으로 아래의 결과를 구하시오.

항 목	A 제품	B 제품	C 제품
단위당 판매가격	₩120	₩100	₩150
난위당 원가변동비	W72	₩70	₩120
고정비: ₩40,000, 목표 이익: ₩12,000			
매출 구성 비율 매출 구성 비율	A 제품	B 제품	C 제품
	50%	20%	30%

❶ 각 제품의 공헌이익을 구하시오.

❷ 각 제품의 공헌이익률을 구하시오.

❸ 각 제품의 매출 배합(Sales Mix)을 구하시오.

❹ 목표이익을 달성하기 위한 총매출액을 구하시오.

❺ 각 제품의 매출액을 구하시오.

[풀이] 공헌이익을 통한 제품별 매출액과 총매출액을 구하시오.

❶ 단위당 공헌이익 = 단위당 판매가격 - 단위당 변동비

- A 제품 공헌이익은 120 - 72 = 48
- B 제품 공헌이익은 100 - 70 = 30
- C 제품 공헌이익은 150 - 120 = 30

❷ 제품 공헌이익률 = 단위당 공헌이익/단위당 판매가격

- A 제품 공헌이익률은 48/120 = 40%
- B 제품 공헌이익률은 30/100 = 30%
- C 제품 공헌이익률은 30/150 = 20%

❸ 매출 배합(sales mix): 여러 제품을 판매하는 경우 총매출액에서 각 제품 매출액이 차지하는 상대적 비율로 제품마다 공헌이익이 다를 경우 매출 배합에 따라 순이익이 달라진다. 매출 배합= 총매출액(단위당 매출 비율)/제품 매출액(매출 구성 비율)

- A 매출 배합(Sales mix)은 5/10 = 0.5
- B 매출 배합(Sales mix)은 2/10 = 0.2
- C 매출 배합(Sales mix)은 3/10 = 0.3

❹ ABC 제품의 가중평균 매출 배합(Sales mix)은 위 식의 합계 0.32(32%)이다.

- 가중평균 매출 배합=(A 제품 공헌이익률 × A 매출 배합)+(B 제품 공헌이익률 × B 매출 배합)+(C 제품 공헌이익률 × C 매출 배합)

= (40% × 0.5) + (30% × 0.2) + (20% × 0.3)

- =0.2 + 0.06 + 0.06 = 0.32(32%)

❺ 이익을 달성하기 위한 총매출액은 (총고정비 + 목표이익)/가중평균 매출 배합(Sales mix)으로 계산한다. 원가 고정비: ₩40,000, 목표이익: ₩12,000

- (40,000 + 12,000)/0.32 = 162,500원이다.

❻ 각 제품의 매출액은 매출구성비로 계산한다.

- A 제품 162,500 x 5/10 = 81,250
- B 제품 162,500 x 2/10 = 32,500
- C 제품 162,500 x 3/10 = 48,750

❼ 최종 결과

- 공헌이익률: A 제품: 40%, B 제품: 30%, C 제품: 20%
- 가중평균 매출 배합: 32%(0.32)

•총매출액: ₩162,500

•각 제품 매출액: A 제품: ₩81,250, B 제품: ₩32,500, C 제품: ₩48,750

(5) 감가상각비(Depreciation expense)

감가상각비는 고정비로 어떠한 시설 및 기계(재화)를 사용함에 따라 가치가 하락하게 되는데, 이를 매달 비용으로 보아 금액으로 환산하여 비용으로 처리한다(손해보험협회에서 서비스업의 경우 인테리어 시설과 기자재 등의 사용 연한, 즉 수명을 5년으로 간주함으로써 그에 따라 사용 연한을 60개월로 보고 계산한다).

총 투자된 시설비와 기자재비용을 매달 1/60을 비용 처리한다. 감가상각비는 비용으로 처리하지만, 외부로 지출하는 것은 아니다. 비용 처리한 부분은 별도로 적립식으로 적립하고 60개월 후 모든 시설과 기자재가 사용 연한을 다했을 때 재투자비용으로 사용한다.

① 총시설비 ÷ 60개월(평균 사용수명: 5年)

(6) 금융비(대출금에 대한 이자 비용)

은행 대출 시 적용받는 금리(연 %)를 기준으로 계산한다.

예) 5,000만 원 대출, 대출 금리 6%, 1年 300만 원, 대출금에 대한 이자 300 ÷ 12 = 25만 원

소득산출할 땐, 한 달로 계산하는데 대출금 총액 X 대출 금리 ÷ 12개월로 계산한다.

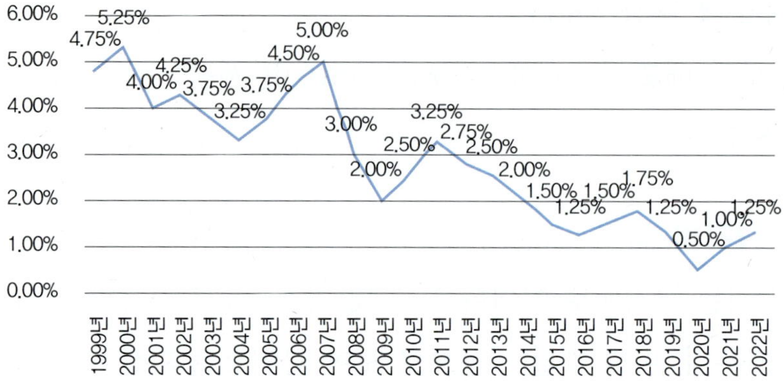

[그림 9-9] 은행 금리(자료 출처: 한국은행)

(7) 기회비용(Opportunity cost)

기회비용은 여러 선택 중에서 한 가지를 선택했을 때 포기한 대안 가운데 가장 좋은 한 가지의 가치를 뜻한다. 경영자가 자본을 기업에 투자함으로써 얻어지는 이윤은 기회비용인 예금이자보다 많아야 한다. 만약 반대의 상황이라면 돈을 은행에 예치하는 편이 나을 것이기 때문이다.

경제학에서는 회계비용(Accounting Cost)뿐만 아니라 기회비용을 고려하여 반영하여야 한다. 한정된 생산요소를 가지고 다양한 선택의 기회가 존재한다. 예를 들어, 어떤 두 가지 사업계획 중 하나를 선택했다고 가정한다면, 포기한 다른 하나에서 얻을 수 있는 이익의 평가액(기회비용)이라고 한다.

여러 선택방안 중에서 한 가지를 선택했을 때 포기한 대안 가운데 가장 좋은 한 가지의 가치라고 말할 수 있다. 기회비용은 어떠한 기회를 획득하기 위해서 발생하거나 손실되는 부분을 비용으로 처리한다.

1) 문제 풀이

총자본 3억, 차입금 1억, 순자본(자기자본) 2억, 예금 금리 4%로 가정할 때, 2억 X 4%= 800만 원 (1年), 800만 원 ÷ 12 = 666,000원은 사업을 하지 않고 내 자산을 은행에 맡겨 놓으면 이자를 보장받지만, 사업을 위해 투자함으로써 은행으로부터 안정적으로 보장받을 수 있는 이자 부분을 포기하였기 때문에 이 부분을 회계상 비용으로 처리하는 것이다. 단, 영업 규모에 따라 생략할 수 있다. 비용으로 처리하지만, 외부로 지출되거나 누구에게 지급하는 것이 아니며, 통상적으로 별도의 예금으로 적립한다.

3. 사업소득(Business income)

사업소득은 단순히 총매출에서 각종 비용을 공제하고, 남은 금액이 아니라 자기 임금까지 공제 후 남은 금액이 사업소득이라 할 수 있다. 이는 사업을 하였기 때문에 얻을 수 있었던 소득이라는 의미다.

애초에 사업을 하지 않고 직장생활을 했더라면 벌어들일 수 있는 것은 급여 소득일 것이다. 이에 반해 자기자본에 대해서는 기회비용을 상실하지 않게 된다. 예를 들면, 은행 등에 예치했다면, 시중금리에 해당하는 이자소득은 가능한 것이다. 이러한 보장된 기회를 버리고 사업을 시작할 때에는 무엇보다 먼저 고려해야 할 것은 수익성이다.

수익성이 보장된다는 것은 원래 얻고 있던 소득을 대신하거나 초과하여야 한다. 그렇지 않다면 굳이 성공할지 실패할지 모르는 불확실성을 가지고 사업을 할 이유가 없는 것이다. 물론 더는 직장을 다니지 못하고, 실직할 상황에 있는 사람이라면 입장은 달라지지만, 이 경우에도 수익성 검증은 반드시 우선되어야 할 것이다.

수익성을 검증하기 위해서는 상권 분석, 입지여건 분석, 유동인구 조사, 상권 내 거주인구 수, 지역의 소득 수준 등을 조사하고 분석하는 것이다. 이러한 절차를 귀찮고 어렵다는 이유로 간과하게 되면, 사업에 성공할 확률보다 실패할 확률이 더욱 높아질 것이다.

사업은 시작단계에서부터 면밀한 검토를 통하여 준비해 나가야 할 것이고, 나아가 운영하는 중에도 항상 주기적인 재검토를 통해서 수익성을 극대화할 필요가 있다. 사업소득을 구하는 것이 중요한가를 반문해보면 꼭 그렇지만은 않다. 하지만 정확한 소득을 알고 있어야 경영을 하면서 실현 가능한 목표를 설정하거나 비용 절감 등의 조정을 원활히 할 수 있게 된다.

❶ 총매출: 일일 매출을 한 달 기준으로 결산할 때 한 달간 벌어들인 총수입을 의미한다.

❷ 비용: 영업을 하여 매출을 일으키는데 소요되는 모든 것들을 비용이라 하고 이를 매출에서 공제한다

❸ 고정비: 고객의 수가 증가하거나 감소하는 것과 관계없이 고정적으로 나가야 하는 비용, 즉 임대료, 인건비, 금융비(대출 이자) 등이 있다.

❹ 변동비: 고객의 수가 증가하거나 감소할 때 그에 따라 변동이 되는 비용이며 고객의 수나 매출 증감에 따라 달라지는 비용은 공과금, 재료비 등이 있다.

❺ 자기 임금: 창업자 스스로가 자신에게 주는 임금을 의미하며, 법인의 경우 법인의 대표자도 회사로부터 급여를 받는다. 이와 마찬가지로 개인 사업자도 회사가 대표자에게 급여를 지급하는 형태로 회계 처리를 한다.

(1) 사업소득 산출

[문제] 총자본금 3억 원, 자기자본금 2억 원, 점포 임대 보증금 1억 5천만 원, 점포 임대료 300만 원, 인테리어 및 집기 1억 원, 인건비(디자이너 3명 각 200만 원, 스텝 3명 각 100만 원), 잡비 250만 원(잡비는 고객접대비와 직원 식대 등을 묶어 산정)

❶ 재료비 12%, 재료비는 총매출 대비 10~15%가 적정수준이다. 여기에서는 12%로 정한다.

❷ 공과금 150만 원, 공과금은 전기, 수도, 관리비 등이며, 매달 다르지만, 편의상 지정한다.

❸ 자기 임금 300만 원, 회사로부터 대표가 받는 형태를 취하며, 여기에는 통상적인 급여 수준에 경영 인센티브를 더하여 산정한다.

❹ 시중금리: 예금 4%, 대출 6.5%라고 가정한다.

(2) 문제 풀이

영업일수 30일 일일 매출 85만 원(천 원 미만 버림), 먼저 일일 매출 850,000원에 영업일수 30일을 곱하여 총 매출을 구한다. 850,000 × 30 = 25,500,000

비용은 고정비와 변동비로 나뉘는데 고정비는 영업 시 고객의 수가 많고 적음에 상관없이 고정적으로 지출되어야 하는 것을 말한다. 임대료와 인건비, 차입금이 있다면 그에 따른 금융비가 여기에 속한다. 변동비는 고객 수에 비례하여 많아지거나 적어질 수 있는 것을 말한다. 재료비와 공과금, 잡비는 여기에 속한다.

❶ 고정비: 인건비 9,000,000, 임대료 3,000,000, 금융비(100,000,000 × 0.5%) ÷ 12 = 541,000

❷ 변동비: 재료비(25,500,000 × 12% = 3,060,000), 잡비 2,500,000 공과금 1,500,000

❸ 감가상각비: (100,000,000 ÷ 60 = 1,666,000), 시설과 집기를 사용 연한 5년으로 나눠 비용으로 처리하고 적립한다.

❹ 기회비용: (200,000,000 × 4% ÷ 12 = 666,000), 순수 자기자본에 대한 은행 예금이자에 해당한다.

❺ 자기 임금: 3,000,000, 통상적인 급여 수준을 책정한다.

위와 같이 각각 구한 금액을 총 매출에서 모두 공제해주고 남은 금액이 사업소득이 된다.

❶ 고정비: 25,500,000 - 9,000,000 - 3,000,000 - 541,000 = 12,959,000

❷ 변동비: 12,959,000 - 3,060,000 - 2,500,000 - 1,500,000 = 5,899,000

❸ 사업소득: 5,899,000 - 1,666,000 - 666,000 - 3,000,000 = 567,000

기업의 월간 손익분기점을 구한다면 얼마가 될까? 아주 간단하게 구한다면, 총매출에서 위의 사업소득 금액을 빼면 된다. 22,500,000원 - 67,000원 = 21,933,000원이 된다. 즉, 이 기업은 한 달간 21,933,000원의 매출을 올려야 최소한 적자가 나지 않는다. 물론, 이익도 나지 않지만 적어도 기업을 계속 운영할 수 있다고 해석할 수 있다.

학습활동

활동: 경영분석 실무

❶ 경영분석을 통한 기업 성과 평가

- 특정 기업의 재무제표를 바탕으로 경영분석을 수행하고, 주요 재무 지표(수익성, 안정성, 성장성 등)를 분석하시오.
- 분석결과를 바탕으로 기업의 경영성과를 평가하고, 개선이 필요한 부분을 제시하시오.

학습정리

- 재무제표는 기업의 재정 상태와 성과를 평가하기 위한 핵심 도구로, 크게 세 가지 주요 재무제표로 구성된다.
- 재무상태표는 기업이 특정 시점에서 보유한 자산, 부채, 자본의 상태를 나타내는 보고서이다. 재무상태표는 자산 = 부채 + 자본이라는 기본 원칙에 따라 작성된다.
- 손익계산서는 일정 기간 동안 기업이 발생시킨 수익과 비용, 그 차이를 통해 이익 또는 손실을 산출하는 재무제표이다.
- 현금흐름표는 기업의 현금 유입과 현금 유출을 기록하여, 기업이 실제로 현금을 어떻게 관리하고 있는지 보여준다.
- 대차대조표가 일정 시점에서 기업의 정적 상태, 즉 정태적 재무제표이며, 손익계산서는 일정 기간의 기업의 동적 상태를 표시한 동태적 재무제표이다.
- 점포의 체질 분석, 즉 수익과 비용의 구조 또는 매출 총이익과 영업이익을 통하여 바람직한 영업 방향을 제시하는 방법이다.
- 이익 체질형은 매출도 높고, 그에 따른 이익도 많은 경우이다.
- 내부관리형은 매출은 상내적으로 적지만, 내부적으로 비용을 효율적으로 관리하여 매출 대비 이익을 극대화하는 점포를 의미한다.
- 방만 경영형은 매출은 많지만, 실제 이익이 현저히 적거나 적자 상태인 경우를 말한다.
- 만성 적자형은 매출과 이익 모두가 적거나 지속적으로 적자를 기록하는 점포를 말한다.
- 경영 분석은 기업의 경영성과를 평가하고 문제를 해결하는 데 중요한 역할을 한다. 주요 경영 분석 기법으로는 재무 비율 분석, ROI, ROE 등이 있다.
- 재무 비율 분석은 기업의 재무 상태와 성과를 평가하기 위해 재무제표에서 도출한 비율들을 분석하는 방법이다.
- 원가-수익 구조(Cost-Revenue Structure Analysis; CVP) 분석은 기업의 원가(비용)와 수익의 관계를 체계적으로 분석하여 경영 효율성과 수익성을 평가하는 기법이다.
- 고정비는 일정 기간 영업활동(생산자는 조업도, 판매자는 매출액)과 관계없이 항상 일정액으로 발생하는 원가이다.
- 판매량(생산량)의 증감에 따라 변화되어 발생하는 비용을 말한다.
- 손익분기점(Break-even point)은 일정 기간의 매출액과 그 매출을 위해 소요된 모든 비용이 일치되는 점을 말하며, 투입된 비용을 완전히 회수할 수 있는 매출액이 얼마인가를 나타내는 것이다.
- 공헌이익은 판매 수량의 변화에 따라 변하는 총수익과 총변동비의 차이를 의미한다. 공헌이익이 증가함에 따라 점차 고정원가가 회수되어 이익이 증가하게 된다.
- 감가상각비는 고정비로 어떠한 시설, 기계(재화)를 사용함에 따라 가치가 하락하게 되는데, 이를 매달 비용으로 보아 금액으로 환산하여 비용으로 처리한다.
- 기회비용은 여러 선택 중에서 한 가지를 선택했을 때 포기한 대안 가운데 가장 좋은 한 가지의 가치를 뜻한다.
- 사업소득은 단순히 총매출에서 각종 비용을 공제하고, 남은 금액이 아니라 자기 임금까지 공제 후 남은 금액이 사업소득이라 할 수 있다.

CHAPTER 10 마케팅 실무

학습내용

10-1. 마케팅

10-2. 마케팅 전략

10-3. 홍보·판촉 전략

학습목표

10-1: 마케팅의 개념과 기본 원칙을 이해하고, 마케팅 활동이 기업에 미치는 영향을 설명할 수 있다.

10-2: 효과적인 마케팅 전략을 수립하고, 시장 분석을 바탕으로 타겟 마케팅 및 세분화 전략을 적용할 수 있다.

10-3: 홍보와 판촉 전략의 차이를 이해하고, 다양한 매체와 기법을 활용하여 브랜드 인지도와 판매촉진 전략을 수립할 수 있다.

10-1 마케팅(Marketing)

1 마케팅의 이해

마케팅(Marketing)은 19세기 후반에서 20세기 초반에 미국을 중심으로 사용되기 시작하였다. 사사의 제품이나 서비스가 경쟁사의 그것보다 소비자에게 먼저 선택될 수 있게 하도록 행하는 모든 제반 활동들을 의미한다.

1. 마케팅(Marketing)의 개념

마케팅에서 가장 기본석으로 갖는 개념은 소비자의 니즈(Needs)와 원츠(Wants)이다. 즉, 마케팅은 소비자의 필요(Needs)와 원하는(Wants) 것을 파악하여, 고객의 요구를(Demands) 충족시켜 주기 위한 기업의 제반 활동이다.

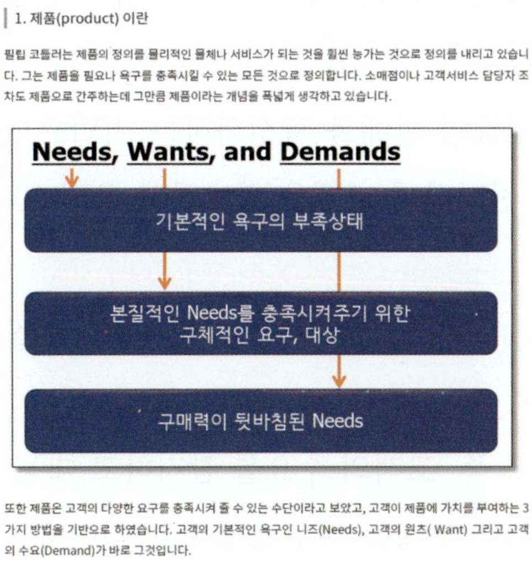
| 1. 제품(product) 이란

필립 코틀러는 제품의 정의를 물리적인 물체나 서비스가 되는 것을 훨씬 능가는 것으로 정의를 내리고 있습니다. 그는 제품을 필요나 욕구를 충족시킬 수 있는 모든 것으로 정의합니다. 소매점이나 고객서비스 담당자 조차도 제품으로 간주하는데 그만큼 제품이라는 개념을 폭넓게 생각하고 있습니다.

또한 제품은 고객의 다양한 요구를 충족시켜 줄 수 있는 수단이라고 보았고, 고객이 제품에 가치를 부여하는 3가지 방법을 기반으로 하였습니다. 고객의 기본적인 욕구인 니즈(Needs), 고객의 원츠(Want) 그리고 고객의 수요(Demand)가 바로 그것입니다.

[그림 10-1] 고객의 수요(자료 출처: Kotler, 1991)

미국 마케팅 학회(AMA)는 마케팅을 생산자로부터 소비자 또는 사용자에게 제품과 서비스가 흐를 수 있도록 관리하는 모든 기업 활동의 수행이라고 정의한다. 마케팅이 단순히 제품이나 서비스를 판매하는 것에 그치지 않고, 시장과 소비자와의 교환 관계를 창출하고 유지하는 과정임을 강조한다.

마케팅의 주요 목표는 소비자나 조직의 요구와 욕구를 충족시키는 것이다. 이를 위해 마케팅은 여러 가지 활동을 포함하는데, 아이디어, 제품, 서비스의 창안, 가격 결정, 촉진 전략, 유통 경로 등의 계획과 실행을 포함한다. 즉, 마케팅은 제품이 소비자에게 도달하기 위한 전략을 세우고, 소비자와의 관계를 구축하며, 시장에서의 교환을 효율적으로 이루어지게 만드는 종합적인 과정이라고 할 수 있다.

이 과정은 제품의 개발에서부터 가격 책정, 광고, 판매촉진, 유통관리 등 다양한 활동을 포함하며, 각 단계는 소비자의 요구와 시장 상황을 반영하여 지속적으로 조정된다. 마케팅은 또한 기업의 목표를 달성하기 위한 전략적 도구로, 수익 창출을 위해 필수적인 활동으로 여겨진다.

마케팅은 조직과 이해관계자들에게 이익이 되도록 고객가치를 창출하고, 의사소통을 전달하며, 고객 관계를 관리하는 조직기능이자 프로세스의 집합이다. 즉, 마케팅은 제품의 판매를 활성화하는 기법으로 고객가치를 창조하고, 이를 효과적으로 전달하여 고객을 확보하고 유지 및 증대하는 활동을 의미한다.

고객가치(Customer Value)는 고객이 지출한 비용보다 효익을 더 높은 것을 의미한다.

❶ 고객 중심적이다. 즉, 고객의 수요를 감지하고 대응하는 것이다.

❷ 고객을 찾는 대신에 고객을 가꾸고 돌보는 것이다.

❸ 시장을 분석, 수요를 예측하여 시장성 있는 기술을 고안하는 기술기획 단계도 중요하다.

❹ 판매 이후의 활동도 매우 중요한 요소이다.

2. 마케팅의 핵심 요소

마케팅 전략을 수립할 때 가장 중요한 요소들은 소비자의 요구를 충족시키는 것에 중점을 둔다. 이는 니즈와 원츠의 이해를 바탕으로, 고객에게 가치를 제공하며 교환과 거래를 통해 성공적인 관계를 구축하는 과정이다. 고객 중심의 접근법은 마케팅의 근본적인 원칙이 되어, 기업이 시장에서 경쟁력을 확보할 수 있게 돕는다.

(1) 니즈와 원츠(Needs and Wants)

❶ 니즈(Needs): 인간의 기본적인 생리적 또는 심리적 요구를 의미한다. 니즈는 모든 사람에게 공통으로 존재하며, 이는 생존과 복지에 필요한 요소들이다. 예를 들어, 음식, 의복, 주거와 같은 기본적인 생리적 요구 등이 있다.

❷ 원츠(Wants): 니즈가 개인의 문화적, 사회적 환경 및 개인적인 선호에 따라 구체화한 형태이다. 욕구는 같은 니즈라도 사람마다 다르게 나타날 수 있으며, 각자가 원하는 방식으로 나타난다. 예를 들어, 고급 레스토랑에서의 식사, 특정 브랜드의 의류 또는 차량 등이 있다.

❸ 디멘츠(Demands): 원츠가 구매력을 갖추어 구체적인 구매 행동으로 이어진 것을 의미한다. 즉, 원츠를 충족시키기 위해 자원이 동반된 요구이다. 예를 들어, 새로운 스마트폰이 갖고 싶다는 원츠가 구매력을 통해 특정 브랜드의 스마트폰 구매로 나타나는 경우이다.

(2) 가치(Value)

❶ 고객은 제품이나 서비스를 구매할 때, 가격 대비 얻는 이익을 바탕으로 가치를 평가한다. 가치는 고객이 지불한 가격에 비해 느끼는 이익이나 만족도를 의미하며, 이는 제품의 품질, 서비스, 브랜드 이미지 등을 포함한 다양한 요소에 의해 결정된다.

❷ 기업은 고객에게 더 높은 가치를 제공하려는 노력으로 경쟁우위를 확보

할 수 있으며, 고객의 만족도가 높을수록 브랜드 충성도가 증가하고, 재구매율도 높아진다.

(3) 교환과 거래(Exchange and Transaction)

❶ 교환(Exchange): 마케팅은 고객과 기업 간의 교환 과정을 포함한다. 교환은 양측이 서로 원하는 것을 주고받는 과정으로, 고객은 자신의 자원(금전)을 제공하고, 기업은 제품이나 서비스를 제공한다.

❷ 거래(Transaction): 교환이 완료된 결과로 금전적 가치의 교환이 이루어지며, 이때 발생하는 것은 거래이다. 거래는 마케팅 활동에서 중요한 지표로, 성공적인 마케팅 전략은 이러한 거래를 유도하고 관리하는 데 초점을 맞춘다.

(4) 고객 중심(Customer Orientation)

고객 중심의 마케팅은 기업이 고객의 요구를 철저히 이해하고, 이를 충족시키는 것을 핵심으로 한다. 고객의 기대에 부응하고, 고객의 요구를 넘어서 그들의 욕구까지 충족시키려는 노력이 필수적이다.

예를 들어, 아마존의 고객 맞춤형 추천 시스템은 고객의 구매 이력과 선호도를 바탕으로 개인화된 상품을 추천하여 고객 만족도를 높인다. 이는 고객이 쉽게 원하는 제품을 찾을 수 있게 해줌으로써, 아마존의 고객 충성도를 강화하고 재구매를 유도한다.

3. 마케팅의 발전과정

마케팅은 시대의 변화에 따라 점차 발전해왔으며, 시대마다 기업의 전략적 접근방식이 달라졌다. 초기에는 제품 생산이나 판매에 중점을 두었지만, 점차 고객의 요구와 사회적 책임을 반영하는 방향으로 발전해왔다. 이러한 변화는 기업이 시장에서의 경쟁력을 확보하고, 소비자와의 관계를 강화하는 데 중요한 역할을 해왔다.

(1) 생산 지향적 마케팅(Production-Oriented Marketing)

초기에는 제품의 생산 자체에 초점을 맞추었다. 기업은 가능한 많은 제품을 생산하여 공급하고, 시장에서의 수요를 만족시키기보다는 생산의 효율성에 집중하였다. 이 시기의 기업들은 소비자가 제품을 구매할 것으로 기대하고, 제품의 유통에 힘을 쏟았다.

고객의 욕구는 비교적 적게 고려되었으며, 주로 제품이 시장에 충분히 공급되도록 하는 데 중점을 두었다. 예를 들어, 포드 자동차의 T 모델은 대량 생산 방식으로 자동차를 저렴한 가격에 공급하여 대중화하는 데 중요한 역할을 했다.

(2) 제품 지향적 마케팅(Product-Oriented Marketing)

이 시기에는 제품의 품질과 혁신에 집중하였다. 기업들은 소비자에게 더 나은 품질과 혁신적인 기능을 제공하려는 노력을 기울였다. 제품 자체의 우수성을 강조하며 마케팅 전략을 펼쳤지만, 품질만으로는 고객의 다양한 욕구를 완전히 충족시키지 못할 수 있음을 인식했다.

제품에 대한 자부심과 기술적 혁신이 핵심적인 요소가 되었으며, 이는 시장에서의 경쟁력을 높이는 데 이바지했다. 예를 들어, 소니의 워크맨은 혁신적인 포터블 오디오 시스템을 통해 시장에서 큰 반향을 일으켰다. 하지만 단순히 제품의 혁신만으로는 모든 소비자의 요구를 충족시키지는 못했다.

(3) 판매 지향적 마케팅(Sales-Oriented Marketing)

판매 지향적 마케팅은 생산된 제품을 어떻게든 판매하는 데 집중하는 전략이었다. 적극적인 프로모션과 영업 전략을 통해 소비자에게 제품을 강력하게 판매하려는 노력이 이루어졌다. 이 시기의 기업들은 소비자들이 제품을 자발적으로 선택하도록 유도하기보다는 강력한 판매촉진과 광고 활동에 의존하였다.

경쟁이 치열해짐에 따라 판매를 증대시키기 위한 다양한 방법들이 활용되었다. 예를 들어, 보험 산업의 초기 판매전략은 보험 상품을 적극적으로 판매하기 위해 텔레마케팅과 같은 강력한 판매촉진 전략이 사용되었다.

(4) 고객 지향적 마케팅(Customer-Oriented Marketing)

고객 지향적 마케팅은 고객의 요구와 욕구를 중심으로 제품과 서비스를 설계하는 전략이다. 기업은 소비자의 요구를 이해하고, 이를 충족시키기 위한 맞춤형 제품을 개발하려는 노력을 기울였다. 고객 중심의 마케팅은 고객 만족을 핵심으로 삼으며, 고객과의 관계를 강화하는 데 중요한 역할을 했다.

시장 세분화와 타겟팅을 통해 특정 고객군의 욕구에 맞춘 마케팅 전략이 중요해졌다. 예를 들어, 스타벅스는 고객의 개별적인 취향을 반영한 맞춤형 음료를 제공하여 고객 만족도를 극대화하고, 브랜드 충성도를 강화했다.

(5) 사회 지향적 마케팅(Societal Marketing)

사회 지향적 마케팅은 기업의 이익뿐만 아니라 사회적 책임과 지속 가능성을 고려한 전략이다. 기업은 환경 보호, 윤리적 소비, 사회적 책임을 마케팅 전략에 통합하려는 노력을 기울였다.

소비자들이 사회적 책임을 다하는 브랜드를 선호하게 되면서, 기업은 환경적, 사회적 가치를 반영한 마케팅을 통해 브랜드 이미지를 강화하고, 사회적 변화를 이끌어가는 중요한 역할을 했다. 예를 들어, 테슬라는 친환경적인 전기차를 생산하며 지속 가능한 미래를 지향하는 브랜드 가치를 강조하여 소비자들의 긍정적인 반응을 끌어냈다.

[그림 10-2] 마케팅 발전과정

4. 마케팅의 목표

마케팅 활동은 기업이 시장에서 경쟁력을 갖추고 지속 가능한 성장을 이루기 위해 설정된 다양한 목표를 달성하는 데 집중한다. 각 목표는 소비자와의 관계를 강화하고, 기업의 이익을 증대시키는 방향으로 설정한다.

(1) 고객 만족(Customer Satisfaction)

고객의 기대를 충족시키거나 초과 달성하는 것은 기업의 성공에 필수적이다. 고객이 만족할 때 재구매율이 높아지고, 브랜드 충성도가 강화된다. 이는 입소문 마케팅으로 이어져 자연스러운 광고 효과를 낳을 수 있다.

(2) 시장 점유율 확보(Market Share)

경쟁사 대비 높은 시장 점유율을 확보함으로써 기업은 시장에서의 지배력을 강화한다. 이를 통해 가격 결정권과 브랜드 신뢰도를 높이고, 자원을 효율적으로 배분할 수 있는 기반을 마련한다.

(3) 장기적 관계 구축(Relationship Building)

고객과의 지속 가능한 관계를 구축하는 것은 기업의 장기적인 성공에 중요한 요소이다. 충성고객을 확보하면 브랜드에 대한 긍정적인 태도와 재구매가 이루어지며, 이는 안정적인 수익원으로 이어진다.

(4) 기업 이익 증대(Profit Maximization)

마케팅은 고객가치 창출을 통해 매출을 증가시키는 과정이다. 고객이 지급하는 가격과 제공하는 제품의 가치를 극대화하여, 기업의 이익을 증대시키고 재정적 안정성을 확보한다.

5. 마케팅의 주요 활동

마케팅 활동은 기업이 목표를 달성하기 위해 추진하는 전략적이고 실행 가능한 작업으로 구성된다. 각 활동은 시장의 변화를 분석하고, 고객의 요구를 반영하는 방식으로 진행한다.

(1) 시장 조사(Market Research)

시장 조사는 소비자 요구와 시장 동향을 분석하는 중요한 활동이다. 고객의 행동 패턴과 선호를 이해하고, 경쟁사의 활동을 파악함으로써 기업은 효과적인 마케팅 전략을 수립할 수 있다.

(2) STP 전략(Segmentation, Targeting, Positioning)

Segmentation(세분화)은 시장을 다양한 특성에 따라 세분화하여 각 세분시장의 요구에 맞는 전략을 수립한다. Targeting(목표화)은 세분된 시장 중에서 기업의 자원과 전략에 맞는 가장 적합한 시장을 선정하여 집중한다. Positioning(차별화)은 선택된 목표시장에서 경쟁 브랜드와 차별화되는 고유한 이미지를 형성하여, 브랜드의 가치를 확립한다.

(3) 판매 전략(4P)

제품(Product)은 목표시장의 요구와 기대에 맞는 제품을 개발하고, 경쟁력을 갖춘 품질과 기능을 제공한다. 가격(Price)은 타겟 시장의 지불 능력에 맞는 합리적인 가격 책정을 통해 가치를 전달한다.

유통(Place)은 고객이 편리하게 접근할 수 있는 유통 채널을 선택하고, 효율적인 물류 시스템을 구축한다. 판촉(Promotion)은 효과적인 광고, 판촉, 이벤트 등을 통해 브랜드 인지도를 높이고, 고객의 관심을 끌어낸다.

(4) 디지털 마케팅(Digital Marketing)

디지털 마케팅은 소셜 미디어, SEO(검색엔진 최적화), 이메일 마케팅 등 다양한 디지털 채널을 활용한 마케팅 활동이다. 온라인 플랫폼에서의 브랜드 존재감을 강화하고, 고객과의 직접적인 소통을 통해 마케팅 효과를 극대화한다. 디지털 분석 도구를 통해 실시간 데이터를 활용한 최적화가 가능하다.

6. 마케팅 커뮤니케이션 믹스(Marketing Communication Mix)

기업이 고객과 의사소통하기 위해 사용하는 다양한 도구와 방법들을 조합한 것을 의미한다. 이를 통해 기업은 제품이나 서비스에 대한 정보를 전달하고, 브랜드 이미지를 구축하며, 고객의 구매를 촉진한다.

(1) 마케팅 커뮤니케이션 믹스 구성요소

마케팅 커뮤니케이션 믹스는 다양한 채널과 기법을 활용하여 고객과의 효과적인 소통을 목표로 한다. 각 요소는 고유의 목적과 활용 방식을 통해 브랜드 메시지를 전달하고, 고객의 관심과 참여를 유도한다.

1) 광고(Advertising)

❶ 유료 매체를 통해 대중에게 메시지를 전달하는 방법이다.

❷ 다양한 매체를 활용하여 브랜드 인지도를 높이고, 제품의 장점을 효과

적으로 전달할 수 있다. 예를 들어, TV, 라디오, 인쇄물, 디지털 광고, 옥외 광고 등을 활용할 수 있다.

2) 판매촉진(Sales Promotion)

❶ 고객의 즉각적인 구매를 유도하기 위해 제공되는 단기적 프로모션을 의미한다.

❷ 구매 장벽을 낮추고, 고객의 구매 결정을 촉진하는 데 효과적이다. 예를 들어, 할인 쿠폰, 1+1행사, 경품 이벤트, 무료 샘플을 제공할 수 있다.

3) 홍보 및 PR(Public Relations)

❶ 기업의 긍정적 이미지를 구축하거나 위기 상황을 관리하기 위한 활동을 의미한다.

❷ 신뢰도를 높이고, 장기적으로 브랜드 가치를 강화하는 데 중점을 둔다. 예를 들어, 언론 보도, 소셜 미디어 캠페인, 사회공헌 활동(CSR, Corporate Social Responsibility), 이벤트 기획 등을 활용할 수 있다.

4) 인적 판매(Personal Selling)

❶ 판매자가 고객과 직접 대면하여 제품을 설명하고 설득하는 과정을 의미한다.

❷ 주로 고관여(high-involvement) 제품이나 고가 상품에서 효과적이다. 예를 들어, 자동차, 부동산, 금융 상품 판매 등에 활용한다.

5) 직접 마케팅(Direct Marketing)

❶ 고객 개개인에게 직접 접근하여 개인화된 메시지를 전달하는 방법을 의미한다.

❷ 고객과의 1:1 소통을 통해 관계를 강화하고 구매 전환율을 높이는 데 이바지한다. 예를 들어, 이메일 마케팅, DM(Direct Mail), 텔레마케팅, SMS 캠

페인 등을 활용할 수 있다.

6) 디지털/소셜 미디어(Digital/Social Media)

❶ 디지털 플랫폼을 활용한 마케팅을 의미한다.

❷ 실시간 소통과 정교한 목표화를 통해 효과적인 메시지 전달이 가능하다. 예를 들어, SNS 광고(페이스북, 인스타그램), 인플루언서 마케팅, SEO(검색 엔진 최적화), 유튜브 콘텐츠 마케팅 등을 활용할 수 있다.

7. 통합 마케팅 커뮤니케이션(Integrated Marketing Communication)

통합 마케팅 커뮤니케이션(IMC)은 기업이 여러 커뮤니케이션 채널을 통합하여 일관된 메시지를 전달하고, 이를 통해 마케팅 효과를 극대화하려는 전략이다. 다양한 채널 간의 협력을 통해 고객과의 모든 접점에서 강력하고 일관된 브랜드 경험을 제공하는 것이 목표이다.

[그림 10-3] IMC 전략

(1) 통합 마케팅 커뮤니케이션(IMC)의 주요 원칙

1) 일관성(Consistency)

❶ 정의: 모든 커뮤니케이션에서 동일한 메시지와 브랜드 이미지를 유지하는 것을 의미한다.

❷ 중요성: 서로 다른 채널에서 전달되는 메시지가 불일치할 경우 고객의 혼란과 브랜드 신뢰도 저하로 이어질 수 있다.

❸ 예시: 코카콜라는 TV 광고, 디지털 캠페인, 오프라인 매장에서 동일한 브랜드 메시지인 행복과 연결을 지속적으로 강조한다.

2) 통합성(Integration)

❶ 정의: 각 채널이 독립적으로 기능하는 것이 아니라, 상호 보완적으로 작동하여 시너지 효과를 창출하는 것을 의미한다.

❷ 중요성: 단일 채널보다 다채널 캠페인이 더 강력한 효과를 발휘하며, 전체적인 마케팅 메시지의 효과를 극대화할 수 있다.

❸ 예시: 패션 브랜드는 SNS 광고를 통해 제품을 홍보하고, 이메일 마케팅으로 할인 코드를 제공하며, 오프라인 이벤트로 고객 참여를 유도하는 방식으로 하나의 통합 캠페인을 구성한다.

3) 고객 중심(Customer-Centricity)

❶ 정의: 모든 커뮤니케이션 활동이 고객의 경험, 니즈, 행동 데이터를 중심으로 설계되는 것을 의미한다.

❷ 중요성: 고객의 기대와 요구가 다양해지는 만큼, 데이터를 기반으로 한 개인화된 커뮤니케이션이 고객 만족도와 충성도를 높이는 데 핵심적이다.

❸ 예시: 아마존은 고객의 구매 이력과 검색 데이터를 분석하여 맞춤형 제품 추천 및 이메일 캠페인을 진행해 높은 구매 전환율을 달성한다.

통합 마케팅 커뮤니케이션(IMC)은 단순히 여러 채널을 사용하는 것을 넘어,

모든 채널이 하나의 목표와 메시지를 공유하도록 체계적으로 설계되어야 한다. 이를 통해 고객과 브랜드 간의 신뢰와 관계를 강화하고, 마케팅 투자 대비 효율을 극대화할 수 있다.

(2) 통합 마케팅 커뮤니케이션(IMC)의 장점

1) 브랜드 일관성 강화

모든 커뮤니케이션 채널에서 동일한 메시지를 전달함으로써 고객의 신뢰를 높이고 브랜드 충성도를 강화한다.

2) 효율성 제고

중복된 마케팅 활동을 줄이고 자원(Resource)을 최적화하여 비용 대비 효과를 극대화할 수 있다.

3) 성과 극대화

여러 채널 간의 협력을 통해 시너지 효과를 창출하고, 투자 대비 수익(ROI)을 상승시킨다.

IMC는 단순히 각기 다른 마케팅 활동을 나열하는 것을 넘어, 채널 간의 유기적인 통합을 통해 고객과의 소통을 강화하고, 궁극적으로 기업의 성과를 극대화하는 데 이바지한다.

(3) 마케팅 커뮤니케이션 믹스와 통합 마케팅 커뮤니케이션(IMC)의 차이점

마케팅 커뮤니케이션 믹스는 개별 도구의 활용을 통해 특정 목표를 달성하는 데 중점을 두는 반면, IMC는 모든 도구를 통합하여 시너지 효과를 창출하고 브랜드 경험을 강화하는 데 초점을 맞춘다.

접근방식에서는 마케팅 커뮤니케이션 믹스가 독립적이고 분리된 커뮤니케이션 도구를 사용하는 데 비해, IMC는 도구 간의 조화를 통해 일관된 메시지를 전달한다. 마케팅 커뮤니케이션 믹스는 단기적이고 특정 활동 중심으로 실행되는 반면, IMC는 전략적이고 장기적인 통합적 접근을 지향한다. 효율성 측면에서는 마케팅 커뮤니케이션 믹스가 개별 활동의 효율성에 초점을 맞추는 데 비해, IMC는 채널 간 협력을 통해 전반적인 효율성과 ROI를 극대화한다.

마케팅 커뮤니케이션 믹스는 할인 쿠폰 제공이나 광고 캠페인 실행 등 개별 활동에 그치는 경우가 많다. 반면, IMC는 광고, 소셜 미디어, 판매촉진 등 다양한 커뮤니케이션 도구를 하나의 캠페인으로 통합하여 더 큰 효과를 거두는 방식으로 진행된다.

10-2 마케팅 전략(Marketing Strategy)

1 마케팅 전략(Marketing Strategy)

마케팅 전략은 기업이 특정 목표를 달성하기 위해 자원을 효과적으로 활용하여 시장에서 경쟁우위를 확보하고, 고객의 요구를 충족하며, 이익을 극대화하기 위해 수립하는 포괄적 계획이다.

1. 마케팅 전략의 이해

마케팅 전략은 기업이 목표를 달성하기 위해 수립하는 체계적인 계획이다. 이 전략은 목표시장의 정의, 고객의 니즈 분석, 차별화된 가치 제공, 실행 계획 수립 등으로 구성된다. 목표시장의 정의는 기업이 집중할 시장을 명확히 설정하는 과정이다.

고객의 니즈를 분석함으로써 소비자의 요구와 기대를 이해하고, 이에 부합하는 상품이나 서비스를 제공할 수 있다. 차별화된 가치를 제공하기 위해 기업은 경쟁사와 차별화된 요소를 개발하고, 이를 통해 시장에서 독자적인 위치를 확보한다. 마지막으로 실행 계획은 전략을 실제로 구현하기 위한 구체적인 단계와 자원 배분을 포함한다.

[그림 10-4] 마케팅 전략 분석

2. 마케팅 전략의 구성요소

(1) STP 전략(Segmentation, Targeting, Positioning)

STP 전략은 시장을 분석하고, 고객의 특성을 반영한 맞춤형 마케팅 활동을 설계하는 핵심 요소이다. 이를 통해 기업은 자원을 효율적으로 활용하고, 고객의 요구에 맞는 제품과 서비스를 제공할 수 있다.

1) 세분화(Segmentation)

세분화는 전체 시장을 인구통계, 심리, 행동 등의 기준에 따라 나누어, 각 고객군의 특성과 요구를 파악하는 단계이다. 예를 들어, 스포츠음료 시장에서는 소비자를 연령대별로 세분화할 수 있다(예: 10대, 20~30대, 40대 이상).

2) 표적 시장 선정(Targeting)

표적 시장 선정은 세분된 시장 중 가장 매력적이고, 수익성이 높은 세분 시장을 선택하여 마케팅 활동을 집중하는 단계이다. 예를 들어, 고급스러운 스포츠음료를 20~30대 운동 애호가를 주요 대상으로 설정할 수 있다.

3) 차별화(Positioning)

차별화는 고객의 마음속에 브랜드의 독특한 이미지를 명확하게 자리 잡게 하여 경쟁우위를 확보하는 단계이다. 예를 들어, 브랜드가 운동 후 최고의 리프레시 음료로 차별화될 수 있다.

STP 전략은 고객 중심적 접근을 통해 경쟁 시장에서 차별화된 가치를 제공하고, 브랜드 충성도를 강화하는 데 필수적인 마케팅 전략이다.

3. 4P 전략

판매전략의 4P(Product, Price, Place, Promotion)는 기업이 목표 고객에게 가치를 전달하고, 시장에서 성공적으로 경쟁하기 위해 사용하는 핵심 전략 요소이다. 각각의 요소는 아래와 같은 역할과 중요성을 가진다.

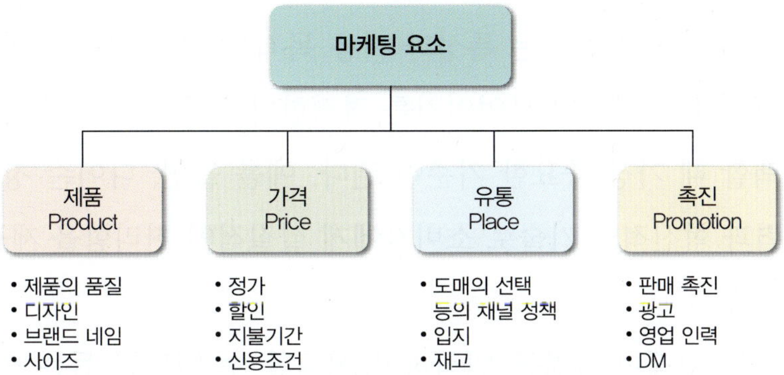

[그림 10-5] 판매전략 구성 요소(출처: 곽진만, 2023)

(1) Product(제품)

제품은 소비자의 요구와 욕구를 충족시키기 위해 제공되는 물리적 상품, 서비스, 아이디어 등을 포함하며, 고객에게 가치를 제공하는 핵심 요소이다.

제품은 단순히 기능적인 측면을 넘어 소비자의 감성과 요구를 만족시키는 중요한 역할을 한다. 품질, 디자인, 기능, 브랜드는 소비자의 구매 결정에 큰 영향을 미치며, 경쟁 시장에서 브랜드를 차별화하는 요소로 작용한다.

1) 구성요소

❶ 제품의 품질은 성능과 신뢰성을 나타내며, 고객에게 제품이 기대한 대로 제대로 작동할 것이라는 확신을 준다. 품질은 소비자의 만족도와 재구매 의향을 높이는 중요한 요소이다. 예를 들면, 애플 제품은 고성능과 내구성을 자랑하며, 고객이 오랜 시간 사용하면서도 품질에 대한 신뢰감을 유지하게 만든다.

❷ 디자인은 고객의 미적 감각과 편의성을 고려하여 제품을 시각적, 감각적, 매력적으로 만들고, 사용하기 쉽도록 설계하는 과정이다. 디자인은 소비자가 제품을 선택하는 중요한 기준이 될 수 있다. 예를 들면, 테슬라 자동차

는 혁신적이고 미래지향적인 디자인으로, 고급스럽고 효율적인 이미지를 소비자에게 전달하며 브랜드 인식을 강화한다.

❸ 기능은 제품이 제공하는 특성과 사용 목적을 의미하며, 고객이 제품을 사용하는 이유와 그 가치가 무엇인지를 결정한다. 기능적인 우수성은 고객이 제품을 선택할 때 가장 중요한 기준이 된다. 예를 들면, 다이슨 청소기는 강력한 흡입력과 혁신적인 기술로 소비자에게 실질적인 편리함을 제공하며, 청소 효율을 높인다.

❹ 브랜드는 고객이 제품을 인식하고 신뢰할 수 있도록 돕는 이름, 로고, 이미지 등을 포함하며, 브랜드는 제품에 대한 소비자의 감정적 연결을 형성한다. 강력한 브랜드는 고객 충성도를 높이고, 시장에서의 경쟁력을 강화하는 데 중요한 역할을 한다. 예를 들면, 나이키는 스우시(Swoosh) 로고와 "Just Do It" 슬로건을 통해 브랜드 본질을 확립하고, 운동과 도전적인 이미지를 소비자에게 강하게 각인시킨다.

(2) Price(가격)

가격은 소비자가 제품이나 서비스를 구매하기 위해 지급해야 하는 금전적 대가를 의미하며, 이는 기업의 수익성에 큰 영향을 미친다. 적절한 가격 전략을 통해 소비자의 구매 의사결정에 큰 영향을 미칠 수 있으며, 제품의 가치와 기업의 이익을 동시에 고려한 가격 책정이 필요하다. 가격은 시장의 수요와 경쟁상황에 맞추어 설정되어야 하며, 이를 통해 경쟁력을 확보하고 고객의 관심을 끌 수 있다.

1) 구성요소

❶ 가격 전략은 시장 상황, 경쟁, 제품 가치를 고려하여 적절한 가격을 책정하는 전략이다. 제품의 초기 가격 책정에 따라 시장 내 인지도와 수요를 변화시킬 수 있다. 예를 들면, 스키밍 전략은 고가로 출시 후 점차 가격을 인하

하여 초기 높은 수익을 창출하는 방식이고, 침투 전략은 저가로 시장에 진입하여 빠르게 시장 점유율을 확대하는 전략이다.

❷ 할인 정책은 특정 시점에 가격을 일시적으로 낮추어 소비자에게 혜택을 제공하는 프로모션 전략이다. 할인은 소비자의 구매 의사결정을 자극하고, 단기적으로 판매를 촉진하는 데 효과적이다. 예를 들면, 블랙 프라이데이 할인은 대규모 세일을 통해 소비자들의 즉각적인 구매를 유도하고, 브랜드의 인지도를 높이는 효과를 얻는다.

❸ 심리적 가격은 소비자가 가격을 합리적으로 느끼도록 설정된 가격 전략이다. 가격의 끝자리를 낮추는 방식은 소비자에게 더 낮은 가격처럼 인식되게 한다. 예를 들면, "9,990원"과 같은 가격 설정은 소비자에게 "10,000원"보다 더 저렴하게 느껴져 구매를 유도하는 효과가 있다.

(3) Place(유통)

유통은 제품이 생산자로부터 소비자에게 전달되는 경로와 과정을 의미하며, 제품의 가용성을 높이고 고객의 구매 편의성을 증대시킨다. 효율적인 유통 전략은 제품을 적시에 적합한 장소에 공급할 수 있게 하여 소비자와의 접점을 확대한다. 유통 경로의 최적화는 기업의 경쟁력을 높이고, 고객 만족도를 증가시킬 수 있다.

1) 구성요소

❶ 유통 경로는 제품이 제조업체에서 소비자에게 전달되는 경로로, 도매, 소매, 직판 등이 포함된다. 다양한 유통 경로를 활용하면 제품의 가용성과 접근성을 높일 수 있다. 예를 들면, 아마존을 통한 전자상거래는 소비자가 온라인에서 직접 제품을 주문하고 빠르게 배송받을 수 있는 경로를 제공한다.

❷ 유통 채널은 물리적 매장, 온라인 플랫폼 등 소비자와 직접 연결되는 접점으로, 소비자가 제품을 구매할 수 있는 다양한 방법을 제공한다. 예를 들

면, 애플은 오프라인 매장(Apple Store)과 온라인 스토어를 통해 고객에게 다양한 구매 경로를 제공하며, 제품에 대한 직관적인 경험을 할 수 있게 한다.

❸ 입지 선정은 소비자가 제품에 쉽게 접근할 수 있도록 매장의 위치를 선정하는 과정이다. 적절한 입지는 고객의 구매 편의성을 높이고, 매출 증대에 기여할 수 있다. 예를 들면, 편의점 CU는 주요 교통 요충지에 매장을 배치하여, 소비자가 쉽게 방문할 수 있도록 하고, 빠른 쇼핑 경험을 제공한다.

(4) Promotion(촉진)

촉진은 제품이나 브랜드의 가치를 고객에게 알리고, 이를 통해 구매를 유도하는 모든 의사소통 활동을 포함한다. 촉진 활동은 소비자에게 제품에 대한 인식을 높이고, 브랜드 이미지를 강화하며, 고객의 행동을 촉진하는 데 중요한 역할을 한다. 효과적인 촉진 전략은 고객의 참여를 끌어내고, 제품의 판매를 증가시킬 수 있다.

[그림 10-6] 마케팅 믹스

1) 구성요소

❶ 광고는 TV, 라디오, 온라인 등 다양한 매체를 통해 제품정보를 전달하는 중요한 마케팅 도구이다. 광고는 대중에게 브랜드를 인식시키고, 소비자에게 제품의 특장점을 알리는 데 효과적이다.

예를 들면, 코카콜라는 TV 광고 캠페인을 통해 브랜드의 메시지와 가치를 널리 알리며, 제품에 대한 긍정적인 인식을 형성한다.

❷ 판매 촉진은 한정 할인, 쿠폰, 사은품 제공 등 소비자에게 즉각적인 혜택을 제공하여 구매를 유도하는 전략이다. 판매촉진은 단기적으로 판매를 증대시키고, 브랜드의 관심을 끌 수 있다.

예를 들면, 대형할인점의 묶음 상품 행사나 가격 할인을 통해 소비자의 구매를 자극하고, 고객을 매장으로 유도한다.

❸ PR(공공 관계) 및 홍보는 브랜드 이미지를 구축하고, 고객과의 신뢰를 형성하는 활동이다. 긍정적인 기업 이미지는 고객의 충성도를 높이고, 기업에 대한 신뢰를 증가시킨다.

예를 들면, 기업의 사회적 책임(CSR) 활동을 통해 긍정적인 이미지를 구축하고, 사회적 책임을 다하는 모습을 소비자에게 전달한다.

❹ 디지털 마케팅은 소셜 미디어, 이메일 마케팅 등을 통해 소비자와 직접 소통하는 전략이다. 디지털 마케팅은 개인화된 메시지 전달과 실시간 반응이 가능하여 고객과의 관계를 강화할 수 있다.

예를 들면, 인스타그램을 활용한 기업의 소비자 참여 이벤트는 고객의 참여를 유도하고, 브랜드에 대한 친밀감을 증가시킨다.

▶ 알아두기: 사회적 책임(CSR, Corporate Social Responsibility)은 기업이 사회와 환경에 긍정적인 영향을 미치기 위해 법령과 윤리를 준수하고, 이해관계자의 요구에 적절히 대응하는 활동.

4. 7P 전략(서비스 산업 중심)

서비스 마케팅에서는 전통적인 4P(Product, Price, Place, Promotion) 모델에 더해

인적 요소(People), 프로세스(Process), 물리적 증거(Physical Evidence)를 포함한 7P 모델을 사용한다. 이는 서비스의 무형성과 고객과의 상호작용 중요성을 반영한 개념이다.

[그림 10-7] 서비스 산업의 7P

(1) 인적 요소(People)

인적 요소는 서비스를 제공하거나 고객의 경험에 영향을 미치는 모든 사람을 포함하며, 여기에는 서비스 제공자, 직원, 고객 자신이 포함된다. 서비스 산업에서 사람 간의 상호작용은 중요한 역할을 하며, 고객은 직원의 태도와 행동을 통해 브랜드에 대한 신뢰를 형성한다. 직원의 전문성, 친절도, 역량은 서비스 품질을 결정짓는 주요 요소이며, 고객의 기대를 충족시키는 데 핵심적인 영향을 미친다.

1) 중요성

❶ 서비스는 종종 사람 간의 상호작용에서 경험되므로, 직원의 태도, 역량, 행동이 서비스 품질에 큰 영향을 미친다.

❷ 고객의 기대를 충족시키고 브랜드 이미지를 형성하는 데 핵심적인 역할을 한다.

2) 관리 전략

❶ 직원 교육 및 훈련: 직원의 서비스 기술과 커뮤니케이션 능력을 강화하여 고객 만족을 지속적으로 증대시킨다.

❷ 동기부여: 성과 기반 보상 체계와 긍정적인 조직 문화를 통해 직원들의 적극적 참여를 유도한다.

❸ 고객 관리: 기존 고객도 긍정적인 경험을 통해 새로운 고객에게 영향을 미칠 수 있으므로, 고객 관리 또한 중요한 요소이다.

3) 사례

❶ 스타벅스 바리스타는 친절한 서비스와 개인화된 경험을 제공하여 브랜드 충성도를 높인다.

❷ 항공사 승무원의 세심한 고객 서비스는 고객의 만족도를 결정짓는 중요한 요소이다.

(2) 프로세스(Process)

프로세스는 서비스가 고객에게 전달되는 절차, 메커니즘, 그리고 흐름을 의미하며, 서비스 제공의 일관성과 효율성을 확보하는 데 중요한 역할을 한다. 효율적인 프로세스는 고객의 기대와 실제 경험 간의 격차를 줄이고, 고객의 만족도를 높이는 데 필수적이다.

1) 중요성

❶ 서비스 품질의 일관성을 유지하고 고객 만족도를 높이는 데 필수이다.

❷ 고객의 기대와 실제 경험 간의 격차를 줄이는 데 기여한다.

2) 관리 전략

❶ 서비스 표준화: 정형화된 프로세스를 통해 서비스 품질의 일관성을 보장한다.

❷ 고객 중심 설계: 고객의 편리함과 경험을 최우선으로 고려한 프로세스를 설계한다.

❸ 기술 활용: 디지털 도구와 자동화 시스템을 통해 고객의 서비스 이용을 간소화하고 효율성을 높인다. 예를 들면, 온라인 예약 시스템과 자동화된 키오스크는 고객이 편리하게 서비스를 이용할 수 있도록 돕는다.

3) 사례

❶ 맥도날드의 패스트푸드 주문 및 제작 시스템은 효율적이고 예측 가능하며 일관된 고객 경험을 제공한다.

❷ 우버(Uber)는 앱을 통해 차량 호출부터 요금 지불까지 단순하고 투명한 프로세스를 제공하여 고객의 편리한 이용을 지원한다.

(3) 물리적 증거(Physical Evidence)

물리적 증거는 고객이 서비스를 경험하거나 판단할 때 사용하는 눈에 보이는 요소를 의미한다. 서비스는 본질적으로 무형적이지만, 물리적 증거를 통해 고객은 서비스의 품질을 인식하고, 신뢰를 형성한다. 물리적 환경은 고객 경험을 강화하고, 브랜드 이미지를 확립하는 중요한 도구가 된다.

1) 중요성

❶ 물리적 환경은 고객 경험을 강화하고, 서비스 품질을 인지하는 데 도움을 준다.

❷ 브랜드 이미지를 강화하며, 고객이 서비스 경험을 긍정적으로 기억하도록 돕는다.

2) 관리 전략

❶ 환경 디자인: 매장, 로고, 포장, 유니폼 등 시각적 요소들을 브랜드 이미지와 일관되게 제작하여 고객 경험을 향상시킨다.

❷ 감각 마케팅: 조명, 향기, 음악 등 감각적 요소를 통해 고객에게 긍정적인 경험을 제공하고 브랜드와의 연결을 강화한다.

❸ 품질 증명 자료: 고객 리뷰, 상패, 인증서 등 신뢰를 강화하는 자료를 활용하여 고객의 신뢰를 높인다.

3) 사례

❶ 호텔 로비의 고급스러운 인테리어와 아늑한 분위기는 고객에게 높은 서비스 품질을 연상시키며, 긍정적인 브랜드 이미지를 형성한다.

❷ 스타벅스는 매장의 음악, 인테리어 디자인, 로고 컵 등을 통해 브랜드 아이덴티티를 강화하고, 고객에게 일관된 경험을 제공한다.

인적요소, 프로세스, 물리적 증거는 각각 서비스 품질과 고객 경험에 직결되는 중요한 요소이며, 이 세 가지 요소를 효과적으로 관리하는 것은 브랜드 신뢰도를 높이고, 고객 만족과 충성도를 강화하는 데 큰 도움이 된다.

10-3 홍보 · 판촉 전략

1 홍보·판촉 전략

홍보·판촉 전략은 기업이 제품이나 서비스의 인지도를 높이고, 소비자의 구매 행동을 유도하기 위해 사용하는 다양한 활동 기법이다.

홍보는 주로 기업의 이미지를 개선하거나 브랜드의 가치를 강화하기 위해 언론 매체, 공공 캠페인, 소셜 미디어 등을 활용하여 대중과 소통하는 활동을 포함한다. 이를 통해 신뢰와 긍정적인 브랜드 이미지를 구축한다.

판촉은 직접적인 구매를 유도하기 위한 단기적인 활동으로, 할인, 쿠폰, 샘플 제공, 경품 행사, 한정판 프로모션 등이 포함된다. 이러한 활동은 소비자의 구매 욕구를 자극하고, 판매 실적을 빠르게 향상하는 데 초점을 둔다.

홍보와 판촉 전략은 상호 보완적으로 작용하며, 기업이 목표로 하는 시장에서 효과적인 성과를 달성하도록 돕는다.

1. 홍보 전략(Promotion Strategy)의 개념

홍보 전략의 핵심 요소인 광고는 제조업체에 있어 제품 판매를 위한 중요한 수단이며, 고객에게는 제품이나 브랜드 정보를 제공하는 주요 원천으로 작용한다. 이를 통해 고객은 제품에 대한 이해도를 높이고, 기업은 고객과의 신뢰를 구축할 수 있다. 예를 들어, 애플(Apple)의 광고는 제품의 기술적 우수성과 디자인을 강조하며, 브랜드 충성도를 높이는 데 기여해왔다.

(1) 홍보 전략의 목적

홍보 전략은 고객에게 정보를 전달하는 동시에 구매를 자극하고 설득하는 것을 목적으로 한다. 이를 통해 다음과 같은 효과를 기대할 수 있다.

1) 고객과의 신뢰 형성

고객이 제품이나 브랜드에 대해 우호적인 태도를 보이도록 유도한다.

❶ 사례: 코카콜라(Coca-Cola)는 "Holidays are Coming" 캠페인을 통해 브랜드와 고객 간 정서적 연결을 강화하였다.

2) 시장 경쟁 촉진

제품의 인지도를 높여 경쟁사들이 더 좋은 제품을 개발하도록 자극한다.

❶ 사례: 삼성전자는 갤럭시 스마트폰의 광고를 통해 애플과의 경쟁 구도를 부각하며, 시장 내 혁신을 유도하였다.

3) 변화의 촉매 역할

고객의 인식과 생활 방식을 변화시키는 데 기여한다.

❶ 사례: 전기차 제조업체 테슬라(Tesla)는 친환경 기술을 강조하는 광고를 통해 소비자들의 자동차 선택 기준을 바꿔 놓았다.

[그림 10-8] 판촉의 고객 참여 효과

2. 판촉 전략(Sales Strategy)의 개념

판촉 전략은 고객의 구매 욕구를 자극하여 판매를 증가시키는 마케팅 활동을 포함한다. 이는 광고, PR, 인적 판매와 함께 마케팅 커뮤니케이션의 중요한 요소로, 단기적으로 판매를 촉진하는 데 중점을 둔다.

❶ 사례: 스타벅스는 "Buy One, Get One Free" 프로모션을 통해 신규고객을 유치하고 브랜드 충성도를 강화하였다.

(1) 판촉 전략의 목적

판촉 전략은 다음과 같은 목적을 가진다.

1) 직접적인 수요 창출

고객의 구매를 즉각적으로 자극하여 매출을 증대시킨다.

❶ 사례: 맥도날드는 한정판 메뉴와 할인 쿠폰을 통해 매출을 단기간에 극대화하였다.

2) 브랜드 이미지 제고

고객에게 긍정적인 인식을 심어주고 브랜드 충성도를 강화한다.

❶ 사례: 샤넬(Chanel)은 고객 체험 이벤트를 통해 브랜드의 고급스러운 이미지를 강화하였다.

3) 신규고객 창출 및 기존고객 유지

다양한 판촉 활동을 통해 고객 기반을 확장한다.

❶ 사례: 넷플릭스는 신규 가입자에게 첫 달 무료 체험을 제공하여 고객 확보에 성공하였다.

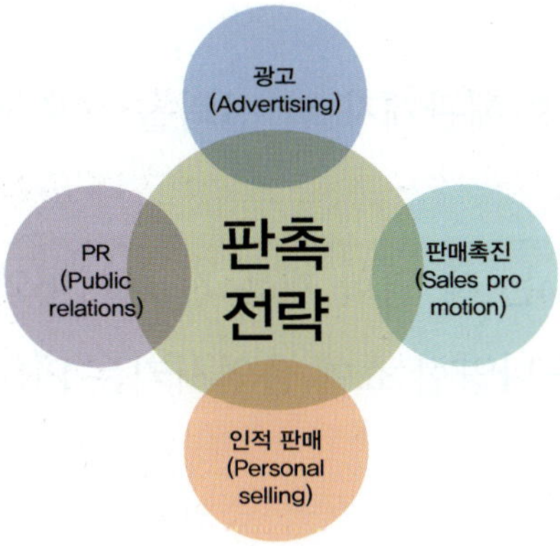

[그림 10-9] 판촉의 구성요소

(2) 판촉의 구성요소

1) 광고(Advertising)

광고는 소비자의 행동과 태도에 영향을 미치기 위해 유료로 정보를 전달하는 활동이다. 이를 통해 소비자들에게 브랜드와 제품에 대한 긍정적 이미지를 심어준다.

(가) 마케팅 관점

광고는 기업이 제품과 상표를 홍보하기 위해 사용하는 다양한 매체를 포함한다.

❶ 사례: 나이키(Nike)는 "Just Do It" 캠페인을 통해 브랜드의 가치를 전달하고, 글로벌 스포츠 브랜드로 자리 잡았다.

(나) 커뮤니케이션 관점

광고는 과거 단방향에서 현재 쌍방향 커뮤니케이션으로 진화하고 있다.

❶ 사례: 아마존(Amazon)은 AI를 활용한 광고로 고객의 구매 기록을 분석하고, 맞춤형 제품 광고를 제공한다.

2) PR(Public Relations)

PR은 기업과 다양한 이해관계자 간 신뢰를 구축하는 활동으로, 브랜드와 고객의 관계를 강화한다.

❶ 사례: 디즈니(Disney)는 새 영화 개봉 전 미디어와 협력하여 촬영 현장을 공개하고 주요 출연진을 다양한 쇼에 출연시키는 PR 전략을 활용한다.

3) 인적 판매(Personal Selling)

인적 판매는 판매원이 고객과 직접 대면하여 제품을 설명하고 구매를 유도하는 방식이다.

❶ 사례: 화장품 브랜드 로레알(L'Oréal)은 매장 내 뷰티 컨설턴트를 통해 고객에게 제품 사용법을 교육하고, 구매를 유도한다.

4) 판매촉진(Sales Promotion)

판매촉진은 고객의 구매를 자극하기 위한 단기적인 마케팅 활동이다.

❶ 사례: P&G는 대형마트에서 쿠폰과 샘플 증정을 통해 고객들이 신제품을 경험하도록 유도하여 매출을 증대시켰다.

(가) 주요 활동

유통업체 지원: POP 광고 설치, 홍보물 배포

소비자 촉진: 경품 이벤트, 체험 학습

3. 서비스 산업의 홍보 · 판촉의 사례

(1) 미용 서비스

1) 사례: 한 미용실은 지역 고객을 대상으로 한 로열티 프로그램을 도입.

❶ 프로모션: 첫 방문 고객에게 무료 트리트먼트 서비스 제공.

❷ 홍보 채널: 인스타그램과 틱톡을 활용한 전후 사진 게시. 고객의 동의를

얻어 헤어 스타일링 과정을 스토리로 제작.

❸ 효과: SNS를 통해 고객 후기를 자연스럽게 확산시키고, 신규고객 방문을 유도.

(2) 요식 서비스

1) 사례: 한 레스토랑은 비수기 매출을 올리기 위해 한정 메뉴 이벤트를 운영.

❶ 프로모션: 특정 계절 메뉴를 예약제로만 판매하고, 조기 예약 고객에게 무료 디저트 제공.

❷ 홍보 채널: 지역 커뮤니티 플랫폼과 SNS를 활용한 타겟팅 광고.

❸ 효과: 희소성을 강조해 예약률 증가. 동시에, 고객 리뷰 이벤트를 통해 자연스러운 입소문 형성.

(3) 의료 서비스

1) 사례: 한 소아청소년과 병원은 부모들을 대상으로 건강 세미나를 진행.

❶ 프로모션: 무료 소아 건강 상담과 함께 세미나 참여자에게 소정의 기념품(손 소독제, 비타민 샘플) 제공.

❷ 홍보 채널: 지역 커뮤니티 광고 및 병원 웹사이트를 통한 사전 예약 홍보.

❸ 효과: 신뢰감을 조성하며, 세미나 이후 병원을 방문하는 신규 환자 수 증가.

(4) 항공 서비스

1) 사례: 한 항공사는 신규 노선 개설을 홍보하기 위해 얼리버드(Early Bird) 프로모션을 운영.

❶ 프로모션: 최초 1,000명 예약 고객에게 50% 할인 및 여행용 파우치 증정.

❷ 홍보 채널: 이메일 마케팅과 여행 블로거와의 협업을 통해 해당 노선의

매력을 강조.

❸ 효과: 초기 수요를 유도하며 노선의 인지도를 빠르게 상승.

(5) 교육 서비스

1) 사례: 한 온라인 교육 플랫폼은 신규 강의 출시를 기념해 무료 체험 이벤트를 진행.

❶ 프로모션: 특정 기간 인기 강의를 무료로 제공하거나, 신규 가입자에게 7일 무료 체험권 제공.

❷ 홍보 채널: 유튜브 광고, 구글 검색 광고, 인스타그램 리마케팅 캠페인.

❸ 효과: 무료 체험을 통해 콘텐츠 품질을 경험하게 하여 유료 구독 전환율 상승.

(6) 금융 서비스

1) 사례: 한 은행은 청년층을 겨냥한 맞춤형 금융상품 출시와 이벤트 진행.

❶ 프로모션: 청년 전용 계좌 개설 시 캐시백 또는 영화 관람권 제공.

❷ 홍보 채널: 유튜브와 틱톡에서 청년층을 타겟으로 한 바이럴 영상 제작.

❸ 효과: 신규 계좌 개설 수 증가와 함께 젊은 고객층 확보.

학습활동

활동: 홍보·판촉 전략

❶ 효과적인 홍보 및 판촉 전략 수립

- 홍보와 판촉의 차이를 이해하고, 각기 다른 목적을 위한 전략을 수립하시오.
- 다양한 홍보 및 판촉 기법(예: 이벤트, 소셜 미디어 활용 등)을 적용하여 브랜드 인지도를 높이고 판매를 촉진하는 전략을 구체적으로 설계하시오.

학습정리

- 마케팅(Marketing)은 자사의 제품이나 서비스가 경쟁사의 그것보다 소비자에게 먼저 선택될 수 있게 하도록 행하는 모든 제반 활동들을 의미한다.
- 마케팅은 소비자의 필요(Needs)와 원하는(Wants) 것을 파악하여, 고객의 요구를(Demands) 충족시켜 주기 위한 기업의 제반 활동이다.
- 고객가치(Customer value)는 고객이 지출한 비용보다 효익을 더 높은 것을 의미한다.
- 니즈(Needs): 인간의 기본적인 생리적 또는 심리적 요구를 의미한다.
- 원츠(Wants): 니즈가 개인의 문화적, 사회적 환경 및 개인적인 선호에 따라 구체화한 형태이다.
- 디멘츠(Demands): 원츠가 구매력을 갖추어 구체적인 구매 행동으로 이어진 것을 의미한다.
- 가치는 고객이 지불한 가격에 비해 느끼는 이익이나 만족도를 의미하며, 이는 제품의 품질, 서비스, 브랜드 이미지 등을 포함한 다양한 요소에 의해 결정된다.
- 교환(Exchange): 마케팅은 고객과 기업 간의 교환 과정을 포함한다.
- 거래(Transaction): 교환이 완료된 결과로 금전적 가치의 교환이 이루어지며, 이때 발생하는 것은 거래이다.
- 고객 중심의 마케팅은 기업이 고객의 요구를 철저히 이해하고, 이를 충족시키는 것을 핵심으로 한다. 고객의 기대에 부응하고, 고객의 요구를 넘어서 그들의 욕구까지 충족시키려는 노력이 필수적이다.
- 생산 지향적 마케팅은 제품의 생산 자체에 초점을 맞추었다. 기업은 가능한 많은 제품을 생산하여 공급하고, 시장에서의 수요를 만족시키기보다는 생산의 효율성에 집중하였다.
- 제품 지향적 마케팅은 제품의 품질과 혁신에 집중하였다. 기업들은 소비자에게 더 나은 품질과 혁신적인 기능을 제공하려는 노력을 기울였다.
- 판매 지향적 마케팅은 생산된 제품을 어떻게든 판매하는 데 집중하는 전략이었다. 적극적인 프로모션과 영업 전략을 통해 소비자에게 제품을 강력하게 판매하려는 노력이 이루어졌다.
- 고객 지향적 마케팅은 고객의 요구와 욕구를 중심으로 제품과 서비스를 설계하는 전략이다. 기업은 소비자의 요구를 이해하고, 이를 충족시키기 위한 맞춤형 제품을 개발하려는 노력을 기울였다.
- 사회 지향적 마케팅은 기업의 이익뿐만 아니라 사회적 책임과 지속가능성을 고려한 전략이다. 기업은 환경 보호, 윤리적 소비, 사회적 책임을 마케팅 전략에 통합하려는 노력을 기울였다.
- 통합 마케팅 커뮤니케이션(IMC)은 기업이 여러 커뮤니케이션 채널을 통합하여 일관된 메시지를 전달하고, 이를 통해 마케팅 효과를 극대화하려는 전략이다.
- 마케팅 커뮤니케이션 믹스는 개별 도구의 활용을 통해 특정 목표를 달성하는 데 중점을 두는 반면, IMC는 모든 도구를 통합하여 시너지 효과를 창출하고 브랜드 경험을 강화하는

데 초점을 맞춘다.

- 마케팅 전략은 기업이 특정 목표를 달성하기 위해 자원을 효과적으로 활용하여 시장에서 경쟁우위를 확보하고, 고객의 요구를 충족하며, 이익을 극대화하기 위해 수립하는 포괄적 계획이다.
- 홍보 전략은 고객에게 정보를 전달하는 동시에 구매를 자극하고 설득하는 것을 목적이며, 판촉 전략은 고객의 구매 욕구를 자극하여 판매를 증가시키는 마케팅 활동을 포함한다.

CHAPTER 11 타겟 마케팅 및 설득 커뮤니케이션

학습내용

11-1. STP 전략

11-2. 타겟 마케팅

11-3. 소비자 행동과 설득 커뮤니케이션

학습목표

11-1: STP 전략(세분화, 타겟팅, 포지셔닝)의 개념을 이해하고, 이를 기반으로 시장을 세분화하고 타겟 시장을 설정할 수 있다.

11-2: 타겟 마케팅의 원리와 기법을 적용하여 특정 고객층을 대상으로 효과적인 마케팅 활동을 설계할 수 있다.

11-3: 소비자 행동을 분석하고, 설득 커뮤니케이션 전략을 통해 소비자의 구매 결정을 유도할 전략을 수립할 수 있다.

11-1 STP 전략

❶ STP 전략과 전략의 효과

STP 전략은 시장을 세분화하고, 목표시장을 선정하며, 차별화된 가치를 전달함으로써 자원 효율성을 높이고, 고객 만족과 경쟁우위를 확보하며, 수익성을 극대화하는 마케팅 전략이다.

1. STP 전략의 개념

STP 전략은 시장세분화(Market segmentation), 목표시장(Targeting) 선정, 포지셔닝(Positioning)의 첫 글자를 딴 마케팅 전략 중 하나이다. 제품 범주와 소비자 욕구에 근거하여 동질적인 여러 고객 집단을 나누고, 경쟁상황과 여러 자원을 고려하여 가장 자신 있는 시장을 선정한다.

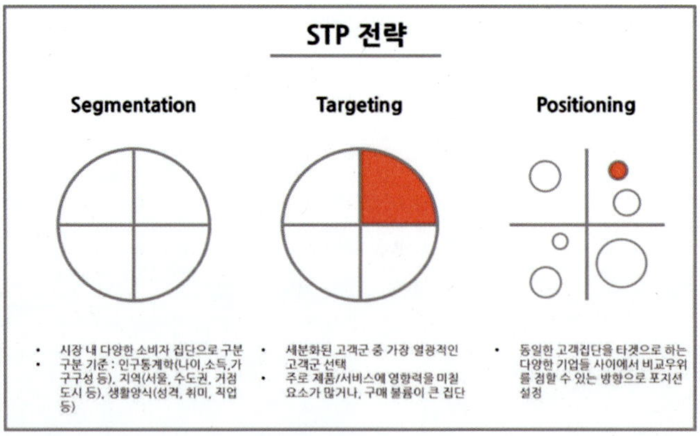

[그림 11-1] STP 전략 수립 매핑(자료 출처: https://m.blog.naver.com/phkz223/221515417518)

❶ 시장세분화(Segmentation)는 기업의 제품 또는 서비스를 판매할 특정 시장을 기업의 목표에 맞게 특정한 기준으로 나누는 것을 의미한다. 마케팅에서

가장 기본이 되는 전략 중 하나이다.

❷ 목표시장(Targeting)은 시장세분화에서 나눈 계층 중 어떠한 계층을 목표로 할 것이냐는 것이다, 이때 선정한 대상은 꼭 하나이어야 하는 것은 아니다.

❸ 차별화(Positioning)는 목표시장 내에서 고객의 마음속에 자사의 브랜드 또는 제품, 서비스를 어느 위치에 자리 잡게 할 것인가를 의미한다.

[그림 11-2] STP 전략

(1) 시장세분화

시장세분화(Market Segmentation)는 기업이 제품이나 서비스를 판매할 목표시장을 선정하기 위해 구매자 간에 존재하는 고객들의 다양한 욕구, 행동 및 특성 등을 기준으로 전체 시장을 연관된 부문 시장으로 나눔으로써 효율적인 마케팅 활동을 수행하고자 하는 과정을 의미한다. 이는 일정 기간에 걸쳐서 특정 제품의 마케팅 활동에 대한 예상 반응이 유사한 예상 소비자들을 집단화하는 과정을 말한다.

1) 효과적인 시장세분화가 되기 위한 요건

(가) 측정 가능성(Measurable)

측정 가능성은 세분 시장의 규모, 구매력 그리고 특성들을 측정할 수 있어야 한다.

(나) 충분한 규모(Substantial)

세분 시장이 판매전략을 실행할 가치가 있을 만큼 크고, 충분한 수익을 창출할 수 있어야 한다.

(다) 세분 시장 내의 동질성(Identifiable)

여러 기준과 변수들에 의해 나누어진 세분 시장은 각 세분 시장 내에서는 기준과 변수의 측면에서 동질적이야 한다.

(라) 세분 시장 간의 이질성(Differentiable)

여러 기준과 변수들에 의해 나누어진 세분 시장들 간에 이질적인 특성을 나타내야 한다.

(마) 접근 가능성(Accessible)

세분 시장의 고객들과 실제로 접촉할 수 있는가의 문제로, 기업에서 판매 전략의 투입 시 그들과 접근할 수 있는 적절한 수단이 존재해야 한다.

(2) 시장 세분화에 따른 마케팅 전략

❶ 차별적 마케팅 전략은 둘 이상의 세분된 시장을 목표 시장(표적 시장)으로 신징하여 특싱에 맞도록 각기 다른 판매전략을 적용하는 섯을 의미한다.

❷ 비차별적 마케팅 전략은 세분된 시장을 고려하지 않고 전체 시장에 하나의 판매전략을 적용하는 것을 의미한다.

❸ 집중적 마케팅 전략은 세분된 시장 중에서 가장 적합한 하나의 시장을 선정하여 전문화된 판매전략을 수행하는 것을 의미한다.

(3) 목표시장(Target Market)

1) 세분 시장의 평가

마케팅 담당자는 목표시장을 선정하는 기준으로 세분된 시장의 크기와 성장성, 장기적인 수익성인 외부 환경과 기업의 목표와 자원인 내부 환경 등을 고려하여 평가하게 된다.

(가) 세분 시장의 크기와 성장성

기업은 각 세분된 시장이 자사에 기대한 만큼의 이익과 매출을 실현할 수 있을 정도의 규모인지 파악한다. 이때 마케팅 담당자는 각 세분 시장의 현재의 규모뿐만 아니라 미래에 성장할 가능성도 함께 조사해야 한다.

(나) 장기적 수익성

마케팅 담당자는 세분된 시장의 크기와 성장성을 확인하였다면, 각 세분 시장의 수익성을 평가하여야 하며, 적정한 크기를 지니고 성장성이 높은 세분 시장 중에서 수익성이 높을 것으로 기대되는 세분 시장을 선정한다.

(다) 기업의 목표와 자원

세분 시장 중 선정한 시장이 충분한 규모와 높은 시장 성장성을 지니고 있고, 더 나아가 높은 수익을 이룰 것이라는 판단하게 되면, 다음으로 마케팅 목표와 자원 등의 평가요인들이 일치하는지를 조사한다.

[그림 11-3] 시장 분석을 통한 표적 설정

(4) 차별화(Positioning)

1) 차별화의 정의

차별화는 차별화와 같은 의미로 이해할 수 있다. 즉, 특정 브랜드가 경쟁 브랜드들과 비교하였을 때 소비자들의 마음을 차지하고 있는 상대적인 위치를 의미한다. 따라서 고객의 마음속에 기업이 원하는 위치에 기억하게 하는 과정이라 할 수 있다.

자사의 제품 또는 서비스의 인지도를 고객의 마음속에 심어주는 이미지 구축(Image building)이며, 고객에게 경쟁 브랜드들로부터 자사 브랜드 상품을 다르게 인식시키는 차별화(Differentiation)이며, 고객들로부터 전문성이 있다고 인정하는 특화(Specialization)하는 과정이라 할 수 있다.

2) 차별화의 과정

❶ 경쟁 브랜드를 확인하는 과정으로, 차별화는 경쟁하고 있는 브랜드들과의 상대적인 위치라고 정의한다. 목표시장에서 자신의 브랜드와 경쟁 관계에 있는 브랜드를 파악해야 한다.

❷ 목표시장에서 자사와 경쟁사들이 차지하는 기존의 상품 위치를 파악한다. 자사의 브랜드와 경쟁사의 브랜드를 목표시장 내의 소비자들이 어떻게 지각하고 있는지를 파악하며, 이때 사용하는 것이 지각도(Perceptual map)이다.

❸ 지각도에서 자사와 경쟁 브랜드의 현재 위치를 확인하였다면, 자사 브랜드의 위치가 자사가 바라는 위치인지를 분석한다.

❹ 포지셔닝에 적합한 판매전략 프로그램을 수립하고 이를 실행한다. 또한, 목표 고객의 욕구가 변화하거나, 새로운 브랜드가 시장에 진입하여 자사의 상품이 경쟁우위를 잃게 되었을 때, 마케팅 담당자는 자신이 원하는 방향으로 포지션을 이동시킬 수 있는데, 이를 리포지셔닝(Repositioning)이라 한다.

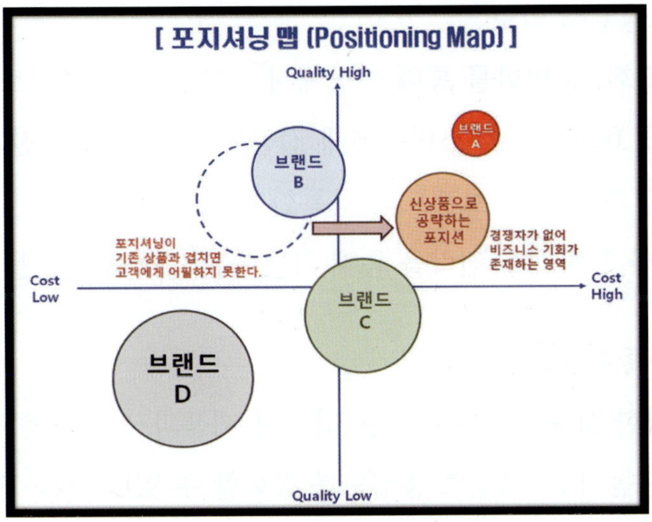

[그림 11-4] 지각도(Perceptual map)

2. STP 전략의 효과

STP 전략은 고객의 요구와 특성에 맞춰 브랜드를 효과적으로 차별화하고, 최적의 시장을 타겟으로 마케팅을 전개하는 방법을 제공한다.

(1) 효율적인 자원 활용

STP 전략을 통해 마케팅 자원은 특정 세분 시장에 집중적으로 배분할 수 있다. 이를 통해 불필요한 비용을 절감하고, 자원을 보다 효율적으로 활용할 수 있다. 세분된 시장을 대상으로 한 전략은 마케팅 활동의 초점이 명확해지므로 자원의 낭비를 줄이고, 마케팅 효과를 극대화할 수 있다.

(2) 차별화된 메시지 전달

타겟 고객에게 맞는 맞춤형 메시지를 전달함으로써, 소비자와의 정서적 유대감을 강화하고, 브랜드의 경쟁력을 높일 수 있다. 각 세분 시장에 적합한 커뮤니케이션 전략을 수립함으로써, 소비자의 마음을 사로잡을 수 있으며, 브랜드 충성도와 고객 만족도를 높이는 데 중요한 역할을 한다.

(3) 시장 경쟁우위 확보

세분화, 목표화, 차별화를 통해 시장에서 독특한 위치를 확보하면, 경쟁 브랜드들보다 더 효과적으로 소비자에게 접근할 수 있다. 이 전략은 시장에서의 경쟁우위를 확보하고, 브랜드의 독특한 가치를 전달하는 데 유리한 위치를 제공한다. 타겟 마케팅 전략을 통해 차별화된 경쟁력을 얻을 수 있다.

(4) 고객 만족도 향상

고객의 다양한 요구를 충족시키는 맞춤형 제품과 서비스를 제공함으로써, 고객 만족도를 높이고, 브랜드 충성도를 강화할 수 있다. STP 전략을 통해 고객의 필요에 더욱 정확히 부합하는 제품을 제공함으로써, 고객의 만족도를 극대화하고, 장기적인 관계를 형성할 수 있다. 이는 브랜드에 대한 긍정적인 평가를 끌어내며, 지속적인 성장을 위한 기초를 마련한다.

기업이 경쟁에서 우위를 점하려면 제품이나 서비스를 경쟁 브랜드들과 차별화하는 전략이 필요하다(Porter, 1985). 이러한 차별화는 소비자에게 더 높은 가치를 제공하고, 경쟁자들과의 직접적인 대결을 피할 기회를 마련한다.

STP 전략은 소비자의 세분된 요구를 충족시키는 맞춤형 마케팅을 가능하게 하며, 이를 통해 각 세분 시장에 맞는 정확한 메시지와 제품을 제공할 수 있다. 또한, 기업의 자원을 효율적으로 배분할 수 있게 해, 불필요한 비용을 절감하면서도 마케팅 활동의 효과를 극대화할 수 있다. 결과적으로, STP 전략은 브랜드 충성도를 높이고, 시장 점유율을 확장하는 데 중요한 역할을 한다. 이 과정에서 기업은 타겟 시장에 적합한 포지셔닝을 확립하여, 지속적인 경쟁우위를 확보할 수 있다.

11-2 타겟 마케팅(Target Marketing)

1 타겟 마케팅

타겟 마케팅은 특정 소비자 집단(표적 시장)을 선정하고, 그 집단의 특성과 요구에 맞춘 판매전략(Marketing Mix)을 수립하여 자원과 노력을 집중하는 마케팅 방식이다. 이는 고객의 니즈를 효과적으로 충족시키고, 경쟁 시장에서 차별화된 가치를 제공하기 위해 수행된다.

1. 타겟 마케팅의 개념

타겟 마케팅(Target marketing)은 고객의 여러 가지 욕구 또는 요구 때문에 고객을 세분화하여, 그 그룹에 집중하는 마케팅의 방법을 Target marketing 이라고 한다. 매장 또는 제품의 생산자가 특정한 상품에 대하여 판매전략(Marketing mix)을 수립하고자 할 때 고려하는 방법일 것이다.

❶ 한 가지의 상품으로 모든 고객을 만족시킬 수 없기에 그것을 필요로 하는 대상을 나누는 것을 의미한다.

❷ 고객의 기본적 정보를 가지고 성별, 나이, 직업, 가치관, 생활 양식 등에 의해 다양한 요구(Needs)를 파악한다.

❸ 기업은 다양한 고객의 욕구를 바탕으로 소비자들을 작은 그룹으로 세분화(Segmentation)한다.

❹ 마케팅 기업의 영업활동에 효과적이고, 효율적으로 할 수 있게 만들어 준다.

타겟 마케팅은 특정한 고객과 살롱의 마케팅 전략을 수립하는 데 중요한 요소이며, 고객을 대상으로 세분화한 분석자료는 여러 전략을 수립하는 지표로 활용을 할 수 있다.

[그림 11-5] 타겟 전략

2. 타겟 마케팅의 중요성

타겟 마케팅은 마케팅 전략의 효율성을 극대화하는 데 중요한 역할을 한다. 이 전략을 통해 마케팅 자원은 더 집중적으로 활용되고, 고객의 특성에 맞는 맞춤형 접근이 가능해진다. 타겟 마케팅의 장점은 다음과 같다.

(1) 효율적인 자원 배분

타겟 마케팅은 특정 고객군을 표적화하여 자원을 낭비하지 않고, 효과적인 마케팅 활동을 할 수 있게 도와준다. 시장을 세분화하고, 각 세분 시장에 맞춘 전략을 세움으로써, 자원을 집중적으로 투입하여 더욱 높은 마케팅 효율을 달성할 수 있다. 이는 마케팅 비용을 최적화하고, 더 큰 ROI(투자 대비 수익)를 창출하는 데 기여한다.

(2) 고객 맞춤형 접근

타겟 마케팅은 고객의 요구와 특성에 맞춘 맞춤형 메시지를 전달할 수 있는 장점이 있다. 각 고객 세분화에 맞는 제품이나 서비스를 제공함으로써, 반응률을 높이고, 브랜드 충성도를 증가시킬 수 있다. 이는 고객의 니즈를 충족시키는 동시에, 브랜드에 대한 긍정적인 이미지를 형성하는 데 도움이 된다.

(3) 경쟁우위 확보

특정 시장이나 고객군에 집중함으로써 경쟁자보다 유리한 위치를 점할 수 있다. 타겟 마케팅은 경쟁 브랜드가 놓치고 있는 세분 시장을 공략하거나, 경쟁자보다 더 효과적으로 고객의 요구를 충족시킬 기회를 제공한다.

나아키(Nike)는 다양한 고객 세분화에 맞춰 타겟 마케팅을 통해 브랜드 가치를 높였다. 예를 들어, 20대 후반의 젊은 소비자를 위한 고급 스포츠 웨어 라인과 저가형 소비자를 위한 라인을 세분화하여 각 시장에 맞는 메시지와 광고를 집행했다. 이를 통해 Nike는 다양한 시장에서 강력한 경쟁우위를 확보할 수 있었다(Kotler & Keller, 2016).

3. 타겟 마케팅 전략(Target Marketing Strategy)

마케팅 전략에서 중요한 개념으로, 시장을 세분화하여 특정 시장을 세분화에 맞춰 마케팅 활동을 집중하는 전략이다. 이는 고객의 요구, 선호도, 행동 패턴을 분석하여 가장 적합한 고객층을 선정하고, 그에 맞는 마케팅 전략을 설계하는 과정이다. 타겟 마케팅의 핵심은 시장세분화, 목표 선정, 차별화를 통해 자사의 마케팅 활동을 집중시키는 것이다.

(1) 시장 세분화(Segmentation)

세분화는 전체 시장을 다양한 기준에 따라 구분하여, 각 시장 세분화(Segmentation)가 더욱 명확하게 정의될 수 있도록 하는 과정이다. 다양한 소비자 특성을 기준으로 시장을 세분화함으로 이를 통해 기업은 모든 고객을 대상으로 마케팅을 펼치기보다는, 특정 집단을 목표로 더 집중적이고 효율적인 마케팅을 전개할 수 있다.

세분화가 효과적인 마케팅 전략을 수립하기 위한 첫 번째 단계다(Kotler & Keller, 2016). 즉, 세분된 시장을 정확하게 이해함으로써, 더 명확하고 차별화된 마케팅 메시지를 전달할 수 있다.

1) 세분화 기준

시장 세분화는 다양한 소비자 요구와 특성에 맞춰 효과적으로 마케팅 전략을 수립하기 위한 중요한 과정이다. 세분화 기준은 다음과 같이 네 가지 주요 범주로 나눌 수 있다.

(가) 인구통계학적 세분화(Demographic Segmentation)

인구통계학적 세분화는 나이, 성별, 소득 수준, 교육 수준, 직업 등과 같은 통계적 요소를 기반으로 시장을 나누는 방법이다. 이 기준은 가장 일반적으로 사용되며, 소비자의 기본적인 특성을 통해 시장을 정의하고, 각 집단의 특성에 맞춘 전략을 개발할 수 있다.

(나) 지리적 세분화(Geographic Segmentation)

지리적 세분화는 국가, 지역, 도시 크기, 기후 등과 같은 지리적 요소를 바탕으로 시장을 구분하는 방법이다. 각 지역의 문화적, 기후적 차이를 반영하여 마케팅 전략을 조정할 수 있으며, 특히 지역적 특성이 중요한 산업에서 효과적으로 활용된다. 예를 들어, 기후에 따라 겨울철 제품과 여름철 제품을 별도로 마케팅할 수 있다.

(다) 심리적 세분화(Psychographic Segmentation)

심리적 세분화는 소비자의 가치관, 생활 방식, 성격, 라이프 스타일 등을 기준으로 시장을 나누는 방법이다. 이 세분화는 소비자들의 내적 동기와 개인적인 신념에 기반을 두어, 보다 감성적이고 심층적인 차원의 마케팅 전략을 수립할 수 있다. 소비자의 자아실현 욕구나 사회적 지위 추구와 같은 요소를 고려해 타겟을 설정할 수 있다.

(라) 행동적 세분화(Behavioral Segmentation)

행동적 세분화는 소비자의 구매 행동, 제품 사용도, 충성도, 가격 민감도 등을 기준으로 시장을 세분화하는 방법이다. 이 기준은 소비자들이 실제로 어떻게 제품을 사용하고 구매하는지를 분석하여, 그들의 행동 패턴에 맞는 맞춤형 마케팅 전략을 개발할 수 있다. 예를 들어, 높은 구매 빈도를 보이는 충성고객을 표적으로 한 맞춤형 혜택을 제공하거나, 가격에 민감한 소비자를 위한 할인 전략을 적용할 수 있다.

(2) 타겟팅(Targeting)

표적화(Targeting)는 세분된 시장 중에서 가장 적합한 시장을 선택하고, 해당 시장을 대상으로 마케팅 전략을 설정하는 중요한 단계이다. 이 과정에서 기업은 각 세분 시장의 매력도, 시장의 성장 가능성, 자원의 배분 가능성 등을 종합적으로 고려하여 최적의 목표시장을 선정한다. 목표시장을 선정하는 방식에 따라 마케팅 전략의 초점과 방향성이 달라지므로 신중하게 결정해야 한다.

(3) 타겟팅 전략

표적화 전략은 시장 세분화 후, 각 세분 시장의 특성에 맞춰 가장 적합한 방식으로 마케팅을 실행하는 방법이다. 주요 타겟팅 전략은 다음과 같다.

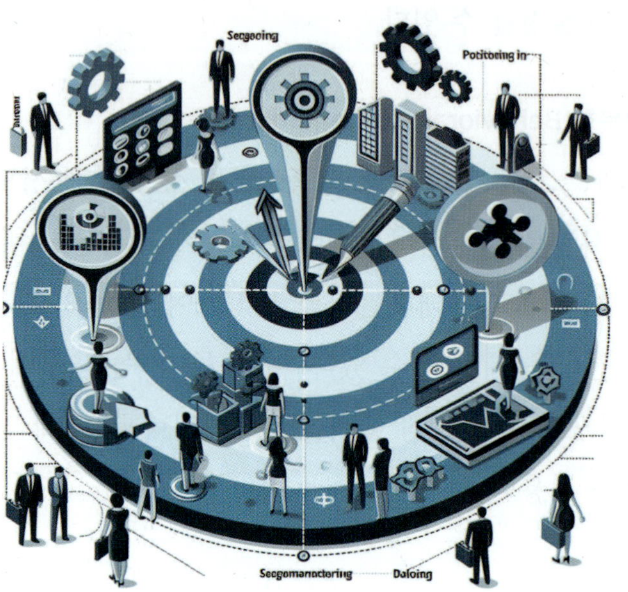

[그림 11-6] 시장세분화를 통한 타켓팅

1) 집중 마케팅(Niche Marketing)

집중 마케팅은 특정 세분 시장을 선택하여 집중적으로 마케팅을 전개하는 전략이다. 이 전략은 비교적 작은 시장을 표적으로 하여, 한정된 자원과 마케팅 활동을 집중시킨다. 예를 들어, 고급 소비자층을 대상으로 하는 프리미엄 브랜드 마케팅이 이에 해당한다. 고유한 특성을 가진 고객을 대상으로 독특한 제품이나 서비스를 제공하는 방식이다. 이는 경쟁이 적고, 충성도 높은 고객을 확보할 수 있는 장점이 있다.

2) 차별화 마케팅(Differentiated Marketing)

차별화 마케팅은 여러 세분 시장을 대상으로 각각 다른 마케팅 믹스를 사용하는 전략이다. 이는 각 세분 시장이 가진 특성과 요구에 맞춰 맞춤형 제품이나 서비스를 제공함으로써, 다양한 소비자 집단을 공략할 수 있다. 예를 들어, 삼성전자가 스마트폰, TV, 가전제품 등 각기 다른 제품 라인에 맞춘 개별 마케팅 전략을 펼치는 방식이 여기에 해당한다. 이 전략은 시장 점유율을 높이는 데 효과적이다.

3) 무차별 마케팅(Unsegmented Marketing)

무차별 마케팅은 시장을 세분화하지 않고 전체 시장을 대상으로 동일한 마케팅 전략을 사용하는 방식이다. 주로 대중적인 제품이나 서비스에서 활용되며, 목표시장을 구체적으로 구분하지 않고 광범위한 소비자층을 대상으로 한 마케팅을 진행한다.

예를 들어, 일반 소비자 대상의 식음료 제품이나 일상용품이 이에 해당한다. 이 전략은 대규모의 비용 절감과 효율적인 시장 접근이 가능하지만, 각 소비자의 다양한 요구를 반영하기 어려운 단점이 있다.

4) 집합적 마케팅(Mass Customization)

집합적 마케팅은 고객 개개인의 세부적인 요구사항을 반영하여 맞춤형 제품을 제공하는 전략이다. 이는 고객 맞춤형 제품이나 서비스를 제공함으로써 차별화된 가치를 제공한다.

예를 들어, Nike의 'Nike ID' 서비스에서는 소비자가 자신만의 운동화를 디자인할 수 있도록 하여, 개인화된 제품을 제공한다. 이 전략은 고객의 특별한 요구를 충족시킬 수 있으며, 브랜드 충성도와 만족도를 높이는 데 효과적이다.

각 타겟팅 전략은 그 특성에 맞는 시장 환경과 자원에 따라 최적화되어야 하며, 전략을 선택하는 과정에서 기업의 목표와 경쟁상황을 철저히 분석해야 한다.

(4) 차별화(Positioning)

차별화는 목표시장에서 자사 브랜드가 경쟁 브랜드와 차별화되어 어떤 이미지나 인식을 가질 것인지를 정의하는 과정이다. 이는 소비자가 브랜드를 어떻게 인식하고 느끼게 할 것인지에 대한 전략적 결정으로, 브랜드 포지셔닝이 브랜드 이미지와 소비자 충성도를 결정짓는 중요한 요소로 작용한다. 효과적인 차별화 전략은 브랜드가 시장 내에서 고유한 위치를 차지하게 도와주며, 경쟁력을 확보하는 데 핵심적인 역할을 한다(Kapferer, 2012).

(5) 차별화 전략

차별화 전략은 브랜드가 시장에서 어떤 위치를 차지하고, 어떻게 차별화될 것인지를 명확하게 설정하는 과정이다. 각기 다른 차별화 전략은 브랜드의 강점과 시장 환경에 따라 달라지며, 주요 전략은 다음과 같다.

1) 품질 중심 차별화

품질 중심 차별화는 브랜드가 고품질을 강조하여 시장에서 고급화되는 전략이다. 이 전략은 소비자에게 품질을 최우선으로 여기는 인식을 심어주며, 브랜드의 명성을 높이는 데 중요한 역할을 한다.

예를 들어, 애플(Apple)은 고급스러운 디자인과 뛰어난 기술력을 통해 차별화되며, 프리미엄 브랜드로 자리 잡고 있다. 고품질 이미지는 브랜드에 대한 소비자의 신뢰를 쌓고, 충성도를 강화하는 데 이바지한다.

2) 가격 중심 차별화

가격 중심 차별화는 경쟁력 있는 가격으로 시장에서의 위치를 차지하는 전략이다. 소비자에게 가격 대비 가성비가 뛰어난 브랜드 이미지를 구축하는 것을 목표로 한다.

예를 들어, 이케아(IKEA)는 저렴한 가격에 품질 좋은 가구를 제공하면서 가격 중심의 차별화를 이루고 있다. 가격 중심 위치는 가격에 민감한 소비자를 공략하는 데 효과적이며, 가격 경쟁력이 강한 브랜드로 인식된다.

3) 기능 중심 차별화

기능 중심 차별화는 브랜드가 특정 기능이나 특장점을 강조하여 차별화되는 전략이다. 이 전략은 제품의 기술적 장점이나 성능을 강조하여 소비자에게 실제로 유용한 가치를 제공한다는 메시지를 전달한다.

예를 들어, 다이슨(Dyson)은 강력한 흡입력을 강조하여, 청소기 시장에서 강력한 기능 중심 차별화를 구축하였다. 기능 중심 차별화는 기술적 우수성을 중시하는 소비자들에게 큰 호응을 얻는다.

4) 감성적 차별화

감성적 차별화는 감정적, 심리적 요소를 강조하여 소비자와의 감성적 연결을 중시하는 전략이다. 이 전략은 소비자의 감정과 연결된 브랜드 이미지를 구축하여 브랜드 충성도를 높이는 데 초점을 맞춘다.

예를 들어, 코카콜라(Coca-Cola)는 '행복과 즐거움'이라는 감성적 메시지를 강조하여 차별화된다. 감성적 위치는 소비자에게 긍정적인 감정을 불러일으키며, 브랜드에 대한 깊은 감정적 유대를 형성한다.

5) 고객의 문제 해결 중심 차별화

고객의 문제 해결 중심 차별화는 소비자의 문제나 요구를 해결하는 기능을 강조하는 전략이다. 이 전략은 소비자에게 실질적인 해결책을 제공함으로써 브랜드에 대한 가치를 높이는 방향으로 발전한다.

예를 들어, FedEx는 '빠르고 정확한 배송'을 차별화의 핵심으로 삼고 있다. 이와 같은 문제 해결 중심 차별화는 소비자가 느끼는 문제를 효과적으로 해결해주는 브랜드로서 인식되며, 신뢰성을 강조하는 데 효과적이다.

각 차별화 전략은 브랜드의 목표, 시장 환경, 소비자 요구에 맞춰 선택되며, 이를 통해 브랜드는 차별화된 이미지와 위치를 시장 내에서 확립할 수 있다.

11-3 소비자 행동과 설득 커뮤니케이션

1 소비자 행동과 설득 커뮤니케이션

소비자 행동과 설득 커뮤니케이션은 상호 밀접하게 연결되어 있다. 설득 커뮤니케이션은 소비자의 태도, 인식, 구매 의사결정에 영향을 미치기 위해 메시지를 전달하는 과정이다.

소비자 행동은 이러한 메시지에 반응하여 나타나는 태도와 행동을 의미한다. 효과적인 설득은 소비자의 니즈를 충족시키고 행동 변화를 유도하는 데 핵심적인 역할을 한다.

1. 소비자 행동 이론(Consumer Behavior Theory)

소비자 행동 이론은 소비자가 구매 결정을 내리고, 그 후의 소비 행동을 어떻게 전개하는지에 대한 학문적 이론이다. 이 이론은 여러 가지 요소들이 복합적으로 작용하여 소비자의 선택과 행동을 형성한다고 주장한다.

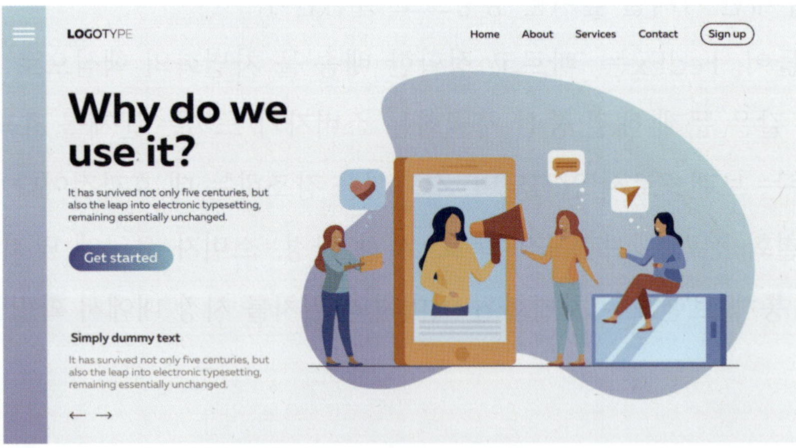

[그림 11-7] 소비자 행동 분석

(1) 고전적 조건화 이론(Classical Conditioning Theory)

고전적 조건화 이론은 소비자가 특정 자극을 반복적으로 접하면서 반응을 학습하는 과정을 설명한다. 파블로프의 실험에서처럼, 소비자는 제품이나 브랜드를 긍정적인 이미지나 감정과 연관시키게 된다.

예를 들어, Coca-Cola 광고에서 행복하고 긍정적인 감정을 유발하는 이미지를 반복적으로 노출하면, 소비자는 이 브랜드를 긍정적인 감정과 연결하게 된다(Schiffman & Kanuk, 2010). 이런 식으로 브랜드에 대한 인식은 제품의 품질이나 특성과는 별개로 감정적 반응을 유발할 수 있다. 이 이론은 소비자가 제품을 구매할 때 감정이 중요한 역할을 한다는 점을 강조한다.

(2) 행동주의 이론(Behaviorism Theory)

행동주의 이론은 소비자 행동이 외부 자극에 대한 반응으로 형성된다고 설명한다. 예를 들어, 소비자는 제품을 구매하고 난 후 그 제품이 실제로 좋은 경험을 제공했다면, 그 경험은 소비자에게 긍정적인 반응을 유도하고, 이로 인해 반복적인 구매가 이루어지게 된다.

마케팅 관점에서는 이런 긍정적인 경험을 반복적으로 제공함으로써 소비자가 해당 브랜드나 제품을 선호하도록 유도할 수 있다. 예를 들어, 온라인 쇼핑몰에서의 빠른 배송, 긍정적인 고객 서비스, 리워드 시스템 등이 소비자 행동을 강화하는 사례로 볼 수 있다(Shimp, 2010).

(3) 인지 이론(Cognitive Theory)

소비자 행동을 이해하기 위한 인지 이론은 소비자가 제품에 대한 정보를 어떻게 처리하고, 그 정보를 기반으로 의사결정을 내리는지에 대한 이론이다. 이 이론은 소비자가 제품의 특성, 브랜드 이미지, 가격, 품질 등을 평가하고, 자신에게 주는 가치를 고려하여 구매 결정을 내린다고 주장한다.

예를 들어, 소비자는 스마트폰을 구매할 때 가격, 성능, 브랜드 이미지, 이

전 구매 경험 등을 종합적으로 고려한다(Schiffman & Kanuk, 2010). 소비자의 사고 과정은 매우 중요한데, 이는 소비자들이 제품을 선택하기 전에 정보를 수집하고 이를 비교하여 결정하기 때문이다.

(4) 사회적 학습 이론(Social Learning Theory)

소비자들이 타인의 행동을 관찰하고, 그에 따라 자신의 행동을 조정하는 방식을 설명한다. 예를 들어, 소비자는 광고나 사회적 미디어에서 유명인이나 친구들이 사용하는 제품을 보고 그 제품을 구매하려는 경향을 보인다.

온라인 리뷰나 사용자 경험을 공유하는 플랫폼이 활성화된 지금, 소비자는 타인의 경험을 통해 제품에 대한 정보를 얻고, 자신의 구매 결정을 내린다(Bandura, 1977). 또한, 마케팅에서는 유명 인플루언서를 활용하여 소비자들이 그들의 행동을 따라하게 유도하는 방식이 많이 사용된다.

소비자 행동 이론은 소비자가 어떻게 정보를 수집하고, 이를 통해 의사결정을 내리며, 이후 어떤 행동을 보이는지에 대해 다양한 관점에서 설명한다. 이러한 이론들은 마케팅 전략 수립에 매우 중요한 기반이 된다.

2. 소비자 경로 이론(Consumer Journey Theory)

소비자 경로 이론은 소비자가 제품을 인식하고 구매하기까지의 전반적인 경험을 설명한다. 이 이론은 소비자가 구매 결정을 내리기까지의 과정을 단계별로 나누어, 각 단계에서 소비자에게 미치는 영향을 분석한다.

(1) 인식(Awareness)

소비자 경로의 첫 번째 단계는 제품이나 서비스에 대한 인식이다. 이 단계에서 소비자는 광고, 홍보, 입소문, 소셜 미디어 등을 통해 특정 브랜드나 제품을 처음 알게 된다. 예를 들어, TV 광고나 디지털 마케팅을 통해 소비자는 제품에 대한 정보를 얻고, 브랜드를 인식하게 된다.

소비자는 인식된 브랜드에 대해 추가적인 정보 검색을 진행할 가능성이 높다(Jayachandran et al., 2005). 이 단계에서는 소비자에게 브랜드나 제품에 대한 기본적인 인식을 형성하는 것이 중요하다.

(2) 고려(Consideration)

소비자가 제품을 인식한 후, 그들은 제품을 비교하고 평가하는 과정에 들어간다. 이 단계에서는 가격, 품질, 브랜드 이미지 등이 주요 고려 요소가 된다. 소비자는 온라인 리뷰나 추천을 통해 제품의 장단점을 비교하고, 자신에게 가장 적합한 제품을 찾으려고 한다.

소비자는 가격 대비 가치를 중요하게 여길 뿐만 아니라, 브랜드 신뢰도와 소비자의 경험을 평가하면서 구매 결정을 고려한다(Smith & Rupp, 2003). 예를 들어, 스마트폰 구매를 고려하는 소비자는 브랜드, 가격, 성능 등을 종합적으로 비교하면서 최종 결정을 내린다.

(3) 구매(Purchase)

소비자가 제품을 구매하는 단계는 그동안의 고려와 평가를 바탕으로 이루어진다. 소비자는 자신의 필요를 충족시킬 수 있는 제품을 선택하고, 결제 과정에서 제품을 실제로 구매하게 된다. 이 단계에서의 결정은 소비자의 이전 경험이나 타인과의 사회적 상호작용에 영향을 받는다(Keller, 2003). 예를 들어, 모바일 앱에서 빠르고 간편한 결제 시스템을 제공하면, 소비자는 쉽게 구매 결정을 내릴 수 있다.

(4) 구매 후 행동(Post-Purchase Behavior)

구매 후 소비자는 제품에 대한 만족도를 평가하게 된다. 만약 제품이 기대를 충족시킨다면, 소비자는 재구매나 브랜드 충성도를 형성할 가능성이 크다. 반대로, 기대를 충족시키지 못하면 부정적인 경험을 공유하고, 이를 통해 다른 소비자들에게도 영향을 미친다.

예를 들어, 만족스러운 제품은 소비자에게 긍정적인 후기를 남기게 하고, 이는 다른 소비자들의 구매 결정에 큰 영향을 미친다. 소비자의 경험은 장기적인 브랜드 충성도를 형성하는 데 중요한 역할을 한다(Oliver, 1999).

소비자 경로 이론은 소비자가 구매 결정을 내리기까지 겪는 여러 단계를 설명하며, 각 단계에서 소비자가 어떻게 행동하는지에 대한 이해를 돕는다. 이를 통해 기업은 각 단계에서 소비자에게 효과적으로 다가갈 수 있는 마케팅 전략을 수립할 수 있다.

3. 설득 커뮤니케이션(Persuasive Communication)

마케팅 커뮤니케이션은 소비자의 정보처리 과정에 들어가 소비자를 설득하여 행동하게 만드는 과정을 설득 커뮤니케이션이라고 한다. 이러한 설득 커뮤니케이션은 궁극적으로 고객을 설득하여 태도의 변화를 일으켜 상품 또는 서비스를 판매할 목적으로 하기에 이것을 정보처리하는 과정을 살펴보아야 할 것이다.

소비자가 외부의 자극을 받아들여 정보를 처리하는 과정은 노출, 주의, 지각, 이해, 저장의 단계로 진행되며, 이러한 과정을 통하여 잘 이해된 정보는 소비자의 태도에 변화를 준다. 이때 태도의 변화는 정교화 가능성 모델로 설명을 할 수가 있는데, 이 정교화 가능성 모델은 태도의 변화를 주는데 정보처리 동기에 있어서 관여도의 정도와 중심단서 또는 주변 단서에의 영향에 따른 태도 변화과정을 알려주는 모형이다. 이러한 경로를 통하여 고객은 중요한 선택에 있어서 결정을 내리는데 관여도가 높은 것에서는 많은 주변의 정보를 활용한다.

[그림 11-8] 설득커뮤니케이션 전략 수립

미국광고대행사 FCB(Foote, Cone & belding)에서 만든 광고전략으로 FCB 그리드 모형(Foote, Cone & Belding grid model)을 가지고 관여도를 평가하여 마케팅 전략 수립을 할 수 있다. 이는 관여도를 저관여와 고관여로 구분하고, 구매동기를 이성적, 감성적 동기로 구분하여 모두 4가지 구매유형으로 분류하여 마케팅 전략을 세우게 된다.

제품의 유형과 소비자의 구매 의사결정 방식에 따라 전략이 달라져야 한다(Vaughn, 1980). Kotler(1965)는 소비자 구매 행동 모델(Buying model)을 참고로 구매 행동 패턴을 크게 두 가지로 구분한다.

첫째, 소비자가 경제적인 관점에서 최대의 효용을 얻기 위해 정보를 수집, 합리적으로 구매하는 경우이다.

둘째, 제품 속성보다 제품의 상징적 가치가 소비자의 감성적인 욕구를 자극하여 구매가 일어나는 경우이다.

구매 의사결정은 이 두 가지의 패턴에 따라 광고전략을 다르게 해야 한다.

이는 소비자가 정보추구를 하지 않고 구매를 할 때, 광고에서 정보를 전달하는 데만 신경을 쓰면 안 되기 때문이다. FCB 그리드 모형에서 다루는 다른 한 가지의 중요한 변인은 관여도(Involvement)이다.

관여도는 다양하게 정의되지만, 제품구매와 관련하여 관여도가 높다는 것은 대개 제품에 대한 지식과 흥미가 높거나 구매 경험이 많거나 가격이 비싸서 구매를 위해 주의를 많이 할당하는 경우를 의미한다.

관여도가 낮은 제품은 습관적으로 구매하거나 구매결과에 대한 위험이 적은 경우를 의미한다. 이러한 관여도는 제품의 구매 의사결정과정과 상호작용하여 창조적(Creative) 전략에 큰 영향을 준다. 예를 들면, 고가의 자동차를 구매하는 경우에 우리는 판매자의 이야기를 참고만 하고 곧바로 구매하지는 않을 것이다. 주변에서 이야기하는 차량의 성능과 기능 외적 미관과 사향을 종합하여, 비슷한 종류의 차량과 비교하고, 신중하게 구매를 결정하게 된다. 즉 직접 경험해볼 수는 없지만 다른 경험자의 이야기를 들으면 간접경험을 하는 것이다. 그만큼 신중히 처리한다. 그 이유는 자칫 판단을 한번 잘못하면 그 판단 오류로 인한 손실이 클 것을 인지하고 있기 때문이다.

관여도가 낮은 제품의 구매에서는 광고, 홍보, 판촉으로 쉽게 구매 사용하여 보고 만족도가 높으면 지속적 사용을 하게 된다. 그러나 비슷한 종류의 제품이 다른 변수가 발생이 되면 구매가 다른 제품으로 바뀌게 되는데, 예를 들면 껌을 사려 하는데 번들상품(묶음 상품) 판촉 행사를 하는 제품을 보았을 때 구매 심리가 바뀌는 경우를 볼 수 있다. 이것은 판단하여 구매하였다가 그 결과가 예상과 달라 실패를 하였다 하더라도 그에 대한 손실이 미미하기 때문일 것이다. 즉, 이러한 소비자의 행동들은 마케팅 전략을 세우기 위해서 반드시 고려해야 할 요소이다.

4. 통합적 관점의 태도 이론

소비자가 광고와 같은 외부 자극에 어떻게 반응하는지에 대한 이론적 접근을 설명하는 중요한 모델이다. 이 이론에서는 소비자의 관여도가 고정적이지 않다고 보고, 다양한 상황에 맞는 반응을 이해하려 한다. 주요 이론은 Greenwald(1968)의 인지 반응 이론과 Petty & Cacioppo(1983)의 정교화 가능성 모델(ELM)이 있다.

(1) Greenwald(1968)의 인지 반응 이론

인지 반응은 커뮤니케이션 과정에서 나타나는 능동적인 사고 과정의 결과이다. 이 이론은 사람이 외부 자극(예: 광고나 메시지)을 받아들일 때, 이를 기존의 데도나 스키미(기존의 지식 구조)와 비교하여 처리하는 과정을 강조한다.

예를 들어, 소비자가 어떤 제품 광고를 접했을 때, 그 광고의 내용이 자신이 이미 가진 신념이나 태도와 얼마나 일치하는지를 평가한다. 만약 메시지가 기존의 태도와 일치하거나 강화된다면, 그 메시지는 소비자의 지지를 얻을 가능성이 크다. 반면, 메시지가 기존의 태도와 충돌하거나 반대될 경우, 소비자는 그 메시지를 거부하거나 반대하는 태도를 보일 수 있다.

이 과정에서 중요한 점은 스키마이다. 스키마는 소비자가 세상에 대한 이해를 돕는 사전 지식이나 기존의 믿음 체계로, 이 스키마에 맞는 정보가 더 잘 처리되고 기억된다는 특성이 있다.

▶ 알아두기: 스키마(Database schema)는 데이터베이스에서 자료의 구조, 자료의 표현 방법, 자료 간의 관계를 형식 언어로 정의한 구조이다.

(2) 정교화 가능성 모델(Elaboration likelihood model; ELM

정교화 가능성 모델(Elaboration Likelihood Model, ELM)은 소비자의 태도 변화가 두 가지 주요 경로를 통해 이루어진다. 이 모델은 소비자가 정보를 처리하는 과정에서의 관여도가 중요한 역할을 한다. 관여도가 높을수록 소비자는 메시지에 대해 깊이 생각하게 되며, 관여도가 낮을수록 표면적인 요소에 의해 영향을 받게 된다(Petty & Cacioppo, 1983). 이 경로들은 관여도에 따라 달라진다.

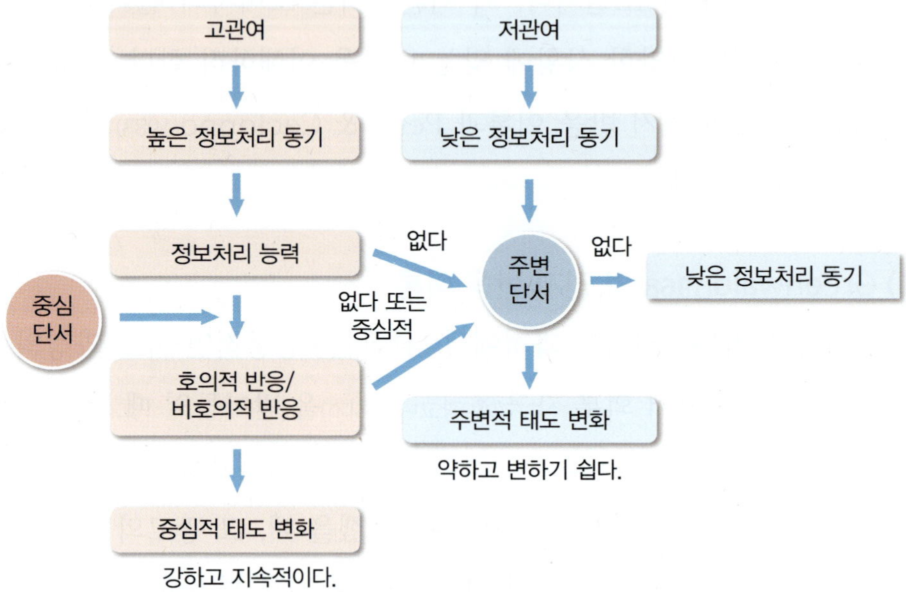

[그림 11-9] 정교화 가능성 모델

1) 중앙 경로(Central route)

(가) 특징

소비자가 메시지의 내용에 대해 깊이 생각하고, 적극적으로 분석하는 경로이다. 이 경로는 소비자가 제품이나 서비스에 대해 높은 관심과 중요한 결정을 내릴 때 적용한다.

(나) 과정

소비자는 정보의 타당성, 논리성, 그리고 메시지의 강도에 따라 태도가 변화한다. 즉, 메시지의 설득력이 강하고, 논리적으로 일관되면 태도 변화가 일어날 확률이 높다.

(다) 예시

고급 소비재 제품이나 중요한 구매 결정에서 소비자가 제품의 품질, 가격, 기능 등을 깊이 분석하는 경우가 이에 해당한다.

2) 주변 경로((Peripheral route)

(가) 특징

소비자가 메시지의 내용에 대해 깊이 생각하고, 적극적으로 분석하는 경로이다. 이 경로는 소비자가 제품이나 서비스에 대해 높은 관심과 중요한 결정을 내릴 때 적용한다.

(나) 과정

소비자는 정보의 타당성, 논리성, 그리고 메시지의 강도에 따라 태도가 변화한다. 즉, 메시지의 설득력이 강하고, 논리적으로 일관되면 태도 변화가 일어날 확률이 높다.

(다) 예시

고급 소비재 제품이나 중요한 구매 결정에서 소비자가 제품의 품질, 가격, 기능 등을 깊이 분석하는 경우가 이에 해당한다.

(3) 태도 변화의 과정

인지 반응 이론(Cognitive Response Theory)은 소비자가 메시지를 처리하고, 그에 대한 반응을 통해 태도가 형성되거나 변화한다. 소비자가 외부의 메시지나 자극을 수동적으로 받아들이는 것이 아니라, 능동적으로 해석하고 평가한다. 즉, 소비자는 메시지를 단순히 수용하는 것이 아니라, 메시지에 대한 자신의 생각과 반응을 생성하며, 이 반응이 태도 변화에 중요한 영향을 미친다.

예를 들어, 소비자가 친환경적인 제품을 구매하려는 의향을 가지고 있을 때, 해당 제품에 대한 광고가 환경 보호에 관한 과학적인 데이터를 제공한다면, 소비자는 광고에 긍정적으로 반응하고 제품을 구매할 확률이 높아진다.

소비자가 기존의 태도와 일치하는 정보를 접했기 때문이다. 반면, 소비자가 이미 친환경 제품에 대해 신뢰를 하고 있을 때, 해당 제품에 대한 부정적인 메시지를 받으면, 그 메시지를 거부하거나 부정적인 태도를 형성할 가능성이 크다. 예를 들어, 친환경 제품에 대해 부정적인 광고가 나오면, 소비자는 그 광고를 반박하거나 무시하는 경향을 보일 수 있다.

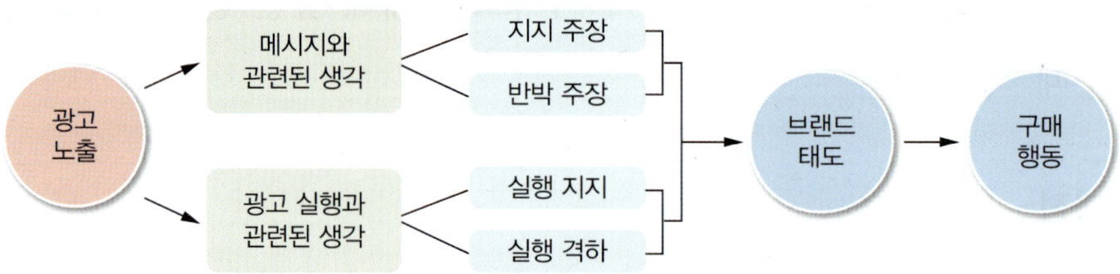

[그림 11-10] 인지 반응 모델(자료 출처: 김재휘, 2009)

1) 메시지 처리(Message Processing)

소비자는 메시지를 받으면, 그 내용을 이해하고 자신의 기존의 지식이나 경험과 비교한다. 이 과정에서 소비자는 메시지의 신뢰성, 일관성, 논리성 등을 평가한다.

2) 인지 반응(Cognitive Response)

소비자는 메시지를 처리하면서 다양한 인지 반응을 생성한다. 이는 메시지 내용에 대한 긍정적이거나 부정적인 생각, 감정, 의심 등이 포함된다. 이러한 반응은 태도의 형성 및 변화에 중요한 역할을 한다.

3) 태도 변화(Attitude Change)

긍정적인 인지 반응은 소비자의 태도를 강화하거나 긍정적인 태도로 변화시키고, 부정적인 인지 반응은 태도를 변화시키지 않거나 부정적인 태도를 형성하게 한다.

4) 인지 부조화(Cognitive Dissonance)

인지 부조화는 사람들이 자신의 행동과 태도가 불일치할 때 느끼는 불편함을 설명한다(Leon Festinger, 1957). 예를 들어, 어떤 사람이 환경 보호를 중요하게 생각하지만 실제로는 환경을 해치는 행동을 할 경우, 그 사람은 자신의 행동과 태도가 모순된다는 인지 부조화를 경험하게 된다. 이때 사람들이 느끼는 불편함이나 불균형 상태는 심리적으로 불편하게 작용하고, 이를 해소하려는 동기가 발생한다.

5) 자기합리화(Self-rationalization)

사람들이 이러한 인지 부조화를 해소하려는 심리적 기제이다. 즉, 자신의 태도와 행동 사이의 불일치를 해결하기 위해 태도를 바꾸거나, 자신의 행동을 정당화하려는 경향을 보인다. 예를 들어, 위의 환경 보호 예시에서 그 사람은 "어차피 내 행동 하나가 환경에 큰 영향을 미치지 않는다"라고 생각하거나, "나는 다른 방식으로 환경을 돕고 있다"라고 자신을 합리화할 수 있다. 이 과정은 사람들이 내적 불일치를 해소하고 심리적 안정을 찾도록 도와준다.

5. 브랜드 선택과 관여도

고객이 좋아하는 브랜드를 반복 구매하는 경우, 자동차와 같은 고관여인 제품에서는 브랜드 충성도라고 평가하고, 신라면 같은 저관여 제품에서는 습관, 관성이라고 표현한다.

(1) 고관여의 경우

브랜드 간에 차이가 클 때 혹은 작을 때에도 복잡한 의사결정을 한다. 의사결정을 할 때는 물론 고민이 되지만 브랜드 간에 차이가 작을 때에는 A를 선택해서 B에 대한 부조화가 감소한다.

❶ "A 제품보다 더 좋을 건 없어"라고 생각하는 것과 같다.

❷ 부조화는 제품을 구매한 후 종종 후회하는 마음이 생기는 등 심리적 불균형을 느끼게 된다. 이러한 상태를 인지적 부조화라고 하며 고관여 상황에서 훨씬 많이 나타나게 된다.

(2) 저관여의 경우

브랜드 간에 차이가 크면 소비자의 취향이 허용하는 범위 내에서 자신이 마음에 드는 대안들을 번갈아 구매하는 다양성 추구가 보인다고 한다. 반면에 브랜드 간에 차이가 작으면 쓰던 것을 쓴다는 관성적 구매를 한다.

(3) 저관여 구매와 전략적 이슈

저관여는 앞에서도 말했듯이 체계적인 효과계층모델을 거치지 않는다. 신념 〉 평가 〉 구매 결정이 아닌, 신념 〉 구매 결정 〉 평가의 단계를 거치는 경우가 많다.

저관여 브랜드 경우, 선발 브랜드가 이미 시장에서 확고한 인지도를 세우고, 시장 점유율을 높여 놓았을 때 소비자들의 관성적 소비 행동이 선발기업에는 유리하지만, 후발 기업에는 불리하다. 이럴 때 후발 기업은 마케팅 전략이 절실히 필요할 때인 것이다.

6. 저관여 제품에 대한 후발 브랜드의 전략

저관여 제품 시장에서는 소비자의 관심이나 참여가 낮아, 후발 브랜드가 시장에서 경쟁우위를 점하기 위해서는 전략적 접근이 필요하다. 후발 브랜드는 선발 브랜드의 강력한 존재감과 시장 점유율을 고려하여, 소비자의 구매 결정을 유도할 수 있는 다양한 전략을 취해야 한다.

(1) 관여도를 높이는 방법

후발 브랜드는 저관여 제품군에서 소비자의 관심을 끌기 위해 제품과 관련된 다양한 관여도를 높이는 전략을 사용할 수 있다.

1) 선발 브랜드에 대한 대안으로 인지도를 구축

후발 브랜드는 선발 브랜드와의 차별화된 요소를 강조하여, 소비자에게 대안으로 인식되도록 해야 한다. 이를 위해 브랜드의 독특한 속성이나 이점을 부각하고, 소비자가 이를 인지하도록 다양한 마케팅 활동을 진행한다.

2) 제품에 관련된 문제와 연결

제품이 해결할 수 있는 소비자 문제를 명확하게 연결지어, 제품의 필요성을 강조한다. 예를 들어, 저관여 제품이라 하더라도 실용성, 가격 효율성 등의 측면에서 소비자에게 도움이 된다고 인식시키면 관심을 끌 수 있다.

3) 제품과 관련된 가치나 상징성의 연결

제품이 단순한 기능적 속성 외에도 소비자에게 제공하는 가치나 상징성을 강조한다. 예를 들어, 환경친화적인 제품, 사회적 책임을 다하는 브랜드 등 소비자에게 긍정적인 가치와 상징성을 제공하는 방식이다.

4) 제품과 관여되는 상황의 연결

제품을 소비자가 자주 접하거나 사용하게 되는 상황과 연결지어 인지도를 높일 수 있다. 예를 들어, 특정 환경에서 제품이 유용하거나 필요한 경우를 강조하여, 소비자에게 실질적인 가치를 제공한다.

5) 제품에 새로운 특성을 도입

기존 제품에서 제공되지 않던 새로운 특성이나 기능을 도입하여, 소비자의 관심을 끌 수 있다. 예를 들어, 저가격의 제품이라도 혁신적인 디자인이나 기능을 추가하면 경쟁에서 차별화될 수 있다.

6) 기존 속성에 대한 중요도의 변화

콜라와 사이다를 비교했을 때, 후발 브랜드는 기존 음료 제품의 속성을 변화시켜 소비자에게 새로운 가치를 제공할 수 있다. 예를 들어, 건강을 중시하는 소비자를 겨냥하여 설탕을 줄이거나, 저칼로리 제품을 출시하는 등의 전략을 활용한다.

(2) 관성적 구매를 다양성 추구 구매로 바꾼다.

후발 브랜드는 소비자의 기존 구매 패턴을 변화시키고, 다양한 구매 옵션을 제공하여 관성적인 구매에서 벗어나도록 유도할 수 있다.

1) 판매촉진의 사용

저관여 제품의 경우, 판매촉진 활동이 효과적일 수 있다. 하지만 초기 예산이 많이 들고, 시장 전체의 수익성을 크게 떨어뜨리는 부작용을 초래할 수 있으므로 신중하게 사용해야 한다. 예를 들어, 샘플 제공, 가격 인하, 한정 프로모션 등을 통해 소비자의 구매를 유도할 수 있다.

2) 부분적인 상황이나 문제와 연결

제품이 특정 상황에서 더 유용한 대안이 될 수 있음을 강조한다. 예를 들어, 특정 시간대나 시즌에 제품이 더 유용하게 쓰일 수 있음을 알리고, 소비자가 그러한 상황에서 구매 결정을 내리도록 유도한다.

(3) 시장 세분화를 통한 틈새시장에 전념

후발 브랜드는 시장 전체에서 경쟁하기보다는, 특정 시장이나 틈새시장에서 강점을 발휘할 수 있다. 틈새시장에서의 경쟁력을 강화하면, 소비자에게 더 높은 가치를 제공할 수 있다.

1) 시장 세분화를 통한 타겟 시장 설정

소비자의 니즈가 다를 수 있으므로 후발 브랜드는 시장을 세분화하여, 특정 그룹을 타겟으로 마케팅을 진행한다. 예를 들어, 특정 연령대, 지역, 또는 특수한 취향을 가진 소비자를 목표로 하는 것이다.

2) 고유한 특성을 강조한 제품 개발

틈새시장에서 차별화된 제품을 개발하여 경쟁우위를 점한다. 예를 들어, 저관여 제품이지만 특정 소비자 그룹에 특화된 기능을 갖춘 제품을 제공하는 것이다. 예를 들어, 저가격 대체품을 원하는 소비자에게는 더 경제적인 선택지를 제공하고, 품질을 중시하는 소비자에게는 품질이 향상된 옵션을 제공하는 전략이다.

위와 같은 전략을 통해 후발 브랜드는 저관여 시장에서 점유율을 확보하고, 소비자와의 연결을 강화하며, 브랜드 인지도를 높일 수 있다.

활동: STP 전략

❶ STP 전략을 활용한 시장 세분화 및 타겟팅

- STP 전략(세분화, 타겟팅, 차별화)을 적용하여 특정 산업 또는 제품군을 분석하시오.
- 시장을 세분화하고, 타겟 시장을 선정한 후, 각 시장 세분화에 맞는 차별화 전략을 수립하시오.

학습정리

- STP 전략은 시장세분화(Market segmentation), 목표시장(Targeting)선정, 포지셔닝(Positioning)의 첫 글자를 딴 마케팅 전략 중 하나이다.
- 시장세분화(Segmentation)는 기업의 제품 또는 서비스를 판매할 특정 시장을 기업의 목표에 맞게 특정한 기준으로 나누는 것을 의미한다.
- 목표시장(Targeting)은 시장세분화에서 나눈 계층 중 어떠한 계층을 목표로 할 것이냐는 것이다, 이때 선정한 대상은 꼭 하나이어야 하는 것은 아니다.
- 차별화(Positioning)는 목표시장 내에서 고객의 마음속에 자사의 브랜드 또는 제품, 서비스를 어느 위치에 자리 잡게 할 것인가를 의미한다.
- 타겟 마케팅(Target marketing)은 고객의 여러 가지 욕구 또는 요구 때문에 고객을 세분화하여, 그 그룹에 집중하는 마케팅의 방법을 Target marketing이라고 한다.
- 타겟 마케팅은 마케팅 전략의 효율성을 극대화하는 데 중요한 역할을 한다. 이 전략을 통해 마케팅 자원은 더 집중적으로 활용되고, 고객의 특성에 맞는 맞춤형 접근이 가능해진다.
- 세분화는 전체 시장을 다양한 기준에 따라 구분하여, 각 시장 세분화(Segmentation)가 더욱 명확하게 정의될 수 있도록 하는 과정이다.
- 표적화(Targeting)는 세분된 시장 중에서 가장 적합한 시장을 선택하고, 해당 시장을 대상으로 마케팅 전략을 설정하는 중요한 단계이다.
- 집중 마케팅은 특정 세분 시장을 선택하여 집중적으로 마케팅을 전개하는 전략이다.
- 차별화 마케팅은 여러 세분 시장을 대상으로 각각 다른 마케팅 믹스를 사용하는 전략이다.
- 무차별 마케팅은 시장을 세분화하지 않고 전체 시장을 대상으로 동일한 마케팅 전략을 사용하는 방식이다.
- 집합적 마케팅은 고객 개개인의 세부적인 요구사항을 반영하여 맞춤형 제품을 제공하는 전략이다.
- 차별화는 목표 시장에서 자사 브랜드가 경쟁 브랜드와 차별화되어 어떤 이미지나 인식을 가질 것인지를 정의하는 과정이다.
- 차별화 전략은 브랜드가 시장에서 어떤 위치를 차지하고, 어떻게 차별화될 것인지를 명확하게 설정하는 과정이다.
- 소비자 행동 이론은 소비자가 구매 결정을 내리고, 그 후의 소비 행동을 어떻게 전개하는지에 대한 학문적 이론이다.
- 소비자 경로 이론은 소비자가 제품을 인식하고 구매하기까지의 전반적인 경험을 설명한다. 이 이론은 소비자가 구매 결정을 내리기까지의 과정을 단계별로 나누어, 각 단계에서 소비자에게 미치는 영향을 분석한다.
- 마케팅 커뮤니케이션은 소비자의 정보처리 과정에 들어가 소비자를 설득하여 행동하게 만드는 과정을 설득 커뮤니케이션이라고 한다.
- 정교화 가능성 모델(Elaboration likelihood model; ELM)은 태도의 변화를 설명하는 이중

과정 이론이다. 정교화 가능성 모델은 자극을 처리하는 다양한 방법, 사용 이유 및 태도 변화에 관한 결과를 설명하는 것을 목표로 하고 있다.

- 객이 좋아하는 브랜드를 반복 구매하는 경우 자동차와 같은 고관여인 제품에서는 브랜드 충성도라고 평가하고, 신라면 같은 저관여 제품에서는 습관, 관성이라고 표현한다.

CHAPTER

12 디지털 마케팅 및 온라인 전략

학습내용

12-1. 온라인 마케팅 전략

12-2. SNS 마케팅 전략

12-3. 온라인과 SNS 마케팅 성과 분석

학습목표

12-1: 온라인 마케팅 전략과 다양한 채널을 활용한 마케팅 기법을 이해하고, 이를 실제 마케팅 활동에 적용할 수 있다.

12-2: SNS 마케팅 전략을 수립하고, SNS 플랫폼을 활용하여 브랜드 인지도를 높이고 고객과의 관계를 강화할 수 있다.

12-3: 온라인 및 SNS 마케팅의 성과를 분석하고, 분석결과를 바탕으로 마케팅 전략을 개선할 수 있다.

12-1 온라인 마케팅 전략(On-line Marketing Strategy)

1 온라인 마케팅 전략

온라인 마케팅은 웹 기반 채널을 활용하여 기업의 브랜드, 제품 또는 서비스에 대한 메시지를 잠재 고객에게 전파하는 방법이다. 온라인 마케팅의 목표는 사람들이 쇼핑, 글 읽기, 영상 시청 등의 다양한 활동을 하는 온라인 채널을 통해 표적 고객이나 잠재 고객에게 도달하는 것이다.

1. 온라인 마케팅의 중요성

온라인 마케팅은 기업의 광고전략을 지배하고 있다고 해도 과언이 아닐 것이다. 이는 2020년 전 세계 인터넷 하루 평균 사용 시간은 6시간 43분으로 나타났으며, 우리가 깨어 있는 시간 중에서 약 40%를 인터넷에 사용한다는 것이다(자료출처: DIGITAL 2020: GLOBAL DIGITAL OVERVIEW)

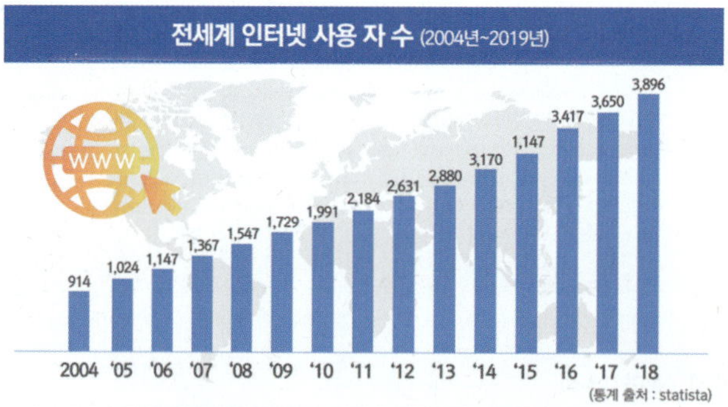

[그림 12-1] 전 세계 인터넷 사용자 수(자료 출처: Statista)

2018년 약 39억 명이 사용하였고, 이러한 상황은 꾸준히 증가하는 추세로 미래는 인터넷 사용자가 더 많이 증가할 것이다. 이러한 인터넷 사용의 증가로 오프라인 위주의 비즈니스가 점차 온라인으로 방향을 전환하고 있으며, 자연스럽게 온라인 마케팅의 중요성 또한 커지고 있다(자료 출처: DIGITAL 2020: GLOBAL DIGITAL OVERVIEW)

2. 온라인 마케팅이 주는 장점

❶ 비용이 저렴하다. 즉, 오프라인 마케팅에 비해 온라인 마케팅이 더 저렴한 경향이 있다. 예산이 적은 새로운 브랜드는 특히 소셜 미디어와 같은 일부 방법을 완전 무료로 사용할 수 있으므로 목표 고객에게 쉽게 도달할 수 있다.

❷ 성과측정 및 분석이 쉽다. 이는 구글 애널리틱스와 같은 분석 도구를 이용하면 온라인 광고 및 마케팅의 실적을 추적할 수 있다. 분석을 통해 대상을 정의하거나 퍼포먼스가 좋은 콘텐츠 종류를 알아낼 수 있고, 더욱더 효율적인 결과를 얻는 방법으로 마케팅 전략을 수정할 수 있다.

❸ 장기적인 노출이 가능하다. 이는 검색엔진 최적화(Search Engine Optimization; SEO) 및 일부 광고의뢰자(Sponsor) 광고를 포함하여 특정 유형의 온라인 마케팅은 오랜 기간 지속할 것이다. 초기 비용으로 많은 결과를 얻을 수 있으므로 매우 가성비가 좋다.

❹ 많은 잠재 고객에게 도달할 수 있다. SEO와 소셜 미디어 마케팅, 광고 등의 방법을 통해서 현저히 많은 수의 사람들에게 도달할 수 있다. 특히 소셜 미디어에서 사람들이 참여할 수 있는 콘텐츠를 만들면 생각보다 더 많이 퍼질 수 있다.

❺ 고객과의 관계를 구축할 수 있다. 목표 고객이 온라인에서 광고를 계속해서 다시 보게 될 가능성이 크다. 브랜드 인지도가 높아질수록 그들은 브랜드를 빨리 인식하기 시작하며, 그들이 특정 브랜드를 더 많이 볼수록 더 많이 신뢰하게 될 것이다. 결과적으로 온라인 마케팅은 고객과 브랜드와의 관계를 강화한다.

3. 온라인 마케팅 전략에 영향을 주는 요소

최근 기업의 마케팅 활동은 오프라인 마케팅 활동은 전혀 없이 온라인에서만 마케팅을 진행하는 중소규모 기업들을 많이 찾아볼 수 있다. 마케팅에 관한 의사결정에 영향을 주는 요소들은 많으며, 사업이나 예산, 인적자원 등의 요소가 필요로 한다. 온라인 마케팅 전략에 영향을 줄 수 있는 5가지 주요 요소는 다음과 같다.

[그림 12-2] 온라인 마케팅의 영향 요소(자료 출처: 마켓기어팀 ㈜날리지바인)

(1) 사업의 본질

비즈니스의 본질적인 성격은 온라인 마케팅의 필요성을 판단하는데 가장 중요한 요소이다. 최근 모든 사업에 있어 온라인 활동은 매우 중요한 마케팅 활동으로 자리 잡고 있다. 이는 서비스 업체가 온라인 마케팅 활동을 통해 목표 고객과 잠재 고객 필요한 정보를 제공함으로써 고객 유입을 유도하기 때문이다.

사업 규모와 본질적 속성과는 관계없이 온라인 마케팅 활동은 경쟁력을 얻는 데 필요하다. 또한, 온라인 마케팅 활동은 사업의 특성을 통한 범위를 설정해야 하는지가 중요하다. 예를 들면, 소규모 미용실을 운영한다면, 검색엔진 최적화(SEO)를 고려하며, 모바일 사용자 인터페이스(Interface)를 제공하는 고급스러운 웹사이트를 만들 필요는 없다. 이는 투자수익률(ROI)을 고려할 때 웹사이트 관리에 사용되는 비용이 그만큼의 수익을 가져다주기 힘들기 때문이다.

웹사이트를 만드는 대신 서비스업을 홍보하는데 유용한 소셜 미디어 계정을 만들고, 운영하는 것이 더 좋다. 요즘의 소셜 미디어 추세를 고려하여 계정을 개설하는 것이 좋은 선택이 될 것이다.

> ▶ 알아두기: 인터페이스(Interface)는 전기 신호의 변환으로 중앙 처리 장치와 그 주변 장치를 서로 연결하는 접속 장치를 의미한다. 예를 들면, 키보드나 디스플레이 등처럼 사람과 컴퓨터를 연결하는 장치.

(2) 목표시장의 이해

마케팅 활동을 오프라인, 온라인 중 어디에 치중해야 할지를 결정하기 위해선 목표시장을 정확히 이해하는 것이 매우 중요하다.

기업과 기업(B2B) 간의 사업을 운영한다면, 마케팅은 주로 개별고객과의 관계나 입소문에 의하여 결정되기 때문에 오프라인 활동이 중요하다. 이런 환경에서의 온라인 마케팅은 여러분의 제품 및 서비스에 대한 설명이 담긴 간단한 웹사이트를 구축하여 고객들에게 기업이 제대로 된 회사라는 인상을 보여주기만 하면 된다.

기업과 소비자(B2C) 간의 사업을 운영한다면, 온라인 활동은 목표시장의 특성에 따라서 달라진다. 목표 고객들의 나이가 많을 때 오프라인, 전통적인 접근방식이 더 효과적일 수 있고, 첨단기술에 민감한 젊은 층을 대상으로 하는 시장의 경우 온라인 마케팅이 매우 중요한 요소이다.

(3) 마케팅 예산의 선정

대부분의 기업에 있어 마케팅 예산은 큰 제약 요소이다. 특히 투자수익률이 주요 핵심 성과지표(Key Performance Indicator; KPI)로 고려된다면 마케팅 활동마다 필요한 시간과 비용이 가치가 있는지 여러번 검토를 해야 한다.

온라인 마케팅도 대부분 작은 회사들은 검색 광고 등의 온라인 광고는 물론이고 웹사이트 구축 및 관리를 위한 비용을 부담하기 어렵다. 그러나 잠재 고객을 위한 유용한 정보를 제공함으로써 트래픽, 매출 증대를 이끌 수 있기 때문이다. 오프라인이나 전통적인 마케팅과는 반대로 비용 지출 없이도 이런 결과를 얻을 수 있다.

(4) 소비자의 기대 변화

목표시장과 비슷한 측면에서 소비자의 기대치와 행동을 이해하는 것은 마케팅 접근방식을 결정하는데 큰 지침이 된다. 소비자들이 카페를 떠올리면 자신들이 원하는 음료를 편안한 분위기에서 마시길 기대하는 것처럼 소비자들은 어떤 회사, 비즈니스에든 자신들이 얻기 원하는 최소 기대치가 존재한다. 이는 소규모 서비스 점포라면 선진 기술을 고려한 웹사이트가 필요 없지만, 소비재나 서비스를 판매하는 회사가 온라인 활동하지 않는 것은 고객의 신뢰를 얻기 힘들 뿐 아니라 회사 비즈니스의 흥망에 영향을 줄 수 있다.

(5) 지정학적 제한 요소

오프라인 마케팅은 기업이 위치한 지역으로 활동 반경이 제한된다. 그러나 온라인 마케팅은 더욱 넓은 범위에서 고객들에게 접근할 수 있다. 한국에 기반을 두고 있는 사업체도 미주, 유럽 시장을 공략할 수 있으며, 특히 여러분의 비즈니스가 서비스가 아닌 재화의 형태로 전 세계의 소비자들에게 판매된다면 온라인 마케팅은 가장 좋은 마케팅 옵션이 될 수 있다.

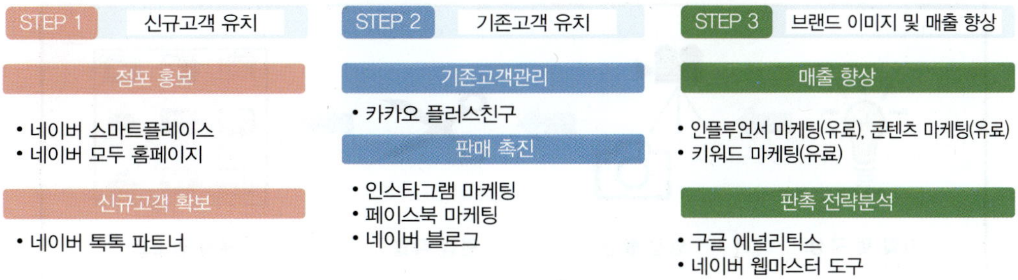

[그림 12-3] 온라인 마케팅 로드맵

4. 온라인 마케팅의 종류

(1) 콘텐츠 마케팅(Content marketing)

콘텐츠 마케팅은 잠재 고객을 유치하고 궁극적으로 수익성 있는 행동을 유도하기 위해 관련성이 높고 가치 있는 일관된 콘텐츠를 만들고 배포하는 마케팅 전략이다. 콘텐츠 마케팅은 인터넷이 보급되기 전부터 존재하던 개념이다. 이는 재미있는 동영상이나 사진 등이 소비자의 시각을 훨씬 더 잘 사로잡기 때문이다.

콘텐츠 마케팅의 사례로 대표적인 기업이 레드불이다. 레드불을 구매하는 고객 모두가 극한 스포츠(Extreme Sports)를 직접 즐기진 않는다. 그러나 많은 소비자가 이러한 스포츠를 관람한다는 심리를 잘 이해하고 있으므로 가능한 마케팅이다. 레드불은 모든 미디어인 동영상, 소셜 미디어, 블로그, 이미지, 잡지, TV 등을 통해 고객의 관심사를 콘텐츠로 제작해 제공한다.

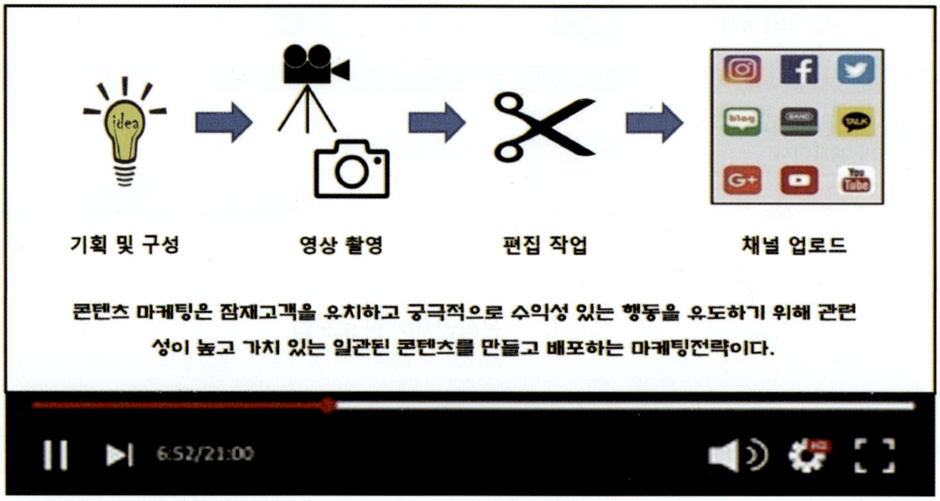

[그림 12-4] 콘텐츠 마케팅

콘텐츠 마케팅을 오랜 시간 꾸준하게 진행할 경우 많은 양의 콘텐츠가 쌓이게 되므로 이는 곧 브랜드의 자산이 된다. 또한, 고품질의 콘텐츠는 목표고객에게 쉽게 노출되고, 공유되어 비즈니스에 긍정적인 영향을 미친다.

예를 들어, 소비자의 흥미를 유발하고 관심을 끌게 하는 콘텐츠는 사용자에게 더 많은 검색을 촉진하고, 온라인상에서 상위에 노출될 수 있는 상황을 만든다. 따라서 온라인 마케팅의 가장 기본적인 활동이라 할 수 있다.

(2) 검색엔진 최적화 마케팅(Search Engine Optimization marketing; SEO)

검색엔진 최적화(Search Engine Optimization)는 검색엔진 최적화라고 불리는 디지털 마케팅의 종류 중 하나다. 인터넷이 생긴 이후 가장 먼저 생긴 온라인 마케팅 전략이라고도 할 수 있다. 구글(Google)이나, 네이버와 같은 검색엔진의 상단에 자사의 웹사이트를 상위에 노출함으로써 잠재 고객에게 자연스럽게 홍보하는 방법이다.

[그림 12-5] 검색엔진 최적화 마케팅

키워드 광고나 구글 디스플레이 네트워크(Google Display Network; GDN), 유튜브 광고 등 흔히 말하는 검색엔진 마케팅(Search Engine Marketing; SEM)이나, 페이퍼 클릭(Pay-Per-Click; PPC)의 경우 검색엔진에 광고비용을 지불하여 광고비를 소진하면서 인위적으로 노출시키는 방식이지만, SEO의 경우 검색엔진 고유의 알고리즘을 활용하여 노출하는 것이므로 근본적인 접근방식 및 효과가 다르다고 할 수 있다.

온라인 광고 네트워크 치티카(Chitika)사의 연구결과, 검색 트래픽(Traffic)의 92%가 첫 번째 페이지에 집중되어 있고, 두 번째 페이지의 경우 트래픽이 95% 감소했다. 이는 자연스럽게 검색 클릭의 53%가 첫 번째 링크로 연결된다. 특히나 한국의 경우 2020년부터 구글이 네이버의 점유율을 급격하게 따라잡고 있어 경쟁이 포화하기 전에 빠르게 선점하는 것이 기업 성공의 중요한 요소로 떠오르고 있다.

SEO는 다른 마케팅 전략보다 결과를 보기까지 시간이 오래 소요되는 작업이며, 장기적인 마케팅 전략이다. 홈페이지 분석부터 키워드 분석, 경쟁사 분석 등 내부 최적화 및 외부 최적화 전반에 걸쳐 다방면으로 관리해야 하며, 시시각각 변하는 구글 알고리즘에 맞춰 각각의 비즈니스마다 전략을 유동적으로 바꿔야 하기 때문이다. SEO는 온라인 마케팅의 종류 중 이메일 마케팅과 더불어 가장 투자수익률(ROI)이 높은 전략 중 하나다.

▶ 알아두기: 트래픽(Traffic)이란 서버와 네트워크 장치에서 일정 시간 내에 흐르는 데이터의 양을 말한다. 웹사이트에 트래픽이 많다는 것은 사용자 접속이 많아서 전송하는 데이터의 양이 많다는 것을 의미.

(3) 소셜 네트워크 서비스 마케팅(SNS marketing)

소셜 네트워크 서비스(Social Networking Service; SNS) 마케팅은 광고 마케팅과 콘텐츠 마케팅 두 가지로 나눌 수 있다. 광고 마케팅의 경우 성별, 나이, 주거지, 직업 등과 사용자 성향에 기반하여 표적화를 할 수 있는 것이 특징이다.

콘텐츠 마케팅의 경우 특성상 기술적인 마케팅 전략보다는 콘텐츠의 질이 전략의 성패를 좌우한다. 텍스트, 이미지, 비디오 등의 콘텐츠를 통해 자사의 마케팅 목표를 달성하는 방법으로 사용한다. 주요 채널로는 페이스북, 인스타그램, 트위터 등이 있으며, 각의 SNS 채널마다 주요 사용 연령층 및 비즈니스 모델 및 업종에 따라 적절하게 사용하실 수 있다.

[그림 12-6] 소셜 네트워크 서비스 마케팅

스마트폰과 결합하면서 모바일 접속이 가능해졌고, 통화, 회의, 쇼핑 등 다양한 기능이 SNS에 부가되었다. 특히, SNS는 일반 검색을 통해 찾는 정보보다 친구의 추천으로 공유하는 정보가 신뢰성이 높고 또 간결하게 전달되는 특징이 있는데, 바로 이 점이 기업들이 SNS를 마케팅에 활용하게 되는 이유라 할 수 있다.

기업이 SNS 마케팅 활동을 활발히 펼치는 이유는 고객에게 친근감을 조성할 수 있으며, 기업이나 제품, 브랜드에 관한 고객들의 이야기가 온라인상에서 확산할 수 있는 도구이기 때문이다.

(4) 자발적 소문 마케팅(Viral Marketing)

Viral Marketing은 온라인상에서 누리꾼이 이메일이나 다른 전파 가능한 매체를 통해 자발적으로, 어떤 기업이나 기업의 제품을 홍보하기 위해 널리 퍼뜨리는 마케팅 기법으로, 컴퓨터 바이러스처럼 확산한다고 해서 이러한 이름이 붙었다.

Viral marketing은 2000년 말부터 확산하면서 새로운 인터넷 광고 기법으로 주목받기 시작하였다. 기업이 직접 홍보를 하지 않고 소비자의 이메일을 통해 입에서 입으로 전해지는 광고라는 점에서 기존 광고와 다르다. 입소문 마케팅과 일맥상통하지만, 전파하는 방식이 다르다. 입소문 마케팅은 정보 제공자를 중심으로 메시지가 퍼져 나가지만, Viral marketing은 정보 수용자를 중심으로 퍼져 나간다.

기업은 유행이나 풍조 등 현실의 흐름을 따라가면서 누리꾼 입맛에 맞는 엽기적인 내용이나 재미있고 신선한 내용의 웹 애니메이션을 제작, 인터넷 사이트에 무료로 게재하고 그 사이에 기업의 이름이나 제품을 넣어 간접적으로 광고하는 방식이다.

누리꾼은 애니메이션 내용이 재미있으면, 이메일을 통해 다른 누리꾼에게 전달하고, 이러한 과정이 반복되다 보면 어느새 누리꾼 사이에 화제가 됨으로써 자연스레 마케팅이 이루어지는 것이다. 일부 Viral marketing 광고는 제품정보를 알려 준 사람에게 보상을 주는 접근법을 쓰기도 한다.

Viral marketing은 웹 애니메이션 기술을 바당으로 이루어지며, 파일 크기가 작아 거의 실시간으로 재생할 수 있음은 물론, 관련 프로그램만 이용하면 누구나 쉽게 제작할 수 있고, 기존 텔레비전이나 영화 등 필름을 이용한 광고보다 훨씬 저렴한 비용이 들기 때문에 빠른 속도로 확산하고 있다.

(5) 인플루언서 마케팅((Influencer Marketing)

Influencer Marketing은 사회에 미치는 영향력이 큰 사람을 의미하며, 특히 웹상에서의 인물을 의미한다. 이러한 인물이 전달하는 정보를 기업이 활용하여 홍보하는 것을 인플루언서 마케팅이라고 부르고 있다.

인터넷이 발전하면서 소셜 미디어의 영향력이 크게 확대되었다. 현재는 소셜 미디어를 통해 일반인들이 생산한 콘텐츠가, 기업에서 게시하는 TV 광고와 유사하거나, 또는 그 이상의 영향력을 가지게 되었다.

Influencer는 SNS를 통해 공유하는 특정 제품 또는 특정 브랜드에 대한 의견이나 평가는 콘텐츠를 소비하는 이용자들의 인식과 구매 결정에 커다란 영향을 미친다. 이는 연예인처럼 외모나 퍼포먼스로 인기를 얻지도 않음에도 불구하고, 자신들이 자체적으로 생산해내는 콘텐츠를 통해 큰 파급력을 가진다는 특징이 있다.

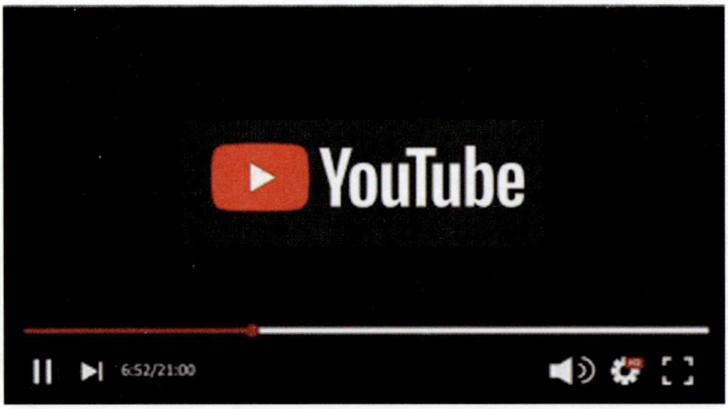

[그림 12-7] 인플루언서 마케팅

Influencer Marketing은 바로 사람들의 이러한 심리를 이용한 마케팅 기법이라고 볼 수 있으며, 이는 각 연령층에서 효과가 나타나지만, 특히 각종 SNS에 쉽게 노출되어 있는 10대~30대에게 가장 효과적인 마케팅 전략이라고 볼 수 있다.

Influencer Marketing 사례로는 인스타그램 사용자에게 제품 및 서비스 협찬, 유명 유튜버를 통한 광고, 스타를 광고모델로 기용, 블로거 후기 남기기 등이 있다.

(6) 어필리에이트 마케팅(Affiliate Marketing)

제휴마케팅(Affiliate Marketing)은 매우 다양한 의미로 해석될 수 있으나, 인터넷 마케팅에서는 매체사의 실적에 따라 광고비를 지급하는 마케팅 방식을 말한다. 매체사에 배너를 게재했다고 바로 광고비를 내지 않고, 배너광고를 통해서 고객이 회원가입을 하거나 실제 물품을 구매하는 등의 실적을 나타냈을 때 수수료를 내는 성과보수형 광고 방식이다. 이 방식은 광고주는 광고비를 미리 지급하지 않고 게재한 광고의 실적이 발생했을 때만 소정의 수수료를 지급하게 되므로 광고비 지급에 대한 초기 부담이 적게 광고를 집행할 수 있다는 장점이 있다.

Affiliate Marketing은 사용자가 다른 잠재 고객에게 제품이나 서비스를 추천하고 그에 따른 수수료, 포인트, 제품 등을 받는 마케팅 방법이다. 고객 개개인이 기업의 영업사원이 되는 것과 같다. 이러한 마케팅의 대표적 사례로 쿠팡 파트너스가 있다.

파트너스에 회원가입 후에 쿠팡의 링크를 여기저기 공유하고, 누군가 내가 공유한 링크를 통해 제품을 구매하면, 수수료가 지급되는 방식이다. 이러한 제휴마케팅은 구매가 이루어져야 정산하는 전제가 있어 기업으로서 효율적인 마케팅 기법이라 할 수 있다.

(7) 소셜 커머스

소셜 커머스(Social Commerce)는 상거래 서비스에 소셜 네트워크적인 요소가 있거나 판매 자체를 소셜 네트워킹 서비스(Social Network Service: SNS) 내에서 하는 등 전자상거래를 위해 SNS를 활용하는 것을 의미하게 되었다.

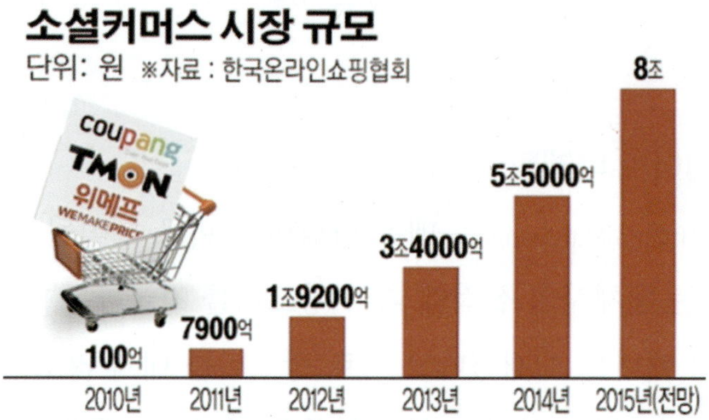

[그림 12-8] 소셜 커머스 시장규모(자료 출처: 이투데이, 2015)

최근 가장 활발하게 활용되는 대표적인 소셜 커머스는 3가지 유형이 있다.

❶ 공동구매 방식으로 하루에 제한된 수량의 제품 및 서비스를 판매하고 일정의 조건이 충족될 경우 구매단가를 대폭 할인해주는 방식이다. 예컨대, 특정 상품을 1000명이 구매하게 되면 50%를 할인해주는 것. 위메프, 티켓몬스터 등이 이에 해당한다.

❷ 공동구매보다 SNS를 더욱 적극적으로 활용하는 방식으로 기존 E-commerce 사이트와 연계하는 방식이다. 이는 특정 사이트에서 이루어진 구매, 평가, 리뷰 등의 활동이 구매자의 소셜 네트워크와 직접 연동하여 공유되는 방식이다.

단순히 상거래(Commerce) 사이트에 Facebook이나 Twitter로 이동할 수 있는 링크 버튼을 삽입하기도 하고, Facebook Plugin을 통해 구매 활동이 자동으로 자신의 SNS에 반영되어 지인들과 공유하는 형태를 띄기도 한다.

❸ 가장 최근에 나타나고 있는 유형으로 SNS 내에 직접 입점하여 판매하는 방식으로 이 방식은 탭 또는 애플리케이션의 형태로 SNS 내 쇼핑몰을 추가하는 것이다.

최근에는 쇼핑몰 업체(Vendor)를 활용하여 Facebook 내에 쇼핑몰을 오픈하는 업체들이 늘어나고 있다. 이러한 업체를 사용하면 상품등록, 장바구니, 리뷰 등의 기본적인 구매 기능은 물론 공동구매나 이벤트와 같은 추가적인 기능도 활용할 수 있다(자료 출저: LG경제연구원).

12-2 SNS 마케팅 전략(SNS Marketing Strategy)

1 SNS 마케팅과 활용방안

SNS 마케팅은 소셜 네트워크 서비스를 활용하여 브랜드 인지도 향상, 소비자와의 소통, 제품 또는 서비스 판매촉진을 목표로 하는 마케팅 전략이다. 주요 활용방안으로는 타겟 맞춤형 광고, 인플루언서와의 협업, 사용자 생성 콘텐츠(UGC) 활용, 이벤트 및 프로모션 진행 등이 있으며, 이를 통해 브랜드 충성도를 높이고, 실시간 반응을 얻을 수 있다.

1. SNS 마케팅(Social Networking Service Marketing)

소셜 네트워크 서비스는 사용자 간의 자유로운 의사소통과 정보공유, 그리고 인맥 확대 등을 통해 사회적 관계를 생성하고 강화해주는 온라인 플랫폼을 의미한다.

SNS 마케팅은 소셜 미디어 플랫폼을 활용해 브랜드와 소비자 간의 관계를 강화하고, 정보를 확산시키며, 입소문 효과를 창출하는 전략으로 SNS를 활용하여 브랜드를 홍보하고 소비자와 소통하는 활동으로, 브랜드 인지도와 매출을 높이는 데 이바지한다.

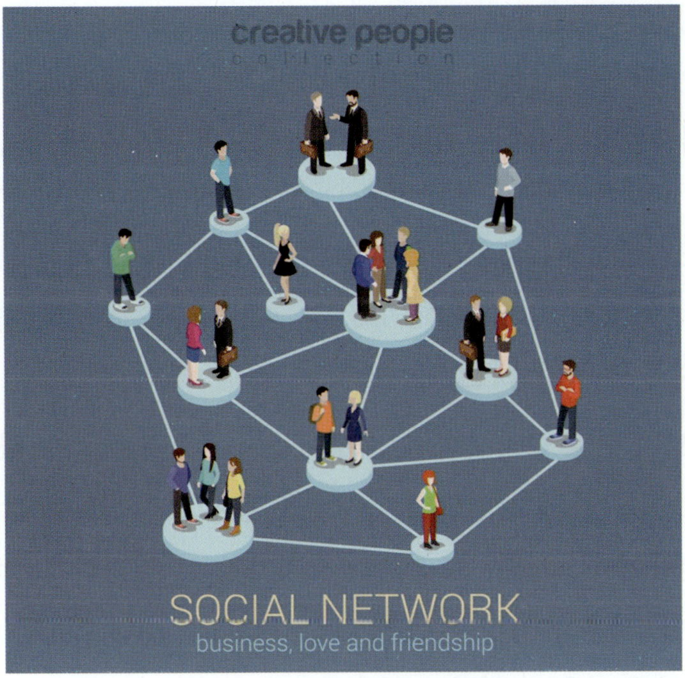

[그림 12-9] 소셜 네트워크 관계망

(1) 정보 확산

소셜 네트워크 내에서 개인들은 자신의 지인들에게 정보를 전달하고, 이는 빠르게 다른 사람들에게 전파된다. 이러한 전파 과정은 기업들이 SNS를 통해 자발적 소문 마케팅(Viral Marketing) 효과를 얻을 수 있다.

(2) 브랜드와 소비자의 상호작용

소셜 미디어가 브랜드와 소비자 간의 관계를 강화하는 데 중요한 역할을 한다. 소셜 미디어에서는 브랜드와 소비자가 직접 상호작용하며, 소비자들이 브랜드의 메시지를 전달하고 변형할 기회를 제공하며, 이러한 상호작용은 브랜드 충성도를 높이고, 자연스럽게 자발적 소문 마케팅(Viral Marketing) 효과를 유도한다(Kaplan & Haenlein, 2010).

(3) 사용자 생성 콘텐츠(UGC)

소비자들이 자신이 경험한 제품이나 서비스에 대해 콘텐츠를 생성하고 이를 다른 소비자들과 공유하는 방식으로, 브랜드의 메시지가 더욱 자연스럽고 신뢰성 있게 전달된다. 이는 소비자가 브랜드에 대해 긍정적인 경험을 공유하게끔 유도하며, 결과적으로 브랜드와 소비자 간의 감정적 연결을 강화한다.

2. 소셜 네트워크의 특성

SNS는 정보가 빠르게 확산하며, 사용자들이 상호작용할 수 있는 네트워크가 형성된다. 이를 통해 브랜드의 가시성을 높이고 충성도를 강화하는 중요한 마케팅 전략이다. SNS는 브랜드와 소비자가 더 밀접하게 상호작용할 기회를 제공하며, 사용자 생성 콘텐츠(UGC, User-Generated Content)를 통해 자연스러운 홍보 효과를 얻을 수 있다.

(1) 연결 중심성(Centrality)

SNS에서는 특정 개인이 중심에 위치할 경우, 그 사람이 브랜드의 메시지를 더 많이 확산시킬 수 있다. 예를 들어, 유명 인플루언서나 SNS에서 큰 영향을 미치는 개인이 브랜드와 협업하면, 정보 확산이 더욱 효과적이다.

(2) 네트워크의 강도

강한 네트워크 내에서 정보가 빠르게 퍼지며, 정보의 전파 속도가 증가한다. 강한 네트워크를 활용한 마케팅은 소비자들이 브랜드에 대해 긍정적인 인식을 하게끔 유도할 수 있다.

(3) 바이럴 마케팅

SNS에서 사용자들이 콘텐츠를 자발적으로 공유하며 발생하는 바이럴 마케팅은 정보 확산의 대표적인 예이다. 이 방식은 소비자들이 스스로 콘텐츠를 확산시키기 때문에, 브랜드와 소비자 간의 신뢰도를 더욱 강화할 수 있다.

3. SNS 마케팅의 기본 원칙

SNS 마케팅은 목표 달성을 위해 전략적으로 접근해야 하며, 각 원칙은 브랜드가 소비자와 효과적으로 상호작용하고 결과를 극대화한다.

(1) 타겟 고객 정의

1) 목표 고객군 설정

SNS 마케팅의 첫 번째 단계는 타겟 고객을 정의한다. 즉, 나이, 성별, 관심사, 지역 등 다양한 인구통계학적 특성뿐만 아니라, 소비자들이 선호하는 SNS 플랫폼 및 콘텐츠 스타일을 파악하는 것도 중요하다. 예를 들어, 20대 여성이 주로 사용하는 Instagram을 활용하거나, 30대 이상의 사용자가 주로 활동하는 Facebook을 활용할 수 있다.

2) 플랫폼 이용 패턴 분석

SNS 플랫폼마다 사용자들이 활동하는 방식이 다르다. 예를 들어, Instagram은 이미지와 스토리로 감성적이며, 시각적인 마케팅이 효과적이다. Facebook은 긴 글이나 커뮤니티 중심의 소통에 적합하다. 이를 바탕으로 각 플랫폼에 적합한 콘텐츠를 제공해야 한다.

(2) 콘텐츠 가치 제공

1) 정보 제공

소비자가 필요한 정보를 제공함으로써, 브랜드는 신뢰를 얻을 수 있다. 유용한 정보는 소비자에게 가치를 전달하고 브랜드에 대한 긍정적인 인식을 형성한다. 예를 들어, 헬스케어 브랜드가 유용한 건강 팁을 제공하거나, 테크(technology) 기업이 신제품에 대한 자세한 설명하는 콘텐츠를 제공한다.

2) 유머와 공감

유머나 공감을 불러일으키는 콘텐츠는 소비자와의 감정적 연결을 강화하는 데 매우 중요하다. 밈(meme)이나 감성적인 메시지는 소비자들의 관심을 끌고 공유를 유도할 수 있다. 예를 들어, Coca-Cola의 감성적인 광고 캠페인이나 Nike의 도전적이고 긍정적인 메시지가 포함된 콘텐츠는 브랜드의 감정적 연결을 강조하고, 소비자와의 깊은 관계를 형성한다.

▶ 알아두기: 밈(meme)은 문화적 행동이나 지식이 다른 사람에게 복제되어 전달되는 것을 의미하는 용어다. 인터넷 커뮤니티나 SNS 등에서 유행하는 풍자(Parody), 쇼츠(shorts) 등이 밈에 해당한다. 또한, 언어에 국한되지 않고 사진이나 영상 속 요소 등 다양한 미디어를 넘나들고 있다.

(3) 지속적인 소통

1) 댓글과 메시지 응답

SNS는 쌍방향 소통이 핵심이다. 소비자의 질문이나 댓글에 신속하고, 친절하게 응답함으로써 브랜드와 소비자 간의 신뢰 관계를 구축할 수 있다. 예를 들어, Apple은 고객의 질문에 빠르게 응답하고, Zara는 제품에 대한 피드백을 적극적으로 수용하여 브랜드 신뢰도를 높인다.

2) 소셜 리스닝

브랜드는 소비자들이 말하는 내용을 주의 깊게 들음으로써 고객의 의견을 수집하고, 이를 기반으로 향후 마케팅 전략을 조정할 수 있다.

4. 주요 SNS 플랫폼 활용방법

각 SNS 플랫폼은 고유한 특징과 이용자층을 가지고 있으므로, 마케팅 전략을 세울 때 해당 플랫폼의 특성을 잘 이해하고 활용하는 것이 중요하다.

(1) 인스타그램(Instagram)

1) 이미지와 스토리텔링 중심

비주얼 콘텐츠(사진, 동영상, 스토리 등)에 집중하는 플랫폼으로, 감성적이고 창의적인 콘텐츠가 인기를 끈다. Instagram Stories나 Reels는 짧고 강렬한 메시지를 전달하기에 유용하며, 브랜드와 소비자 간의 감정적 연결을 강화하는 데 효과적이다.

2) 브랜드 활용

패션, 뷰티, 여행, 라이프 스타일 등의 산업에서 특히 강력한 플랫폼이다. 해시태그를 통한 유기적인 노출이 가능하고, 인플루언서 마케팅과 결합하여, 더 큰 효과를 볼 수 있다.

3) 마케팅 팁

고품질 이미지와 시각적으로 매력적인 콘텐츠를 통해 소비자의 관심을 끌고, 헤시테그(#Hashtags)와 사용자 생성 콘텐츠(UGC)를 적극적으로 활용하여, 브랜드 노출을 극대화한다.

(2) 페이스북(Facebook)

1) 다양한 연령층을 대상으로 한 커뮤니티 중심 마케팅

여러 연령대가 활동하는 플랫폼으로, 커뮤니티와 그룹 중심의 상호작용이 활발하다. 정보나 의견을 공유하고 토론하는 데 적합한 환경을 제공한다.

2) 광고 기능

매우 정교한 타겟팅 기능을 제공하여 특정 나이, 관심사, 위치 등으로 소비자를 세분화하고 그에 맞는 광고를 전달할 수 있다.

3) 브랜드 활용

커뮤니티 운영과 이벤트 홍보가 효과적이며, Facebook Groups를 활용한 마케팅은 특정 관심사를 가진 소비자들과 직접 소통하는 좋은 방법이다.

(3) 유튜브(YouTube)

1) 심층적 비디오 콘텐츠

비디오 콘텐츠가 주된 형식이며, 강력한 시청각적 메시지를 전달할 수 있는 플랫폼이다. 긴 형식의 콘텐츠를 통해 제품의 기능을 상세히 설명하거나, 브랜드의 스토리를 풀어내는 데 유리하다.

2) 브랜드 활용

제품 리뷰, 튜토리얼, 고객 인터뷰, 비하인드 장면 등 다양한 형식의 비디오를 통해 고객에게 깊이 있는 정보를 제공하고 신뢰를 구축할 수 있다.

3) 마케팅 팁

비디오 콘텐츠는 SEO에도 효과적이며, 검색 기능을 통해 브랜드나 제품이 쉽게 노출될 수 있다. YouTube Ads는 특히 검색된 키워드에 맞는 표적화를 통해 광고 효율을 높인다.

(4) 틱톡(TikTok)

1) 짧고 트렌디한 영상 콘텐츠

짧고 간결한 동영상 콘텐츠로 유명하며, Z세대와 밀레니얼 세대를 주요 타겟으로 한다. 유행하는 트렌드(Trend)나 챌린지(Challenge) 를 빠르게 확산시킬 수 있는 장점이 있다.

2) 브랜드 활용

주로 재미있고 창의적인 콘텐츠가 주목받는 플랫폼이다. 브랜드는 유머러

스한 콘텐츠나 챌린지를 통해 자연스럽게 소비자와 연결될 수 있다.

3) 마케팅 팁

TikTok의 알고리즘은 창의적이고 유머러스한 콘텐츠를 선호하므로, 브랜드는 트렌드를 빠르게 반영하고, 사용자 참여를 유도하는 콘텐츠를 제작해야 한다.

SNS 마케팅의 성공은 타겟 고객을 명확히 정의하고, 각 플랫폼의 특성에 맞는 콘텐츠를 제공하며, 지속적으로 소통하고 데이터를 기반으로 전략을 개선하는 것에 달려 있다. 각 플랫폼은 고유의 특성이 있으므로 해당 플랫폼의 장점을 잘 활용하는 것이 중요하다. 이를 통해 브랜드는 소비자와의 관계를 강화하고, 마케팅 효과를 극대화할 수 있다.

5. SNS 마케팅 사례 분석

나이키의 SNS 마케팅에서는 유명한 운동선수, 인플루언서 등과 협업하여, 그들의 영향력을 활용했다. 이러한 중심적인 인물들이 '#Just do it' 해시태그를 사용하여 콘텐츠를 공유하면서, 정보는 빠르게 다른 사람들에게 전달되었다. 영향력 있는 사람들이 콘텐츠를 공유함으로써, 그들의 팔로워와 팬들도 자연스럽게 캠페인에 참여하게 되었다.

강한 네트워크(Strong Ties)는 개인적인 관계가 강한 사람들 간의 정보 교환을 의미하며, 약한 네트워크(Weak Ties)는 서로 덜 친밀하지만 넓은 관계망을 통해 정보가 확산하는 구조를 의미한다.

나이키 캠페인은 두 가지 네트워크를 모두 활용하여, 사용자들이 운동하는 모습을 친구들과 공유하며, 강한 네트워크를 활용하고, 해시태그를 통해 더 넓은 사람들과 정보를 공유함으로써 약한 네트워크도 활용했다.

(1) 나이키(Nike)의 캠페인

나이키가 Instagram을 포함한 다양한 소셜 미디어 플랫폼을 활용해 진행한 마케팅 전략이다. 이 캠페인은 사용자가 자신이 운동하는 모습을 '#Just do it' 해시태그와 함께 공유하도록 유도했다. 주요 목표는 소비자들이 나이키 브랜드와 상호작용하면서 자연스럽게 콘텐츠를 생성하도록 하는 것이다.

(2) SNS 마케팅의 핵심 전략

1) 사용자 생성 콘텐츠(UGC)

나이키는 소비자들이 자발적으로 자신이 운동하는 모습을 공유하도록 유도하였다. 사용자가 직접 만든 콘텐츠는 광고보다 더 신뢰성 있고 친숙하게 소비자에게 다가갔다.

2) 브랜드 메시지 확산

소비자들이 자신의 운동 성과를 소셜 미디어에 게시할 때, '#Just doit' 해시태그를 사용하도록 유도함으로써, 나이키는 자연스럽게 브랜드 메시지가 확산하도록 했다. 해시태그를 통해 각 사용자의 콘텐츠는 그들의 팔로워들에게도 전파되며, 나이키는 브랜드 노출을 확대할 수 있었다.

(3) 캠페인 효과

1) 브랜드 충성도 강화

소비자들이 나이키와 상호작용하면서 브랜드에 대한 감정적 연결이 강화되었다. 나이키는 단순한 스포츠 브랜드를 넘어서, 운동을 사랑하고, 스스로 한계를 도전하는 사람들을 응원하는 이미지로 자리매김했다. '#Just doit' 캠페인은 나이키의 브랜드 충성도를 높이는 데 기여했다.

2) 자연스러운 브랜드 홍보

SNS 마케팅은 소비자들이 자발적으로 브랜드 메시지를 확산시키는 방식을 사용함으로써, 나이키는 강제적이지 않고 자연스러운 홍보 효과를 얻을 수 있었다. 사용자들이 자신의 운동 모습을 공유함으로써 나이키의 브랜드 메시지가 친구, 가족, 팔로워들에게 전파되었다.

3) 소셜 미디어 참여도 증대

나이키는 소비자들이 자신의 운동 모습을 공유하고, 다른 사용자들과 소통하는 것을 장려함으로써 소셜 미디어에서의 참여도를 크게 높였다. 이 참여도는 브랜드의 디지털 환경에서의 인지도와 관계를 더욱 강화하는 데 기여했다.

12-3 온라인과 SNS 마케팅 성과 분석

1 온라인과 SNS 마케팅 성과 분석

온라인과 SNS 마케팅 성과 분석은 캠페인의 효과를 측정하기 위해 자료를 수집하고 분석하는 과정이다. 주요 지표로는 클릭 수, 전환율, 참여도(좋아요, 댓글, 공유 등), 트래픽, ROI(투자 대비 수익) 등을 활용한다. 이를 통해 마케팅 전략의 성과를 평가하고, 개선점을 도출하여 향후 활동에 반영한다.

1. 온라인 마케팅 성과측정 방법

디지털 마케팅 캠페인의 성과를 분석하기 위한 첫 번째 단계는 주요 성과 지표(Key Performance Indicators; KPI)를 설정하는 것이다. 각 KPI는 캠페인의 목표와 직결되어야 하며, 이를 측정하기 위해 다양한 분석방법을 사용할 수 있다.

(1) 클릭률(CTR) 분석

클릭률(CTR)은 캠페인에서 광고를 본 사람 중 클릭한 사람의 비율을 측정하는 중요한 지표이다. 이를 분석하는 방법은 다음과 같다.

1) 분석방법

광고에 대한 총 클릭 수를 광고 노출 수로 나눈다. 이 데이터를 시간대별, 지역별, 또는 기기(Device) 유형별로 분석하여, 어떤 조건에서 CTR이 더 높거나 낮은지 파악한다.

클릭률이 낮을 경우, 광고 소재나 목표를 재조정하여 CTR을 높일 방법을 모색한다.

2) 도구 사용

구글 애즈(Google Ads), 페이스북 애즈 매니저(Facebook Ads Manager) 등을 사용하여, 클릭률 데이터를 실시간으로 추적할 수 있다. 이러한 플랫폼은 CTR 외에도 클릭당 비용(CPC), 전환율 등 다른 중요한 데이터를 함께 제공한다.

3) 예시

캠페인 초기 1주일 동안 CTR이 1.2%로 나타났고, 이후 광고 방향을 개선하여, CTR을 2.5%로 높인 경우, 광고 성과에 큰 영향을 미쳤음을 알 수 있다.

(2) 전환율(Conversion Rate) 분석

전환율은 사용자가 광고를 클릭한 후 실제로 구매, 가입, 다운로드 등 목표 행동을 완료한 비율을 측정하는 지표이다.

1) 분석방법

A/B 테스트를 통해 두 가지 또는 그 이상의 웹페이지 버전 간의 전환율 차이를 비교한다. 전환율을 높이기 위한 페이지 최적화 방법을 적용해본다. 예를 들어, Call-To-Action(CTA) 버튼의 색상 변경, 텍스트 수정, 페이지 로딩 시간 최적화 등을 시도한다.

전환율을 분석할 때는 사용자의 행동 경로를 추적하여, 이탈 지점을 파악한다. 예를 들어, 많은 사용자가 장바구니 페이지에서는 이탈하지만, 결제 페이지에서는 그렇지 않은 경우, 장바구니 페이지의 사용자 경험을 개선할 필요가 있음을 알 수 있다.

2) 도구 사용

구글 애널리스틱(Google Analytics), 핫자(Hotjar), 옵티마이즐리(Optimizely)와 같은 도구를 사용하여 전환율 분석 및 A/B 테스트 결과를 실시간으로 확인할 수 있다.

3) 예시

전환율이 1%에서 2%로 향상된 경우, 마케팅팀은 성공적인 페이지 디자인과 유도 문구를 찾아낸 것이다. 이를 통해 성공적인 전략을 확장할 수 있다.

(3) 고객 유지율 분석

고객 유지율은 브랜드와 지속적인 관계를 유지하는 소비자의 비율을 측정한다. 이는 장기적인 마케팅 성과를 평가하는 데 중요한 지표로, 기존 고객을 재유치하는 비용이 신규 고객을 유치하는 비용보다 낮다는 사실을 고려할 때 중요하다.

1) 분석방법

기존 고객의 재구매율을 추적하여, 장기적으로 고객이 브랜드에 얼마나 충성도가 높은지 분석한다. 이메일 마케팅 캠페인, 리마케팅, 로열티 프로그램을 활용하여 고객 유지율을 높이는 전략을 테스트한다. 이는 고객 이탈을 줄이는 방법을 모색한다. 고객 이탈 분석을 통해 어떤 이유로 고객이 이탈하는지 파악하고 이를 개선할 방안을 찾는다.

2) 도구 사용

세일즈포스(Salesforce), 허브스팟(HubSpot), 커스터머 아이오(Customer.io)와 같은 CRM 시스템을 활용하여, 고객 데이터와 유지율을 추적한다.

3) 예시

이메일 캠페인을 통해 고객에게 맞춤형 혜택을 제공하고, 고객 유지율을 10% 증가시킨 경우, 이는 이메일 마케팅의 성공적인 적용 결과를 보여준다.

(4) 웹 분석(Web Analytics)

웹 분석은 사이트 방문자의 행동을 추적하고, 이를 통해 캠페인의 효과성을 측정하는 기법이다. 구글 애널리스틱(Google Analytics), 어도비 애널리스틱

(Adobe Analytics) 등의 도구를 사용하여 사용자 데이터를 분석한다.

1) 분석방법

세분화 분석을 통해 사용자의 출처(검색엔진, 소셜 미디어, 이메일 등), 기기 종류(모바일, 데스크톱)별 행동을 분석한다. 사이트 방문자의 행동 경로를 분석하여, 주요 이탈 지점 및 장애물을 파악한다. 경로 분석(Funnel Analysis)을 사용하여 특정 행동을 완료한 사용자와 완료하지 못한 사용자의 행동 차이를 비교한다.

2) 도구 사용

구글 애널리스틱(Google Analytics), 어도비 애널리스틱(Adobe Analytics) 마토모 애널리틱스(Matomo Analytics), 등을 사용하여 방문자의 행동을 추적하고, 이탈률, 페이지 뷰, 평균 세션 시간 등을 분석한다.

3) 예시

Google Analytics에서 방문자가 가장 많이 이탈하는 페이지를 발견한 후 해당 페이지의 디자인을 개선하여, 이탈률을 15% 감소시킨 경우, 이는 웹사이트 개선 작업의 효과를 입증하는 결과이다.

(5) A/B 테스트

A/B 테스트는 두 가지 이상의 마케팅 변수(디자인, 메시지, CTA 버튼 등)를 실험하여 어느 것이 더 나은 성과를 내는지 측정하는 실험적 기법이다.

1) 분석방법

❶ A/B 테스트를 통해 두 개 이상의 광고나 랜딩 페이지를 비교한다.

❷ 각 버전의 성과를 비교하여, 더 높은 전환율이나 클릭률을 기록한 버전을 선택한다.

❸ 각 테스트가 끝난 후, 실험군과 대조군의 성과 차이를 분석하고, 최적화된 전략을 확립한다.

2) 도구 사용

Optimizely, VWO(Visual Website Optimizer), Google Optimize 등을 사용하여 A/B 테스트를 설계하고 실험 결과를 분석한다.

3) 예시

A/B 테스트에서 CTA 버튼 색상을 빨간색과 파란색으로 나누어 테스트한 결과, 빨간색 버튼이 전환율을 20% 향상한 경우, 이는 버튼 디자인의 중요성을 보여주는 사례이다. 디지털 마케팅 캠페인의 성과 분석은 다양한 분석기법과 도구를 통해 이루어지며, 각 기법은 특정 목표나 상황에 맞춰 적용된다.

캠페인의 클릭률, 전환율, 고객 유지율, 웹 분석, A/B 테스트 등을 통해 마케팅 활동의 효과를 정밀하게 측정하고, 그 결과를 바탕으로 전략을 개선할 수 있다. 이를 통해 마케팅 효과의 더 나은 의사결정을 내리고, 캠페인의 성과를 극대화할 수 있다.

2. SNS 마케팅 성과 분석

SNS 캠페인 효과 분석은 기업이나 브랜드가 디지털 마케팅 전략을 평가하고, 최적화하는 데 중요한 역할을 한다. 각 지표(KPI)는 캠페인의 성과를 측정하고, 효율성을 분석하는 데 필수적인 도구이다.

(1) 도달 범위(Reach)

도달 범위는 캠페인 게시물이 얼마나 많은 사용자에게 전달되었는지를 나타내는 지표이다. 이는 캠페인의 가시성이나 노출도를 측정한다.

1) 분석방법

도달 범위는 주로 SNS 플랫폼에서 제공하는 분석 툴을 통해 추적된다. 예를 들어, Facebook, Insights나 Twitter Analytics와 같은 도구를 사용하여 게시물이 본 사람의 수를 확인할 수 있다.

(가) 개인화 및 표적화

SNS 마케팅 캠페인의 도달 범위는 타겟 마케팅 이론을 바탕으로 분석할 수 있다. 높은 리치란 목표 고객에게 도달한 횟수가 많다는 의미로, 이는 특정 시장 세분화에 대한 타겟 마케팅이 효과적이었다는 것을 시사한다(Kotler et al., 2017).

(나) 사회적 영향 이론

도달 범위가 넓어질수록 사용자들 사이의 사회적 영향이 확대된다. 이는 사회적 증거(Social proof)와 관련이 있으며, 긍정적인 피드백과 상호작용이 더 많은 사용자에게 영향을 미칠 수 있음을 의미한다(Cialdini, 2009).

(2) 참여도(Engagement)

참여도는 사용자들이 캠페인 콘텐츠와 얼마나 상호작용했는지를 측정하는 지표로, 좋아요, 댓글, 공유, 클릭 등이 포함한다.

1) 분석방법

참여도는 캠페인 게시물에 대한 직접적인 피드백을 바탕으로 계산되며, 각 플랫폼에서 제공하는 분석 툴을 통해 참여 횟수, 참여율(참여 수/도달 범위)을 확인할 수 있다.

(가) 사용자 참여 이론

참여도는 디지털 마케팅에서 중요한 역할을 한다. 사용자 참여가 높을수록 콘텐츠에 관한 관심이 크고, 이는 브랜드와의 관계를 강화하는 요소로 작용한다(Van Doorn et al., 2010).

(나) 자기표현 이론

SNS에서 사용자는 자신을 표현하기 위해 활동하며, 이는 브랜드와의 관계를 증진하는 원동력이 된다. 사용자의 참여는 자아 표현의 하나로 볼 수 있다(Schau et al., 2009).

(3) 전환율(Conversion Rate)

전환율은 SNS 마케팅을 통해 사용자가 원하는 행동(예: 구매, 가입 등)을 실제로 취한 비율을 나타낸다.

1) 분석방법

전환율은 캠페인의 성과를 평가하는 중요한 지표이다. 이는 캠페인 페이지에서 방문자가 실제로 전환된 수(예: 회원가입 또는 구매)를 방문자 수로 나누어 계산한다.

(가) 행동 경제학

전환율은 사용자가 SNS 마케팅에서 어떤 행동을 하도록 유도하는데 필요한 심리적 장벽을 분석하는 데 유용하다. 사용자는 자신의 경제적 이익을 극대화하려는 경향이 있으므로, 전환율을 높이기 위해서는 더 나은 가치 제공과 결정을 촉진하는 요소가 필요하다(Thaler & Sunstein, 2008).

(나) AIDA 모델

Attention(주의), Interest(흥미), Desire(욕구), Action(행동) 순으로 전환을 유도하는 AIDA 모델은 전환율을 높이기 위한 전략적 접근을 제시한다(Strong, 1925).

(4) CPC(Cost Per Click) & CPA(Cost Per Action)

CPC는 광고가 클릭될 때마다 발생하는 비용을 나타내며, CPA는 광고를 통해 특정 행동(구매, 가입 등)이 발생할 때마다 발생하는 비용이다.

1) 분석방법

CPC와 CPA는 각각 클릭당 비용과 전환당 비용을 분석하는 데 사용한다. 이 값들은 캠페인에서 지출한 광고비를 클릭 수 또는 전환 수로 나누어 계산한다.

(가) 효율성 분석 이론

광고비용 대비 성과를 측정하는 데 사용되는 지표로, 광고의 효율성을 평가할 수 있다. CPC와 CPA는 비용 대비 효과적인 광고 캠페인을 실행하는 데 필수적인 정보를 제공한다(Batra & Ray, 1986).

(나) ROI 최적화 이론

CPC와 CPA를 고려한 ROI(투자 대비 수익) 최적화 이론은 캠페인의 성과를 최적화하는 방법을 제공한다(Keller, 2001).

(5) ROI(Return on Investment, 투자 대비 수익)

ROI는 SNS 마케팅에 투자한 비용에 비해 얻은 이익을 평가하는 지표이며, ROI는 (수익 - 투자 비용)/투자 비용으로 계산한다. 이는 SNS 마케팅의 경제적 효과를 분석하는 데 중요한 도구이다.

1) 경제적 효율성 이론

ROI는 캠페인의 경제적 효율성을 평가하는 데 필수적인 지표이다. ROI가 높을수록 캠페인이 효과적이었음을 나타낸다. 이는 자원의 최적 분배와 관련이 있다(Farris et al., 2010).

2) 이익-비용 분석 이론

ROI 분석은 SNS 마케팅의 이익과 비용을 비교하여 경제적 가치를 평가하는 데 사용한다(Little, 1960).

SNS 마케팅의 효과 분석은 다양한 지표를 통해 캠페인의 성과를 평가한다. 각 지표는 캠페인의 성공을 측정하고, 이를 통해 향후 마케팅 전략을 최적화하는 데 이바지한다. 이는 마케팅 전략의 효과적인 실행을 위한 중요한 지침을 제공한다.

3. SNS 마케팅 효과 분석 도구

(1) 구글 애널리틱스(Google Analytics)

Google Analytics는 웹사이트나 캠페인 랜딩 페이지의 방문자 행동을 추적하고 분석하는 데 사용된다. SNS 마케팅의 트래픽, 전환율, 사용자 흐름을 분석할 수 있다.

1) 분석방법

(가) 트래픽 분석

SNS 마케팅 URL에 UTM(우측추적 코드)을 추가하여 방문자가 어디서 왔는지 추적할 수 있다. 예를 들어, 캠페인 배너나 광고에서 클릭한 사용자의 유입 경로를 확인할 수 있다.

❶ UTM(Urchin Tracking Module) 코드는 웹사이트 방문자의 출처를 추적하고 분석할 수 있게 해주는 URL 매개변수이다. 마케팅 캠페인에서 UTM 코드를 활용하면 방문자가 어떻게 특정 페이지에 도달했는지, 즉 그들의 출처나 클릭한 링크, 사용하는 광고 캠페인 등을 추적할 수 있다.

(나) 전환 추적

Google Analytics의 목표(Goals) 설정을 통해 특정 행동(예: 구매, 가입)을 완료한 방문자의 수를 추적할 수 있다. 이를 통해 전환율을 계산하고, 캠페인이 얼마나 효과적인지 평가한다.

(다) 사용자 흐름 분석

Behavior Flow를 활용하여 사용자가 웹사이트 내에서 어떻게 이동했는지 시각적으로 분석한다. 이를 통해 특정 페이지에서 이탈하거나, 전환이 발생하는 지점을 확인할 수 있다.

(라) 마케팅 성과 분석

애쿠시션(Acquisition, 획득) 탭을 통해 캠페인 성과를 비교하고, 어떤 트래픽 채널(소셜 미디어, 유기적 검색, 유료 검색 등)이 가장 효과적인지 확인할 수 있다. 마케팅을 통해 유입된 트래픽에서 얼마나 많은 사용자가 실제로 구매나 가입을 완료했는지, 그리고 어느 채널(예: 페이스북 광고, 구글 검색 등)에서 유입이 가장 활발한지 확인하는 방법이다.

2) 사용용도

❶ 웹사이트 최적화 및 개선을 위한 데이터 분석을 수행한다.

❷ 마케팅 캠페인의 성과를 측정하는 데 유용하다.

❸ 사용자 경험을 분석하고 개선하는 데 사용된다.

❹ 콘텐츠와 UX 디자인을 최적화하는 데 활용된다.

Google Analytics는 웹사이트나 앱의 구체적인 사용자 행동과 비즈니스 성과를 분석하는 데 유용한 도구로, 세밀한 데이터 추적과 전환율 분석을 지원한다.

3) 장점

❶ 상세하고 구체적인 데이터를 제공하여 사이트의 실적을 정확히 측정할 수 있다.

❷ 웹사이트 최적화 및 효율적인 마케팅 전략 수립에 유용하다.

❸ 사용자 맞춤형 리포트와 대시보드를 생성할 수 있다.

4) 단점

❶ 웹사이트에 대한 세밀한 트래킹(Tracking; 추적)이 필요하므로 구현에 일정한 시간과 비용이 소요될 수 있다.

❷ 고급 기능을 활용하려면 다소 복잡한 설정과 학습이 필요하다.

(2) 구글 트렌드(Google Trends)

Google Trends는 특정 검색어의 인기도와 관련된 트렌드를 시간과 지역별로 분석하는 도구이다. 주로 사람들이 무엇에 관심을 가지는지, 어떤 키워드가 유행하는지를 파악하는 데 사용된다.

1) 주요 기능

❶ 검색어 트렌드 분석: 특정 검색어가 시간에 따라 어떻게 변했는지를 보여준다.

❷ 지역별 인기 검색어: 특정 국가나 지역에서의 검색 트렌드를 확인할 수 있다.

❸ 비교 분석: 두 개 이상의 키워드를 비교하여, 어느 것이 더 인기 있는지 분석할 수 있다.

❹ 관련 검색어 제공: 인기 있는 관련 키워드를 추천하여 마케팅 전략에 도움을 준다.

❺ 데이터 시각화: 검색어의 인기도 변화를 그래프 형태로 쉽게 시각화하여 확인할 수 있다.

2) 사용용도

❶ 시장 조사 및 트렌드 분석을 수행한다.

❷ 마케팅 전략을 수립하는 데 유용하다.

❸ 콘텐츠 제작 시 최신 트렌드를 반영할 수 있다.

❹ SEO(검색엔진 최적화) 전략 수립을 위한 인기 검색어를 파악하는 데 활용된다.

3) 장점

❶ 직관적인 인터페이스와 쉽게 접근할 수 있는 데이터 제공이 가능하다.

❷ 특정 키워드의 변화를 시각적으로 파악할 수 있어 빠르게 트렌드를 알 수 있다.

무료로 제공되며, 글로벌 데이터와 지역별 세부 정보까지 파악할 수 있다.

4) 단점

❶ 구체적인 사용자 행동 데이터를 제공하지 않으므로, 개별 웹사이트나 앱에 대한 상세 분석은 불가능하다.

❷ 특정 검색어에 대한 인기도만 파악할 수 있으며, 실시간 데이터의 정확도는 떨어질 수 있다.

구글 트랜드(Google Trends)는 검색어의 인기 변화를 분석하는 도구로, 시장 트렌드 파악과 키워드 연구에 유용하다. 두 도구는 각기 다른 목적에 맞게 사용되며, 종합적으로 활용하면 더 효과적인 마케팅 전략을 수립할 수 있다.

(3) Facebook Insights 및 Instagram Insights

Facebook Insights와 Instagram Insights는 SNS 마케팅의 성과를 측정할 수 있는 기본적인 도구로, 각 플랫폼 내에서의 사용자 참여, 도달 범위, 전환 등을 분석할 수 있다.

1) 분석방법

(가) 도달 범위(Reach)

캠페인 게시물이 얼마나 많은 사용자에게 도달했는지 확인한다. 이는 브랜드 인지도 측정에 중요한 지표이다.

(나) 참여도(Engagement)

좋아요, 댓글, 공유, 클릭 등의 지표를 통해 사용자가 캠페인 콘텐츠와 얼마나 상호작용했는지 분석한다. 높은 참여도는 마케팅의 관심도를 높이며, 장기적인 관계 형성에 기여한다.

(다) 도달 대비 참여율

도달 범위에 비례한 참여율을 분석하여, 마케팅의 반응성을 평가한다. 예를 들어, 도달 범위가 10,000명이지만, 참여도가 500명이라면 참여율은 5%이다.

(라) 전환 추적

Facebook과 Instagram에서 캠페인 링크를 클릭한 후, 웹사이트에서 구매나 가입과 같은 전환 행동을 한 사용자 수를 추적한다. 이를 통해 ROI와 전환율을 평가할 수 있다.

(마) 타겟 오디언스(Audience) 분석

사용자의 나이, 성별, 지역 등을 기반으로 타겟 시청자의 반응을 분석하여 더 세밀한 타겟팅을 할 수 있다.

Instagram 광고 캠페인을 실행한 후, 게시물 도달, 좋아요 수, 댓글 수, 공유 수, 프로필 클릭 수 등의 자료를 수집하여 캠페인의 효과를 분석하고, 향후 마케팅 전략을 조정하는 방법이다.

(4) 훗스위트(Hootsuite)

Hootsuite는 여러 SNS 계정을 관리하고, 캠페인의 성과를 관찰할 수 있는 도구이다. 또한, 다양한 소셜 미디어 플랫폼을 한 곳에서 관리하고, 분석할 수 있도록 도와준다.

1) 분석방법

(가) 게시물 성과 모니터링

대시보드에서 각 SNS 플랫폼의 게시물 성과를 실시간으로 추적할 수 있다. 각 게시물의 도달 범위, 참여도, 클릭 수 등을 분석한다.

(나) 다채널 분석

여러 SNS 채널에서 동시에 진행 중인 캠페인의 성과를 비교할 수 있다. 예를 들어, Facebook, Twitter, Instagram의 성과를 한눈에 비교하여, 각 플랫폼에서 어떤 마케팅이 더 효과적인지 분석한다.

(다) 보고서 생성

자동으로 캠페인 성과 보고서를 생성할 수 있다. 주간 또는 월간 보고서를 통해 각 SNS 채널에서의 성과를 정리하고, 향후 전략을 조정할 수 있다.

(라) 키워드 및 해시태그 분석

캠페인에 사용한 특정 키워드나 해시태그에 대한 성과를 분석하고, 타겟 오디언스의 반응을 모니터링한다.

한 주 동안 진행된 캠페인 게시물에 대한 도달, 참여, 링크 클릭 등의 데이터를 분석하고, 각 SNS 채널에서의 성과를 비교하여 향후 마케팅 전략을 개선하는 방법이다.

(5) 버퍼(Buffer)

Buffer는 여러 SNS 플랫폼에서 콘텐츠를 예약하고, 캠페인 성과를 분석하는 데 사용되는 도구이다. Buffer는 Hootsuite와 비슷한 기능이 있으며, 소셜 미디어 분석을 제공한다. Buffer는 SNS(유튜브, 틱톡, 인스타그램 등) 계정을 연동하여 숏폼(Short form) 콘텐츠를 한 번에 올려 시간을 단축해주는 소셜 통합 관리 도구이다.

1) 분석방법

(가) 마케팅 참여도

대시보드에서 각 게시물에 대한 참여도(좋아요, 댓글, 공유 등)를 실시간으로 확인한다. 이를 통해 콘텐츠에 대한 반응을 분석하고, 향후 콘텐츠 전략을 결정할 수 있다.

(나) 팔로워 성장 추적

각 SNS 계정의 팔로워 수 변화를 추적할 수 있다. 캠페인 기간 팔로워 수가 증가했는지 확인하고, 어떤 콘텐츠가 가장 많은 팔로워를 유도했는지 분석한다.

(다) 게시물 성과 비교

분석 툴을 통해 각 게시물의 성과를 비교하여, 어떤 유형의 콘텐츠가 더 높은 참여를 유도하는지 파악할 수 있다.

(라) 최적화된 포스팅 시간

게시물이 게시된 시간대에 대한 성과 분석을 통해, 가장 많은 참여를 이끌어낼 수 있는 최적의 시간을 찾아낼 수 있다.

Buffer를 통해 매일 게시한 콘텐츠가 좋아요, 댓글, 공유를 비교하고, 어떤 유형의 콘텐츠가 가장 많은 참여를 유도했는지 분석하여 다음 마케팅에 반영하는 방법이다.

SNS 마케팅 성과 분석 도구들은 각기 다른 방식으로 자료를 수집하고 분석하는 데 유용하다. Google Analytics는 웹사이트 트래픽 및 전환을 추적하는 데 강력한 도구이며, Facebook Insights 및 Instagram Insights는 각각의 플랫폼 내에서 캠페인의 성과를 상세하게 분석할 수 있다. Hootsuite와 Buffer는 여러 SNS 채널을 동시에 관리하고 분석할 수 있는 강력한 다채널 분석 도구이다. 이들 도구를 활용하면 마케팅의 효과를 정확하게 평가하고, 향후 전략을 최적화하는 데 중요한 인사이트를 얻을 수 있다.

학습활동

활동: 온라인과 SNS 마케팅 성과 분석

① 온라인 및 SNS 마케팅 성과 분석

- 온라인 마케팅과 SNS 마케팅 캠페인의 성과를 분석할 수 있는 지표(예: 클릭률, 참여율, ROI 등)를 설정하고, 이를 기반으로 성과를 평가하시오.
- 분석결과를 바탕으로 마케팅 전략을 어떻게 개선할 수 있을지 제시하시오.

학습정리

- 온라인 마케팅은 웹 기반 채널을 활용하여 기업의 브랜드, 제품 또는 서비스에 대한 메시지를 잠재 고객에게 전파하는 방법이다.
- 기업의 마케팅 활동은 오프라인 마케팅 활동은 전혀 없이 온라인에서만 마케팅을 진행하는 중소규모 기업들을 많이 찾아볼 수 있다.
- 마케팅 활동을 오프라인, 온라인 중 어디에 치중해야 할지를 결정하기 위해선 목표시장을 정확히 이해하는 것이 매우 중요하다.
- 대부분의 기업에 있어 마케팅 예산은 큰 제약 요소이다. 특히 투자수익률이 주요 핵심 성과지표(Key Performance Indicator; KPI)로 고려된다면 마케팅 활동마다 필요한 시간과 비용이 가치가 있는지 여러번 검토를 해야 한다.
- 목표시장과 비슷한 측면에서 소비자의 기대치와 행동을 이해하는 것은 마케팅 접근방식을 결정하는데 큰 지침이 된다.
- 콘텐츠 마케팅은 잠재 고객을 유치하고 궁극적으로 수익성 있는 행동을 유도하기 위해 관련성이 높고 가치 있는 일관된 콘텐츠를 만들고 배포하는 마케팅 전략이다.
- 검색엔진 최적화(Search Engine Optimization)는 검색엔진 최적화라고 불리는 디지털 마케팅의 종류 중 하나다. 인터넷이 생긴 이후 가장 먼저 생긴 온라인 마케팅 전략이라고도 할 수 있다.
- 소셜 네트워크 서비스(Social Networking Service; SNS) 마케팅은 광고 마케팅과, 콘텐츠 마케팅 두 가지로 나눌 수 있다. 광고 마케팅의 경우 성별, 나이, 주거지, 직업 등과 사용자 성향에 기반하여 표적화를 할 수 있는 것이 특징이다.
- 인플루언서는 사회에 미치는 영향력이 큰 사람을 의미하며, 특히 웹상에서의 인물을 의미한다. 이러한 인물이 전달하는 정보를 기업이 활용하여 홍보하는 것을 인플루언서 마케팅이라고 부르고 있다.
- 어필리에이트 마케팅(Affiliate marketing; 제휴마케팅)은 매우 다양한 의미로 해석될 수 있으나, 인터넷 마케팅에서는 매체사의 실적에 따라 광고비를 지급하는 마케팅 방식을 말한다.
- 소셜 커머스(Social commerce)는 상거래 서비스에 소셜 네트워크적인 요소가 있거나 판매 자체를 소셜 네트워킹 서비스(Social Network Service; SNS) 내에서 하는 등 전자상거래를 위해 SNS를 활용하는 것을 의미하게 되었다.
- 소셜 네트워크 서비스는 사용자 간의 자유로운 의사소통과 정보공유, 그리고 인맥 확대 등을 통해 사회적 관계를 생성하고 강화해주는 온라인 플랫폼을 의미한다.
- 디지털 마케팅 캠페인의 성과를 분석하기 위한 첫 번째 단계는 주요 성과 지표(Key Performance Indicators; KPI)를 설정하는 것이다. 각 KPI는 캠페인의 목표와 직결되어야 하며, 이를 측정하기 위해 다양한 분석방법을 사용할 수 있다.
- Google Analytics는 웹사이트나 캠페인 랜딩 페이지의 방문자 행동을 추적하고 분석하는 데 사용된다.

- Google Trends는 특정 검색어의 인기도와 관련된 트렌드를 시간과 지역별로 분석하는 도구이다.
- Facebook Insights와 Instagram Insights는 SNS 마케팅의 성과를 측정할 수 있는 기본적인 도구로, 각 플랫폼 내에서의 사용자 참여, 도달 범위, 전환 등을 분석할 수 있다.

CHAPTER 13 서비스 혁신과 경영 전략

학습내용

13-1. 혁신과 전략

13-2. 서비스 혁신과 디지털 서비스 경영

13-3. 전략적 경영 계획 수립

학습목표

13-1: 혁신과 전략의 관계를 이해하고, 기업의 경쟁력을 강화하기 위한 혁신 전략을 수립할 수 있다.

13-2: 서비스 혁신과 디지털 서비스 경영의 개념을 이해하고, 서비스 경영 전략을 개발할 수 있다.

13-3: 전략적 경영 계획을 수립하고, 장기적인 기업 목표와 비전을 달성하기 위한 전략을 수립할 수 있다.

13-1 혁신(Innovation)과 전략(Strategy)

1 혁신과 전략

혁신과 전략은 서로 밀접하게 연관되어 있다. 혁신은 새로운 아이디어나 기술을 통해 가치를 창출하는 과정이고, 전략은 이러한 혁신을 효과적으로 구현하고 경쟁우위를 확보하기 위한 계획이다. 혁신은 전략의 핵심 요소로, 전략은 혁신이 시장에서 성공적으로 자리 잡을 수 있도록 방향과 자원을 제공한다.

1. 혁신의 개념

혁신(Innovation)은 새로운 아이디어, 프로세스, 제품 또는 서비스를 개발하거나 기존의 것을 개선하여 가치를 창출하는 과정이다. 슘페터(Schumpeter, 1934)는 혁신을 새로운 조합, 즉 신제품 개발, 신기술 도입, 새로운 시장 진출, 신자원 활용, 그리고 새로운 조직 방식을 포함한 경제적 변화의 원동력으로 정의한다.

혁신은 현대 경영환경에서도 여전히 유효하며, 혁신은 지속적인 경쟁우위를 제공하는 핵심 수단이다. 이는 기술 발전과 사회 변화 속에서 기업과 조직이 고객의 요구를 충족하고, 효율성을 높이며, 새로운 시장 기회를 창출하기 위한 주요 전략으로 간주된다(Bessant & Tidd, 2015).

[그림 13-1] 혁신의 과정

(1) 혁신의 필요성

혁신은 급변하는 기술 환경과 치열한 시장 경쟁 속에서 기업의 생존과 성장을 위한 필수 요소로 작용한다. 기술 환경과 시장 경쟁이 급변하는 가운데, 혁신은 기업이 지속적으로 경쟁력을 유지하고, 변화를 선도할 수 있는 능력을 확보하는 데 필수적이다. 혁신은 제품, 서비스, 프로세스 등 여러 차원에서 이루어질 수 있으며, 각기 다른 형태로 기업의 성과에 영향을 미친다.

1) 시장 경쟁력 확보

혁신은 기업이 차별화된 제품 및 서비스를 제공함으로써 시장에서 경쟁우위를 점할 수 있게 한다. 예를 들어, 애플의 아이폰 혁신은 스마트폰 시장의 표준을 재정립하며 지속적인 시장 점유율을 확보했다(Christensen, 1997).

2) 기술 변화 적응

기술 발전 속도가 빨라지면서 혁신은 조직이 새로운 기술을 채택하고 이를 비즈니스에 통합하여 지속 가능성을 유지하는 데 필수적이다(Rogers, 2003).

3) 고객 요구 충족

현대의 고객은 맞춤화된 제품과 서비스를 요구하며, 혁신은 이러한 요구를 충족시키는 데 중요한 역할을 한다(Porter & Heppelmann, 2014).

4) 생존과 성장의 필수

기업은 혁신을 통해 경쟁력을 강화하고, 지속 가능한 성장을 도모할 수 있다. 혁신이 없다면 기업은 시장에서 뒤처지게 되고, 결국 생존의 위협을 받을 수 있다. 특히 스타트업이나 중소기업은 큰 기업들과의 경쟁에서 살아남기 위해서는 더욱 혁신적인 아이디어와 제품을 도입해야만 한다(Christensen, 1997).

5) 내부 효율성 개선

혁신은 외부뿐만 아니라 기업 내부의 프로세스를 효율적으로 개선하는 데에도 중요한 역할을 한다. 생산성 향상, 비용 절감, 품질개선 등을 통해 기업의 내부 운영 효율성을 높이는 것도 혁신의 중요한 측면이다. 예를 들어, 자동화 기술을 도입하면 생산성이 크게 향상되고, 불필요한 비용을 절감할 수 있다.

2. 혁신의 목적

혁신의 목적은 기업과 조직이 지속 가능성과 성장을 달성하기 위해 다음과 같은 목표를 달성하는 것이다.

(1) 효율성 및 생산성 향상

혁신은 기업이 내부적으로 운영 효율성을 향상하고, 생산성을 높이는 데 중요한 역할을 한다. 이를 위해 새로운 기술이나 프로세스를 도입하여 비용을 절감하고 품질을 개선하며, 궁극적으로 기업 운영의 효율성을 최적화한다. 예를 들어, 도요타의 린 제조 방식은 생산 효율성을 혁신적으로 개선했다(Womack & Jones, 1996).

(2) 경쟁력 강화를 위한 차별화

혁신의 핵심 목표 중 하나는 기업이 경쟁 시장에서 차별화된 제품, 서비스 또는 기술을 제공하는 것이다. 이를 통해 경쟁자와 구별되고, 고객에게 더 큰 가치를 전달할 수 있으며, 이는 브랜드 충성도 및 시장 점유율 증가로 이어진다(Porter, 1985).

(3) 시장 확장 및 새로운 기회 창출

혁신을 통해 기존 시장에서의 경쟁을 넘어 새로운 시장을 개척하거나 신제품/서비스를 통해 새로운 고객층을 정할 수 있다. 혁신은 기업이 경제적 변화에 대응하고, 새로운 성장 기회를 창출할 수 있게 도와준다. 예를 들어, 우버는 공유경제 모델을 통해 운송 시장을 혁신했다(Bell, 2013).

(4) 지속 가능한 성장

혁신의 목적은 장기적인 지속 가능한 성장을 이루는 것이다. 환경친화적인 기술, 사회적 책임을 다하는 경영 방식 등을 채택함으로써 기업은 지속 가능한 경쟁우위를 창출하고, 장기적으로 시장에서의 지배력을 유지할 수 있다.

(5) 고객 경험 개선

혁신은 고객의 경험을 향상하기 위한 중요한 수단이다. 고객의 요구와 기대에 맞춰 신제품, 서비스 또는 기술을 개선함으로써 고객 만족도를 높이고, 이로 인해 고객의 충성도를 증가시키는 효과를 기대할 수 있다.

3. 혁신의 활용방법

(1) 열린 혁신(Open Innovation)

오픈 이노베이션은 기업이 내부의 자원과 아이디어에만 의존하지 않고 외부의 자원, 지식, 기술, 아이디어를 적극적으로 활용하여 혁신을 촉진하는 개념이다. 기존의 폐쇄적 혁신 방식과 달리, 오픈 이노베이션은 기업이 외부의 연구기관, 대학, 스타트업, 고객, 파트너 등과 협력하여 혁신적인 아이디어나 기술을 개발하고 상용화하는 방식이다(Chesbrough, 2003). 예를 들면, P&G는 고객과 협력업체의 아이디어를 활용하여 제품 개발 시간을 단축시켰다.

(2) 디자인 사고(Design Thinking)

고객 중심의 사고방식을 기반으로 문제를 정의하고 해결하는 방법이다. 디자인 사고는 팀 내 협업과 창의성을 촉진하며, 특히 제품과 서비스 설계 단계에서 혁신적인 결과를 도출할 수 있다(Brown, 2009).

(3) 디지털 기술의 활용

빅데이터, 인공지능(AI), IoT와 같은 디지털 기술은 혁신의 핵심 도구로 사용된다. 예를 들어, 아마존은 머신러닝 알고리즘을 통해 개인화된 추천 서비스를 제공하여 고객 경험을 혁신했다(Brynjolfsson & McAfee, 2014).

(4) 조직 문화와 리더십

혁신은 조직 내 문화와 리더십의 지원 없이는 성공할 수 없다. 혁신 친화적인 문화는 직원들에게 창의성을 장려하며, 리더는 변화 관리를 통해 혁신 프로젝트를 이끌어야 한다(Kotter, 1996).

4. 전략(Strategy)의 개념

전략(Strategy)은 처음 군사용어로, 전쟁을 전반적으로 이끌어 가는 방법을 지칭하며, 전술보다 상위의 개념으로 어떤 목표에 도달하기 위한 최적의 방법을 의미한다. 이는 조직이나 기업이 주어진 조건이나 환경에서 관리자들이 적절한 결과를 달성할 수 있도록 목적, 목표, 정책, 그리고 각 프로그램이 서로 양립하지 않도록 조합하여 수행하는 행위를 의미한다.

전략은 조직의 목표와 목적을 보여주며, 목적달성을 위한 중요 정책과 계획을 세우고, 기업에서 추구하고자 하는 사업과 조직 형태를 정의하는 의사결정의 형태를 의미한다.

[그림 13-2] 혁신을 위한 전략 수립

5. 전략 수준(Level of Strategy)

전략 수준은 조직이 목표를 달성하기 위해 전략을 수립하고 실행하는 다양한 단계나 범위를 의미한다. 각 전략 수준은 의사결정의 범위와 조직 내에서 그 전략이 적용되는 영역에 따라 구분된다.

(1) 기업 수준 전략(Corporate Level Strategy)

기업 수준 전략은 기업 전체의 방향과 목표를 설정하는 전략으로, 조직의 장기적인 목표와 사명(Mission)을 달성하기 위한 큰 틀을 마련한다. 이 수준에서는 기업이 다루는 산업과 시장을 선택하거나, 사업의 다각화, 인수합병 등과 같은 중요한 결정들이 이루어진다.

1) 기업 수준 전략 수립

❶ 환경분석: 기업이 처한 외부 환경(경쟁, 경제, 정치적 요인 등)과 내부 환경(자원, 역량 등)을 철저히 분석한다. 이를 통해 기회와 위협을 식별하고, 기업의 강점과 약점을 파악한다.

❷ 미션과 비전 정의: 기업의 존재 목적(Mission)과 장기적인 목표(Vision)를 명확히 정의한다. 이는 조직의 방향성을 제공하고, 전략적 결정을 내릴 때의 기준이 된다.

❸ 사업 포트폴리오 분석: 다각화된 기업은 각 사업 부문 간의 연관성과 시장에서의 위치를 평가하여 자원을 효율적으로 배분하고, 비즈니스 전반의 경쟁우위를 확보한다.

❹ 전략적 선택: 사업 영역 확대, 인수합병, 다각화, 철수 등 다양한 전략적 옵션을 고려하여 기업의 장기 목표와 일치하는 전략을 선택한다.

(2) 사업단위 수준 전략(Business Unit Level Strategy)

사업단위 수준 전략은 각 사업단위가 시장에서 경쟁할 수 있도록 구체적인 전략을 설정하는 단계이다. 이 수준에서는 시장 내 경쟁우위를 확보하고, 해당 사업부가 어떤 방식으로 경쟁할 것인지(예: 가격 경쟁, 제품 차별화 등)에 대한 전략이 수립된다. 이 전략은 주로 특정 시장이나 사업 부문에 집중된다.

1) 사업단위 수준 전략 수립

산업 및 경쟁 분석: 해당 사업 부문이 속한 산업의 경쟁상황을 분석한다. 경쟁자 분석, 시장 성장률, 진입 장벽 등 외부 환경을 면밀히 조사한다.

❶ SWOT 분석: 자사의 강점(Strength), 약점(Weakness), 기회(Opportunity), 위협(Threat)을 분석하여 사업단위 전략을 세운다. 이를 통해 자원의 배분과 경쟁우위를 결정한다.

❷ 경쟁우위 확보 전략선택: 비용 우위 전략(Cost Leadership), 차별화 전략(Differentiation), 집중화 전략(Focus) 등 경쟁자와의 차별화를 위한 전략을 수립한다.

❸ 전략 목표 설정: 사업 부문에 대한 명확한 목표를 설정하고, 이를 달성하기 위한 구체적인 전략을 계획한다.

(3) 기능 수준 전략(Functional Level Strategy)

기능 수준 전략은 각 기능 부서(예: 마케팅, 인사, 생산 등)가 조직의 목표를 달성하기 위한 전술적인 계획을 수립하는 단계이다. 기능 수준 전략은 사업단위 전략을 지원하고, 운영 효율성을 극대화하는 데 집중한다. 각 부서의 역할을 통해 기업 전체 전략을 실행하는 데 필요한 구체적인 방향이 설정된다.

1) 기능 수준 전략 수립

❶ 기능별 분석: 마케팅, 인사, 재무, 생산 등 부서별로 그들의 역할과 기여도를 분석한다. 각 기능이 조직 전체 전략을 어떻게 지원할 수 있는지 평가한다.

❷ 전술적 목표 설정: 각 부서에서 수행할 구체적인 전술적 목표를 설정한다. 예를 들어, 마케팅 부서에서는 브랜드 인지도 향상, 생산 부서에서는 생산성 향상 등을 목표로 설정한다.

❸ 실행 계획 수립: 각 기능이 목표를 달성하기 위한 세부 실행 계획을 수립하고, 자원 배분과 역할을 명확히 한다.

❹ 성과 평가 및 조정: 전략 실행 후 성과를 평가하고, 목표 달성 여부를 점검한다. 필요한 경우 전략을 수정하거나 개선한다.

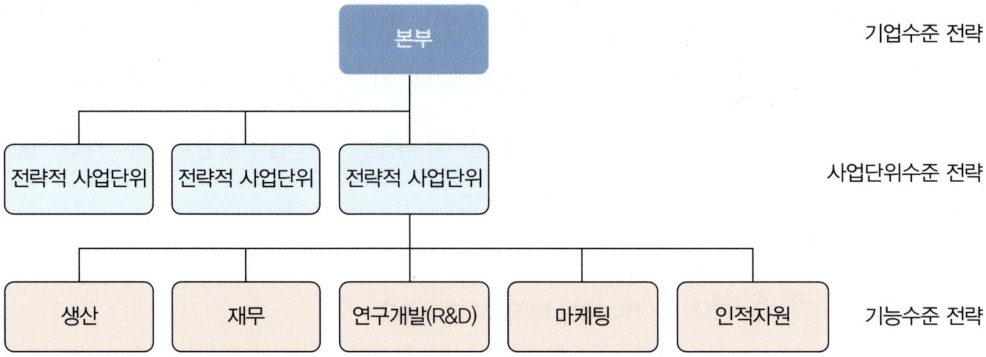

[그림 13-3] 전략의 수준

6. 전략의 유형

전략의 유형은 전략경영론의 Miles & Snow(1984)가 제시한 사업전략모형과 산업조직론의 Porter(1980)가 제시한 본원적 경쟁전략모형으로 상황적 접근법에서 가장 많이 이용된다.

(1) 사업전략모형

Miles & Snow(1978)가 제시한 사업전략모형은 기업이 환경에 적응하고 내부기능을 관리하는 데 있어 최고경영자의 역할이 크다고 강조하며, 기업가적 문제, 기술적 문제, 관리적 문제를 인식하여 기업의 상황에 맞는 전략을 선택해야 한다.

기업가적 문제는 기업의 제품과 시장의 범위에서 나타나며, 기술적 문제는 생산과 유통의 기술에 집중하고, 관리적 문제는 조직의 구조와 정책과정에 있어 공식화, 합리화, 혁신을 포함하고 있다.

1) 전략의 구분

(가) 공격형 전략

공격형 전략을 취하는 기업들은 새로운 제품과 시장을 끊임없이 추구한다.

이들은 불확실한 경영환경에 대해 지속적인 감시를 시행하고 새로운 기회를 찾기 위해 다양한 기술개발을 추구한다. 즉, 다른 기업들보다 빠른 제품개발과 신규시장진입에 많은 관심을 가지며, 연구개발과 마케팅 분야에 대한 중요성을 강조한다. 이를 위해 기업들은 변화와 불확실에 대비하고 효율보다 혁신에 관심을 가진 조직을 유지하기 위해 낮은 공식적 계층, 분권화된 통제, 수직·수평적 의사소통이 중요하다.

(나) 방어형 전략

방어형 전략은 제한된 분야에서 높은 전문성을 지니고 있지만, 안정된 제품과 시장을 범위로 하여 경쟁에 소극적인 유형의 전략이다. 즉, 신규시장에 대한 진입이나 기회를 탐색하기보다는 한정된 제품 또는 서비스를 가지고 시장을 유지한다는 것이다. 이러한 기업들은 기업 목적을 원가절감, 품질향상, 능률향상, 서비스 강화 등에 두고 있으며, 수평적 분화, 집권화된 통제, 공식화 등의 조직구조 형태를 보인다.

(다) 분석형 전략

분석형 전략은 위험은 최소화하면서 이윤을 최대화하는 방어형 전략과 변화와 혁신을 강조하는 공격형 전략의 중간적인 형태를 가지고 있다. 따라서 분석형 전략은 제한된 영역에서의 사업수행을 가장 기본으로 두는 안정성과 환경변화에 민감하게 반응하는 유연성을 모두 추구하는 이중적 모델이라고 볼 수 있다. 만약 기업이 분석형 전략을 완벽하게 실행할 수 있다면, 새로운 기회에 대한 신속한 대응과 현 상황에 대한 능률을 동시에 추구할 수 있다.

(라) 반응형 전략

반응형 전략은 비일관적이고 비안정적인 형태를 띠는 유형이다. 이 유형은 다른 것들에 비해 상대적으로 환경변화에 대한 대응능력이 부족하고, 조직이 구조적으로 상당히 불안정하다. 따라서 반응형 전략을 채택하는 기업들은 전략적으로 실패한 기업으로 인식되고 있다.

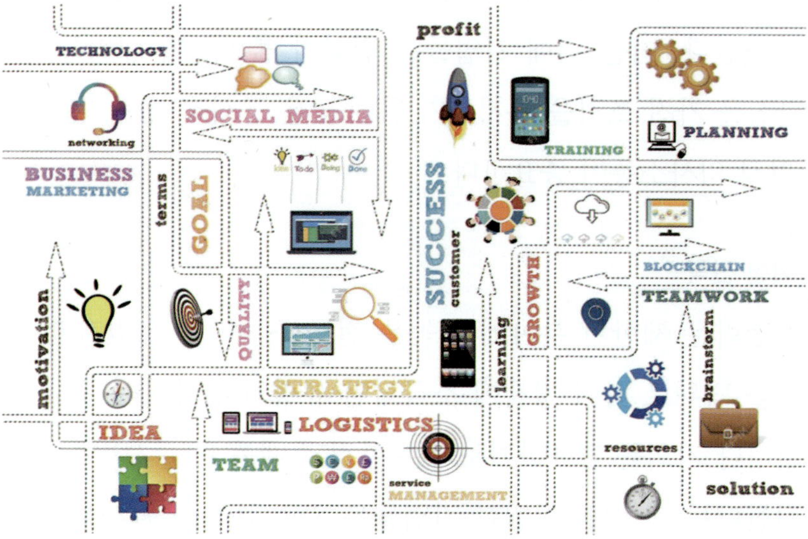

[그림 13-4] 비즈니스 전략 수립

(2) 본원적 경쟁전략모형

Porter(1980)가 제사한 본원적 경쟁전략모형은 기업이 경쟁우위를 가지기 위한 본원적 전략(Generic Strategy)을 제시하였다. 이러한 본원적 전략은 기업의 제품 특성과 시장의 범위에 따라 원가우위 전략(Cost Leadership Strategy), 차별화 전략(Differentiation Strategy), 집중화 전략(Focus Strategy)으로 구분할 수 있다.

1) 전략의 구분

(가) 원가우위 전략

원가우위 전략은 기업이 경쟁기업보다 적은 비용을 지출하게 되면 매우 유리한 경쟁조건을 갖게 되는 것이다. 이렇게 원가에서 우위를 점하고자 하는 전략을 원가우위 전략 또는 비용 우위 전략이라 한다.

(나) 차별화 전략

차별화 전략은 기업의 제품 또는 서비스가 경쟁기업의 제품 또는 서비스보다 독특하며, 다르게 인식할 수 있는 그 무엇을 고객에게 제공함으로써 경쟁우위를 점하려는 전략이다.

(다) 집중화 전략

집중화 전략은 기업의 장점을 최대한 살릴 수 있는 분야에 핵심역량을 집중적으로 관리 및 육성하여 특정 부분에서 뛰어난 전문성과 경제성을 발휘하게 하는 전략을 의미한다. 이는 기업들이 시장과 산업의 상황을 분석하여 적절한 전략을 선택한다는 가정에 의해 설명될 수 있다.

13-2 서비스 혁신과 디지털 서비스 경영

1 서비스 혁신

기업이 제공하는 서비스의 성능, 디자인, 품질, 제공 방식 등을 새롭게 변화시키거나 개선하는 과정을 말한다. 이는 고객의 요구와 시장의 변화에 효과적으로 대응하기 위해 서비스 제공 방식, 서비스 제품 또는 서비스 프로세스를 혁신하는 중요한 전략이다.

서비스 혁신의 개념은 여러 학문적 이론을 기반으로 발전해왔으며, 이론마다 다소 차이는 있지만 모두 기업의 경쟁력을 강화하고 시장에서의 우위를 확보하려는 목적을 공유한다.

1. 서비스 혁신의 정의

서비스 혁신은 고객의 기대를 초과하는 새로운 서비스 솔루션을 제공하거나 기존 서비스를 획기적으로 개선하는 과정이다. 이는 기술 혁신, 조직 혁신, 프로세스 혁신 등을 포함하며, 서비스 산업에서의 경쟁력을 높이는 핵심 요소로 작용한다.

서비스 혁신은 단순히 서비스의 새로운 형태를 제시하는 것뿐만 아니라, 고객 경험의 개선, 운영 효율성 향상 등 다양한 차원에서 이루어진다(Pedersen & Møller, 2006).

(1) 서비스 혁신의 유형

서비스 혁신은 크게 서비스 제품 혁신, 서비스 프로세스 혁신, 서비스 전달 혁신, 서비스 조직 혁신 등으로 나눌 수 있다. 각 유형은 서로 다른 방식으로 고객과 상호작용하며, 기업의 전반적인 성과에 큰 영향을 미친다.

서비스 제품 혁신은 새로운 서비스의 개발이나 기존 서비스의 성능을 개선하는 것을 포함한다. 예를 들어, 기존의 오프라인 서비스에 디지털 기술을 접목하여 온라인 서비스로의 전환이 이루어지는 경우이다(Porter, 1998).

서비스 프로세스 혁신은 서비스 제공과정에서의 효율성을 개선하는 것이다. 이는 시간, 비용 절감을 통해 서비스 품질을 향상하고, 고객 경험을 개선하는 데 초점을 둔다(Harrington, 1991).

서비스 전달 혁신은 고객에게 서비스를 제공하는 방법을 혁신하는 것이다. 예를 들어, 모바일 애플리케이션이나 자동화 시스템을 통해 고객이 더 빠르고 효율적으로 서비스를 이용할 수 있도록 하는 방법이다(Schneider & Bowen, 1999).

서비스 조직 혁신은 서비스 제공 조직의 구조나 관리 방식을 혁신하여 직원들이 더 효율적으로 서비스를 제공할 수 있도록 하는 것이다. 예를 들어, 직원의 권한을 강화하거나, 팀워크를 촉진하는 방식이 될 수 있다(Barrett et al., 2000).

2. 서비스 혁신의 중요성

서비스 혁신은 기업이 경쟁 시장에서 우위를 차지하기 위해 필수적인 요소이다. 서비스 혁신은 고객 만족도와 충성도를 높이며, 이를 통해 시장 점유율을 확대하고 수익성을 개선하는 데 중요한 역할을 한다. 특히, 디지털 혁신이 서비스 산업에 빠르게 적용되면서 서비스 혁신의 중요성은 더욱 강조되고 있다(Davenport & Beers, 1995).

서비스 혁신은 기업이 새로운 시장 기회를 창출하거나 기존 시장에서의 경쟁력을 강화하는 데에도 핵심적인 역할을 한다. 또한, 빠르게 변화하는 고객의 요구에 맞춰 혁신을 지속적으로 추구하는 기업은 장기적으로 성공할 가능성이 크다. 예를 들어, 디지털 서비스 혁신을 통해 기업은 새로운 비즈니스 모델을 창출하고, 고객의 다양한 요구를 충족시킬 수 있다(Groening & Baker, 2009).

3. 서비스 혁신의 필요성

서비스 산업에서 혁신은 기업 경쟁력 확보의 핵심 요소로 자리 잡고 있다. 경쟁이 치열한 서비스 시장에서는 고객의 기대가 빠르게 변하고, 이에 맞추지 않으면 기업은 도태될 위험에 처한다. 서비스 혁신을 통해 기업은 고객의 만족도를 높이고, 이를 바탕으로 시장에서 차별화된 경쟁우위를 구축할 수 있다.

혁신적 서비스는 새로운 시장 기회를 창출하고, 기존의 시장에서도 브랜드 충성도를 강화하는 중요한 역할을 한다. 예를 들어, 고객 맞춤형 서비스를 제공하는 기업은 고객의 특정 니즈를 충족시킬 수 있어 경쟁우위를 선도한다(Porter, 1996).

4. 서비스 혁신의 프로세스

서비스 혁신의 프로세스는 보통 아이디어 생성, 아이디어 개발, 시장 테스트, 상용화의 단계로 이루어진다. 이 과정에서 기업은 고객의 피드백을 지속적으로 반영하고, 이를 통해 혁신을 더욱 정교화한다(Chesbrough, 2003). 또한, 서비스 혁신의 성공적인 구현을 위해서는 조직의 문화적 변화와 기술적 지원이 필수적이다.

(1) 아이디어 생성

서비스 혁신의 첫 번째 단계는 새로운 아이디어를 생성하는 것이다. 이 단계에서는 다양한 외부와 내부의 정보를 기반으로 혁신적인 아이디어를 도출한다. 창의적이고 혁신적인 생각을 장려하는 조직 문화가 중요한 역할을 한다.

(2) 아이디어 개발

아이디어가 수집되면 이를 실현 가능성에 따라 구체화하고, 실험적인 프로토타입을 만들어 시장 반응을 테스트한다. 이 과정에서 실험적 방법이 중요한 역할을 한다.

(3) 시장 테스트

개발된 아이디어를 시장에서 테스트하여 고객의 반응을 본다. 이 단계에서 중요한 것은 고객 피드백을 수집하여 개선점을 도출하는 것이다.

(4) 상용화

마지막 단계는 혁신된 서비스가 시장에 상용화되는 것이다. 상용화 과정에서는 마케팅 전략과 고객 지원 전략을 함께 수립하여 혁신을 성공적으로 시장에 도입한다.

서비스 혁신은 단순히 새로운 서비스를 제공하는 것이 아니라, 고객의 기대를 초과하는 가치를 창출하고 지속 가능한 경쟁우위를 확보하는 중요한 전략이다. 서비스 혁신은 제품 혁신뿐만 아니라, 서비스 프로세스, 전달 방식, 조직구조 등 다양한 측면에서 이루어질 수 있다. 또한, 디지털 혁신의 급격한 발전은 서비스 혁신의 중요성을 더욱 부각하고 있으며, 서비스 산업의 경쟁력을 강화하는 핵심 요소로 자리 잡고 있다.

5. 서비스 혁신 방법론

(1) 고객 참여(Customer Participation)

고객이 서비스 제공과정에 적극적으로 참여하는 방식으로, 고객의 피드백을 반영하여 서비스를 개선한다. 고객 참여는 고객의 경험을 개선하고, 기업의 서비스를 맞춤형으로 만들어 고객 만족도를 극대화하는 데 기여한다.

고객 참여를 잘 활용한 예로는, 피드백 시스템을 통해 서비스 품질을 실시간으로 개선하는 것이 있다(Donaldson & O'Toole, 2000).

(2) 기술 혁신(Technological Innovation)

최신 기술을 활용하여 서비스 방식을 혁신하는 접근법이다. 특히, 인공지능(AI), 빅데이터, 클라우드 기술을 통해 고객에게 개인화된 서비스를 제공하거나, 내부 운영 효율성을 높여 기업의 비용을 절감할 수 있다. 예를 들어, 아마존은 AI 기술을 활용해 고객의 구매 패턴을 분석하고 맞춤형 추천 서비스를 제공하여 고객 만족도를 높이고 있다(Bessant & Tidd, 2015).

(3) 프로세스 혁신(Process Innovation)

서비스 제공과정 자체를 혁신하여 고객 경험을 향상하는 방식이다. 내부 운영 과정의 효율성을 높여 고객에게 더 빠르고 정확한 서비스를 제공하며, 이를 통해 고객 충성도를 증대시킬 수 있다. 예를 들어, 넷플릭스는 스트리밍 서비스를 최적화하여 사용자가 원활하게 콘텐츠를 이용할 수 있도록 프로세스를 혁신하였다(Mackenzie & Phillips, 2016).

6. 성공적인 혁신 사례

(1) 아마존

아마존은 고객 맞춤형 추천 시스템을 도입하여 전 세계 전자상거래 시장에서 선두를 유지하고 있다. AI와 빅데이터를 활용해 고객의 구매 이력을 분석하고, 그에 맞는 제품을 실시간으로 추천하는 혁신적인 서비스를 제공하고 있다.

(2) 넷플릭스

넷플릭스는 스트리밍 서비스를 제공하며, 기존의 미디어 소비 패턴을 바꾸었다. 사용자 맞춤형 콘텐츠 추천 알고리즘을 통해 고객의 경험을 혁신하고,

이를 통해 글로벌 시장에서 성공적인 성장을 이뤘다.

2 디지털 서비스 경영

서비스 혁신은 고객의 기대를 초과하는 새로운 서비스나 개선된 서비스를 창출하는 과정이고, 디지털 서비스 경영은 디지털 기술을 활용하여 서비스를 효율적으로 관리하고 제공하는 전략적 접근이다. 두 개념은 서로 보완적이며, 디지털 기술을 활용한 서비스 혁신은 고객 경험을 향상시키고 경쟁력을 강화하는 데 중요한 역할을 한다.

1. 디지털 서비스의 개념

디지털 서비스는 디지털 기술을 통해 제공되는 서비스로, 인터넷, 모바일 애플리케이션, 클라우드 컴퓨팅 등의 기술을 활용하여 고객의 요구를 충족하는 방식으로 제공된다.

디지털 서비스는 고객과의 상호작용을 디지털화하여 서비스를 실시간으로 제공하고, 고객의 요구에 신속하게 대응할 수 있도록 유연한 경영 방식을 채택한다. 이는 고객 경험을 실시간으로 개선하며, 기업이 경쟁우위를 선점할 수 있도록 한다 (Henry & Duxbury, 2020).

[그림 13-5] 디지털 서비스 융합

디지털 서비스는 물리적 서비스 모델을 디지털화하여, 물리적인 인프라의 한계를 극복하고, 더 나은 고객 경험을 제공하는 데 중점을 둔다. 예를 들어, 클라우드 컴퓨팅 서비스를 활용하면 기업은 물리적인 서버의 제약을 벗어나, 실시간으로 데이터를 처리하고 분석할 수 있다. 이를 통해 고객에게 맞춤형 서비스를 실시간으로 제공할 수 있으며, 기업의 운영 효율성도 크게 향상된다(Hinchcliffe, 2012). 디지털화된 서비스는 고객의 요구를 더욱 세밀하게 반영하고, 경쟁우위를 확보하는 데 중요한 역할을 한다.

2. 디지털 경영 전략

디지털 경영 전략은 기업이 디지털 기술을 활용하여 고객 경험을 혁신하는 방식으로, 특히 고객과의 상호작용을 디지털화하고, 운영 효율성을 증대시키는 데 중요한 역할을 한다. 디지털 경영 전략은 디지털 플랫폼을 통한 서비스 제공, 고객 경험 개선, 그리고 고객 데이터를 기반으로 한 서비스 개선 등의 여러 측면을 포함한다.

(1) 디지털 플랫폼을 통한 서비스 제공

디지털 플랫폼은 기업이 고객과의 상호작용을 디지털화하고, 다양한 서비스를 제공할 수 있는 기반을 마련한다. 디지털 플랫폼을 통해 기업은 운영의 효율성을 높이고, 고객 맞춤형 서비스를 실현할 수 있다.

예를 들어, 구글은 광고 플랫폼을 통해 광고주와 소비자 간의 상호작용을 디지털화하여 광고 산업을 혁신했다. 이를 통해 광고주들은 더욱 정교한 타겟팅과 분석을 통해 광고 효과를 극대화할 수 있으며, 소비자는 자신에게 맞는 광고를 실시간으로 제공받을 수 있다(Zengler, 2013). 이러한 디지털 플랫폼은 기업의 비즈니스 모델을 혁신하고, 시장 내 경쟁력을 강화하는 핵심적인 역할을 한다.

(2) 고객 경험 개선

디지털 경영 전략은 고객의 경험을 실시간으로 분석하고, 이를 바탕으로 맞춤형 서비스를 제공하는 데 중요한 역할을 한다. 빅데이터와 인공지능(AI) 기술은 고객의 행동 패턴을 실시간으로 분석하고, 이를 바탕으로 서비스를 개선하는 전략을 가능하게 한다.

디지털 기술이 고객 경험을 혁신하는 핵심적인 요소로 작용한다. 예를 들어, AI를 통해 고객의 구매 패턴을 분석하고, 이를 바탕으로 개인화된 추천 서비스를 제공함으로써 고객 만족도를 높이고, 더 나아가 장기적인 고객 충성도를 구축할 수 있다(Porter & Heppelmann, 2014). 또한, 빅데이터 분석을 통해 고객의 선호도를 실시간으로 반영하여 서비스의 품질을 지속적으로 개선할 수 있다.

디지털 경영 전략은 고객 데이터 기반으로 운영되며, 고객과의 상호작용을 개인화하는 방식으로 기업의 경쟁력을 강화한다. 이를 통해 고객은 자신만을 위한 맞춤형 서비스를 경험하고, 기업은 고객 만족도를 높이며, 시장 내에서의 경쟁력을 강화할 수 있다(McKinsey & Company, 2017).

디지털 서비스는 디지털 기술을 통해 제공되는 서비스로, 고객 경험을 실시간으로 개선하고 기업의 경쟁력을 높이는 데 중요한 역할을 한다. 디지털 경영 전략은 디지털 플랫폼을 통한 서비스 제공, 고객 경험 개선, 고객 데이터 분석 등을 통해 기업의 운영 효율성을 증대시키고, 고객 맞춤형 서비스를 실현할 수 있게 한다. 이러한 디지털 경영 전략은 기업이 시장에서의 경쟁우위를 선점하고 지속 가능한 성장 전략을 구현하는 데 필수적인 요소로 작용한다.

3. 서비스 혁신과 디지털 서비스 경영의 관계

서비스 혁신은 고객의 기대를 초과하는 새로운 서비스나 개선된 서비스를 창출하는 과정이며, 디지털 서비스 경영은 디지털 기술을 활용하여 서비스를 효율적으로 관리하고 제공하는 전략적 접근이다. 두 개념은 서로 보완적이며, 디지털 기술을 활용한 서비스 혁신은 고객 경험을 향상시키고 경쟁력을 강화하는 데 중요한 역할을 한다.

4. 서비스 혁신과 디지털 서비스 경영의 사례

(1) 서비스 혁신: 넷플릭스(Netflix)

넷플릭스는 전통적인 DVD 대여 서비스를 온라인 스트리밍 서비스로 혁신하여, 고객에게 언제 어디서나 원하는 콘텐츠를 제공하는 서비스를 창출했다. 이 혁신은 고객의 이용 편의성을 크게 향상시키고, 기존의 대여 방식에서 벗어나 시장의 흐름을 바꾸었다.

(2) 디지털 서비스 경영 혁신: 아마존(Amazon)

아마존은 디지털 기술을 활용하여 물류, 고객 서비스, 맞춤형 추천 시스템을 통합적으로 관리하고 있다. 인공지능(AI)과 빅데이터를 활용해 고객의 구매 패턴을 분석하고, 이에 맞춰 개인화된 쇼핑 경험을 제공하는 동시에, 빠른 배송 시스템을 운영하여 고객 만족도를 높이고 있다.

(3) 디지털 헬스케어 혁신: 병원(삼성서울병원)

삼성서울병원은 디지털 기술을 활용하여 스마트 병원 시스템을 구축했다. 환자의 건강 기록을 디지털화하여 의료진이 실시간으로 정보를 공유하고, AI 기반 진단 시스템을 도입하여 더욱 정확하고 빠른 진단을 제공한다.

원격 진료 서비스를 통해 환자가 집에서도 의사와 상담할 수 있도록 하여, 의료 접근성을 혁신적으로 개선하였다. 이로 인해 환자 편의성이 증대되고, 진료의 효율성이 높아졌다.

(4) 디지털 마케팅과 맞춤형 혁신: 뷰티 서비스(클리오)

클리오는 AI 기반 피부 분석 서비스와 맞춤형 화장품 추천 시스템을 통해 서비스 혁신을 이루었다. 고객이 자신의 피부 상태를 분석할 수 있는 디지털 기기나 앱을 통해 개인 맞춤형 화장품을 추천받을 수 있다.

클리오는 SNS와 인플루언서 마케팅을 적극적으로 활용하여, 제품을 홍보하고 고객과 소통하는 디지털 서비스 경영 전략을 추진했다. 이를 통해 고객 맞춤형 경험을 제공하고 브랜드 충성도를 높였다.

(5) 디지털 플랫폼을 통한 혁신: 운송 서비스(우버)

우버는 디지털 플랫폼을 통한 운송 서비스 혁신을 이루었다. 스마트폰 앱을 통해 운전자가 실시간으로 승객을 매칭하고, 승객은 탑승 위치와 목적지까지 정확히 알 수 있다. 이 서비스는 택시 산업에 큰 변화를 일으켰으며, 효율적이고 편리한 교통수단을 제공하여 고객의 경험을 혁신적으로 변화시켰다. 우버는 또한 AI와 빅데이터를 활용하여 최적의 경로와 요금을 계산, 수요 예측을 통해 서비스의 효율성을 높였다.

13-3 전략적 경영 계획 수립

1 전략적 경영 계획 수립

전략적 경영 계획 수립은 기업의 비전과 목표를 달성하기 위해 장기적 관점에서 방향성을 설정하고, 자원 배분 및 실행 계획을 세우는 과정이다. 이 과정은 환경분석, 목표 설정, 전략 수립, 실행 계획 수립 및 성과 평가 단계로 구성되며, 이를 통해 기업은 경쟁우위를 확보하고 지속 가능한 성장을 추구한다.

1. 전략적 계획의 개념

전략적 계획(Strategic Planning)은 기업이 장기적인 목표를 설정하고 이를 실현하기 위한 방향성과 실행 방안을 체계적으로 수립하는 과정이다. Chandler(1962)는 전략을 "기업의 기본적인 장기 목표를 정의하고, 이를 달성하기 위한 행동 방침과 자원 배분을 결정하는 과정"이라고 하였다. 전략적 계획은 조직의 비전과 미션을 구체화하여 명확한 실행 체계(Framework)를 제공하며, 내부 역량과 외부 환경 요인을 종합적으로 고려한다(Ansoff, 1988).

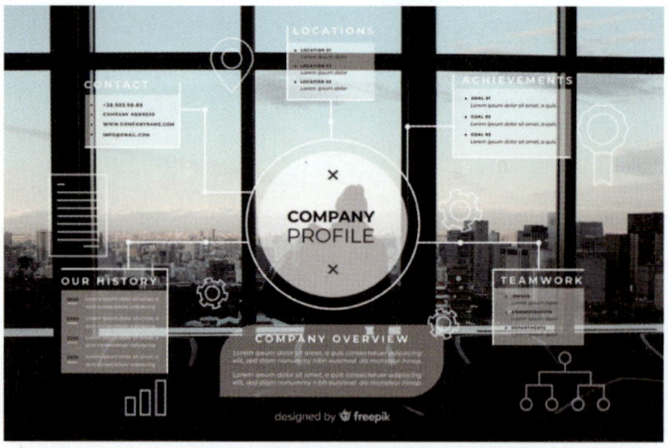

[그림 13-6] 전략경영과 디지털 융합

2. 전략적 계획의 필요성

(1) 장기적 목표 달성

전략적 계획은 조직의 비전과 목표를 구체화하고, 이를 달성하기 위한 체계적 경로를 제공한다. 이를 통해 기업은 혼란 없이 일관된 방향으로 자원을 집중할 수 있다(Porter, 1996).

(2) 외부 환경변화 대응

글로벌 경제와 기술 변화가 빠르게 진행되는 현대 경영환경에서, 전략적 계획은 기업이 외부 환경변화에 민첩하게 대응할 수 있는 역량을 강화한다. 이를 통해 기업은 경쟁 환경에서의 지속 가능성을 확보한다(Grant, 1991).

(3) 효율성 증대

전략적 계획은 조직 내 자원의 배분을 최적화하고, 경영진에게 명확한 방향성을 제시함으로써 조직의 일관성과 효율성을 높인다(Johnson et al., 2008).

3. 성과 관리 및 주요 성과지표 설정

성과 관리와 핵심 성과 지표(KPI)는 전략적 목표를 실행하고 달성하기 위한 핵심 도구이다. KPI는 기업이 성과를 측정하고 전략적 목표가 얼마나 성공적으로 달성되고 있는지를 평가할 수 있는 기준을 제공한다(Neely, 1999).

(1) 주요 성과지표의 중요성

KPI는 기업이 설정한 목표와 실제 성과를 연결하여 실행 과정을 관찰하고 조정할 수 있는 역할을 한다. 이를 통해 경영진은 효율적인 의사결정을 내릴 수 있다(Parmenter, 2015).

(2) 주요 KPI 항목

❶ 고객 만족도: 고객 설문 조사, 고객 유지율, 순고객추천지수(NPS) 등으로 측정.

❷ 재무 성과: 매출 성장률, 순이익률, 투자수익률(ROI) 등으로 분석.

❸ 생산성: 직원당 매출, 작업 공정 효율성, 리드 타임(Lead Time) 등으로 평가.

4. 전략 조정 방법

기업은 정기적으로 전략적 목표와 핵심 성과지표를 검토하여 현재 성과와 목표 간의 격차를 분석해야 한다. 이를 통해 필요한 조치를 신속히 취할 수 있다(Kaplan & Norton, 1996).

(1) 외부 환경분석

외부 환경 요인(PESTLE 분석)과 경쟁자의 전략을 지속적으로 평가하여 시장 변화에 적응하는 전략을 수립한다(Johnson et al., 2008).

(2) 조직 내부 조정

실행 과정에서 나타나는 내부적인 문제(자원 부족, 인력 배치 등)를 해결하기 위해 조직구조와 자원 배분을 재조정한다(Mintzberg, 1987).

5. 성공적인 전략적 경영 사례

(1) 애플(Apple)

애플은 혁신을 전략적 목표로 설정하고, 이를 중심으로 제품 디자인, 사용자 경험, 그리고 마케팅 전략을 실행해 글로벌 시장에서 선도적 위치를 확보했다. 특히, 아이폰의 출시와 생태계 구축은 시장을 재정의하며 지속 가능한 경쟁우위를 창출했다(Christensen, 1997).

(2) 구글(Google)

구글은 빅데이터 분석을 기반으로 한 디지털 광고전략을 통해 전 세계 광고 시장을 선도하고 있다. 구글은 검색 데이터를 활용하여 맞춤형 광고를 제공하고, 성과를 실시간으로 추적 및 조정하여 고객 경험을 지속적으로 향상했다(Brynjolfsson & McAfee, 2014).

학습활동

활동: 전략적 경영 계획 수립

❶ 전략적 경영 계획 개발

- 기업의 비전과 목표를 달성하기 위한 전략적 경영 계획을 수립하시오.
- SWOT 분석 및 시장 분석을 바탕으로 경영 계획을 수립하고, 이를 실행하기 위한 세부 전략과 일정 등을 구체적으로 작성하시오.

학습정리

- 혁신(Innovation)은 새로운 아이디어, 프로세스, 제품 또는 서비스를 개발하거나 기존의 것을 개선하여 가치를 창출하는 과정이다.
- 슘페터(Schumpeter, 1934)는 혁신을 새로운 조합, 즉 신제품 개발, 신기술 도입, 새로운 시장 진출, 신자원 활용, 그리고 새로운 조직 방식을 포함한 경제적 변화의 원동력으로 정의하였다.
- 혁신은 급변하는 기술 환경과 치열한 시장 경쟁 속에서 기업의 생존과 성장을 위한 필수 요소로 작용한다.
- 혁신은 기업이 내부적으로 운영 효율성을 향상시키고, 생산성을 높이는 데 중요한 역할을 한다.
- 혁신의 핵심 목표 중 하나는 기업이 경쟁 시장에서 차별화된 제품, 서비스 또는 기술을 제공하는 것이다.
- 혁신을 통해 기존 시장에서의 경쟁을 넘어 새로운 시장을 개척하거나 신제품/서비스를 통해 새로운 고객층을 타겟할 수 있다.
- 혁신의 목적은 장기적인 지속 가능한 성장을 이루는 것이다.
- 혁신은 고객의 경험을 향상시키기 위한 중요한 수단이다.
- 오픈 이노베이션은 기업이 내부의 자원과 아이디어에만 의존하지 않고 외부의 자원, 지식, 기술, 아이디어를 적극적으로 활용하여 혁신을 촉진하는 개념이다.
- 전략(Strategy)은 처음 군사용어로 전쟁을 전반적으로 이끌어 가는 방법을 지칭하며, 전술보다 상위의 개념으로 어떤 목표에 도달하기 위한 최적의 방법을 의미한다.
- 기업 수준 전략(Corporate level strategy)은 기업 전체의 방향과 목표를 설정하는 전략으로, 조직의 장기적인 목표와 사명(Mission)을 달성하기 위한 큰 틀을 마련한다.
- 사업단위 수준 전략(Business unit level strategy)은 각 사업 단위가 시장에서 경쟁할 수 있도록 구체적인 전략을 설정하는 단계이다.
- 기능 수준 전략(Functional level strategy)은 각 기능 부서(예: 마케팅, 인사, 생산 등)가 조직의 목표를 달성하기 위한 전술적인 계획을 수립하는 단계이다.
- 전략유형은 전략경영론의 Miles & Snow(1984)가 제시한 사업전략모형과 산업조직론의 Porter(1980)가 제시한 본원적 경쟁전략모형으로 상황적 접근법에서 가장 많이 이용된다.
- Miles & Snow(1978)가 제시한 사업전략모형은 기업이 환경에 적응하고 내부기능을 관리하는 데 있어 최고경영자의 역할이 크다고 강조하며, 기업가적 문제, 기술적 문제, 관리적 문제를 인식하여 기업의 상황에 맞는 전략을 선택해야 한다.
- Porter(1980)가 제사한 본원적 경쟁전략모형은 기업이 경쟁우위를 가지기 위한 본원적 전략(Generic strategy)을 제시하였다. 이러한 본원적 전략은 기업의 제품 특성과 시장의 범위에 따라 원가우위 전략(Cost leadership strategy), 차별화 전략(Differentiation strategy), 집중화 전략(Focus strategy)으로 구분할 수 있다.

- 서비스 혁신은 고객의 기대를 초과하는 새로운 서비스 솔루션을 제공하거나 기존 서비스를 획기적으로 개선하는 과정이다. 이는 기술 혁신, 조직 혁신, 프로세스 혁신 등을 포함하며, 서비스 산업에서의 경쟁력을 높이는 핵심 요소로 작용한다.
- 디지털 경영 전략은 기업이 디지털 기술을 활용하여 고객 경험을 혁신하는 방식으로, 특히 고객과의 상호작용을 디지털화하고, 운영 효율성을 증대시키는 데 중요한 역할을 한다.

학습 문제

CHAPTER 01. 서비스 개론 및 산업 이해

1. 서비스의 개념에 대한 설명으로 옳지 않은 것은?

① 서비스는 고객의 요구를 충족시키기 위해 제공되는 무형의 활동이나 경험이다.

② 서비스는 물리적인 제품을 소비자에게 제공하는 것과 같다.

③ 서비스는 소비자에게 가치나 이익을 제공하되, 소유권을 수반하지 않는다.

④ 서비스는 고객의 문제를 해결하는 과정으로 제공된다.

⑤ 서비스는 고객 경험을 중시한다.

정답: ②

해설: 서비스는 물리적인 제품을 제공하는 것이 아니라 무형의 경험이나 활동을 제공하는 특성이 있다.

2. 다음 중 서비스의 특성이 아닌 것은?

① 무형성 ② 비가시성 ③ 동시 소비 및 생산성 ④ 변동성 ⑤ 소유권 부여

정답: ⑤

해설: 서비스는 소유권이 부여되지 않으며, 무형성, 비가시성, 동시 소비 및 생산성, 변동성 등의 특성을 가진다.

3. 서비스의 무형성 특성에 대한 설명으로 옳은 것은?

① 서비스는 소비자에게 물리적으로 전달될 수 있다.

② 서비스는 구매 전에 만지거나 테스트할 수 없다.

③ 서비스는 고객에게 항상 동일한 품질을 제공한다.

④ 서비스는 소유권이 수반된다.

⑤ 서비스는 항상 실시간으로 제공된다.

정답: ②

해설: 서비스는 물리적으로 전달되지 않으며, 고객이 구매 전에 만지거나 테스트할 수 없는 특성을 지닌다.

4. 서비스의 변동성에 관한 설명으로 가장 적절한 것은?

① 서비스는 항상 일정한 품질을 유지한다.
② 서비스 품질은 고객의 기대와 상관없이 동일하다.
③ 서비스 품질은 제공자, 환경, 시간, 고객 참여에 따라 달라질 수 있다.
④ 서비스는 고정된 가격으로 제공된다.
⑤ 서비스 품질은 고객에게 미리 보장된다.

정답: ③
해설: 서비스 품질은 제공자의 능력, 환경, 시간, 그리고 고객의 참여도에 따라 달라질 수 있다.

5. 서비스의 동시 소비 및 생산성에 관한 설명으로 옳은 것은?

① 서비스는 제공자와 소비자가 별도로 상호작용한다.
② 서비스는 물리적 제품처럼 저장이 가능하다.
③ 서비스는 제공과 소비가 동시에 이루어진다.
④ 서비스는 판매 후에 소비된다.
⑤ 서비스는 소유할 수 있다.

정답: ③
해설: 서비스는 생산과 소비가 동시에 이루어지는 특성을 가진다.

6. 서비스 산업의 경제적 기여 중에서 국내 경제에서의 기여로 가장 적절한 것은?

① 서비스 산업은 제조업보다 GDP에서 비중이 낮다.
② 서비스 산업은 제조업의 성장에 의존한다.
③ 서비스 산업은 한국 GDP에서 62%를 차지한다.
④ 서비스 산업은 경제 성장에 별다른 영향을 미치지 않는다.
⑤ 서비스 산업은 글로벌 경쟁에서 뒤처져 있다.

정답: ③
해설: 서비스 산업은 한국 GDP에서 62%를 차지하며, 경제 성장에 중요한 기여를 한다.

7. 서비스 산업이 발전하는 주요 요인으로 가장 적합한 것은?

① 기술 발전으로 소비자 요구가 다양화되었다.
② 서비스 산업은 과거에 비해 크기가 줄어들었다.
③ 소비자 요구는 단일화되어 있다.
④ 서비스 산업은 전통적인 방식만을 사용한다.
⑤ 글로벌 경쟁이 약화되었다.

정답: ①
해설: 기술 발전은 소비자 요구의 다양화를 촉진시켰으며, 이는 서비스 산업의 발전에 중요한 역할을 한다.

8. 다음 중 무형성 특성을 보완하기 위한 방법으로 가장 적합한 것은?

① 서비스의 품질을 고정하여 소비자에게 제공한다.
② 서비스 제공자는 제품을 소유하도록 한다.
③ 기업은 고객 리뷰, 환경적 요소 등을 통해 서비스 품질을 증명한다.
④ 서비스의 가치를 가격으로만 증명한다.
⑤ 고객이 직접 서비스 과정에 참여하지 않는다.

정답: ③
해설: 고객 리뷰, 환경적 요소, 그리고 경험을 통해 서비스 품질을 증명하는 방식이 무형성을 보완하는 효과적인 방법이다.

9. 서비스 산업의 산업혁명에 대한 설명으로 옳지 않은 것은?

① 산업혁명은 대규모 생산 시스템을 촉진시켰다.
② 산업혁명은 의료와 금융 서비스를 더욱 중요하게 만들었다.
③ 산업혁명은 철도와 해운업 발전을 촉진했다.
④ 산업혁명은 농업과 수공업 중심의 경제 구조를 고수하게 했다.
⑤ 산업혁명은 서비스 수요의 증가를 가져왔다.

정답: ④
해설: 산업혁명은 농업과 수공업 중심의 경제 구조를 탈피하고, 대규모 생산 시스템을 발전시키는 과정에서 서비스 산업도 성장했다.

10. 서비스 산업의 디지털화와 글로벌화가 가속화된 시기는 언제인가?

① 18세기 산업혁명　② 20세기 중반　③ 21세기 초
④ 1990년대 후반　⑤ 2010년대

정답: ③

해설: 21세기 초는 디지털화와 글로벌화가 가속화되면서 서비스 산업의 발전에 중요한 영향을 미쳤다.

11. 서비스 산업의 경제적 기여 중 가장 큰 비중을 차지하는 분야는 무엇인가?

① 의료　② 교육　③ 금융　④ 관광　⑤ 제조업

정답: ③

해설: 금융 서비스는 서비스 산업에서 가장 큰 경제적 기여를 하고 있다.

12. 서비스 산업의 특징 중 비가시성에 대한 설명으로 옳은 것은?

① 서비스는 소비자에게 직접 보이거나 느낄 수 있다.
② 서비스는 고객이 소비하는 동안만 인지된다.
③ 서비스는 물리적인 형태로 존재한다.
④ 서비스는 소비자가 미리 볼 수 있다.
⑤ 서비스는 객관적으로 측정할 수 있다.

정답: ②

해설: 서비스는 소비자에게 실시간으로 제공되며, 소비 중에만 인지할 수 있는 특성을 가진다.

13. 고객 참여가 중요한 서비스는 무엇인가?

① 항공 여행 서비스　② 병원 치료 서비스　③ 음식 배달 서비스
④ 관광지 입장 서비스　⑤ 공연 관람 서비스

정답: ②

해설: 병원 치료 서비스는 환자가 적극적으로 참여해야 하므로 고객 참여가 중요한 서비스이다.

14. 서비스와 제품의 차이점에서 서비스의 특징으로 옳지 않은 것은?

① 서비스는 소유권이 이전되지 않는다.
② 서비스는 비가시성의 특성을 지닌다.
③ 서비스는 고정된 품질을 유지한다.
④ 서비스는 생산과 소비가 동시에 이루어진다.
⑤ 서비스는 물리적인 형태를 지니지 않는다.

정답: ③
해설: 서비스는 변동성, 즉 품질이 일정하지 않으며, 제공자, 환경, 시간에 따라 달라질 수 있다.

15. 한국의 서비스 산업이 차지하는 GDP 비중은 2020년 기준으로 어느 정도인가?

① 50% ② 60% ③ 62% ④ 70% ⑤ 80%

정답: ③
해설: 한국의 서비스 산업은 2020년 기준으로 GDP에서 약 62%를 차지하고 있다.

16. 서비스 산업이 양적으로 증가함에 따라 나타나는 현상으로 가장 적합한 것은?

① 서비스 기업의 평균적인 규모 감소
② 서비스 산업의 경쟁 심화
③ 서비스 산업의 질적 저하
④ 서비스 산업의 글로벌 경쟁력 약화
⑤ 서비스 산업의 단일화

정답: ②
해설: 서비스 산업의 양적 증가로 경쟁이 심화되고 있다.

17. 다음 중 서비스 산업의 예시로 적합한 것은?

① 철강 산업 ② 전자제품 제조업 ③ 금융 서비스
④ 자동차 산업 ⑤ 건설업

정답: ③
해설: 금융 서비스는 서비스 산업에 속하는 예시이다.

18. 산업혁명 이전 서비스 산업의 역할은 주로 무엇이었나?

① 경제 성장의 주요 동력

② 기술 혁신을 촉진하는 역할

③ 농업과 수공업을 지원하는 부수적인 역할

④ 대규모 생산 시스템을 통한 경제적 전환

⑤ 고용 창출의 중심 역할

정답: ③

해설: 산업혁명 이전 서비스 산업은 주로 농업과 수공업을 지원하는 부수적인 역할을 했다.

19. 서비스 산업의 저장 불가능성에 대한 설명으로 옳은 것은?

① 서비스는 재고로 보관할 수 있다.

② 서비스는 제공되지 않으면 손실로 이어질 수 있다.

③ 서비스는 판매 후에도 계속 제공된다.

④ 서비스는 소비자가 먼저 구매해야 한다.

⑤ 서비스는 무형이라 저장이 불가능하다.

정답: ②

해설: 서비스는 실시간으로 제공되지 않으면 손실로 이어지며, 저장이 불가능한 특성을 지닌다.

20. 다음 중 서비스 산업의 종류에 해당하지 않는 것은?

① 소매업 ② 금융 서비스 ③ 제조업 ④ 의료 서비스 ⑤ 교육 서비스

정답: ③

해설: 제조업은 서비스 산업에 포함되지 않으며, 물리적인 제품을 생산하는 산업이다.

단답형 문제

1. 서비스의 정의는 무엇인가?

   정답: 고객의 요구를 충족시키기 위해 제공되는 무형의 활동이나 경험.

2. 서비스의 주요 특성 중 하나로, 물리적으로 존재하지 않는 특성은 무엇인가?

   정답: 무형성.

3. 서비스가 소비자에게 제공될 때, 소유권이 수반되는가?

   정답: 아니다.

4. 서비스 산업에서 동시 소비 및 생산성이란 무엇을 의미하는가?

   정답: 서비스는 제공자와 소비자가 동시에 상호작용하며 생산과 소비가 동시에 이루어진다.

5. 서비스 산업에서 "변동성"이란 무엇을 의미하는가?

   정답: 서비스 품질은 제공자, 환경, 시간, 고객 참여에 따라 달라질 수 있다.

6. 서비스 산업이 발전하는 주요 요인으로 무엇이 가장 중요한가?

   정답: 기술 발전.

7. 서비스 산업의 디지털화가 가속화된 시기는 언제인가?

정답: 21세기 초.

8. 서비스의 품질을 보완하는 방법으로 가장 적합한 것은 무엇인가?

정답: 고객 리뷰, 환경적 요소 등을 통해 서비스 품질을 증명한다.

9. 서비스 산업에서 "비가시성"이란 무엇을 의미하는가?

정답: 서비스는 물리적으로 보거나 만질 수 없으며, 소비 중에만 인지할 수 있다.

10. 서비스 산업이 경제에서 차지하는 비중이 큰 산업은 무엇인가?

정답: 금융 서비스.

CHAPTER 2. 서비스 수익 모델과 리더십

1. 서비스 수익 연결 모형에서 직원 만족이 중요한 이유는 무엇인가?

① 직원 만족이 향상되면 서비스 품질이 높아진다.

② 직원 만족은 고객 충성도와 관련이 없다.

③ 직원 만족은 수익성에 전혀 영향을 미치지 않는다.

④ 직원 만족이 고객 충성도와 수익성에 부정적인 영향을 준다.

⑤ 직원 만족은 서비스 가치를 낮추는 요소이다.

정답: ①

해설: 직원 만족이 높아지면 서비스 품질이 향상되고, 이는 고객 만족 및 충성도 증가로 이어져 기업의 수익성 향상에 기여한다.

2. 서비스 수익 연결 모형에 따르면, 고객 충성도가 증가하면 어떤 결과가 발생하는가?

① 고객 충성도는 수익성에 전혀 영향을 미치지 않는다.

② 고객 충성도가 증가하면 서비스 품질이 향상된다.

③ 고객 충성도가 증가하면 기업의 수익성이 높아진다.

④ 고객 충성도는 직원 만족도와 무관하다.

⑤ 고객 충성도는 단기적인 재무 성과에만 영향을 준다.

정답: ③

해설: 고객 충성도가 증가하면 고객이 지속적으로 서비스를 이용하고, 이는 기업의 장기적인 수익성 향상에 중요한 영향을 미친다.

3. 서비스 수익 체인의 기능에서 고객 충성도를 높이는 가장 중요한 요소는 무엇인가?

① 직원들의 직무 만족도 ② 서비스 품질의 향상 ③ 고객 만족도

④ 내부 품질 ⑤ 고객의 서비스 가치 평가

정답: ③

해설: 고객 만족도가 높아지면 고객 충성도가 증가하고, 이는 기업의 수익성에 긍정적인 영향을 미친다.

4. 거울 만족 효과의 주요 개념은 무엇인가?

① 고객 만족도가 직원 만족에 영향을 미친다.
② 직원 만족도가 고객 만족도에 직접적인 영향을 미친다.
③ 종업원이 업무에 불만족할 때 고객 만족도는 영향을 받지 않는다.
④ 직원이 회사의 정책을 따를 때만 고객 만족도가 향상된다.
⑤ 고객 만족도와 직원 만족도는 서로 영향을 미치지 않는다.

정답: ②

해설: 직원의 직무 만족도가 고객에게 긍정적인 서비스를 제공하고, 이는 고객 만족도로 이어지며, 결국 기업의 수익성 향상에 기여한다.

5. 서비스 수익 연결 모형에서 고객 만족도가 중요한 이유는 무엇인가?

① 고객 만족도가 높을수록 고객 충성도가 증가하고, 기업의 장기적인 수익성 향상에 기여한다.
② 고객 만족도는 서비스 품질과 무관하다.
③ 고객 만족도는 기업의 단기적인 수익성에만 영향을 미친다.
④ 고객 만족도가 높을수록 직원의 직무 만족도가 감소한다.
⑤ 고객 만족도는 서비스 가치를 평가하는 데 영향을 미치지 않는다.

정답: ①

해설: 고객 만족도는 고객 충성도를 높이고, 이는 기업의 장기적인 수익성과 직결된다.

6. 인적자원 관리(HRM)의 주요 목적은 무엇인가?

① 조직의 경쟁력 강화 및 직원의 역량 개발
② 직원들에게 높은 보상을 제공하는 것
③ 기업 이윤을 극대화하는 것
④ 직원들의 직무 만족도만 향상시키는 것
⑤ 조직 내 직무 분배만 조정하는 것

정답: ①

해설: HRM의 주된 목적은 조직의 경쟁력을 강화하고, 직원들의 역량을 개발하여 서비스 품질을 향상시키는 것이다. HRM은 직무 만족도를 높이고, 조직에 대한 헌신을 촉진하여 장기적인 성과 창출에 기여하는 것을 목표로 한다.

7. 인적자원 관리의 변화를 설명한 다음 중 가장 적합한 것은 무엇인가?

① 기존의 HRM은 직원들의 개인적 요구와 발전을 고려하지 않았다.

② HRM은 이제 직원들의 개인적 요구와 발전을 고려하는 방식으로 변화했다.

③ HRM은 이제 조직의 목표만을 고려하여 직원 관리가 이루어진다.

④ HRM의 주요 목표는 직원의 직무 만족도가 아닌 보상에 집중된다.

⑤ HRM은 기술 발전에 전혀 영향을 받지 않았다.

정답: ②

해설: HRM은 과거에는 조직의 요구에 맞춰 직원을 관리했으나, 현재는 직원들의 개인적 요구와 발전을 고려하는 방식으로 변화했다. 또한, 글로벌화와 정보기술의 발전도 HRM에 영향을 미쳤다.

8. 인적자원 관리에서 선별적 채용이 중요한 이유는 무엇인가?

① 직무를 효과적으로 수행할 수 있는 인재를 확보할 수 있기 때문이다.

② 기업의 이윤을 극대화할 수 있기 때문이다.

③ 기업의 외부 환경을 제어할 수 있기 때문이다.

④ 조직 내 직무 만족도를 높이기 때문이다.

⑤ 조직의 문화적 차이를 관리할 수 있기 때문이다.

정답: ①

해설: 선별적 채용은 조직의 목표와 전략에 맞는 적합한 인재를 채용하는 과정으로, 이를 통해 조직의 성과를 극대화할 수 있다. 이는 조지이 지무에 저합한 역량을 갖춘 인재를 확보하는 데 필수적이다.

9. 직무분석의 주요 목적은 무엇인가?

① 직무를 수행하는 데 필요한 자격 요건을 명확히 규명하는 것이다.

② 직원들의 업무를 단순화하는 것이다.

③ 직무의 경력 개발 경로를 설정하는 것이다.

④ 직원들에게 보상을 제공하는 것이다.

⑤ 조직 내 불필요한 직무를 제거하는 것이다.

정답: ①

해설: 직무분석은 직무에 필요한 지식, 기술, 태도 등의 요건을 명확히 규명하여, 선발, 교육, 평가 등의 인사관리 활동에 기반이 되는 정보를 제공한다.

10. 직무평가 시 중요한 유의사항 중 하나는 무엇인가?

① 평가 기준을 사전에 정하고 이를 전 직원에게 공유해야 한다.
② 평가자는 직원들의 직무 만족도를 반영하여 평가해야 한다.
③ 평가자는 각 직원의 개인적 배경에 따라 평가할 수 있다.
④ 평가 기준은 직무와 관련된 성과만 고려한다.
⑤ 다면평가를 사용하지 않는 것이 중요하다.

정답: ①

해설: 직무평가에서 공정성과 객관성을 유지하려면, 명확한 평가 기준을 사전에 설정하고 이를 전 직원에게 투명하게 공유해야 한다. 이는 편향된 평가를 방지하고 공정한 평가를 가능하게 한다.

11. 인적자원 개발(HRD)의 정의에 대한 설명으로 옳은 것은?

① HRD는 직원의 직무 능력 향상과 서비스 품질 향상을 목표로 한다.
② HRD는 직원들의 직무 능력을 향상시키고, 창의적이고 혁신적인 사고를 유도하는 활동이다.
③ HRD는 조직 내에 필수적인 기술을 습득하는 것만을 목표로 한다.
④ HRD는 단순히 조직의 목표와 상관없이 개인의 능력 개발만을 강조한다.

정답: ②

해설: HRD는 직원들이 직무에서 더 나은 성과를 내도록 돕고, 창의적이고 혁신적인 사고를 유도하여 조직의 목표 달성에 기여하는 중요한 과정이다.

12. HRD의 필요성에 대한 설명으로 올바른 것은?

① HRD는 직원들의 직무 능력을 향상시킬 수 없다.
② HRD는 서비스 산업에서 서비스 품질 향상에 중요한 역할을 한다.
③ HRD는 직원들의 직무 만족도와 직무 몰입도를 낮춘다.
④ HRD 활동은 조직 내 문제 발생을 유발한다.

정답: ②

해설: HRD는 직원들의 능력을 향상시키고, 이를 통해 서비스 품질 향상에 중요한 기여를 한다. 특히 서비스 산업에서는 HRD가 기업 성과에 미치는 영향이 매우 크다.

13. 인적자원 개발(HRD)의 구성 요소에 해당하지 않는 것은 무엇인가?

① 개인개발 ② 경력개발 ③ 조직개발 ④ 마케팅 개발

정답: ④

해설: HRD의 구성 요소에는 개인개발, 경력개발, 조직개발이 포함되며, 마케팅 개발은 HRD의 핵심 요소와는 관련이 없다.

14. 경력개발에서 경력계획에 해당하는 설명은 무엇인가?

① 개인의 경력을 관리하고 평가하는 과정

② 조직에서 요구하는 직무 능력을 개발하는 과정

③ 개인이 자신의 기술과 능력을 평가하여 현실적인 경력 계획을 수립하는 활동

④ 경력 관리를 통해 직무 만족도를 향상시키는 과정

정답: ③

해설: 경력계획은 개인이 자신의 기술과 능력을 평가하고, 이를 바탕으로 현실적인 경력 계획을 세우는 과정이다.

15. HRD 설계의 주요 구성 요소 중 학습 필요성 분석에 대한 설명으로 옳은 것은 무엇인가?

① 교육 후 결과를 분석하는 단계

② 교육과 개발이 필요한 부분을 파악하는 단계

③ 교육을 실행하는 단계

④ 교육과 개발의 목표를 설정하는 단계

정답: ②

해설: 학습 필요성 분석은 조직, 직무, 개인 수준에서 교육과 개발이 필요한 부분을 파악하는 과정이다. 이를 통해 조직의 목표와 개인의 필요 간의 격차를 식별한다.

16. SMART 목표 설정에서 SMART의 의미로 올바른 것은?

① Specific, Measurable, Achievable, Relevant, Time-bound

② Simple, Measurable, Accurate, Relevant, Timely

③ Specific, Manageable, Achievable, Result-oriented, Time-bound

④ Specific, Measurable, Acceptable, Realistic, Time-bound

정답: ①

해설: SMART는 목표 설정의 원칙으로, 목표가 구체적(Specific), 측정 가능(Measurable), 달성 가능(Achievable), 관련성(Relevant), 시간 제한(Time-bound)을 갖추어야 한다는 뜻이다.

17. ADDIE 모형에서 설계(Design) 단계의 주요 활동은 무엇인가?

① 학습 목표를 설정하고 평가 방법을 선정하는 단계

② 교수 자료를 개발하고 수정하는 단계

③ 교수 전략과 매체를 결정하고 학습 경로를 설계하는 단계

④ 학습자의 특성과 요구를 분석하는 단계

정답: ③

해설: 설계 단계는 학습 목표를 달성하기 위한 구체적인 전략을 세우고, 학습 경로와 교수 매체를 결정하여 최적의 학습 환경을 제공한다.

18. ADDIE 모형의 개발(Development) 단계에서 주로 하는 일은 무엇인가?

① 교수 자료를 개발하고, 형성 평가를 통해 수정하는 일

② 학습 목표를 설정하고, 평가 방법을 개발하는 일

③ 학습자의 특성과 요구를 분석하는 일

④ 학습 내용을 체계적으로 계열화하는 일

정답: ①

해설: 개발 단계는 교수 자료의 초안을 만들고, 이를 평가하여 필요한 수정을 거쳐 최종 자료를 완성하는 단계이다.

19. Kirkpatrick의 평가 4단계 중 결과 평가(Level 4)의 주요 측정 항목은 무엇인가?

① 학습자의 교육에 대한 만족도
② 학습자가 습득한 학습 내용
③ 학습자가 현장에서 학습 내용을 적용한 정도
④ 비즈니스 성과로 나타난 결과

정답: ④

해설: 결과 평가(Level 4)는 교육 프로그램이 비즈니스에 실제로 긍정적인 변화를 가져왔는지, 즉 성과가 향상되었는지를 측정하는 단계이다.

20. HRD 설계의 활용 사례로 알맞은 설명은 무엇인가?

① GE의 리더십 개발 프로그램은 현장 실습과 디지털 학습을 병행하여 70% 이상의 참가자가 승진하거나 핵심 프로젝트를 완료하였다.
② 스타벅스는 바리스타 교육을 온라인 학습 플랫폼으로만 제공하여 교육 효과가 감소하였다.
③ 구글은 데이터 기반 학습 프로그램을 통해 모든 직원의 직무 능력을 완전히 개선했다.
④ 삼성전자는 모든 직원을 대상으로 동일한 교육 프로그램을 제공하여 개인화된 학습을 방지했다.

정답: ①

해설: GE는 리더십 개발을 위해 현장 실습과 디지털 학습을 병행하여, 70% 이상의 참가자가 승진하거나 핵심 프로젝트를 성공적으로 완료한 사례로, HRD 설계의 효과를 잘 보여준다.

21. 서비스 경영에서 리더십의 가장 중요한 역할은 무엇인가?

① 회사의 제품 개발을 주도하는 것이다.
② 고객의 불만을 해결하는 것이다.
③ 직원들에게 목표를 명확히 전달하고 동기부여를 하는 것이다.
④ 서비스 품질을 측정하는 것이다.
⑤ 광고 전략을 수립하는 것이다.

정답: ③

해설: 서비스 경영에서 리더십은 직원들에게 목표를 명확히 전달하고, 자율적으로 문제를 해결하며 고객의 기대를 초과할 수 있도록 지원하는 것이다. 이는 서비스 품질과 고객 만족도를 높이는 데 중요한 역할을 한다.

22. 변혁적 리더십의 특성으로 옳지 않은 것은 무엇인가?

① 직원들에게 비전과 영감을 제공하는 것이다.
② 직원들의 개별적 관심과 피드백을 제공하는 것이다.
③ 직원들에게 도전적이고 혁신적인 목표를 부여하는 것이다.
④ 직무 수행에서 자율성을 부여하지 않는 것이다.
⑤ 창의성과 혁신을 장려하는 것이다.

정답: ④

해설: 변혁적 리더십은 직원들에게 자율성을 부여하고, 혁신적이고 도전적인 목표를 제시하여 창의성을 발휘하도록 유도하는 것이다. 따라서 "직무 수행에서 자율성을 부여하지 않는다"는 변혁적 리더십의 특성과 맞지 않는다.

23. 서번트 리더십에서 리더의 주요 역할은 무엇인가?

① 직원에게 엄격한 규칙을 적용하는 것이다.
② 직원들의 복지와 성장을 우선시하는 것이다.
③ 경영 전략을 수립하는 것이다.
④ 고객만족도 조사를 주도하는 것이다.
⑤ 직원들에게 창의적 도전을 부여하는 것이다.

정답: ②

해설: 서번트 리더십은 리더가 직원들의 복지와 성장을 우선시하는 스타일이다. 리더가 직원들에게 신뢰와 자율성을 부여하고 그들의 요구를 우선시하면, 직원들은 더 나은 서비스를 제공할 수 있다.

24. 상황적 리더십 이론에서 리더가 조정해야 하는 것은 무엇인가?

① 리더의 리더십 스타일을 고정하는 것이다.
② 팀원의 능력과 동기 수준에 따라 리더십 스타일을 조정하는 것이다.
③ 회사의 전반적인 비전을 수정하는 것이다.
④ 고객의 피드백을 수집하는 것이다.
⑤ 서비스 품질을 측정하는 기준을 변경하는 것이다.

정답: ②

해설: 상황적 리더십 이론에 따르면, 리더는 직원들의 능력과 동기 수준에 맞추어 리더십 스타일을 조정해야 한다. 이를 통해 리더는 직원들이 더 나은 성과를 낼 수 있도록 유도한다.

25. **LMX 이론에 따르면, 리더와 직원 간의 관계가 높을 경우 나타날 수 있는 현상으로 옳지 않은 것은 무엇인가?**

① 직원들이 더 높은 자율성을 부여받는 것이다.
② 고객 서비스 품질이 향상되는 것이다.
③ 팀원들이 더 많은 책임감을 느끼는 것이다.
④ 리더가 직원에게 신뢰를 주지 않는 것이다.
⑤ 직원들이 더 나은 서비스를 제공하는 것이다.

정답: ④

해설: LMX 이론에서는 리더와 직원 간의 질 높은 관계가 서비스 품질에 긍정적인 영향을 미친다고 한다. 리더가 신뢰를 주지 않으면 관계가 낮고, 이로 인해 서비스 품질이 저하될 수 있다.

26. **자기결정이론(Self-Determination Theory, SDT)에서 동기부여의 활성화를 위한 주요 요소가 아닌 것은 무엇인가?**

① 자율성
② 유능감
③ 관계성
④ 외부 보상
⑤ 내재적 동기

정답: ④

해설: 자기결정이론에서 동기부여를 활성화하기 위한 주요 요소는 자율성, 유능감, 관계성이다. 외부 보상은 이 이론에서 강조되지 않는다.

27. **매슬로우의 동기 이론에서 가장 고차원적인 욕구는 무엇인가?**

① 생리적 욕구
② 안전 욕구
③ 사회적 욕구
④ 존경의 욕구
⑤ 자아실현 욕구

정답: ⑤

해설: 매슬로우의 욕구 5단계 이론에서 자아실현 욕구는 가장 고차원적인 욕구로, 개인의 자기만족을 추구하는 단계이다.

28. 맥그리거의 X-Y 이론에서 X 이론이 주장하는 바는 무엇인가?

① 인간은 일을 자연스럽고 자발적인 활동으로 본다.
② 인간은 본래 일을 싫어하고, 지시받은 일만 수행한다.
③ 인간은 자율적인 환경에서 창의적으로 일한다.
④ 인간은 외부 보상만으로 동기부여가 가능하다.
⑤ 인간은 자아실현을 위해 고차원적인 목표를 추구한다.

정답: ②

해설: X 이론은 인간이 본래 일을 싫어하고 지시받은 일만 수행한다고 가정하며, 경영자는 금전적 보상과 엄격한 감독을 통해 직원들을 통제해야 한다고 주장한다.

29. 동기부여 이론의 발전 과정에서 자기결정이론의 주요 초점은 무엇인가?

① 내재적 동기와 외재적 동기 간의 균형
② 직원들에게 강압적인 보상을 제공하는 것이다.
③ 직원들에게 도전적인 목표를 설정하는 것이다.
④ 내재적 동기의 중요성을 강조하는 것이다.
⑤ 직무 만족도를 높이는 것이다.

정답: ④

해설: 자기결정이론은 내재적 동기의 중요성을 강조하며, 구성원이 자율적이고 자발적으로 업무에 몰입할 때 성과가 더욱 향상된다고 주장한다.

30. Zappos에서 사용되는 동기부여 방법은 무엇인가?

① 직원들에게 자율성을 부여하고 창의적인 프로젝트에 참여하도록 유도하는 것이다.
② 고객 서비스 향상을 위해 외재적 보상과 인센티브를 제공하는 것이다.
③ 직무에 대한 실시간 피드백을 제공하는 것이다.
④ 조직의 비전과 목표를 강조하여 직무의 의미를 부여하는 것이다.
⑤ 직무에 도전적인 목표를 설정하여 성과를 향상시키는 것이다.

정답: ②

해설: Zappos는 고객 서비스 향상을 위해 외재적 보상과 인센티브를 제공하며, 이를 통해 직원들이 고객 만족을 위해 열정적으로 일할 수 있도록 유도한다.

단답형 문제

1. 서비스 수익 연결 모형에서 직원 만족도가 기업의 수익성에 미치는 영향을 설명하시오.

   정답: 직원 만족도는 서비스 품질에 긍정적인 영향을 미치며, 이는 고객 만족도를 높이고, 결과적으로 고객 충성도와 기업 수익성을 증가시킨다.

2. 서비스 수익 체인에서 고객 충성도를 증가시키기 위한 전략을 제시하시오.

   정답: 고객 충성도를 높이기 위해 서비스 품질을 지속적으로 개선하고, 고객의 요구에 맞춘 맞춤형 서비스를 제공하며, 고객 피드백을 적극적으로 반영하는 전략이 필요하다.

3. HRD(인적자원 개발)의 중요성을 설명하고, 서비스 산업에서 HRD 활동이 어떻게 서비스 품질에 기여하는지 서술하시오.

   정답: HRD는 직원들의 직무 능력과 동기부여를 향상시켜 서비스 품질을 개선하는 데 중요한 역할을 한다. 이는 고객 만족도를 높이고, 결과적으로 기업의 경쟁력을 강화한다.

4. 상황적 리더십 이론에서 리더가 팀원의 능력과 동기 수준에 맞추어 리더십 스타일을 조정해야 하는 이유를 설명하시오.

   정답: 팀원마다 능력과 동기 수준이 다르기 때문에 리더는 상황에 맞춰 적절한 리더십 스타일을 적용하여 효과적으로 업무를 수행할 수 있도록 해야 한다.

5. 변혁적 리더십과 거래적 리더십의 차이를 설명하시오.

   정답: 변혁적 리더십은 직원들의 자율성과 혁신적 사고를 촉진하여 조직의 변화를 이끌고, 거래적 리더십은 목표 달성에 대한 보상과 처벌을 통해 효율성을 증대시킨다.

6. 서비스 수익 모델에서 내부 품질의 중요성을 설명하시오.

정답: 내부 품질은 직원들의 업무 만족도와 직무 능력에 영향을 미치며, 이는 서비스 품질 향상으로 이어지고, 결국 고객 만족과 충성도를 높여 기업의 수익성에 기여한다.

7. 서비스 수익 체인 모델에서 고객 경험을 최적화하기 위한 구체적인 방안을 제시하시오.

정답: 고객 경험을 최적화하려면 고객과의 접점을 개선하고, 고객의 요구를 사전에 파악하여 맞춤형 서비스를 제공하며, 고객의 피드백을 적극적으로 반영하는 것이 필요하다.

8. 리더십의 거래적 접근 방식이 효과적인 경우와 그렇지 않은 경우를 비교하여 설명하시오.

정답: 거래적 리더십은 명확한 규칙과 보상 시스템이 필요한 상황에서는 효과적이지만, 혁신적 변화나 장기적 비전이 필요한 상황에서는 변혁적 리더십이 더 효과적일 수 있다.

9. 인적자원 관리(HRM)의 전략적 중요성을 서술하시오.

정답: HRM은 직원들의 능력 개발과 동기부여를 통해 조직의 목표 달성에 기여하며, 이는 조직의 성과 향상과 지속 가능한 경쟁력을 확보하는 데 중요한 역할을 한다.

10. 서비스 수익 모델을 적용한 기업의 성공 사례를 들고, 그 모델이 어떻게 작용했는지 설명하시오.

정답: 예를 들어, Zappos는 고객 서비스 중심의 비즈니스 모델을 통해 고객 만족도를 극대화하고, 높은 고객 충성도를 얻어 수익성을 증대시킨 사례가 있다. Zappos는 직원들의 만족도를 높이고, 이를 통해 서비스 품질을 개선한 결과, 고객 만족과 수익성이 증가했다.

CHAPTER 3. 고객 경험 관리

1. 고객 경험 관리의 주요 목적은 무엇인가?

① 고객 만족도 향상과 충성도 구축 ② 제품의 품질 향상 ③ 경쟁 업체 분석
④ 가격 경쟁력 강화 ⑤ 기업 이윤 증가

정답: ①

해설: 고객 경험 관리의 주요 목적은 고객이 브랜드와의 모든 접점에서 긍정적인 경험을 하도록 관리하고 최적화하는 것이다. 이를 통해 고객의 만족도와 충성도를 높여 기업의 장기적인 성공을 이끌어내는 것이 핵심이다.

2. 고객 만족도를 향상시키기 위한 첫 번째 단계는 무엇인가?

① 고객의 요구를 파악 ② 광고 및 마케팅 강화 ③ 고객 피드백 조사
④ 가격 경쟁력 확보 ⑤ 고객과의 관계 개선

정답: ①

해설: 고객 만족도를 향상시키기 위한 첫 번째 단계는 고객의 요구를 파악하고 이를 충족시킬 수 있는 제품과 서비스를 설계하는 것이다. 고객이 기대하는 가치를 충족시키면 만족도가 높아지고, 이는 충성도로 이어진다.

3. 고객 경험 관리가 기업에 미치는 긍정적인 영향은 무엇인가?

① 고객 만족도 향상 ② 단기적인 매출 증가 ③ 제품 가격 상승
④ 직원 만족도 증가 ⑤ 광고 비용 절감

정답: ①

해설: 고객 경험 관리는 고객의 만족도와 충성도를 향상시키는 데 중점을 두며, 이는 기업의 경쟁력을 강화하고 장기적인 성공을 가져오는 핵심 전략이다. 고객이 긍정적인 경험을 하게 되면, 반복 구매와 입소문을 통한 자연스러운 홍보가 이루어진다.

4. Apple의 고객 경험 관리 전략에서 가장 중요한 요소는 무엇인가?

① 가격 경쟁력 확보 ② 고객 맞춤형 광고 ③ 체험과 상호작용 경험
④ 빠른 배송 서비스 ⑤ 무료 서비스 제공

정답: ③

해설: Apple은 매장에서 고객이 직접 제품을 체험하고, 전문가와 상호작용하여 개인화된 서비스를 제공함으로써 고객의 감정적 반응을 유도하고, 브랜드에 대한 긍정적인 감정을 형성한다. 이러한 경험은 고객 충성도를 높이는 데 중요한 역할을 한다.

5. Starbucks가 고객 경험을 향상시키기 위해 도입한 전략은 무엇인가?

① 경쟁 업체와 가격 비교 ② 고객 맞춤 서비스 도입 ③ 무료 음료 제공
④ 다양한 제품군 확대 ⑤ 광고 캠페인 강화

정답: ②

해설: Starbucks는 고객 맞춤형 음료를 제공하고, 모바일 애플리케이션을 통해 음료 주문과 결제를 간편하게 하여 고객 편리성을 증대시켰다. 이러한 기술적 혁신은 고객 경험을 효율적으로 개선하고, 고객의 일상에 자연스럽게 통합되어 높은 만족도를 유도한다.

6. 고객 경험 관리(CEM)의 주요 목표는 무엇인가?

① 고객의 만족도를 높이고, 장기적인 관계를 유지하는 것
② 고객의 불만을 줄이고, 제품을 빠르게 판매하는 것
③ 브랜드 인지도를 높이고, 광고 효과를 극대화하는 것
④ 고객의 행동을 예측하여 마케팅 전략을 강화하는 것
⑤ 경쟁사의 전략을 모방하여 시장 점유율을 높이는 것

정답: ①

해설: 고객 경험 관리(CEM)의 궁극적인 목표는 고객의 만족도를 높이고, 고객과의 장기적인 관계를 유지하는 것이다. 고객과의 긍정적인 상호작용을 통해 브랜드 충성도를 증대시키는 것이 핵심이다.

7. 고객 여정 맵핑에서 고객이 경험하는 감정적 반응을 분석하는 과정은 어떤 단계를 포함하는가?

① 고객의 구매 이력 분석 ② 고객 접점 식별 ③ 고객의 감정 분석
④ 고객 만족도 조사 ⑤ 제품 디자인 개선

정답: ③

해설: 고객 여정 맵핑에서는 각 접점에서 고객이 겪는 감정적 반응을 분석하는 것이 중요한 과정이다. 이를 통해 고객의 경험을 최적화할 수 있는 방법을 모색하게 된다.

8. CRM(Customer Relationship Management) 시스템의 주요 기능은 무엇인가?

① 고객의 구매 이력을 추적하고, 맞춤형 서비스를 제공하는 것
② 고객의 의견을 실시간으로 수집하는 것
③ 고객을 유치하기 위한 광고 전략을 설계하는 것
④ 고객 데이터를 외부 업체와 공유하는 것
⑤ 고객의 지출 패턴을 분석하여 재고를 관리하는 것

정답: ①

해설: CRM 시스템은 고객과의 상호작용을 기록하고 분석하여 고객 맞춤형 서비스를 제공하는 데 중요한 역할을 한다. 고객의 행동과 선호도를 추적하여 더 나은 서비스를 제공한다.

9. 고객 만족도 조사가 중요한 이유는 무엇인가?

① 고객이 좋아하는 제품을 정확히 예측할 수 있다.
② 고객의 만족도와 기대 차이를 파악하고 서비스 개선에 도움이 된다.
③ 고객의 구매 이력을 분석하여 가격을 책정하는 데 유용하다.
④ 고객의 부정적인 피드백을 피할 수 있다.
⑤ 고객의 재구매 의향을 예측하는 데만 유용하다.

정답: ②

해설: 고객 만족도 조사는 고객이 제품이나 서비스에 대해 얼마나 만족하는지 평가하는 중요한 도구이다. 고객의 기대와 실제 경험의 차이를 파악하고 이를 통해 서비스 품질을 개선하는 데 기여한다.

10. 고객 피드백 시스템의 주요 목적은 무엇인가?

① 고객의 의견을 수집하여 장기적인 마케팅 전략을 개발하는 것
② 고객의 불만을 실시간으로 해결하고, 개선할 점을 찾는 것
③ 고객의 행동 패턴을 예측하여 제품을 개발하는 것
④ 고객이 원하는 제품을 조사하여 새로운 제품을 출시하는 것
⑤ 고객의 구매 이력을 분석하여 맞춤형 마케팅을 제공하는 것

정답: ②

해설: 고객 피드백 시스템은 고객의 경험에 대한 평가를 실시간으로 수집하여 불만을 빠르게 해결하고, 제품 및 서비스 개선에 필요한 정보를 제공하는 데 중요한 역할을 한다.

11. 고객 경험을 최적화하는 방법으로 '고객 여정 맵핑'이 사용하는 분석 방법은 무엇인가?

① 고객의 선호도에 맞는 마케팅 전략 개발
② 고객 접점에서의 감정 분석
③ 고객의 구매 패턴을 분석하여 가격 전략 수립
④ 고객 만족도를 높이는 방법을 제시
⑤ 고객의 피드백을 제품 디자인에 반영

정답: ②

해설: 고객 여정 맵핑은 고객이 브랜드와 상호작용하는 모든 접점을 시각적으로 나타내고, 각 접점에서의 고객의 감정적 반응을 분석하는 과정이다. 이를 통해 고객 경험을 최적화할 수 있는 기회를 찾는다.

12. 고객 맞춤형 서비스의 핵심은 무엇인가?

① 모든 고객에게 동일한 서비스를 제공하는 것
② 고객의 요구에 맞춰 서비스를 맞춤화하는 것
③ 고객의 행동을 예측하여 대량 생산하는 것
④ 고객의 피드백을 무시하고 서비스를 제공하는 것
⑤ 경쟁사의 제품과 비슷한 서비스를 제공하는 것

정답: ②

해설: 고객 맞춤형 서비스는 고객의 개별적인 요구와 선호를 분석하여 맞춤화된 제품이나 서비스를 제공하는 전략이다. 이는 고객 만족도와 충성도를 높이는 데 중요한 요소이다.

13. 고객 경험 관리(CEM)의 프로세스를 개선하는 데 중요한 기술은 무엇인가?

① 인공지능(AI)과 빅데이터 분석 ② 제품 디자인 혁신 ③ 가격 할인 전략
④ 오프라인 광고 캠페인 ⑤ 제품 다양화 전략

정답: ①

해설: 인공지능(AI)과 빅데이터 분석은 고객의 행동 패턴을 분석하고, 이를 바탕으로 고객의 선호도와 미래의 요구를 예측하여 고객 경험을 향상시키는 중요한 기술이다.

14. 고객 여정 맵핑을 활용하는 주요 목적은 무엇인가?

① 고객의 피드백을 수집하여 서비스 품질을 평가하는 것
② 고객의 감정과 경험을 시각적으로 분석하고 최적화하는 것
③ 고객이 가장 많이 방문한 페이지를 확인하는 것
④ 고객이 남긴 리뷰를 분석하는 것
⑤ 고객의 구매 이력을 기록하는 것

정답: ②

해설: 고객 여정 맵핑은 고객이 브랜드와 상호작용하는 모든 접점을 시각적으로 나타내고, 고객의 감정적 반응과 경험을 분석하여 이를 최적화하는 과정이다.

15. 크리슈머(Cresumer)의 정의는 무엇인가?

① 제품 사용 후 불만을 인터넷에 공유하는 소비자
② 생산적인 소비자, 기업의 생산 과정에 참여하는 소비자
③ 고객의 의견을 기업의 광고 전략에 반영하는 소비자
④ 제품 구매 후, 즉시 다른 제품을 구매하는 소비자
⑤ 주기적으로 브랜드의 캠페인에 참여하는 소비자

정답: ②

해설: 크리슈머(Cresumer)는 R&D, 생산 및 유통 등 기업의 프로세스 전 과정에 적극적으로 참여하는 소비자를 의미한다. 이는 참여형 소비자의 진화된 형태로, 고객의 의견이 제품 개발과 서비스 개선에 반영되는 중요한 요소이다.

16. 고객 관계 관리(CRM)의 주요 목적은 무엇인가?

① 고객의 이탈 방지 ② 고객의 선호도 분석 ③ 신규 고객 확보
④ 고객 충성도 증가 ⑤ 제품 품질 향상

정답: ④

해설: CRM의 주요 목적은 고객의 요구와 행동을 분석하고 이를 바탕으로 고객의 충성도를 증가시키는 것이다. 고객 충성도를 높이는 것이 궁극적인 목표이며, 이를 통해 기업의 매출 증대와 지속적인 성장으로 이어질 수 있다.

17. 데이터마이닝이 주로 사용하는 목적은 무엇인가?

① 고객의 충성도를 증가시키기 위해 ② 고객의 이탈 가능성 예측하기 위해
③ 신규 고객을 확보하기 위해 ④ 고객 데이터를 저장하기 위해
⑤ 마케팅 예산을 절감하기 위해

정답: ②

해설: 데이터마이닝은 고객의 인구통계학적 데이터와 거래 데이터를 분석하여 고객의 이탈 가능성을 예측하고, 이를 바탕으로 적절한 마케팅 전략을 수립하는 데 사용된다.

18. "20%의 우수 고객들에 의해서 전체 매출 80%가 창출된다"는 원리는 무엇을 설명하는가?

① 80/20 법칙 ② 롱테일 법칙 ③ 고객 생애 가치
④ RFM 분석 ⑤ 파레토 법칙

정답: ⑤

해설: 파레토 법칙(Pareto Principle)은 전체 매출의 80%가 상위 20%의 고객에 의해 발생한다는 원리로, CRM에서 고객 관리 시 중요한 요소로 작용한다.

19. CRM의 분석 CRM이란 무엇을 의미하는가?

① 고객 데이터를 실시간으로 분석하는 시스템
② 고객의 취향과 선호도를 예측하여 서비스를 제공하는 전략
③ 고객 정보를 기반으로 광고 및 프로모션을 기획하는 것
④ 고객 서비스 품질을 개선하는 방법
⑤ 고객 이탈 방지 활동

정답: ③

해설: 분석 CRM은 고객 정보를 분석하여 광고 및 프로모션 전략을 세우고, 이를 통해 고객의 행동을 예측하고 효율적인 마케팅 활동을 전개하는 것이다.

20. 고객 생애 가치(Customer Lifetime Value, CLV)의 주요 목표는 무엇인가?

① 고객이 기업과 관계를 유지하는 기간을 예측하기 위해
② 고객이 기업에 기여할 총 이익을 예측하기 위해
③ 고객의 취향을 파악하기 위해
④ 고객의 구매 빈도를 추적하기 위해
⑤ 신규 고객을 확보하기 위해

정답: ②
해설: 고객 생애 가치는 고객이 기업과 관계를 유지하는 동안 발생할 수 있는 총 이익을 예측하는 지표로, 이를 통해 기업은 장기적인 관점에서 자원을 효율적으로 배분할 수 있다.

21. 분석 CRM의 주된 방법 중 하나로 고객의 구매 성향을 분석하여 활용하는 기법은 무엇인가?

① RFM 분석 ② 데이터마이닝 ③ FRP 분석
④ 고객 세분화 ⑤ 고객 생애 가치 분석

정답: ②
해설: 데이터마이닝은 고객의 데이터를 분석하여 구매 성향 및 패턴을 예측하고 이를 마케팅 전략에 반영하는 기법이다.

22. RFM 분석에서 F는 무엇을 의미하는가?

① 고객의 구매 금액 ② 고객의 마지막 구매 시점 ③ 고객의 구매 빈도
④ 고객의 성별 ⑤ 고객의 연령대

정답: ③
해설: RFM 분석에서 F는 고객이 얼마나 자주 구매하는지(구매 빈도)를 의미한다.

23. 고객 세분화의 주요 목적은 무엇인가?

① 고객을 연령대별로 나누는 것
② 고객을 구매 성향에 따라 그룹화하여 맞춤형 전략을 수립하는 것
③ 고객의 성별에 따른 맞춤 서비스를 제공하는 것
④ 고객의 지역별 선호도를 분석하는 것
⑤ 고객의 재구매율을 추적하는 것

정답: ②

해설: 고객 세분화는 고객을 다양한 특성에 따라 그룹화하고 각 그룹에 맞춘 마케팅 전략을 수립하는 과정이다. 이는 CRM에서 중요한 분석 기법 중 하나이다.

24. FRP 분석에서 M은 무엇을 의미하는가?

① 고객의 구매 금액 ② 고객의 마지막 구매 시점 ③ 고객의 구매 빈도
④ 고객의 지역 ⑤ 고객의 성별

정답: ①

해설: FRP 분석에서 M은 고객이 지출한 총 금액을 의미하며, 이를 기준으로 고객을 분류하여 맞춤형 전략을 세운다.

25. 고객의 요구와 행동을 분석하고 이를 바탕으로 서비스를 개인화하여 고객의 가치를 극대화하는 것이 CRM의 목표로 가장 잘 설명되는 정의는 무엇인가?

① CRM의 이점 ② CRM의 목적 ③ CRM의 전략
④ CRM의 기법 ⑤ CRM의 분석

정답: ②

해설: 고객 관계 관리의 궁극적인 목적은 고객의 요구와 행동을 분석하고, 이를 바탕으로 서비스를 개인화하여 고객의 가치를 극대화하는 것이다.

26. RFM 분석에서 R은 무엇을 의미하는가?

① 고객의 구매 금액 ② 고객의 성별 ③ 고객의 구매 빈도
④ 고객의 마지막 구매 시점 ⑤ 고객의 나이

정답: ④

해설: RFM 분석에서 R은 고객의 마지막 구매 시점(Recency)을 의미하며, 이를 통해 고객이 얼마나 최근에 활동했는지 파악한다.

27. 고객관리를 통해 얻을 수 있는 효과 중 하나로, 고객이 재구매를 하도록 유도하는 것은 무엇인가?

① 신규 고객 유치 ② 교차 판매(Cross-sell) 증가 ③ 고객 충성도 증진
④ 판매액 증대 ⑤ 고객 이탈 방지

정답: ③

해설: 고객관리는 고객의 만족도를 높여 충성도를 증진시키고, 이를 통해 고객이 지속적으로 재구매하도록 유도하는 것이 중요하다.

28. 고객 관계 관리에서 데이터베이스 마케팅의 핵심 기술은 무엇인가?

① 고객 세분화 ② RFM 분석 ③ 데이터마이닝
④ 고객 생애 가치 분석 ⑤ FRP 분석

정답: ③

해설: 데이터베이스 마케팅의 핵심 기술은 데이터마이닝으로, 고객 데이터를 분석하여 유용한 패턴을 찾고 마케팅 전략에 활용하는 기법이다.

29. 고객이 기업과 관계를 유지하는 동안 발생할 총 이익을 예측하는 분석은 무엇인가?

① RFM 분석 ② 고객 세분화 ③ 고객 생애 가치 분석
④ FRP 분석 ⑤ 데이터마이닝

정답: ③

해설: 고객 생애 가치 분석(CLV)은 고객과 기업의 관계를 유지하는 동안 발생할 총 이익을 예측하는 분석 기법이다. 이를 통해 장기적인 고객 가치를 평가할 수 있다.

30. 고객 세분화의 예로, 스타벅스는 고객을 어떤 특성에 맞춰 그룹화하는가?

① 구매 금액 ② 연령대 ③ 지역
④ 음료 선호도 ⑤ 직업

정답: ④

해설: 스타벅스는 고객의 음료 선호도를 분석하여 각 고객군에 맞춘 마케팅 전략을 진행한다.

단답형 문제

1. 고객 경험 관리의 주요 목적은 무엇인가?

   정답: 고객 만족도 향상과 충성도 구축

2. 고객 만족도를 향상시키기 위한 첫 번째 단계는 무엇인가?

   정답: 고객의 요구를 파악

3. 고객 경험 관리가 기업에 미치는 긍정적인 영향은 무엇인가?

   정답: 고객 만족도 향상

4. Apple의 고객 경험 관리 전략에서 가장 중요한 요소는 무엇인가?

   정답: 체험과 상호작용 경험

5. Starbucks가 고객 경험을 향상시키기 위해 도입한 전략은 무엇인가요?

   정답: 고객 맞춤 서비스 도입

6. 고객 경험 관리(CEM)의 주요 목표는 무엇인가?

   정답: 고객의 만족도를 높이고, 장기적인 관계를 유지하는 것

7. CRM(Customer Relationship Management) 시스템의 주요 기능은 무엇인가?

   정답: 고객의 구매 이력을 추적하고, 맞춤형 서비스를 제공하는 것

8. 고객 만족도 조사가 중요한 이유는 무엇인가?

   정답: 고객의 만족도와 기대 차이를 파악하고 서비스 개선에 도움이 된다

9. 고객 피드백 시스템의 주요 목적은 무엇인가?

정답: 고객의 불만을 실시간으로 해결하고, 개선할 점을 찾는 것

10. 고객 맞춤형 서비스의 핵심은 무엇인가?

정답: 고객의 요구에 맞춰 서비스를 맞춤화하는 것

CHAPTER 4. 고객 관계 관리

1. 고객 맞춤형 서비스의 주요 목표는 무엇인가?

① 고객의 만족도를 증대시키고 충성도를 높이는 것
② 대량 생산을 통한 비용 절감
③ 기업의 이윤을 최대로 증대시키는 것
④ 고객의 모든 요구를 완벽히 충족시키는 것
⑤ 제품의 생산 속도를 높이는 것

정답: ①

해설: 고객 맞춤형 서비스는 고객의 요구와 선호를 반영하여 개인화된 제품이나 서비스를 제공함으로써 고객 만족도를 증대시키고 장기적인 충성도를 높이는 데 중점을 둔다.

2. 커스터마이징의 주요 특징 중 하나는 무엇인가?

① 고객 맞춤화
② 대량 생산의 비효율성
③ 정해진 디자인에만 맞춰 제공
④ 고객의 요구를 무시하는 서비스
⑤ 기술적 혁신 없이 제공

정답: ①

해설: 커스터마이징은 고객이 자신의 취향과 필요에 맞게 제품을 선택하고 조정할 수 있도록 돕는 것이 주요 특징이다. 이는 고객 만족도를 높이기 위한 전략이다.

3. 넷플릭스의 추천 알고리즘에서 사용하는 기법은 무엇인가?

① 분석 기법 ② 협업 필터링 ③ 수학적 모델링
④ 통계적 분석 ⑤ 단일 필터링

정답: ②

해설: 넷플릭스는 고객의 시청 기록을 기반으로 협업 필터링 기법을 사용하여 유사한 취향을 가진 다른 고객들이 선호한 콘텐츠를 추천하는 방식이다.

4. 서비스 커스터마이제이션에서 고객 세분화의 목적은 무엇인가?

① 고객을 동일한 그룹으로 나누는 것
② 고객에게 다양한 서비스를 제공하는 것
③ 각 세그먼트에 맞는 서비스를 제공하는 것
④ 고객에게 일관된 서비스를 제공하는 것
⑤ 고객을 대량으로 처리하는 것

정답: ③

해설: 서비스 커스터마이제이션에서 고객 세분화는 고객의 특징, 요구, 행동 패턴 등을 바탕으로 그룹화하여 각 세그먼트에 맞는 맞춤형 서비스를 제공하는 과정이다.

5. 고객 우량화 전략에서 중요한 요소로 맞는 것은 무엇인가?

① 고객의 등급을 무시하는 것
② 고객이 가진 가치를 평가하는 것
③ 고객의 피드백을 무시하는 것
④ 모든 고객에게 동일한 서비스를 제공하는 것
⑤ 고객을 대상으로 대규모 광고를 진행하는 것

정답: ②

해설: 고객 우량화 전략은 고객의 구매 행동, 충성도 등을 평가하여 가장 가치 있는 고객에게 집중적인 마케팅과 서비스를 제공하는 전략이다.

6. 고객 맞춤형 서비스에서 고객 충성도를 높이는 핵심은 무엇인가?

① 대규모 프로모션 진행
② 고객의 요구에 맞는 개인화된 서비스 제공
③ 다양한 제품 라인업 제공
④ 고객의 요구를 무시한 서비스 제공
⑤ 경쟁사의 제품을 모방하는 것

정답: ②

해설: 고객 맞춤형 서비스는 고객의 요구를 반영한 개인화된 경험을 제공함으로써 고객 충성도를 높인다. 이는 장기적인 관계 형성에 기여한다.

7. 커스터마이징 전략에서 대량 생산의 효율성을 유지하면서 고객 맞춤형 제품을 제공할 수 있는 기술적 방법은 무엇인가?

① 3D 프린팅, CAD 시스템 활용
② 수작업 조정
③ 고객이 직접 생산에 참여
④ 오직 수공예 방식으로만 제공
⑤ 정해진 제품만을 제공

정답: ①

해설: 커스터마이징 전략은 디지털 기술, 예를 들어 3D 프린팅과 CAD 시스템을 활용하여 대량 생산의 효율성을 유지하면서도 고객 맞춤형 제품을 제공한다.

8. 서비스 커스터마이제이션에서 고객 참여를 촉진하기 위한 전략은 무엇인가?

① 고객의 요구를 무시한 서비스 제공
② 고객이 직접 서비스를 디자인하도록 하는 것
③ 고객에게 일방적으로 서비스를 제공하는 것
④ 고객에게 선택권을 주지 않는 것
⑤ 고객을 무시하는 방식으로 서비스 제공

정답: ②

해설: 고객 참여가 서비스의 맞춤화 수준을 높이며, 고객이 자신의 요구를 반영한 서비스를 경험할 때 만족도가 높아진다. 고객에게 맞춤형 선택을 제공하는 것이 핵심이다.

9. 고객 생애 가치(CLV)를 분석하여 고객 우량화 전략을 수립할 때 중요한 요소는 무엇인가?

① 고객의 평소 행동을 무시하는 것
② 고객의 충성도와 구매 이력 분석
③ 고객의 선택을 단순히 수치화하는 것
④ 모든 고객에게 동일한 서비스를 제공하는 것
⑤ 고객을 고립시키는 방법 사용

정답: ②

해설: 고객 생애 가치(CLV)는 고객의 구매 행동과 충성도를 분석하여 우수 고객을 식별하고, 이들에게 맞춤형 서비스를 제공하는 데 활용된다.

10. 감성적 맞춤화가 고객 만족도에 미치는 영향은 무엇인가?

① 고객의 감정적 요구를 충족시켜 만족도를 높인다
② 고객의 욕구를 무시하고 기능적인 요구만 충족시킨다
③ 고객에게 일관된 서비스만 제공한다
④ 고객에게 감동을 주지 않는다
⑤ 고객의 요구를 단순히 충족시키는 것만 목표로 한다

정답: ①

해설: 감성적 맞춤화는 고객의 감성적인 요구를 충족시켜 브랜드에 대한 감정적 애착을 형성하고, 고객의 만족도를 증대시킨다. 디즈니랜드의 맞춤형 경험은 좋은 예시이다.

11. 고객 맞춤형 서비스 제공 시 가장 중요한 요소는 무엇인가?

① 고객의 세부적인 요구와 기대를 파악하는 것
② 모든 고객에게 동일한 서비스를 제공하는 것
③ 비용을 최소화하는 것
④ 고객을 대상으로 한 대규모 마케팅 전략
⑤ 서비스의 일관성만 유지하는 것

정답: ①

해설: 고객 맞춤형 서비스를 제공하기 위해서는 각 고객의 세부적인 요구와 기대를 정확하게 파악하여 이를 반영한 서비스를 제공하는 것이 중요하다.

12. 서비스 산업에서 커스터마이징의 주요 장점은 무엇인가?

① 고객 충성도를 높이고 차별화를 꾀할 수 있다
② 가격 경쟁력을 높일 수 있다
③ 제품의 생산 속도를 높일 수 있다
④ 모든 고객을 동일하게 대할 수 있다
⑤ 생산 비용이 감소한다

정답: ①

해설: 커스터마이징은 고객의 요구를 반영하여 차별화된 서비스를 제공함으로써 고객 충성도를 높이고, 경쟁 우위를 확보하는 데 중요한 역할을 한다.

13. 고객 맞춤형 서비스에서 데이터 분석의 역할은 무엇인가?

① 고객의 기본 정보만을 관리하는 것
② 고객의 행동 데이터를 분석하여 맞춤형 서비스를 제공하는 것
③ 고객의 구매 이력을 무시하는 것
④ 고객을 무작위로 선택하여 서비스하는 것
⑤ 고객의 요구를 예측하지 않는 것

정답: ②

해설: 데이터 분석은 고객의 행동과 취향을 파악하여 맞춤형 서비스를 제공하는 데 중요한 역할을 한다. 이를 통해 고객의 기대를 충족시킬 수 있다.

14. 고객 맞춤형 서비스 제공을 위한 주요 도전 과제는 무엇인가?

① 고객의 다양한 요구를 충족시키기 위한 높은 비용
② 모든 고객에게 동일한 서비스를 제공하는 것
③ 고객 요구에 맞춰 비용을 절감하는 것
④ 고객의 피드백을 무시하는 것
⑤ 서비스를 대량으로 일괄 처리하는 것

정답: ①

해설: 고객 맞춤형 서비스는 고객의 다양한 요구를 충족시키기 위해 높은 비용이 발생할 수 있다. 따라서 효율적으로 이를 해결하는 방법이 중요하다.

15. 서비스 커스터마이제이션이 성공적으로 이루어지기 위한 조건은 무엇인가?

① 고객의 요구를 정확하게 파악하고 이를 반영하는 시스템이 필요하다
② 고객에게 동일한 서비스를 제공하는 것
③ 모든 고객에게 똑같은 가격을 제공하는 것
④ 고객을 통제하는 방식으로 서비스하는 것
⑤ 대규모 생산 방식만을 사용하는 것

정답: ①

해설: 서비스 커스터마이제이션은 고객의 요구를 정확히 파악하고, 이를 기반으로 맞춤형 서비스를 제공할 수 있는 시스템이 구축되어야 성공적으로 이루어진다.

단답형 문제

1. 고객 맞춤형 서비스의 주요 목표는 무엇인가?

   정답: 고객의 만족도를 증대시키고 충성도를 높이는 것

2. 커스터마이징의 주요 특징은 무엇인가?

   정답: 고객 맞춤화

3. 넷플릭스의 추천 알고리즘에서 사용하는 기법은 무엇인가?

   정답: 협업 필터링

4. 서비스 커스터마이제이션에서 고객 세분화의 목적은 무엇인가?

   정답: 각 세그먼트에 맞는 서비스를 제공하는 것

5. 고객 우량화 전략에서 중요한 요소는 무엇인가?

   정답: 고객이 가진 가치를 평가하는 것

6. 고객 맞춤형 서비스에서 고객 충성도를 높이는 핵심은 무엇인가?

   정답: 고객의 요구에 맞는 개인화된 서비스 제공

7. 커스터마이징 전략에서 대량 생산의 효율성을 유지하면서 고객 맞춤형 제품을 제공할 수 있는 기술적 방법은 무엇인가?

   정답: 3D 프린팅, CAD 시스템 활용

8. 서비스 커스터마이제이션에서 고객 참여를 촉진하기 위한 전략은 무엇인가?

   정답: 고객이 직접 서비스를 디자인하도록 하는 것

9. 고객 생애 가치(CLV)를 분석하여 고객 우량화 전략을 수립할 때 중요한 요소는 무엇인가?

정답: 고객의 충성도와 구매 이력 분석

10. 감성적 맞춤화가 고객 만족도에 미치는 영향은 무엇인가?

정답: 고객의 감정적 요구를 충족시켜 만족도를 높인다

CHAPTER 5. 서비스 공정성

1. 서비스 공정성의 정의로 옳은 것은?

① 고객의 금전적 계산에만 기반한 평가
② 고객이 경험한 서비스 절차의 공정성에 대한 평가
③ 서비스 제공자의 개인적인 감정에 대한 평가
④ 고객의 경제적 이익을 고려한 평가
⑤ 서비스 제공자의 업무 처리에 대한 비판적 평가

정답: ②

해설: 서비스 공정성은 고객이 서비스 제공자와의 교환 과정에서 경험한 절차, 분배, 상호작용 등에 대해 공정한지 여부를 평가하는 개념이다.

2. 서비스 공정성을 확보하는 목적에 포함되지 않는 것은?

① 고객 신뢰와 브랜드 이미지 강화
② 고객의 불만 증가
③ 고객 만족도 향상
④ 불만 감소와 충성도 증대
⑤ 사회적 책임과 윤리적 경영 구현

정답: ②

해설: 서비스 공정성의 목적은 고객 불만을 줄이고, 고객 신뢰와 만족도를 높이며, 기업의 사회적 책임을 실현하는 것이다. 불만 증가가 목적에 포함되지 않는다.

3. 분배 공정성에 해당하는 것은?

① 서비스 제공자의 태도와 대우
② 고객이 받은 서비스 혜택이 공정하게 분배되었는지에 대한 인식
③ 서비스 절차가 일관되게 운영되었는지에 대한 평가
④ 고객이 받은 서비스 절차의 투명성
⑤ 고객이 서비스 과정을 선택할 수 있는 능력

정답: ②

해설: 분배 공정성은 고객이 받은 서비스의 결과가 공정하게 분배되었는지, 즉 고객이 약속된 혜택을 공정하게 받았는지에 대한 평가이다.

4. 절차 공정성의 주요 요소로 옳은 것은?

① 서비스 제공자의 친절함
② 서비스 절차가 명확하고 일관되게 운영되는 것
③ 고객의 요구사항을 무시하는 것
④ 고객의 서비스 기대를 넘어서는 결과
⑤ 고객의 선택권 제공

정답: ②
해설: 절차 공정성은 서비스 절차나 방침이 일관되게 공정하게 이루어졌는지에 대한 인식을 다룬다. 명확하고 일관된 절차는 고객에게 공정성을 느끼게 한다.

5. 서비스 공정성의 세 가지 주요 구성 요소에 포함되지 않는 것은?

① 분배 공정성 ② 절차 공정성 ③ 상호작용 공정성
④ 서비스 품질 공정성 ⑤ 고객 만족 공정성

정답: ④
해설: 서비스 공정성의 세 가지 주요 구성 요소는 분배 공정성, 절차 공정성, 상호작용 공정성이다. 서비스 품질 공정성은 주요 요소에 포함되지 않는다.

6. 고객 불만 처리 절차가 복잡하고 비효율적일 경우 발생할 수 있는 문제는?

① 고객의 절차 공정성 지각 증가
② 고객의 만족도 향상
③ 고객 불만 감소
④ 절차 공정성 결여로 인한 고객 불만 증가
⑤ 서비스의 품질 향상

정답: ④
해설: 불만 처리 절차가 복잡하고 비효율적이면 고객은 절차 공정성에 결여가 있다고 느끼게 되어 불만이 증가할 수 있다.

7. 스타벅스가 고객 경험 공정성 향상을 위해 도입한 주요 시스템으로 가장 잘 설명되는 것은?

① 고객의 요구에 대한 비공식적 대처
② 무료 음료 제공 없이 고객 불만 처리
③ 실시간으로 고객 불만을 처리할 수 있는 디지털 시스템
④ 고객 참여를 제한한 서비스 과정
⑤ 서비스 품질 무시한 일관성 없는 절차

정답: ③

해설: 스타벅스는 고객 불만 처리와 서비스 공정성을 향상시키기 위해 실시간으로 고객 불만을 처리할 수 있는 디지털 시스템을 구축하였다.

8. 서비스 품질이 공정성 인식에 미치는 영향을 다룬 이론은?

① SERVQUAL 모델 ② 사회 교환이론 ③ 균형이론
④ 교환이론 ⑤ 인지부조화이론

정답: ①

해설: SERVQUAL 모델은 서비스 품질이 고객의 공정성 인식에 영향을 미친다는 이론이다. 서비스 품질이 높을수록 고객은 공정하게 대우받았다고 느낀다.

9. 고객이 서비스 제공자의 태도를 평가할 때 가장 중요한 요소는?

① 서비스 제공자가 고객을 존중하고 친절하게 대하는 태도
② 고객이 제공된 서비스의 질에 대해 평가하는 방식
③ 서비스 제공자가 제공하는 혜택의 크기
④ 서비스 제공자가 제공한 정보의 정확성
⑤ 고객의 기대와 실제 서비스 경험의 차이

정답: ①

해설: 서비스 제공자의 태도, 특히 고객을 존중하고 친절하게 대하는 태도는 고객이 공정성에 대해 평가하는 데 중요한 요소이다.

10. 고객이 서비스 과정에 참여할 경우 공정성에 미치는 효과는?

① 공정성 인식이 감소한다 ② 고객의 만족도에 변화가 없다

③ 공정성 인식이 강화된다 ④ 고객의 불만이 증가한다

⑤ 서비스 품질이 하락한다

정답: ③

해설: 고객이 서비스 과정에 참여할수록 공정성 인식이 강화되며, 이는 고객의 만족도와 충성도를 증가시키는 데 기여한다.

11. 서비스 공정성에서 상호작용 공정성이 중요한 이유는?

① 고객이 서비스 절차에 대한 정보를 정확하게 알고 있기 때문

② 고객과 서비스 제공자의 상호작용이 고객 만족도에 직접적인 영향을 미치기 때문

③ 고객이 서비스를 제공받는 장소의 중요성 때문

④ 고객이 요구한 서비스와 제공된 서비스의 품질 차이 때문

⑤ 고객이 서비스 제공자와의 대화를 통해 혜택을 얻기 때문

정답: ②

해설: 상호작용 공정성은 고객과 서비스 제공자가 상호작용하는 과정에서 발생하는 공정성의 느낌으로, 고객 만족도에 큰 영향을 미친다.

12. 분배 공정성에서 고려해야 할 요소는 무엇인가?

① 고객의 서비스 선택에 대한 자유

② 고객이 받은 혜택과 비용 간의 균형

③ 서비스 제공자의 노력과 시간

④ 고객이 제공자에게 느끼는 감정적 만족

⑤ 서비스 품질에 대한 고객의 기대

정답: ②

해설: 분배 공정성은 고객이 받은 서비스 혜택과 이에 대한 비용 간의 균형을 평가한다. 고객이 공정하게 대우받았다고 느끼게 하는 요소이다.

13. 서비스 절차에서 공정성을 보장하는 방법으로 가장 적절한 것은?

① 고객에게 무작위로 혜택을 제공하는 것
② 일관성 있는 규정과 절차를 따르는 것
③ 서비스 절차를 고객에게 숨기는 것
④ 고객에게 우선순위를 부여하지 않는 것
⑤ 각기 다른 규정으로 고객을 대하는 것

정답: ②

해설: 절차 공정성을 보장하려면 서비스 절차가 일관되게 운영되고, 모든 고객에게 동일한 규정이 적용되어야 한다.

14. 고객이 서비스 제공자의 공정성에 대해 불만을 가질 때, 가장 큰 영향을 미치는 요소는?

① 서비스 가격
② 서비스의 결과와 고객의 기대 간의 차이
③ 고객이 서비스 제공자와의 관계에서 느끼는 감정
④ 서비스 절차의 투명성
⑤ 서비스의 품질

정답: ②

해설: 고객은 서비스의 결과가 자신이 기대한 바와 일치하지 않을 때 공정성에 대해 불만을 가질 수 있다. 기대와 실제 결과의 차이가 주요한 영향을 미친다.

15. 절차 공정성이 고객의 만족도에 미치는 영향으로 옳은 것은?

① 절차가 복잡할수록 만족도가 높아진다
② 절차가 투명하고 일관성 있게 진행되면 만족도가 증가한다
③ 절차가 빠를수록 만족도가 감소한다
④ 절차가 고객에게 불리할수록 만족도가 높아진다
⑤ 절차가 불확실할수록 만족도가 증가한다

정답: ②

해설: 고객은 서비스 절차가 투명하고 일관되게 진행될 때 공정성을 느끼며, 이는 만족도를 높이는 데 중요한 요소이다.

16. 서비스 공정성 인식을 높이기 위한 방법으로 가장 적절한 것은?

① 고객에게 서비스 절차에 대한 정보를 비공개로 처리하는 것
② 서비스 제공자의 개인적인 감정을 고객에게 전달하는 것
③ 고객에게 서비스 절차와 정책을 명확히 안내하는 것
④ 서비스 가격을 비정기적으로 변동시키는 것
⑤ 고객의 요구를 무시하고 일방적으로 서비스를 제공하는 것

정답: ③

해설: 고객이 서비스 절차와 정책을 명확히 알 수 있도록 안내하면 공정성에 대한 인식을 높일 수 있다.

17. 상호작용 공정성에서 중요한 요소는 무엇인가?

① 서비스 제공자의 효율성
② 고객의 서비스에 대한 기대
③ 고객의 의사소통과 서비스 제공자 간의 대화의 질
④ 서비스 제공자의 서비스 비용
⑤ 고객이 받은 서비스의 품질

정답: ③

해설: 상호작용 공정성은 고객과 서비스 제공자 간의 상호작용에서의 공정성으로, 의사소통의 질이 매우 중요하다.

18. 고객이 서비스 공정성에 대해 긍정적인 인식을 가질 때 나타나는 효과는?

① 불만 증가　② 충성도 증가　③ 고객 이탈
④ 만족도 감소　⑤ 브랜드 신뢰도 감소

정답: ②

해설: 고객이 서비스 공정성에 대해 긍정적으로 인식하면, 이는 고객의 충성도를 높이는 데 기여한다.

19. 서비스 공정성의 상호작용 공정성을 높이기 위한 방법으로 가장 적절한 것은?

① 고객을 무시하고 일방적으로 서비스를 제공하는 것
② 고객과의 상호작용에서 일관성 있게 친절하고 존중하는 태도를 유지하는 것
③ 고객에게 무조건 할인 혜택을 제공하는 것
④ 고객의 요구를 과도하게 수용하는 것
⑤ 서비스 절차를 고객에게 숨기는 것

정답: ②

해설: 상호작용 공정성은 고객과의 직접적인 상호작용에서 공정한 대우를 통해 향상될 수 있으며, 친절하고 존중하는 태도가 중요한 요소이다.

20. 서비스 공정성의 절차 공정성을 높이기 위한 조치로 가장 적합한 것은?

① 고객에게 복잡한 절차를 제공하는 것
② 고객의 불만을 무시하고 빠르게 진행하는 것
③ 서비스 절차의 일관성 및 투명성을 보장하는 것
④ 고객에게 선택권을 제한하는 것
⑤ 서비스 제공자의 직무 만족도를 높이는 것

정답: ③

해설: 절차 공정성을 높이려면 서비스 절차가 일관되고 투명하게 운영되어야 한다. 이를 통해 고객은 공정성을 느끼게 된다.

단답형 문제

1. 서비스 공정성의 정의로 옳은 것은?

정답: 고객이 경험한 서비스 절차의 공정성에 대한 평가

2. 서비스 공정성을 확보하는 목적에 포함되지 않는 것은?

정답: 고객의 불만 증가

3. 분배 공정성에 해당하는 것은?

정답: 고객이 받은 서비스 혜택이 공정하게 분배되었는지에 대한 인식

4. 절차 공정성의 주요 요소로 옳은 것은?

정답: 서비스 절차가 명확하고 일관되게 운영되는 것

5. 서비스 공정성의 세 가지 주요 구성 요소에 포함되지 않는 것은?

정답: 서비스 품질 공정성

6. 고객 불만 처리 절차가 복잡하고 비효율적일 경우 발생할 수 있는 문제는?

정답: 절차 공정성 결여로 인한 고객 불만 증가

7. 스타벅스가 고객 경험 공정성 향상을 위해 도입한 주요 시스템으로 가장 잘 설명되는 것은?

정답: 실시간으로 고객 불만을 처리할 수 있는 디지털 시스템

8. 서비스 품질이 공정성 인식에 미치는 영향을 다룬 이론은?

정답: SERVQUAL 모델

9. 고객이 서비스 제공자의 태도를 평가할 때 가장 중요한 요소는?

정답: 서비스 제공자가 고객을 존중하고 친절하게 대하는 태도

10. 고객이 서비스 과정에 참여할 경우 공정성에 미치는 효과는?

정답: 공정성 인식이 강화된다

CHAPTER 6. 서비스 품질과 고객 만족

1. 서비스 품질의 개념에 관한 다음 설명 중 올바른 것은?

① 서비스 품질은 고객이 직접 경험한 결과를 토대로만 평가된다.
② 서비스 품질은 고객의 기대와 제공된 서비스 품질 간의 차이에서 인식된다.
③ 서비스 품질은 고객의 기대와 제공된 서비스 품질 간의 일치도에만 의존한다.
④ 서비스 품질은 서비스 제공자의 내부 운영 효율성만을 반영한다.
⑤ 서비스 품질은 오직 서비스 제공자와의 대면 상호작용에서만 영향을 받는다.

정답: ②

해설: 서비스 품질은 고객의 기대와 실제 서비스 경험 간의 차이에 따라 평가된다. 고객이 기대한 수준에 비해 제공된 서비스가 부족하면 불만족이 발생한다.

2. SERVQUAL 모형에서 유형성에 해당하는 요소로 옳은 것은?

① 서비스의 정확성과 신뢰성
② 직원의 전문성과 공손함
③ 고객과의 상호작용과 반응성
④ 물리적 시설과 장비의 외형
⑤ 서비스 제공 중 고객의 경험 과정

정답: ④

해설: 유형성은 물리적인 증거와 관련된 요소로, 서비스 환경이나 장비의 외형적인 특성을 말한다. 이는 고객이 서비스 품질을 평가할 때 중요한 기준이 된다.

3. Gronroos의 서비스 품질 2차원 모형에서 과정품질에 해당하는 요소는 무엇인가?

① 고객이 무엇을 얻었는지
② 서비스가 제공되는 방법과 과정
③ 서비스의 신뢰성과 정확성
④ 서비스 제공 후 결과 평가
⑤ 고객 만족도와 충성도

정답: ②

해설: Gronroos의 모형에서 과정품질은 서비스가 어떻게 제공되는지, 즉 고객과의 상호작용, 서비스 제공 절차 등을 의미한다. 이는 서비스의 신뢰성이나 결과 품질과 함께 고객 평가에 중요한 요소이다.

4. 서비스 품질의 가장 중요한 특징은 무엇인가?

① 서비스 품질은 항상 일정하다.
② 서비스 품질은 시간에 따라 변화할 수 있다.
③ 서비스 품질은 고객이 직접 개선할 수 있다.
④ 서비스 품질은 외부 전문가에 의해서만 평가된다.
⑤ 서비스 품질은 고정되어 있어 예측이 불가능하다.

정답: ②

해설: 서비스 품질은 시간이 지나면서 변화할 수 있으며, 고객의 요구나 시장 상황에 따라 개선이 필요할 수 있다. 이는 서비스 품질을 지속적으로 관리하고 평가해야 하는 이유이다.

5. 고객 만족도를 측정하기 위한 가장 일반적인 방법은 무엇인가?

① 고객 설문조사
② 고객과의 대면 인터뷰
③ 고객의 구매 빈도
④ 고객의 소셜 미디어 활동
⑤ 고객의 서비스 사용 기간

정답: ①

해설: 고객 만족도는 보통 설문조사를 통해 평가된다. 설문조사는 고객의 경험을 측정하고 개선이 필요한 부분을 파악할 수 있는 유용한 도구이다.

6. 고객의 기대와 실제 서비스 품질 간의 차이가 클수록 고객은 어떻게 반응할 가능성이 높은가?

① 매우 만족 ② 약간 만족 ③ 만족하지 않음
④ 매우 불만족 ⑤ 기대하지 않음

정답: ④

해설: 고객의 기대와 실제 서비스 품질 간의 차이가 클 경우, 고객은 큰 실망을 느끼고 불만족을 표시할 가능성이 높다. 이는 서비스 품질의 중요한 관리 요소이다.

7. 서비스 품질을 개선하기 위해 사용하는 주요 도구는 무엇인가?

① 제품 리콜 ② 지속적인 교육과 훈련 ③ 가격 할인
④ 고객 불만 무시 ⑤ 마케팅 광고

정답: ②

해설: 서비스 품질을 개선하기 위해 가장 중요한 것은 직원들의 교육과 훈련이다. 직원들의 전문성 향상과 서비스 제공 방법 개선이 서비스 품질 향상에 큰 영향을 미친다.

8. SERVQUAL 모형에서 신뢰성에 해당하는 요소는 무엇인가?

① 서비스 제공자가 약속을 지키는 능력
② 서비스의 물리적 품질
③ 서비스 제공자가 친절하게 응대하는 정도
④ 서비스 제공 시의 전문성
⑤ 서비스의 외형적인 매력

정답: ①

해설: 신뢰성은 서비스 제공자가 약속을 정확하고 일관되게 지키는 능력을 의미한다. 이는 고객에게 신뢰를 주고 서비스 품질을 높이는 중요한 요소이다.

9. 고객이 서비스 품질에 대해 평가하는 기준이 아닌 것은 무엇인가?

① 응답 속도 ② 직원의 태도 ③ 제품의 색상
④ 서비스 제공자의 신뢰성 ⑤ 가격의 합리성

정답: ③

해설: 고객이 서비스 품질을 평가하는 기준은 서비스 제공자의 태도, 신뢰성, 응답 속도 등과 관련이 있다. 반면, 제품의 색상은 서비스 품질 평가와 직접적인 관련이 없다.

10. 고객의 불만을 해결하기 위해 가장 중요한 점은 무엇인가?

① 불만을 무시하고 지나간다.

② 고객이 불만을 제기하지 않도록 한다.

③ 고객의 불만을 빠르고 효과적으로 해결한다.

④ 고객에게 무조건 보상을 제공한다.

⑤ 고객의 불만을 다른 부서에 넘긴다.

정답: ③

해설: 고객의 불만을 신속하게 해결하는 것이 중요하다. 고객이 불만을 제기한 이유를 이해하고, 그에 맞는 해결책을 빠르게 제공하는 것이 고객 만족도 향상에 기여한다.

11. 서비스 제공자가 고객과의 상호작용에서 신뢰성을 보이기 위한 행동은 무엇인가?

① 서비스를 무조건 빠르게 제공한다.

② 고객의 요구를 완벽하게 이해하고 처리한다.

③ 서비스의 정확성과 일관성을 유지한다.

④ 직원의 외모를 단정히 한다.

⑤ 고객에게 모든 정보를 과도하게 제공한다.

정답: ③

해설: 신뢰성은 서비스 제공자가 정확하고 일관된 서비스를 제공하는 능력에 달려 있다. 고객은 서비스 제공자가 약속을 지킬 수 있는지, 서비스가 일관되게 제공되는지 확인한다.

12. SERVQUAL 모형에서 반응성이란 무엇을 의미하는가?

① 고객의 요구를 빠르게 인식하고 처리하는 능력

② 고객의 요구를 예측하여 사전에 대응하는 능력

③ 고객과의 대화에서 서비스의 질을 높이는 능력

④ 서비스의 물리적 환경을 개선하는 능력

⑤ 서비스의 정확성을 유지하는 능력

정답: ①

해설: 반응성은 고객의 요구나 문제에 대해 신속하게 반응하고 해결하는 능력을 의미한다. 이는 고객 만족도를 높이는 중요한 요소이다.

13. 고객 충성도에 가장 큰 영향을 미치는 요소는 무엇인가?

① 고객에게 제공되는 할인
② 고객이 경험하는 서비스 품질
③ 고객이 이용하는 광고
④ 서비스 제공자의 외적 요소
⑤ 고객이 사용하는 소셜 미디어

정답: ②

해설: 고객 충성도는 서비스 품질에 크게 영향을 받는다. 서비스가 일관되게 높은 품질을 제공하면 고객은 반복적으로 이용할 가능성이 높다.

14. 고객의 기대와 실제 서비스 품질 간의 차이가 클 경우, 고객의 반응은 어떻게 되는가?

① 고객은 기대를 높게 설정한다.
② 고객은 불만을 표출한다.
③ 고객은 서비스를 지속적으로 이용한다.
④ 고객은 서비스를 더 많이 사용하려 한다.
⑤ 고객은 서비스를 무조건 긍정적으로 평가한다.

정답: ②

해설: 기대와 실제 서비스 품질 간의 차이가 클 경우, 고객은 불만족을 느끼고 불만을 표출할 가능성이 높다. 이는 서비스 품질 관리에서 중요한 문제이다.

15. 고객 만족도를 높이기 위한 가장 중요한 전략은 무엇인가?

① 고객에게 저렴한 가격만 제공한다.
② 서비스 품질을 지속적으로 개선하고 고객의 피드백을 반영한다.
③ 고객에게 특별한 혜택을 주지 않는다.
④ 고객이 서비스를 사용한 후 더 이상 신경 쓰지 않는다.
⑤ 고객의 요구를 무시하고 마케팅에 집중한다.

정답: ②

해설: 고객 만족도를 높이기 위해서는 고객의 요구와 피드백을 반영하고, 지속적인 서비스 품질 개선을 해야 한다. 고객의 경험을 분석하고 개선하는 것이 중요하다.

16. 서비스 품질을 측정하는 데 가장 적합한 방법은 무엇인가?

① 서비스 제공자의 내부 평가
② 고객 설문조사와 피드백
③ 경쟁 업체의 서비스 분석
④ 서비스 제공자의 재정 분석
⑤ 외부 전문가의 평가

정답: ②

해설: 서비스 품질을 측정하는 가장 중요한 방법은 고객의 피드백과 설문조사이다. 고객의 경험과 만족도를 직접적으로 알 수 있기 때문이다.

17. 고객의 피드백을 효과적으로 활용하기 위한 방법은 무엇인가?

① 고객의 피드백을 즉시 무시한다.
② 고객의 피드백을 분석하여 개선점을 도출한다.
③ 고객에게 피드백을 요청하지 않는다.
④ 피드백을 기반으로 새로운 광고를 만든다.
⑤ 피드백을 단순히 기록으로 남긴다.

정답: ②

해설: 고객의 피드백은 서비스 품질 개선의 중요한 자료이다. 이를 분석하여 서비스 개선에 반영해야 한다.

18. 신뢰성 요소가 가장 중요한 서비스 유형은 무엇인가?

① 패스트푸드 서비스
② 헬스케어 서비스
③ 패션 서비스
④ 레크리에이션 서비스
⑤ 여행 서비스

정답: ②

해설: 헬스케어 서비스는 환자의 건강에 직결되므로 신뢰성이 매우 중요한 요소이다. 정확하고 일관된 서비스 제공이 필수적이다.

19. 고객이 서비스 품질에 대해 불만족을 표현하는 주된 이유는 무엇인가?

① 서비스 가격이 높아서
② 서비스 제공 시간이 짧아서
③ 서비스 품질이 기대에 미치지 않아서
④ 서비스 제공자가 불친절해서
⑤ 서비스가 너무 비싸서

정답: ③

해설: 고객이 불만족을 표출하는 주된 이유는 제공된 서비스가 고객의 기대에 미치지 못할 때이다. 품질의 불일치가 주요 원인이다.

단답형 문제

1. 서비스 품질을 평가할 때, 고객이 경험한 실제 서비스와 무엇의 차이에 따라 평가되는가?

    정답: 고객의 기대

2. SERVQUAL 모형에서 유형성에 해당하는 요소는 무엇인가?

    정답: 물리적 시설과 장비의 외형

3. Gronroos의 서비스 품질 2차원 모형에서 '과정품질'에 해당하는 요소는 무엇인가?

    정답: 서비스가 제공되는 방법과 과정

4. 서비스 품질은 시간이 지나면서 무엇을 할 수 있는가?

    정답: 변화

5. 고객 만족도를 측정하기 위한 가장 일반적인 방법은 무엇인가?

    정답: 고객 설문조사

6. 고객의 기대와 실제 서비스 품질 간의 차이가 클수록 고객은 무엇을 할 가능성이 높다?

    정답: 매우 불만족

7. 서비스 품질을 개선하기 위해 사용하는 주요 도구는 무엇인가?

    정답: 지속적인 교육과 훈련

8. SERVQUAL 모형에서 신뢰성에 해당하는 요소는 무엇인가?

정답: 서비스 제공자가 약속을 지키는 능력

9. 고객의 불만을 해결하기 위한 가장 중요한 점은 무엇인가?

정답: 고객의 불만을 빠르고 효과적으로 해결한다

10. 고객 만족도를 높이기 위한 가장 중요한 전략은 무엇인가?

정답: 서비스 품질을 지속적으로 개선하고 고객의 피드백을 반영한다

CHAPTER 7. 서비스 충성도와 고객 불만관리

1. 서비스 충성도를 유지하기 위한 가장 중요한 요소는 무엇인가?

① 가격 정책 ② 고객 경험 ③ 광고 캠페인
④ 제품 디자인 ⑤ 서비스의 다양성

정답: ②

해설: 고객 경험은 충성도를 높이는 핵심 요소이다. 서비스의 품질과 고객이 경험하는 과정에서 긍정적인 인상을 받으면 충성도가 높아진다.

2. 고객 불만을 처리하는 가장 중요한 원칙은 무엇인가?

① 고객을 무시하고 빠르게 해결한다
② 고객의 불만을 경청하고 해결책을 제시한다
③ 고객에게 아무런 대응을 하지 않는다
④ 고객이 문제를 해결할 때까지 기다린다
⑤ 고객의 불만을 다른 부서에 전달한다

정답: ②

해설: 고객의 불만을 신속하고 친절하게 해결하려면 고객의 목소리를 경청하고, 실제로 해결 가능한 방법을 제시하는 것이 중요하다.

3. 고객 불만이 서비스 충성도에 미치는 영향은 무엇인가?

① 고객 불만은 충성도를 증가시킨다
② 고객 불만은 충성도를 감소시킨다
③ 고객 불만은 충성도에 영향을 미치지 않는다
④ 고객 불만은 브랜드 이미지에만 영향을 미친다
⑤ 고객 불만은 단기적으로만 영향을 미친다

정답: ②

해설: 고객 불만이 해결되지 않으면 충성도에 부정적인 영향을 미친다. 따라서 적절한 대응이 중요하다.

4. 고객이 충성도를 가지게 만드는 주된 요소는 무엇인가?

① 낮은 가격 ② 고품질의 제품과 서비스 ③ 광고 캠페인
④ 제품의 디자인 ⑤ 브랜드의 인지도

정답: ②

해설: 고품질의 제품과 서비스는 고객이 브랜드에 대해 신뢰를 가지게 만들며, 충성도를 높이는 중요한 요소이다.

5. 고객 불만을 해결하기 위한 가장 효과적인 방법은 무엇인가?

① 고객에게 사과만 한다
② 고객의 불만을 무시한다
③ 문제를 신속하게 해결하고 보상이나 대안을 제공한다
④ 고객의 요구를 반영하지 않는다
⑤ 고객에게 더 많은 할인만 제공한다

정답: ③

해설: 고객의 불만을 신속히 해결하고, 상황에 맞는 보상이나 대안을 제시하는 것이 고객의 신뢰를 회복하고 충성도를 유지하는 데 중요하다.

6. 서비스 충성도가 높은 고객의 특징은 무엇인가?

① 항상 낮은 가격을 찾는다
② 브랜드에 대한 감정적 유대가 강하다
③ 경쟁 브랜드를 자주 선택한다
④ 제품의 외형만 중요시한다
⑤ 서비스의 속도만 중요시한다

정답: ②

해설: 서비스 충성도가 높은 고객은 브랜드에 감정적으로 연결되어 있어 다른 브랜드로 쉽게 이동하지 않는다.

7. 서비스 불만을 처리할 때 중요한 점은 무엇인가?

① 고객을 계속 기다리게 한다

② 고객의 불만을 무시한다

③ 고객을 먼저 이해하고 문제 해결을 위한 협력을 제시한다

④ 고객에게 불만의 이유를 묻지 않는다

⑤ 고객에게 단순히 사과만 한다

정답: ③

해설: 불만을 해결하기 위해서는 먼저 고객의 상황을 이해하고, 고객과 협력하여 해결책을 제시하는 것이 중요하다.

8. 서비스 충성도를 높이는 데 중요한 요소 중 하나는 무엇인가?

① 브랜드의 설립 연도

② 고객 맞춤형 서비스 제공

③ 경쟁 브랜드와의 가격 차별화

④ 광고의 빈도수

⑤ 제품의 색상

정답: ②

해설: 고객 맞춤형 서비스는 고객의 개별적인 요구를 충족시키는 방법으로, 충성도를 높이는 데 중요한 요소이다.

9. 고객 불만이 브랜드 충성도에 미치는 영향에서 중요한 점은 무엇인가?

① 불만을 처리하지 않으면 고객은 브랜드에 대한 신뢰를 잃는다

② 불만은 충성도를 높이는 원인이다

③ 불만은 브랜드 충성도와 관계없다

④ 불만을 해결하면 충성도가 자연스럽게 증가한다

⑤ 불만이 있으면 고객은 항상 돌아온다

정답: ①

해설: 불만을 적절하게 처리하지 않으면 고객은 신뢰를 잃고, 그로 인해 브랜드에 대한 충성도도 크게 감소할 수 있다.

10. 서비스 충성도를 높이기 위한 리워드 프로그램의 장점은 무엇인가?

① 고객의 불만을 증가시킨다
② 고객의 만족도를 높이고, 장기적인 관계를 유지하는 데 도움이 된다
③ 고객의 가격 민감도를 낮춘다
④ 브랜드 인식을 빠르게 증가시킨다
⑤ 제품 가격을 높이는 데 도움이 된다

정답: ②

해설: 리워드 프로그램은 고객에게 장기적인 혜택을 제공함으로써 고객 만족도를 높이고, 이를 통해 브랜드에 대한 충성도를 유지하게 도와준다.

11. 고객 불만을 해결하기 위한 적극적 경청의 중요성은 무엇인가?

① 고객의 불만을 무시하고 해결책을 강제로 제시한다
② 고객의 불만을 무시하고 브랜드의 방어적인 입장을 취한다
③ 고객의 불만을 적극적으로 경청하여 해결책을 제시한다
④ 고객의 불만을 무시하고 그냥 사라지기를 기다린다
⑤ 고객의 불만을 반복적으로 제기하도록 만든다

정답: ③

해설: 적극적인 경청은 고객의 불만을 충분히 이해하고, 그에 맞는 해결책을 제시하여 신뢰를 회복하는 중요한 방법이다.

12. 서비스 충성도를 높이기 위한 고객 피드백의 역할은 무엇인가?

① 고객의 불만을 피하기 위해 모든 피드백을 거부한다
② 고객의 요구와 기대를 파악하고 개선하는 데 도움을 준다
③ 피드백을 통해 고객을 경쟁 브랜드로 유도한다
④ 피드백은 문제 해결에 도움이 되지 않는다
⑤ 고객의 피드백을 단기적인 마케팅 전략에만 활용한다

정답: ②

해설: 고객 피드백은 서비스나 제품을 개선하고 고객의 요구를 충족시키는 데 중요한 역할을 한다. 이를 통해 충성도를 높일 수 있다.

13. 고객 충성도를 유지하는데 있어 브랜드 일관성의 중요성은 무엇인가?

① 브랜드의 품질을 일관되게 유지하면 고객의 충성도가 높아진다
② 브랜드의 일관성을 유지하면 가격을 자유롭게 조정할 수 있다
③ 브랜드 일관성은 고객의 만족도를 저하시킨다
④ 브랜드 일관성은 불필요한 마케팅 전략이다
⑤ 브랜드 일관성은 고객을 경쟁사로 유도한다

정답: ①

해설: 브랜드 일관성은 고객이 브랜드를 신뢰하고, 충성도를 높이는 중요한 요소이다. 품질이 일관되게 유지되면 고객은 반복적으로 브랜드를 선택하게 된다.

14. 서비스 불만 처리에서 보상의 효과는 무엇인가?

① 고객 불만을 해결하지 않고 보상만 제공하면 된다
② 적절한 보상은 고객의 불만을 완화하고 브랜드에 대한 신뢰를 회복시킨다
③ 보상은 불필요하고 비용만 증가시킨다
④ 보상은 고객의 불만을 더 키운다
⑤ 보상은 단기적인 효과만 있다

정답: ②

해설: 적절한 보상은 고객의 불만을 해결하고, 브랜드에 대한 신뢰를 회복시킬 수 있는 중요한 방법이다. 고객은 보상을 통해 브랜드에 대한 긍정적인 감정을 느끼게 된다.

15. 서비스 충성도를 높이기 위한 소셜 미디어 활용의 역할은 무엇인가?

① 고객의 불만을 대중화시킨다
② 고객과 브랜드 간의 소통을 강화하여 충성도를 증대시킨다
③ 광고만을 통해 충성도를 높인다
④ 브랜드의 문제를 숨긴다
⑤ 고객을 다른 브랜드로 유도한다

정답: ②

해설: 소셜 미디어는 고객과 브랜드 간의 소통을 강화하는 중요한 채널이다. 이를 통해 고객의 피드백을 직접 반영하고, 충성도를 높일 수 있다.

16. 서비스 충성도를 높이기 위한 고객 맞춤형 경험의 효과는 무엇인가?

① 고객의 불만을 키운다
② 고객의 충성도를 증가시킨다
③ 고객이 브랜드를 떠나게 만든다
④ 가격을 높일 수 없다
⑤ 브랜드 이미지를 약화시킨다

정답: ②

해설: 고객 맞춤형 경험을 제공하면 고객은 개인화된 서비스를 받는다고 느끼며, 이는 충성도를 증가시키는 중요한 요소이다.

17. 고객 충성도와 브랜드 이미지 간의 관계는 무엇인가?

① 브랜드 이미지가 낮으면 고객 충성도가 증가한다
② 브랜드 이미지가 높으면 고객 충성도가 증가한다
③ 브랜드 이미지와 충성도는 무관하다
④ 고객 충성도가 브랜드 이미지를 낮춘다
⑤ 브랜드 이미지와 충성도는 동시에 감소한다

정답: ②

해설: 브랜드 이미지가 긍정적이고 강하면 고객 충성도가 높아지며, 이는 장기적인 고객 관계를 유지하는 데 중요한 요소이다.

18. 서비스 불만을 해결하기 위한 정기적인 피드백 수집의 중요성은 무엇인가?

① 고객의 불만을 늦게 해결할 수 있다
② 고객의 요구와 문제를 미리 파악하여 해결책을 마련할 수 있다
③ 고객의 피드백은 무시하는 것이 좋다
④ 피드백은 문제 해결에 도움이 되지 않는다
⑤ 고객의 불만을 피드백 없이 해결할 수 있다

정답: ②

해설: 정기적인 피드백 수집은 고객의 요구와 문제를 사전에 파악하고, 이를 해결하는 데 도움이 된다. 이는 서비스 충성도를 높이는 중요한 과정이다.

19. 고객 불만을 처리할 때 타이밍이 중요한 이유는 무엇인가?

① 늦게 대응하면 고객 불만이 더 커진다
② 빠르게 대응하면 고객이 불만을 잊게 된다
③ 시간이 지나면 고객의 불만은 사라진다
④ 고객이 문제를 더 커지게 만든다
⑤ 고객의 불만을 무시하면 된다

정답: ①

해설: 고객 불만에 대해 빠르게 대응하지 않으면 불만이 더 커질 수 있다. 적시에 대응하는 것이 고객의 신뢰를 유지하는 데 매우 중요하다.

20. 고객이 서비스 불만을 제기하는 이유로 가장 일반적인 것은 무엇인가?

① 가격이 너무 비싸기 때문이다
② 브랜드의 명성이 부족하기 때문이다
③ 기대한 품질에 비해 서비스가 부족하기 때문이다
④ 제품 디자인이 마음에 들지 않아서
⑤ 고객의 요구가 반영되지 않아서

정답: ③

해설: 고객 불만의 주요 원인은 대체로 기대한 서비스의 품질에 미치지 못하는 경우이다. 이 경우 고객의 충성도가 낮아질 수 있다.

단답형 문제

1. 서비스 충성도를 높이는 핵심 요소는 무엇인가?

   정답: 고객 경험

2. 고객 불만을 처리할 때 가장 중요한 원칙은 무엇인가?

   정답: 고객의 불만을 경청하고 해결책을 제시한다

3. 고객 불만이 서비스 충성도에 미치는 영향은 무엇인가?

   정답: 고객 불만은 충성도를 감소시킨다

4. 충성도를 높이기 위해 고객 맞춤형 서비스를 제공하는 이유는 무엇인가?

   정답: 고객의 개별적인 요구를 충족시키기 위해

5. 고객 불만을 해결하기 위한 가장 효과적인 방법은 무엇인가?

   정답: 문제를 신속하게 해결하고 보상이나 대안을 제공한다

6. 서비스 충성도가 높은 고객의 특징은 무엇인가?

   정답: 브랜드에 대한 감정적 유대가 강하다

7. 고객 불만을 해결할 때 중요한 점은 무엇인가?

   정답: 고객을 먼저 이해하고 문제 해결을 위한 협력을 제시한다

8. 고객 충성도를 유지하기 위한 브랜드 일관성의 중요성은 무엇인가?

   정답: 브랜드의 품질을 일관되게 유지하면 고객의 충성도가 높아진다

9. 고객 불만을 해결하기 위한 적극적 경청의 중요성은 무엇인가?

정답: 고객의 불만을 충분히 이해하고, 그에 맞는 해결책을 제시한다

10. 고객 피드백의 역할은 무엇인가?

정답: 고객의 요구와 기대를 파악하고 개선하는 데 도움을 준다

CHAPTER 8. 시장 분석 및 경쟁 환경

1. 시장조사의 목적 중 고객 요구 및 트렌드를 파악하는 주요 목표는 무엇인가?

① 소비자의 선호와 변화하는 요구를 추적하는 것 ② 제품 개발
③ 경쟁사 분석 ④ 시장 점유율 확대 ⑤ 광고 캠페인 설계

정답: ①

해설: 시장조사의 목적 중 하나는 고객의 선호와 요구의 변화를 추적하여, 기업이 제품 및 서비스를 고객의 기대에 맞게 조정할 수 있도록 돕는 것이다. 이를 통해 시장의 변화에 빠르게 대응할 수 있다.

2. 기술적 조사가 주로 분석하는 것은 무엇인가?

① 새로운 기회와 시장 발견 ② 소비자 행동의 심층적 분석
③ 시장 구조 등을 분석하는 것 ④ 원인과 결과 관계
⑤ 제품 개선을 위한 피드백 분석

정답: ③

해설: 기술적 조사는 이미 존재하는 문제나 기회에 대해 시장 현황, 고객 행동, 시장 구조 등을 분석하여, 이를 명확히 이해하고 특성을 규명하는 데 집중하는 것이다.

3. 인과적 조사의 특징은 무엇인가?

① 소비자 의견을 수집하는 것
② 시장의 일반적인 현황을 파악하는 것
③ 변수 간의 원인과 결과 관계를 파악하는 것
④ 시장의 트렌드를 예측하는 것
⑤ 경쟁사 제품을 비교 분석하는 것

정답: ③

해설: 인과적 조사는 특정 변수 간의 원인과 결과 관계를 규명하는 데 사용되며, 이를 통해 특정 요인이 다른 요소에 미치는 영향을 분석할 수 있는 것이다.

4. 질적 조사 방법 중 심층 인터뷰의 목적은 무엇인가?

① 대규모 데이터 분석

② 소비자의 무의식적인 행동 파악

③ 개별 소비자의 동기와 가치를 탐구하는 것

④ 제품 판매 실적 분석

⑤ 소비자 요구에 대한 통계적 분석

정답: ③

해설: 심층 인터뷰는 개별 소비자의 동기와 가치, 선호를 깊이 이해하기 위한 조사 방법으로, 소비자가 특정 제품을 선택하는 이유를 파악하는 데 유용한 것이다.

5. 시장 수요 분석에서 A/B 테스트는 어떤 조사 방법에 속하나?

① 탐색적 조사 ② 기술적 조사 ③ 인과적 조사

④ 혼합 조사 ⑤ 질적 조사

정답: ③

해설: A/B 테스트는 실험을 통해 두 가지 이상의 조건을 비교하여, 어떤 변화가 더 나은 결과를 도출하는지 확인하는 인과적 조사 방법에 속하는 것이다.

6. 혼합 조사 방법의 특징은 무엇인가?

① 두 가지 방법을 결합하여 더 정확한 분석을 수행하는 것

② 대규모 설문 조사만 수행하는 것

③ 관찰과 인터뷰만 사용하는 것

④ 실험을 통해 결과를 검증하는 것

⑤ 가격 변화를 분석하는 것

정답: ①

해설: 혼합 조사 방법은 질적 조사와 양적 조사를 결합하여 더 정확하고 심도 있는 분석을 수행할 수 있도록 하는 것이다. 이를 통해 양쪽의 장점을 모두 활용할 수 있다.

7. 시장조사 설계 단계에서 표본 추출의 주요 목적은 무엇인가?

① 대규모 설문 조사 진행

② 조사대상자가 연구하고자 하는 집단을 대표할 수 있도록 하는 것

③ 조사 질문을 체계적으로 개발하는 것

④ 통계적 분석 도구를 선택하는 것

⑤ 조사 목표를 명확히 설정하는 것

정답: ②

해설: 표본 추출의 목적은 조사 대상자가 연구하려는 집단을 대표할 수 있도록 하여, 조사 결과의 신뢰성을 높이는 것이다.

8. 실험 조사에서 A/B 테스트를 통해 무엇을 평가할 수 있나?

① 소비자 행동 패턴 ② 특정 요인 평가 ③ 시장 동향

④ 광고 효과 ⑤ 경쟁사의 제품 성능

정답: ②

해설: A/B 테스트는 실험적인 방법으로, 특정 요인이 다른 요소에 미치는 영향을 평가하는 데 사용되는 것이다. 이를 통해 어떤 변화가 더 효과적인지를 확인할 수 있다.

9. 다음 중 시장조사의 중요성에 대한 설명으로 올바른 것은 무엇인가?

① 시장조사는 제품 개선만을 위한 활동

② 시장조사는 고객의 요구를 반영하여 최적화

③ 시장조사는 단지 소비자 의견을 수집하는 활동

④ 시장조사는 경쟁사 정보를 수집하는 데만 사용

⑤ 시장조사는 자원의 낭비를 촉진

정답: ②

해설: 시장조사는 단순히 자료를 수집하는 것이 아니라, 고객의 요구를 반영하여 마케팅 전략을 최적화하는 데 중요한 역할을 한다. 이를 통해 기업은 경쟁력을 유지하고 성장할 수 있다.

10. 다음 중 소비자 조사의 윤리적 고려사항에 포함되지 않는 것은 무엇인가?

① 개인정보 보호 ② 자발적 참여 ③ 조사 목적의 비밀 유지
④ 동의 없이 데이터 활용 ⑤ 응답자의 익명성 보장

정답: ④

해설: 윤리적 조사에서는 개인정보 보호와 자발적 참여가 중요한 고려사항이다. 조사 목적을 명시하여 응답자가 자발적으로 참여할 수 있도록 해야 하며, 동의 없이 데이터를 활용하는 것은 윤리적으로 부적절한 것이다.

11. 수요 법칙에 대한 설명으로 올바른 것은 무엇인가?

① 가격이 상승하면 수요가 증가한다.
② 가격이 상승하면 수요가 감소한다.
③ 가격 변화와 수요는 상관관계가 없다.
④ 가격이 하락하면 수요는 일정하게 유지된다.
⑤ 수요는 생산자의 가격에만 영향을 받는다.

정답: ②

해설: 수요 법칙에 따르면, 상품의 가격이 상승하면 그 상품의 수요는 감소하는 경향이 있다. 이는 소비자들이 더 비싼 상품을 구매하기 어려워지기 때문이다.

12. 소비자의 소득이 증가했을 때 수요에 미치는 영향은 무엇인가?

① 수요가 증가한다.
② 수요가 감소한다.
③ 수요는 변하지 않는다.
④ 일부 상품의 수요가 증가하고, 일부는 감소한다.
⑤ 소득 증가가 항상 수요에 영향을 미친다.

정답: ①

해설: 일반적으로 소비자의 소득이 증가하면 더 많은 상품을 구매할 수 있게 되어 대부분의 상품에 대한 수요가 증가한다. 이는 소득과 수요 사이의 양의 상관관계를 나타낸다.

13. 가격 탄력성이 1보다 클 때 수요는 어떻게 변화하는가?

① 수요는 가격에 거의 영향을 받지 않는다.

② 수요는 가격에 비례하여 증가한다.

③ 수요는 가격의 변화에 민감하게 반응한다.

④ 수요는 일정하게 유지된다.

⑤ 수요는 가격이 오르면 증가하고, 가격이 내리면 감소한다.

정답: ③

해설: 가격 탄력성이 1보다 크면, 가격이 변할 때 수요가 그에 비례하여 민감하게 반응한다. 즉, 가격이 조금만 변해도 수요가 큰 폭으로 변한다.

14. 군집 분석에서 K-means 알고리즘의 주요 목적은 무엇인가?

① 데이터를 예측하는 것

② 데이터를 군집으로 나누는 것

③ 데이터를 분류하는 것

④ 데이터를 선형 모델로 적합시키는 것

⑤ 데이터를 시계열로 분석하는 것

정답: ②

해설: K-means 알고리즘은 비지도 학습 기법으로, 데이터를 군집화하는 데 사용된다. 주어진 데이터 집합을 K개의 군집으로 나누며, 각 군집의 중심을 계산하여 데이터를 그룹화한다.

15. 시계열 분석에서 ARIMA 모델의 I는 무엇을 의미하는가?

① Intensity ② Integrated ③ Independent

④ Iterative ⑤ Immediate

정답: ②

해설: ARIMA 모델에서 "I"는 Integrated를 의미하며, 이는 데이터를 차분(diff)하여 정상성을 맞추는 과정이다. ARIMA는 Autoregressive Integrated Moving Average의 약자로, 시계열 데이터를 예측하는 데 사용된다.

16. 회귀 분석에서 독립 변수와 종속 변수 간의 관계를 설명하는 통계적 모델은 무엇인가?

① 로지스틱 회귀 ② 선형 회귀 ③ K-means 알고리즘
④ 의사결정나무 ⑤ 나이브 베이즈

정답: ②

해설: 선형 회귀는 독립 변수와 종속 변수 간의 관계를 모델링하여 예측하는 통계적 기법이다. 변수들 간의 선형 관계를 분석하여 결과를 도출한다.

17. 자기회귀(AR) 모델은 무엇을 의미하는가?

① 과거의 데이터를 기반으로 미래 값을 예측하는 것
② 데이터를 군집화하는 것
③ 가격을 예측하는 것
④ 주어진 데이터를 분류하는 것
⑤ 시간 간격을 기준으로 데이터를 변환하는 것

정답: ①

해설: 자기회귀(AR) 모델은 과거의 데이터 값들이 현재의 데이터 값에 어떻게 영향을 미치는지 설명한다. 이 모델은 시간적 자기 상관성을 활용하여 미래 값을 예측한다.

18. 데이터를 전처리할 때 결측값을 처리하는 방법으로 적절한 것은 무엇인가?

① 결측값을 무시하고 분석을 진행한다.
② 결측값을 평균 또는 중앙값으로 대체한다.
③ 결측값을 항상 0으로 대체한다.
④ 결측값을 삭제한다.
⑤ 결측값을 예측값으로 대체한다.

정답: ②

해설: 결측값을 대체하는 일반적인 방법은 평균값 또는 중앙값으로 채우는 것이다. 이 방법은 결측값이 적을 때 효과적이며, 데이터 분석의 왜곡을 최소화한다.

19. Excel에서 데이터 분석을 위해 사용하는 함수 중 하나로 적합한 것은 무엇인가?

① SIN ② AVERAGE ③ RAND
④ CONCATENATE ⑤ HLOOKUP

정답: ②

해설: AVERAGE 함수는 주어진 데이터의 평균을 계산하는 함수로, 데이터 분석에서 자주 사용된다. 다른 함수들은 주로 수학적, 텍스트 조작 등에 사용된다.

20. 데이터 분석에서 의사결정나무의 주요 특징은 무엇인가?

① 데이터를 군집으로 나눈다.
② 데이터를 계층적으로 분류하여 예측한다.
③ 데이터를 예측하는 데 통계 모델을 사용한다.
④ 데이터를 시간 순으로 분석한다.
⑤ 데이터를 분류하는 데 회귀 모델을 사용한다.

정답: ②

해설: 의사결정나무는 데이터를 조건에 따라 계층적으로 분류하며, 이를 통해 예측을 수행하는 모델이다. 각 분기점에서 데이터를 특정 조건에 따라 나누고, 최종적으로 예측 결과를 도출한다.

단답형 문제

1. 시장조사의 목적 중 고객의 선호와 변화를 추적하는 주요 목표는 무엇인가?

   정답: 소비자의 선호와 변화하는 요구를 추적하는 것

2. 기술적 조사는 주로 무엇을 분석하는가?

   정답: 시장 구조

3. 인과적 조사는 무엇을 규명하는 데 사용되는가?

   정답: 원인과 결과 관계

4. 심층 인터뷰의 주요 목적은 무엇인가?

   정답: 개별 소비자의 동기와 가치를 탐구하는 것

5. A/B 테스트는 어떤 조사 방법에 속하는가?

   정답: 인과적 조사

6. 혼합 조사 방법은 무엇을 결합하여 더 정확한 분석을 수행하는가?

   정답: 질적 조사와 양적 조사

7. 표본 추출의 주요 목적은 무엇인가?

   정답: 조사대상자가 연구하고자 하는 집단을 대표할 수 있도록 하는 것

8. A/B 테스트를 통해 평가할 수 있는 것은 무엇인가?

   정답: 특정 요인 평가

9. 수요 법칙에 따르면 가격이 상승하면 수요는 어떻게 변화하는가?

정답: 감소한다

10. K-means 알고리즘의 주요 목적은 무엇인가?

정답: 데이터를 군집으로 나누는 것

CHAPTER 9. 재무 분석 및 경영 분석

1. 재무제표의 기본 원칙 중, 재무상태표에서 자산 = 부채 + 자본 관계를 설명하는 원칙을 무엇이라 하는가?

① 기업회계기준 ② 회계연도 원칙 ③ 자산-부채 등식 원칙
④ 자본보전 원칙 ⑤ 수익-비용 매칭 원칙

정답: ③
해설: 재무상태표는 '자산 = 부채 + 자본'이라는 기본 원칙에 따라 작성되며, 이는 기업의 재정 상태를 나타내는 가장 중요한 공식이다.

2. 손익계산서에서 총매출액을 계산하는 항목이 아닌 것은?

① 서비스 매출 ② 제품 판매 매출 ③ 이자 수익
④ 기타 매출 ⑤ 기타 영업 수익

정답: ③
해설: 손익계산서에서 총매출액은 서비스 매출, 제품 판매 매출, 기타 매출 등을 합산한 값으로 계산되며, 이자 수익은 영업 외 수익에 해당한다.

3. 손익계산서의 매출원가 항목에 포함되지 않는 것은?

① 서비스 매출 재료비 ② 제품의 매입가격 ③ 고정자산 처분손실
④ 단위당 인건비 ⑤ 소모품비

정답: ③
해설: 매출원가는 주로 상품을 판매하거나 서비스를 제공하는 데 직접적으로 들어가는 비용을 포함하며, 고정자산 처분손실은 영업 외 비용에 속한다.

4. 손익계산서에서 영업이익을 계산하는 공식은?

① 총매출액 - 매출원가

② 매출총이익 - 판매비와 관리비

③ 영업외수익 - 영업외비용

④ 당기순이익 + 영업외수익

⑤ 매출액 - 총비용

정답: ②

해설: 영업이익은 매출총이익에서 판매비와 관리비를 차감하여 계산한다. 이는 기업의 핵심 영업 활동에서 발생한 수익을 나타낸다.

5. 손익계산서에서 당기순이익을 구하는 공식은?

① 영업이익 + 영업 외 수익 - 영업 외 비용

② 매출액 - 매출원가 - 관리비

③ 매출총이익 - 영업비용

④ 영업이익 - 이자비용 + 세금

⑤ 영업이익 + 영업 외 수익 - 영업 외 비용

정답: ①

해설: 당기순이익은 영업이익에 영업 외 수익을 더하고, 영업 외 비용을 빼서 계산한다. 이는 기업의 순수한 이익을 나타낸다.

6. 영업 외 수익에 포함되지 않는 항목은?

① 고정자산 처분이익 ② 이자수익 ③ 판매장려금

④ 고정자산 처분손실 ⑤ 국고보조금

정답: ④

해설: 고정자산 처분손실은 영업 외 비용에 포함되며, 영업 외 수익에는 고정자산 처분이익, 이자수익, 판매장려금, 국고보조금 등이 포함된다.

7. 손익계산서에서 판매비와 관리비에 포함되는 항목은?

① 급여와 제수당 ② 고정자산 처분이익 ③ 이자수익 ④ 기부금 ⑤ 재해손실

정답: ①

해설: 판매비와 관리비는 기업 운영에서 발생하는 비용으로, 급여와 제수당, 퇴직급여, 복리후생비 등이 포함된다. 고정자산 처분이익, 이자수익 등은 영업외 수익에 포함된다.

8. 영업이익률(Operating Profit Margin)을 설명하는 지표는 무엇인가?

① 총매출액에서 매출원가를 제외한 비율

② 총자산에서 발생한 이익의 비율

③ 영업활동에서 발생한 수익성 비율

④ 당기순이익에서 발생한 비율

⑤ 주당순이익과 주가의 비율

정답: ③

해설: 영업이익률은 영업활동에서 발생한 영업이익이 총매출액에서 차지하는 비율로, 기업의 영업 수익성을 나타내는 중요한 지표이다.

9. 주가수익비율(Price to Earnings Ratio; PER)이 높다는 것은 무엇을 의미하는가?

① 회사의 이익에 비해 주가가 과대 평가되었음을 의미한다.

② 회사의 이익에 비해 주가가 저평가되었음을 의미한다.

③ 회사의 순자산에 비해 주가가 고평가되었음을 의미한다.

④ 회사의 이익에 비해 부채가 과도하다는 것을 의미한다.

⑤ 회사의 주식이 시장에서 비싼 가격으로 거래되고 있다는 것을 의미한다.

정답: ①

해설: PER이 높으면 회사의 이익에 비해 주가가 과대 평가되었음을 의미하며, 이는 주식이 고평가되고 있다는 신호일 수 있다.

10. 자기자본이익률(ROE)이 높다는 것은 무엇을 의미하는가?

① 기업이 자본을 효율적으로 활용하여 이익을 창출하고 있음을 의미한다.
② 기업의 총자산이 매우 효율적으로 관리되고 있음을 의미한다.
③ 기업의 주식이 고평가되었음을 의미한다.
④ 기업이 부채를 적게 사용하고 있다는 것을 의미한다.
⑤ 기업이 비즈니스 부문에서 높은 수익을 창출하고 있음을 의미한다.

정답: ①
해설: ROE는 기업이 자본을 얼마나 효율적으로 활용해 이익을 창출하는지를 나타내며, 높은 ROE는 기업의 자본 사용이 효율적임을 의미한다.

11. 유동비율이 낮을 경우 어떤 의미인가?

① 기업이 장기적인 재정 문제가 없음을 나타낸다.
② 기업이 단기 지급능력이 부족함을 나타낸다.
③ 기업이 고정비를 효율적으로 관리하고 있음을 나타낸다.
④ 기업이 외부 자본 의존도가 낮다는 의미이다.
⑤ 기업이 모든 자산을 현금으로 보유하고 있음을 나타낸다.

정답: ② 기업이 단기 지급능력이 부족함을 나타낸다.
해설: 유동비율이 낮으면 유동자산이 유동부채를 충당하기에 부족함을 나타내며, 이는 기업이 단기 채무를 상환할 능력이 부족함을 의미한다.

12. 부채비율 분석에서 부채비율이 높은 경우 주로 평가해야 할 사항은 무엇인가?

① 기업의 매출 증가율
② 자금조달 전략과 이자비용 부담
③ 고정비 절감 가능성
④ 원가 절감의 효율성
⑤ 수익성에 미치는 변동성

정답: ②
해설: 부채비율이 높을 경우 자금조달 전략과 이자비용 부담이 중요하게 평가된다. 이는 기업이 외부 자본에 의존하는 정도를 나타내며, 그에 따른 비용 부담을 분석해야 한다.

13. 원가-수익 구조 분석에서 손익분기점(BEP)의 주요 목적은 무엇인가?

① 고정비와 변동비의 비율을 계산하기 위해
② 기업의 시장 점유율을 평가하기 위해
③ 최소 필요 매출액을 계산하기 위해
④ 생산량을 결정하기 위해
⑤ 투자 수익률을 높이기 위해

정답: ③

해설: 손익분기점(BEP)은 기업이 최소한으로 달성해야 할 매출액을 계산하는 데 사용된다. 이는 수익과 비용이 균형을 이루는 지점으로, 이 지점 이하로 매출이 감소하면 손실을 보게 된다.

14. 고정비와 변동비 중에서 판매량 증가에 따라 발생하는 비용은 무엇인가?

① 고정비 ② 변동비 ③ 총비용
④ 순이익 ⑤ 공헌이익

정답: ②

해설: 변동비는 판매량에 따라 변동하는 비용이다. 판매량이 증가하면 변동비도 비례하여 증가하게 된다. 반면 고정비는 일정 기간 동안 변하지 않는다.

15. 손익분기점(BEP)을 계산하는 데 필요한 요소가 아닌 것은 무엇인가?

① 고정비 ② 변동비 ③ 단위당 판매가격
④ 총수익 ⑤ 자본금

정답: ⑤

해설: 손익분기점 계산에 필요한 요소는 고정비, 변동비, 단위당 판매가격이다. 자본금은 손익분기점 계산과 관련이 없으며, 기업의 재정 상태를 평가하는 데 사용된다.

16. 공헌이익이 고정비보다 크면 어떤 결과가 발생하나?

① 기업은 손실을 보고 있다. ② 기업은 이익을 보고 있다.
③ 매출이 감소한다. ④ 변동비가 증가한다.
⑤ 고정비가 증가한다.

정답: ②

해설: 공헌이익이 고정비보다 크면, 그만큼 이익이 발생한다. 공헌이익은 매출에서 변동비를 차감한 후, 고정비를 회수할 수 있는 능력을 나타낸다.

17. 단위당 공헌이익은 무엇을 나타내는가?

① 판매한 제품 1단위가 고정비를 회수하고 이익을 획득하는 데 얼마나 기여했는지를 나타낸다.
② 단위당 판매가격에서 고정비를 차감한 금액을 나타낸다.
③ 총수익에서 총비용을 차감한 금액을 나타낸다.
④ 매출액과 변동비의 차이를 나타낸다.
⑤ 고정비와 변동비를 합한 금액을 나타낸다.

정답: ①

해설: 단위당 공헌이익은 판매한 제품 한 개가 고정비를 회수하고, 기업 이익을 창출하는 데 얼마나 기여하는지를 나타낸다. 이는 단위당 판매가격에서 단위당 변동비를 차감한 금액이다.

18. 변동비율(variable cost ratio)은 무엇을 나타내는가?

① 매출액에 대한 고정비의 비율 ② 매출액에 대한 공헌이익의 비율
③ 매출액에 대한 변동비의 비율 ④ 매출액에 대한 순이익의 비율
⑤ 매출액에 대한 총비용의 비율

정답: ③

해설: 변동비율은 매출액에 대한 변동비의 비율을 나타낸다. 이는 매출액 중에서 몇 %가 변동비로 소요되는지를 알 수 있게 해준다.

19. 손익분기점 매출액이 낮을수록 기업의 수익성은 어떻게 되나?

① 수익성이 낮아진다. ② 수익성이 높아진다. ③ 비용이 증가한다.
④ 공헌이익이 감소한다. ⑤ 변동비가 증가한다.

정답: ②

해설: 손익분기점이 낮을수록 기업이 매출을 올리기 위한 최소한의 부담이 적어지므로, 수익성이 높아진다고 볼 수 있다. 즉, 손익분기점이 낮으면 그만큼 수익을 올리기 더 유리해진다.

20. 김밥집의 손익분기점 매출량을 계산할 때, 고정비와 변동비 외에 고려해야 할 것은 무엇인가?

① 직원의 급여 ② 고객 수 ③ 재료비와 판매가격
④ 이자비용 ⑤ 경쟁사의 매출

정답: ③

해설: 손익분기점 계산에서 중요한 요소는 재료비, 판매가격 등 제품에 관련된 비용과 매출이다. 고객 수나 경쟁사의 매출은 직접적인 계산 요소가 아니며, 판매가격과 재료비가 중요한 변수이다.

단답형 문제

1. 손익분기점(BEP)을 계산하기 위해 필요한 주요 요소는 무엇인가?

   정답: 고정비, 변동비, 단위당 판매가격

2. 공헌이익이란 무엇이며, 이를 어떻게 계산하는가?

   정답: 공헌이익은 매출에서 변동비를 차감한 금액
   계산법: 공헌이익 = 매출액 − 변동비

3. 손익분기점 매출량을 계산할 때, 고정비와 변동비 외에 어떤 요소들이 중요한가?

   정답: 판매가격과 변동비율

4. 변동비율(variable cost ratio)은 무엇을 의미하며, 어떻게 계산하나?

   정답: 변동비율은 매출액에 대한 변동비의 비율을 의미
   계산법: 변동비율 = 변동비/매출액

5. 손익분기점이 낮을수록 기업의 수익성에 어떤 영향을 미치나?

   정답: 손익분기점이 낮을수록 기업이 수익을 올리기 위한 최소 매출 부담이 적어져 수익성이 높아진다.

6. 단위당 공헌이익이 무엇을 나타내며, 어떻게 계산할 수 있나?

   정답: 단위당 공헌이익은 판매한 제품 한 개가 고정비를 회수하고 이익을 창출하는 데 얼마나 기여하는지를 나타낸다.
   계산법: 단위당 공헌이익 = 단위당 판매가격 − 단위당 변동비

7. 고정비와 변동비의 차이점에 대해 설명하시오.

   정답: 고정비는 생산량에 관계없이 일정한 비용으로, 예를 들어 임대료나 관리비 등이 해당된다. 변동비는 생산량에 따라 달라지는 비용으로, 예를 들어 원재료비나 노동비 등이 해당된다.

8. 손익분기점 분석에서 손익분기점 매출액을 구하는 공식은 무엇인가?

정답: 손익분기점 매출액 = 고정비/(1 − 변동비율)

9. 공헌이익이 고정비를 초과하면 기업은 어떤 결과를 보일 수 있나?

정답: 공헌이익이 고정비를 초과하면 기업은 이익을 창출하고 있다는 결과를 보인다.

10. 손익분기점(BEP)을 계산할 때 총수익은 어떻게 반영되나?

정답: 총수익은 고정비와 변동비를 포함한 총비용을 커버할 수 있는 매출액으로 반영된다.

CHAPTER 10. 마케팅 실무

1. 마케팅의 기본 개념은 무엇인가?

① 기업의 수익 증대만을 목표로 한다.

② 소비자의 니즈와 원츠를 파악하여 고객의 요구를 충족시키는 활동이다.

③ 단기적인 판매 촉진에 집중한다.

④ 제품 생산에만 집중한다.

⑤ 마케팅은 고객과의 관계를 중요하게 여기지 않는다.

정답: ②

해설: 마케팅은 소비자의 요구를 충족시키기 위해 시장의 니즈와 원츠를 파악하고 이에 맞는 제품과 서비스를 제공하는 활동이다.

2. 마케팅에서 고객가치란 무엇을 의미하는가?

① 고객이 지출한 비용보다 효익이 더 높은 것.

② 고객의 만족도를 측정하는 것.

③ 고객의 구매력.

④ 고객이 제품에 대해 지불한 가격.

⑤ 제품의 품질과 관계없는 요소.

정답: ①

해설: 고객가치는 고객이 제품을 구매함으로써 얻는 이점(효익)이 지불한 가격보다 더 클 때 발생하며, 이는 고객이 제품을 선택하는 중요한 기준이다.

3. 니즈와 원츠의 차이점은 무엇인가?

① 니즈는 개인의 선호에 따른 요구이고, 원츠는 생리적 요구이다.

② 니즈는 생리적 또는 심리적 요구이고, 원츠는 개인의 문화적, 사회적 환경에 따라 구체화된 요구이다.

③ 니즈와 원츠는 동일한 개념이다.

④ 원츠는 고객이 상품을 구매할 수 있는 능력이다.

⑤ 원츠는 필수적인 요구이며, 니즈는 선택적인 요구이다.

정답: ②

해설: 니즈는 인간의 기본적인 생리적, 심리적 요구를 말하며, 원츠는 이러한 니즈가 문화적, 사회적 환경에 의해 구체화된 형태이다.

4. 디멘츠(Demands)는 무엇을 의미하는가?

① 고객의 기본적인 필요.

② 고객의 구매력 있는 요구.

③ 소비자가 원하는 제품의 기능.

④ 기업의 제품 제공 여부.

⑤ 소비자가 원하지만, 구매할 수 없는 요구.

정답: ②

해설: 디멘츠는 고객이 자신의 구매력을 바탕으로 실제로 구매할 의향이 있는 요구를 의미한다.

5. 마케팅에서 가치(Value)란 무엇인가?

① 고객이 제품을 구매하는 이유.

② 고객이 제품을 구매할 때 받는 만족과 효익.

③ 제품을 생산하는 비용.

④ 제품에 대해 고객이 지불하는 가격.

⑤ 제품의 광고비.

정답: ②

해설: 가치란 고객이 제품을 통해 얻는 이점(효익)과 그것을 위해 지불한 비용(가격) 간의 관계로 정의된다.

6. 마케팅의 교환(Exchange) 개념에 대해 옳은 설명은 무엇인가?

① 기업은 고객에게 제품을 주고, 고객은 기업에 단지 정보만을 제공한다.

② 기업과 고객이 서로 원하는 것을 주고받는 과정이다.

③ 제품의 가격을 고정하는 과정이다.

④ 기업이 고객에게 제품을 무료로 제공하는 과정이다.

⑤ 교환은 제품만을 교환하는 것이 아니라 광고비도 포함된다.

정답: ②

해설: 교환은 기업과 고객이 서로 원하는 가치를 주고받는 과정으로, 마케팅의 핵심 개념이다.

7. 고객 중심의 마케팅은 어떤 특징을 가지는가?

① 고객의 요구를 감지하고 대응한다.
② 고객을 찾는 대신 판매를 강화하는 데 집중한다.
③ 고객의 수요를 무시하고 제품을 개발한다.
④ 판매가 완료된 후에는 고객과의 관계를 끊는다.
⑤ 고객의 요구를 무시하고 브랜드의 이미지만을 강화한다.

정답: ①
해설: 고객 중심의 마케팅은 고객의 요구를 파악하고 이를 충족시키기 위한 전략을 개발하는 접근 방식이다.

8. 생산 지향적 마케팅(Production-Oriented Marketing)의 특징은 무엇인가?

① 고객의 요구를 우선적으로 고려한다.
② 제품의 생산 자체에 초점을 맞추고, 생산 효율성에 집중한다.
③ 고객과의 관계를 강화하려는 전략을 사용한다.
④ 제품 품질의 개선에 중점을 둔다.
⑤ 소비자 요구를 충족시키는 것을 목표로 한다.

정답: ②
해설: 생산 지향적 마케팅은 효율적인 생산과 유통을 통해 제품을 많이 생산하고, 이를 대량으로 판매하려는 전략이다.

9. 제품 지향적 마케팅(Product-Oriented Marketing)에서 가장 중요한 요소는 무엇인가?

① 생산 효율성.
② 소비자의 요구와 욕구.
③ 제품의 품질과 혁신.
④ 고객과의 지속적인 관계.
⑤ 가격 책정.

정답: ③
해설: 제품 지향적 마케팅은 제품 자체의 품질과 혁신을 강조하는 접근 방식으로, 소비자의 요구를 충족하는 데 중점을 둔다.

10. 판매 지향적 마케팅(Sales-Oriented Marketing)의 주요 특징은 무엇인가?

① 고객의 수요를 중시한다.

② 강력한 판매 촉진과 광고 전략에 의존한다.

③ 고객 만족을 최우선으로 한다.

④ 고객의 욕구를 넘어서기 위한 전략이다.

⑤ 제품의 품질을 우선시한다.

정답: ②

해설: 판매 지향적 마케팅은 판매 촉진과 광고를 중심으로 단기적인 판매 증대에 집중하는 전략이다.

11. 고객 지향적 마케팅(Customer-Oriented Marketing)은 무엇을 목표로 하는가?

① 제품의 품질을 개선하는 것이다.

② 고객의 요구를 철저히 이해하고 충족시키는 것이다.

③ 판매를 단기적으로 촉진하는 것이다.

④ 시장 점유율만을 늘리는 것이다.

⑤ 브랜드의 명성을 높이는 것이다.

정답: ②

해설: 고객 지향적 마케팅은 고객의 요구와 기대를 중심으로 마케팅 전략을 개발하여 이를 충족시키는 것을 목표로 한다.

12. 사회 지향적 마케팅(Societal Marketing)의 주된 목적은 무엇인가?

① 제품의 가격을 저렴하게 유지하는 것이다.

② 사회적 책임과 지속가능성을 고려하는 것이다.

③ 고객의 단기적 만족을 추구하는 것이다.

④ 대량 생산을 목표로 하는 것이다.

⑤ 브랜드의 이미지를 단기적으로 강화하는 것이다.

정답: ②

해설: 사회 지향적 마케팅은 고객 만족뿐만 아니라 사회적 책임과 지속 가능한 발전을 고려한 마케팅 전략을 채택하는 접근 방식이다.

13. 마케팅에서 시장 점유율 확보(Market Share)의 목표는 무엇인가?

① 경쟁사 대비 높은 시장 점유율을 확보하여 경쟁력을 강화하는 것이다.
② 고객의 충성도를 높이는 것이다.
③ 제품의 품질을 향상시키는 것이다.
④ 브랜드 가치를 증가시키는 것이다.
⑤ 소비자에게 가격만을 낮추는 것이다.

정답: ①
해설: 시장 점유율 확보는 경쟁자와 비교하여 더 큰 시장 점유율을 얻어 브랜드의 경쟁력을 강화하는 것을 목표로 한다.

14. 마케팅 믹스 4P에서 Price는 무엇을 의미하는가?

① 목표 시장의 지불 능력에 맞는 합리적인 가격 책정.
② 제품의 기능과 디자인.
③ 유통 채널의 선택.
④ 고객과의 관계 강화.
⑤ 광고 활동의 종류.

정답: ①
해설: 가격은 제품이나 서비스의 가격을 책정하는 요소로, 고객의 지불 능력과 시장 경쟁 상황을 고려해야 한다.

15. 디지털 마케팅(Digital Marketing)에서 사용하는 주요 채널은 무엇인가?

① 텔레비전 광고.
② 소셜 미디어
③ 텔레마케팅.
④ 신문과 잡지.
⑤ 라디오 광고.

정답: ②
해설: 디지털 마케팅은 소셜 미디어, 검색엔진 최적화(SEO), 이메일 마케팅 등 온라인 채널을 활용하여 소비자와 소통한다.

16. 마케팅 커뮤니케이션 믹스에서 광고(Advertising)의 주요 특징은 무엇인가?

① 개인 맞춤형 메시지를 고객에게 전달한다.
② 유료 매체를 통해 대중에게 메시지를 전달한다.
③ 고객과 직접 대면하여 제품을 설명한다.
④ 고객의 충성도를 높이기 위한 전략이다.
⑤ 고객의 구매 후 만족도를 분석하는 활동이다.

정답: ②

해설: 광고는 유료 매체를 통해 대중에게 메시지를 전달하며, 브랜드 인지도를 높이고 소비자의 관심을 끌기 위한 활동이다.

17. 통합 마케팅 커뮤니케이션(IMC)의 주요 원칙 중 일관성(Consistency)의 의미는 무엇인가?

① 모든 채널에서 동일한 메시지와 브랜드 이미지를 유지하는 것이다.
② 채널 간 독립적으로 메시지를 전달하는 것이다.
③ 다양한 메시지를 사용하는 것이다.
④ 하나의 채널만을 사용하는 것이다.
⑤ 고객의 요구에 따라 메시지를 변경하는 것이다.

정답: ①

해설: IMC의 일관성 원칙은 모든 마케팅 커뮤니케이션 채널에서 동일한 메시지와 브랜드 이미지를 유지해야 한다는 것을 의미한다.

18. 마케팅 커뮤니케이션 믹스와 IMC의 차이점은 무엇인가?

① 마케팅 커뮤니케이션 믹스는 개별 활동의 효율성에 중점을 두고, IMC는 채널 간의 통합을 중시한다.
② 마케팅 커뮤니케이션 믹스는 광고만을 포함한다.
③ IMC는 단기적인 목표를 추구하고, 마케팅 커뮤니케이션 믹스는 장기적인 전략이다.
④ IMC는 고객의 반응을 측정하는 데 중점을 둔다.
⑤ 마케팅 커뮤니케이션 믹스는 소셜 미디어만을 활용한다.

정답: ①

해설: IMC는 다양한 커뮤니케이션 채널을 통합하여 일관성 있는 메시지를 전달하는 전략이다. 마케팅 커뮤니케이션 믹스는 각 채널별 효과성에 중점을 둔다.

19. 세분화(Segmentation)의 주요 목표는 무엇인가?

① 시장에서의 경쟁 우위를 확보하는 것이다.
② 전체 시장을 하나의 큰 시장으로 간주하여 마케팅 전략을 수립하는 것이다.
③ 시장을 나누어 각 세분 시장의 특성에 맞춘 전략을 수립하는 것이다.
④ 제품의 생산량을 결정하는 것이다.
⑤ 광고비를 절감하는 것이다.

정답: ③

해설: 세분화는 시장을 여러 개의 세분 시장으로 나누어 각 세분 시장에 맞는 마케팅 전략을 수립하는 과정이다.

20. 마케팅에서 포지셔닝(Positioning)의 목표는 무엇인가?

① 제품의 특성을 부각시켜 시장에서 차별화된 위치를 확보하는 것이다.
② 경쟁사와 동일한 위치를 확보하는 것이다.
③ 제품의 가격을 대폭 낮추는 것이다.
④ 브랜드를 인식시키는 것이다.
⑤ 고객과의 관계를 개선하는 것이다.

정답: ①

해설: 포지셔닝은 제품이나 브랜드를 시장에서 독특한 위치에 자리잡게 하여 경쟁자와 차별화하는 전략이다.

21. 마케팅에서 디지털 트랜스포메이션(Digital Transformation)의 핵심은 무엇인가?

① 디지털 기술을 사용하여 전통적인 비즈니스 모델을 혁신하는 것이다.
② 소비자의 요구를 무시하고, 기술만을 우선시하는 것이다.
③ 고객과의 관계를 끊고 자동화를 활용하는 것이다.
④ 고객의 요구에 맞는 오프라인 전략을 구축하는 것이다.
⑤ 전통적인 마케팅 방식을 그대로 유지하는 것이다.

정답: ①

해설: 디지털 트랜스포메이션은 디지털 기술을 활용하여 비즈니스 모델과 마케팅 활동을 혁신하여 변화에 대응하는 것이다.

22. 마케팅에서 마케팅 전략이란 무엇인가?

① 기업의 단기적인 목표를 달성하는 것이다.

② 소비자의 행동을 예측하는 것이다.

③ 기업이 시장에서 경쟁우위를 확보하기 위해 설정한 계획이다.

④ 제품의 가격을 낮추는 것이다.

⑤ 고객을 대상으로 다양한 제품을 제공하는 것이다.

정답: ③

해설: 마케팅 전략은 기업이 시장에서 경쟁우위를 확보하고 목표를 달성하기 위해 설정하는 종합적인 계획이다.

23. 마케팅에서 브랜드 인지도(Brand Awareness)의 중요성은 무엇인가?

① 고객이 브랜드를 기억하고 인식할 수 있도록 하는 것이다.

② 브랜드를 가격에 맞춰 정립하는 것이다.

③ 경쟁사의 브랜드보다 더 많은 비용을 지출하는 것이다.

④ 고객에게 브랜드의 특성을 알리는 것이다.

⑤ 브랜드의 이미지와 관계없이 제품을 판매하는 것이다.

정답: ①

해설: 브랜드 인지도는 소비자가 브랜드를 기억하고 인식할 수 있게 하여 구매 가능성을 높이는 중요한 요소이다.

24. 마케팅에서 광고 캠페인이란 무엇인가?

① 한 번의 광고로 모든 고객을 타겟팅하는 것이다.

② 일정한 기간 동안 목표를 달성하기 위해 설계된 일련의 광고 활동이다.

③ 광고 없이 제품을 판매하는 전략이다.

④ 고객에게 제품을 직접 설명하는 활동이다.

⑤ 광고만을 통해 제품의 품질을 강조하는 것이다.

정답: ②

해설: 광고 캠페인은 일정 기간 동안 특정 목표를 달성하기 위해 계획된 일련의 광고 활동을 말한다.

25. 마케팅에서 소셜 미디어 마케팅의 핵심은 무엇인가?

① 기업의 광고비를 절감하는 것이다.

② 고객과 소통하며 브랜드의 가시성을 높이는 것이다.

③ 제품만을 팔고 관계를 무시하는 것이다.

④ 고객의 요구를 무시하고 대중에게 일방적으로 메시지를 전달하는 것이다.

⑤ 가격을 낮추어 소비자를 유인하는 것이다.

정답: ②

해설: 소셜 미디어 마케팅은 고객과의 상호작용을 통해 브랜드의 가시성을 높이고 충성도를 확보하는 전략이다.

26. 마케팅에서 이메일 마케팅의 주요 목적은 무엇인가?

① 고객에게 정보와 할인 쿠폰을 제공하는 것이다.

② 제품만을 판매하는 것이다.

③ 고객에게 일방적으로 광고 메시지를 보내는 것이다.

④ 이메일을 통해 고객의 구매를 강요하는 것이다.

⑤ 고객의 개인정보를 요구하는 것이다.

정답: ①

해설: 이메일 마케팅은 고객에게 유용한 정보와 혜택을 제공하여 관계를 강화하고 구매를 유도하는 전략이다.

27. 마케팅에서 제품 개발(Product Development)의 과정은 무엇인가?

① 기존 제품을 복제하여 출시하는 것이다.

② 소비자의 요구를 충족시키는 새로운 제품을 개발하는 것이다.

③ 제품을 출시한 후에 소비자 반응을 무시하는 것이다.

④ 제품을 가격 중심으로만 개발하는 것이다.

⑤ 제품을 광고만을 위해 개발하는 것이다.

정답: ②

해설: 제품 개발은 소비자의 요구를 분석하여 이를 충족시키는 새로운 제품을 창출하는 과정이다.

28. 마케팅에서 고객 세분화(Market Segmentation)의 중요성은 무엇인가?

① 고객의 특성에 맞춰 마케팅 전략을 세분화하여 더욱 효과적인 타겟팅을 가능하게 한다.
② 하나의 마케팅 전략을 전사적으로 사용하는 것이다.
③ 제품의 가격을 맞추는 것이다.
④ 고객에게 무조건 혜택을 주는 것이다.
⑤ 모든 소비자에게 동일한 메시지를 전달하는 것이다.

정답: ①

해설: 고객 세분화는 다양한 고객의 특성에 맞춰 마케팅 전략을 조정하여 효과적으로 타겟팅하는 것이다.

29. 마케팅에서 유통 채널(Distribution Channel)이란 무엇인가?

① 제품의 생산 공정이다.
② 소비자에게 제품을 전달하는 경로이다.
③ 광고를 위한 매체이다.
④ 소비자가 제품을 구매하는 장소이다.
⑤ 제품의 가격을 책정하는 방법이다.

정답: ②

해설: 유통 채널은 제조업체에서 최종 소비자에게 제품이 전달되는 경로로, 효과적인 유통 채널은 제품의 가용성을 높인다.

30. 마케팅에서 가치 제안(Value Proposition)이란 무엇인가?

① 고객에게 제공할 수 있는 독특한 가치를 설명하는 것이다.
② 제품의 가격을 제시하는 것이다.
③ 제품의 디자인을 강조하는 것이다.
④ 제품의 브랜드를 정의하는 것이다.
⑤ 광고 캠페인의 목표를 설정하는 것이다.

정답: ①

해설: 가치 제안은 고객에게 제공할 수 있는 독특한 이점과 가치를 설명하는 것으로, 소비자가 제품을 선택하는 주요 이유이다.

단답형 문제

1. 마케팅에서 고객가치란 무엇을 의미하는가?

정답: 고객가치는 고객이 제품을 구매함으로써 얻는 이점(효익)이 지불한 가격보다 더 클 때 발생하며, 이는 고객이 제품을 선택하는 중요한 기준이다.

2. 니즈와 원츠의 차이점은 무엇인가?

정답: 니즈는 인간의 기본적인 생리적, 심리적 요구를 말하며, 원츠는 이러한 니즈가 문화적, 사회적 환경에 의해 구체화된 형태이다.

3. 마케팅에서 디멘츠(Demands)는 무엇을 의미하는가?

정답: 디멘츠는 고객이 자신의 구매력을 바탕으로 실제로 구매할 의향이 있는 요구를 의미한다.

4. 가치(Value)란 무엇을 의미하는가?

정답: 가치란 고객이 제품을 통해 얻는 이점(효익)과 그것을 위해 지불한 비용(가격) 간의 관계로 정의된다.

5. 마케팅에서 교환(Exchange) 개념에 대해 설명하시오.

정답: 교환은 기업과 고객이 서로 원하는 가치를 주고받는 과정으로, 마케팅의 핵심 개념이다.

6. 고객 중심의 마케팅은 어떤 특징을 가지는가?

정답: 고객 중심의 마케팅은 고객의 요구를 파악하고 이를 충족시키기 위한 전략을 개발하는 접근 방식이다.

7. 생산 지향적 마케팅(Production-Oriented Marketing)의 특징은 무엇인가?

정답: 생산 지향적 마케팅은 효율적인 생산과 유통을 통해 제품을 많이 생산하고, 이를 대량으로 판매하려는 전략이다.

8. 제품 지향적 마케팅(Product-Oriented Marketing)에서 가장 중요한 요소는 무엇인가?

정답: 제품 지향적 마케팅은 제품 자체의 품질과 혁신을 강조하는 접근 방식으로, 소비자의 요구를 충족하는 데 중점을 둔다.

9. 판매 지향적 마케팅(Sales-Oriented Marketing)의 주요 특징은 무엇인가?

정답: 판매 지향적 마케팅은 판매 촉진과 광고를 중심으로 단기적인 판매 증대에 집중하는 전략이다.

10. 마케팅에서 포지셔닝(Positioning)의 목표는 무엇인가?

정답: 포지셔닝은 제품이나 브랜드를 시장에서 독특한 위치에 자리잡게 하여 경쟁자와 차별화하는 전략이다.

11. 마케팅에서 사회 지향적 마케팅(Societal Marketing)의 주된 목적은 무엇인가?

정답: 사회 지향적 마케팅은 고객 만족뿐만 아니라 사회적 책임과 지속 가능한 발전을 고려한 마케팅 전략을 채택하는 접근 방식이다.

12. 마케팅에서 브랜드 인지도(Brand Awareness)의 중요성은 무엇인가?

정답: 브랜드 인지도는 소비자가 브랜드를 기억하고 인식할 수 있게 하여 구매 가능성을 높이는 중요한 요소이다.

13. 마케팅 믹스 4P 중 Price가 의미하는 것은 무엇인가?

정답: 가격은 제품이나 서비스의 가격을 책정하는 요소로, 고객의 지불 능력과 시장 경쟁 상황을 고려해야 한다.

14. 마케팅에서 디지털 마케팅(Digital Marketing)의 주요 채널은 무엇인가?

정답: 디지털 마케팅은 소셜 미디어, 검색엔진 최적화(SEO), 이메일 마케팅 등 온라인 채널을 활용하여 소비자와 소통하는 전략이다.

15. 마케팅에서 광고 캠페인이란 무엇인가?

정답: 광고 캠페인은 일정 기간 동안 특정 목표를 달성하기 위해 계획된 일련의 광고 활동을 말한다.

CHAPTER 11. 타겟 마케팅 및 설득 커뮤니케이션

1. 시장세분화의 주요 기준이 아닌 것은 무엇인가?

① 지리적 기준
② 인구통계적 기준
③ 심리적 기준
④ 가격 기준
⑤ 행동적 기준

정답: ④

해설: 시장세분화에서는 소비자의 요구와 특성을 기반으로 시장을 나누지만, 가격은 세분화의 기준이 되지 않는다.

2. 시장세분화에서 중요한 요소로 차별화 가능성을 설명하는 것은 무엇인가?

① 세분화된 시장의 특성이 동일해야 한다.
② 각 세분 시장 간에 명확한 차이가 있어야 한다.
③ 세분 시장이 크고 안정적이어야 한다.
④ 각 세분 시장의 요구를 하나로 통합해야 한다.
⑤ 세분 시장의 가격대가 비슷해야 한다.

정답: ②

해설: 차별화 가능성은 각 세분 시장이 다른 특성을 가지고 있어, 효과적인 마케팅 전략을 구사할 수 있어야 한다는 의미이다.

3. 차별적 마케팅 전략은 무엇을 의미하는가?

① 시장을 하나로 묶어 동일한 전략을 적용한다.
② 두 개 이상의 세분 시장을 대상으로 각기 다른 전략을 사용한다.
③ 하나의 세분 시장에 집중하여 마케팅 전략을 설정한다.
④ 세분 시장을 무시하고 대중적인 마케팅을 한다.
⑤ 가격 경쟁을 중심으로 마케팅을 한다.

정답: ②

해설: 차별적 마케팅은 여러 세부 시장을 대상으로 맞춤형 전략을 펼치는 방식이다.

4. 세분 시장을 정의할 때 고려해야 할 기준 중 측정 가능성은 무엇을 의미하는가?

① 시장의 규모와 특성을 정확하게 측정할 수 있어야 한다.
② 소비자의 구매 의도를 예측할 수 있어야 한다.
③ 세분 시장의 성장 가능성을 평가할 수 있어야 한다.
④ 세분 시장의 인구 통계를 수집할 수 있어야 한다.
⑤ 시장의 경쟁 상황을 이해할 수 있어야 한다.

정답: ①

해설: 측정 가능성은 세분 시장을 수치로 측정할 수 있어야 하며, 이를 통해 시장을 세분화하고 전략을 수립할 수 있다.

5. 포지셔닝의 정의는 무엇인가?

① 시장에서의 가격 위치를 결정하는 과정이다.
② 제품의 특징을 강조하여 소비자에게 전달하는 것이다.
③ 소비자가 브랜드나 제품을 어떻게 인식할 것인지 정의하는 것이다.
④ 세분 시장을 선택하는 과정이다.
⑤ 경쟁 브랜드와 비교하여 시장 점유율을 높이는 것이다.

정답: ③

해설: 포지셔닝은 소비자 마음 속에서 브랜드나 제품이 어떤 위치를 차지할지를 정의하는 전략이다.

6. 포지셔닝에서 차별화 전략을 활용하는 이유는 무엇인가?

① 가격을 경쟁력 있게 설정하기 위해서
② 시장에서 독특한 브랜드 이미지를 형성하기 위해서
③ 제품의 수명을 연장하기 위해서
④ 소비자들의 요구를 무시하고 마케팅을 하려는 것이다.
⑤ 동일한 제품을 여러 시장에서 동일하게 판매하려는 것이다.

정답: ②

해설: 차별화 전략은 소비자에게 제품이나 브랜드를 독특하게 인식시켜 시장에서 경쟁 우위를 확보하려는 것이다.

7. 심리적 세분화(Psychographic Segmentation)는 무엇을 기준으로 시장을 나누는가?

① 소비자의 구매력
② 소비자의 나이와 성별
③ 소비자의 가치관과 생활 스타일
④ 소비자의 지리적 위치
⑤ 소비자의 교육 수준

정답: ③
해설: 심리적 세분화는 소비자의 심리적 특성, 가치관, 라이프스타일 등을 기준으로 시장을 나눈다.

8. 목표시장 선정에서 중요한 요소가 아닌 것은 무엇인가?

① 시장 규모
② 경쟁 강도
③ 기업의 자원
④ 세분 시장의 특성
⑤ 광고 전략

정답: ⑤
해설: 목표 시장을 선정할 때 광고 전략은 주요 고려 요소가 아니다. 대신, 시장의 크기, 경쟁 강도, 기업 자원 등이 중요하다.

9. 포지셔닝 맵의 주요 목적은 무엇인가?

① 가격과 품질을 비교하는 것이다.
② 소비자에게 제품을 직접 판매하는 것이다.
③ 경쟁 브랜드의 시장 내 위치를 시각적으로 표현하는 것이다.
④ 광고 캠페인을 분석하는 것이다.
⑤ 세분 시장의 특성을 파악하는 것이다.

정답: ③
해설: 포지셔닝 맵은 경쟁 브랜드가 시장에서 어떻게 위치하는지 시각적으로 보여주는 도구이다.

10. STP 전략의 Segmentation 단계에서 가장 중요한 것은 무엇인가?

① 시장을 가능한 한 많은 그룹으로 나누는 것이다.
② 각 세분 시장의 특성을 잘 파악하는 것이다.
③ 가격을 가장 중요한 기준으로 삼는 것이다.
④ 각 세분 시장을 하나로 합치는 것이다.
⑤ 제품의 품질을 강화하는 것이다.

정답: ②

해설: 세분화 단계에서 중요한 것은 각 세분 시장의 특성을 파악하여, 그에 맞는 전략을 설정하는 것이다.

11. 세분 시장의 선택 기준 중 접근 가능성이란 무엇을 의미하는가?

① 세분 시장의 특성에 맞는 제품을 제공하는 것이다.
② 마케팅 자원을 쉽게 투입할 수 있어야 한다.
③ 시장의 규모가 커야 한다.
④ 세분 시장이 서로 동일해야 한다.
⑤ 소비자가 시장에 접근할 수 있어야 한다.

정답: ②

해설: 접근 가능성은 세분 시장이 마케팅 자원을 투입하기 쉬운 시장이어야 한다는 의미이다.

12. Targeting 전략에서 시장 세분화가 중요한 이유는 무엇인가?

① 시장을 세분화하면 자원을 낭비할 수 있다.
② 시장을 세분화하면 정확한 소비자 집단을 목표로 마케팅을 할 수 있다.
③ 시장을 세분화하면 경쟁력이 약해진다.
④ 시장을 세분화하면 마케팅 비용이 늘어난다.
⑤ 시장을 세분화하면 마케팅 메시지가 모호해진다.

정답: ②

해설: 시장을 세분화하면 각 소비자 집단의 특성을 반영하여 더 정확한 마케팅 전략을 구사할 수 있다.

13. 차별화 마케팅 전략을 사용하는 이유는 무엇인가?

① 모든 소비자에게 동일한 마케팅을 적용하기 위해서
② 시장에서 독특한 브랜드 이미지를 형성하기 위해서
③ 시장의 경쟁자를 무시하기 위해서
④ 가격 경쟁을 통해 시장 점유율을 높이기 위해서
⑤ 모든 시장에서 동일한 제품을 판매하기 위해서

정답: ②

해설: 차별화 마케팅 전략은 브랜드를 독특하게 포지셔닝하여 경쟁에서 우위를 확보하려는 전략이다.

14. STP 전략에서 Positioning의 역할은 무엇인가?

① 세분 시장을 구분하는 것이다.
② 소비자에게 브랜드의 위치를 명확히 전달하는 것이다.
③ 제품의 가격을 설정하는 것이다.
④ 시장을 분석하는 것이다.
⑤ 브랜드 이미지를 결정하는 것이다.

정답: ②

해설: 포지셔닝은 소비자에게 브랜드의 특성과 가치를 명확히 전달하는 중요한 역할을 한다.

15. STP 전략에서 세분 시장을 선택할 때 고려해야 할 요인이 아닌 것은 무엇인가?

① 세분 시장의 규모 ② 세분 시장의 경쟁 강도
③ 세분 시장의 성장 가능성 ④ 세분 시장의 지리적 위치
⑤ 세분 시장의 문화적 특성

정답: ④

해설: 지리적 위치는 시장 세분화 시 중요한 요소가 될 수 있지만, 세분 시장을 선택할 때는 주로 시장의 규모, 경쟁 강도, 성장 가능성 등을 고려한다.

16. STP 전략에서 Segmentation의 목적 중 하나는 무엇인가?

① 소비자들이 구매할 제품을 미리 결정하는 것이다.

② 시장을 세분화하여 각 세분 시장의 요구를 충족시키는 것이다.

③ 경쟁 브랜드의 마케팅 전략을 분석하는 것이다.

④ 시장에 새로운 제품을 출시하는 것이다.

⑤ 소비자들의 광고 반응을 측정하는 것이다.

정답: ②

해설: Segmentation은 시장을 여러 세분 시장으로 나누고, 각 세분 시장의 특성에 맞춰 마케팅 전략을 수립하여 소비자 요구를 충족시키기 위한 과정이다.

17. Targeting 전략에서 시장을 선택하는 주요 기준은 무엇인가?

① 시장의 정치적 안정성

② 기업의 경쟁 우위

③ 시장의 성장성 및 경쟁 강도

④ 세분 시장의 경제적 특성

⑤ 소비자의 성별과 연령

정답: ③

해설: 시장을 선택할 때 가장 중요한 기준은 시장의 성장 가능성과 경쟁 상황이다. 기업 자원의 효율적인 배분을 위해 이 요소들이 중요하다.

18. 포지셔닝에서 중요한 요소 중 하나는 무엇인가?

① 시장에서의 가격 경쟁력

② 브랜드의 고유한 이미지와 가치

③ 세분 시장의 지리적 특성

④ 광고 예산의 크기

⑤ 소비자의 연령대

정답: ②

해설: 포지셔닝은 소비자에게 브랜드를 독특하게 인식시키기 위한 전략으로, 브랜드의 고유한 이미지와 가치를 명확하게 전달하는 것이 중요하다.

19. 차별화 마케팅 전략을 적용하는 기업의 주요 장점은 무엇인가?

① 소비자에게 동일한 메시지를 전달할 수 있다.
② 여러 세분 시장에 맞춤형 전략을 적용할 수 있다.
③ 제품의 가격을 동일하게 설정할 수 있다.
④ 마케팅 자원을 모든 시장에 동일하게 배분할 수 있다.
⑤ 경쟁자의 제품을 모방할 수 있다.

정답: ②

해설: 차별화 마케팅 전략을 통해 기업은 각 세분 시장에 맞는 맞춤형 전략을 구사할 수 있어, 효과적인 시장 접근이 가능하다.

20. STP 전략을 통해 마케팅 전략을 수립할 때 고려해야 할 '접근 가능성'은 무엇을 의미하는가?

① 각 세분 시장에 직접 접근할 수 있는 채널을 확보하는 것이다.
② 소비자의 구매 능력을 분석하는 것이다.
③ 세분 시장을 통합하여 하나의 시장으로 접근하는 것이다.
④ 경쟁사의 마케팅 전략을 파악하는 것이다.
⑤ 브랜드 인지도를 높이는 것이다.

정답: ①

해설: 접근 가능성은 세분 시장에 효과적으로 접근할 수 있는 마케팅 채널을 마련하는 것을 의미한다.

21. 심리적 세분화(Psychographic Segmentation)의 주요 요소는 무엇인가?

① 소비자의 가치관　　② 소비자의 연령대
③ 소비자의 신용도　　④ 소비자의 구매력
⑤ 소비자의 지역적 특성

정답: ①

해설: 심리적 세분화는 소비자의 가치관, 생활 스타일, 취향 등을 기준으로 시장을 나누는 방법이다.

22. Positioning 전략의 가장 중요한 목적은 무엇인가?

① 시장의 가격을 설정하는 것이다.
② 소비자에게 브랜드를 특정한 이미지로 인식시키는 것이다.
③ 제품의 품질을 높이는 것이다.
④ 경쟁자의 가격을 분석하는 것이다.
⑤ 소비자의 구매력을 높이는 것이다.

정답: ②

해설: 포지셔닝 전략의 핵심은 소비자에게 브랜드의 독특한 이미지와 가치를 전달하여, 경쟁 브랜드와 차별화하는 것이다.

23. STP 전략의 핵심 요소 중 Segmentation의 정의는 무엇인가?

① 시장을 소비자 그룹으로 나누고, 각 그룹의 특성을 분석하는 것이다.
② 소비자들의 행동을 분석하는 것이다.
③ 마케팅 자원을 특정 시장에 집중하는 것이다.
④ 가격을 설정하는 것이다.
⑤ 소비자들의 연령대에 맞춰 제품을 출시하는 것이다.

정답: ①

해설: Segmentation은 시장을 다양한 소비자 그룹으로 나누고, 각 그룹의 특성을 분석하여 그에 맞는 마케팅 전략을 수립하는 과정이다.

24. 소비자 행동 이론 중 소비자가 특정 자극을 반복적으로 접하면서 반응을 학습하는 과정을 설명하는 이론은 무엇인가?

① 행동주의 이론　② 고전적 조건화 이론　③ 인지 이론
④ 사회적 학습 이론　⑤ 동기 이론

정답: ②

해설: 고전적 조건화 이론은 소비자가 특정 자극을 반복적으로 접하면서 그 자극에 대해 반응을 학습하는 과정을 설명한다.

25. 소비자가 특정 제품을 구매 후 경험을 바탕으로 반복 구매를 유도하는 과정은 어떤 이론으로 설명되는가?

① 고전적 조건화 이론 ② 행동주의 이론 ③ 인지 이론
④ 사회적 학습 이론 ⑤ 동기 이론

정답: ②

해설: 행동주의 이론은 외부 자극에 대한 반응으로 소비자 행동이 형성된다고 설명한다. 구매 후 긍정적인 경험을 제공하면 소비자는 반복 구매를 하게 된다.

26. 소비자가 제품에 대한 정보를 처리하고, 그 정보를 바탕으로 의사 결정을 내리는 과정을 설명하는 이론은 무엇인가?

① 고전적 조건화 이론 ② 인지 이론 ③ 사회적 학습 이론
④ 행동주의 이론 ⑤ 동기 이론

정답: ②

해설: 인지 이론은 소비자가 제품의 특성, 브랜드 이미지, 가격, 품질 등을 평가하여 구매 결정을 내린다고 설명한다. 이는 소비자가 정보를 어떻게 처리하고 의사 결정을 내리는지에 초점을 맞춘다.

27. 소비자가 타인의 행동을 관찰하고 그에 따라 자신의 행동을 조정하는 이론은 무엇인가?

① 고전적 조건화 이론 ② 행동주의 이론 ③ 사회적 학습 이론
④ 인지 이론 ⑤ 동기 이론

정답: ③

해설: 사회적 학습 이론은 소비자가 타인의 행동을 보고 이를 따라하거나 영향을 받는 과정을 설명한다. 예를 들어, 유명인이나 친구가 사용하는 제품을 보고 소비자가 그 제품을 구매하게 되는 경우이다.

28. 소비자 경로 이론에서 인식 단계에서 소비자는 어떤 행동을 하게 되는가?

① 제품을 구매한다
② 브랜드에 정보를 검색한다
③ 제품을 비교한다
④ 제품을 사용해 본다
⑤ 제품에 대한 만족도를 평가한다

정답: ②

해설: 소비자 경로의 첫 번째 단계인 인식에서는 소비자가 광고, 입소문, 소셜 미디어 등을 통해 브랜드나 제품을 알게 되고, 그에 대해 더 많은 정보를 찾기 시작한다.

29. 소비자가 제품을 비교하고 평가하는 단계는 소비자 경로 이론에서 어떤 단계에 해당하는가?

① 인식 ② 고려 ③ 구매 ④ 구매 후 행동 ⑤ 구매 전 행동

정답: ②

해설: 소비자가 제품을 인식한 후, 가격, 품질, 브랜드 이미지 등을 기준으로 제품을 비교하고 평가하는 단계는 '고려' 단계이다.

30. 소비자가 자신의 경험을 바탕으로 제품에 대한 만족도를 평가하고, 이후 재구매를 고려하는 단계는 무엇인가?

① 인식 ② 고려 ③ 구매 ④ 구매 후 행동 ⑤ 구매 전 행동

정답: ④

해설: 구매 후 행동 단계에서는 소비자가 제품에 대한 만족도를 평가하고, 만족스러우면 재구매하거나 브랜드 충성도를 형성한다.

31. 소비자의 설득 과정에서 정보 처리 단계가 순서대로 맞는 것은?

① 노출 → 주의 → 지각 → 이해 → 저장
② 주의 → 노출 → 저장 → 이해 → 지각
③ 지각 → 노출 → 이해 → 저장 → 주의
④ 저장 → 주의 → 이해 → 노출 → 지각
⑤ 주의 → 노출 → 이해 → 저장 → 지각

정답: ①
해설: 소비자가 정보를 처리하는 순서는 먼저 노출된 정보가 주의를 끌고, 그 후 지각되고 이해되어 저장된다.

32. 정교화 가능성 모델에서 소비자가 적극적으로 메시지를 처리하는 경로는 무엇인가?

① 중앙 경로 ② 주변 경로 ③ 외부 경로 ④ 내부 경로 ⑤ 중립 경로

정답: ①
해설: 정교화 가능성 모델에서 중앙 경로는 소비자가 메시지에 대해 깊이 생각하고 적극적으로 처리하는 경로이다.

33. 고관여 제품을 선택하는 소비자는 어떤 의사결정 과정을 따르는가?

① 신속한 의사결정 ② 자극적 반응 ③ 간단한 선택
④ 신중한 의사결정 ⑤ 단기적인 만족 추구

정답: ④
해설: 고관여 제품은 소비자가 많은 시간을 들여 신중하게 결정을 내리는 제품이다. 자동차나 고급 전자제품이 이에 해당한다.

34. 저관여 제품 구매 시 소비자가 자주 나타내는 행동은 무엇인가?

① 제품에 대한 깊은 분석 ② 비교적 적은 정보 수집
③ 적극적이고 신중한 결정 ④ 장기적인 브랜드 충성도
⑤ 깊은 고민과 분석

정답: ②
해설: 저관여 제품은 소비자가 신중하게 고민하지 않고, 제품에 대한 정보 수집도 적으며, 비교적 간단하게 구매 결정을 내린다.

35. FCB 그리드 모형에서 고관여, 이성적 동기와 저관여, 감성적 동기로 분류되는 구매 유형은 무엇인가?

① 첫 번째 구매 유형 ② 두 번째 구매 유형
③ 세 번째 구매 유형 ④ 네 번째 구매 유형
⑤ 모든 구매 유형

정답: ②

해설: FCB 그리드 모형에서는 구매 동기와 관여도에 따라 네 가지 유형의 구매를 분류한다. 두 번째 유형은 고관여와 이성적 동기로 이루어져 있다.

36. 저관여 제품의 후발 브랜드가 성공하기 위한 전략으로 가장 적합한 것은 무엇인가?

① 가격을 높인다
② 인지도를 높인다
③ 품질을 개선한다
④ 시장에 대한 진입을 지연한다
⑤ 소비자에게 정보를 과다하게 제공한다

정답: ②

해설: 저관여 제품의 후발 브랜드는 광고와 홍보를 통해 빠르게 인지도를 높이고, 소비자들의 관심을 끌어야 성공할 수 있다.

37. 정교화 가능성 모델에서 태도 변화가 중심적 경로를 통해 이루어질 때 소비자가 주로 어떤 활동을 하는가?

① 단순한 정보 수집 ② 정보의 분석과 평가 ③ 감정적 반응
④ 빠른 결정 ⑤ 외부 자극에 반응

정답: ②

해설: 중심 경로는 소비자가 정보를 깊이 있게 분석하고 평가하여 태도가 변화하는 경로이다.

38. 소비자가 특정 브랜드를 지속적으로 구매하는 이유가 브랜드 충성도일 때 해당하는 제품은 무엇인가?

① 저관여 제품 ② 고관여 제품 ③ 신제품
④ 브랜드 신뢰도가 낮은 제품 ⑤ 중저관여 제품

정답: ②

해설: 고관여 제품은 소비자가 브랜드에 충성도를 가지고 지속적으로 구매하는 경향을 보인다.

39. 소비자가 저관여 제품을 구매할 때 가장 영향을 미치는 요소는 무엇인가?

① 브랜드의 품질 ② 제품의 가격 ③ 사회적 신뢰도
④ 주변의 의견과 프로모션 ⑤ 장기적인 가치

정답: ④

해설: 저관여 제품은 주변의 의견이나 프로모션에 영향을 받아 쉽게 구매 결정을 내리게 된다.

40. FCB 그리드 모형에서 구매자의 구매 의사결정에 관여도가 높고 감성적 동기에서 영향을 받는 제품군은 무엇인가?

① 소비자 전자기기 ② 자동차 ③ 의류와 패션 아이템
④ 생필품 ⑤ 금융상품

정답: ③

해설: 의류와 패션 아이템은 고관여 제품으로 감성적 동기에서 많은 영향을 받는다.

단답형 문제

1. 시장세분화에서 가격 기준이 세분화의 기준으로 사용되지 않는 이유를 설명하시오.

   정답: 가격은 변동성이 크고 소비자의 요구를 반영하기 어렵다.

2. 차별화 가능성이란 시장세분화에서 어떤 의미를 갖는지 설명하시오.

   정답: 시장 세그먼트가 다른 세그먼트와 구별될 수 있는 특성을 가진다는 의미이다.

3. 차별적 마케팅 전략의 장점과 적용 사례를 설명하시오.

   정답: 각 세그먼트에 맞춘 마케팅을 통해 고객 맞춤 서비스를 제공한다. 예시로 다국적 브랜드가 각국에 맞춘 전략을 사용한다.

4. 시장세분화에서 측정 가능성의 중요성을 설명하시오.

   정답: 세분화된 시장을 정확히 평가하여 마케팅 자원을 효율적으로 배분할 수 있기 때문이다.

5. 포지셔닝이란 무엇인지, 그리고 소비자에게 브랜드의 위치를 어떻게 전달하는지 설명하시오.

   정답: 소비자에게 브랜드의 독특한 가치나 특징을 전달하는 과정이다.

6. 차별화 전략이 포지셔닝에서 중요한 이유에 대해 설명하시오.

   정답: 차별화된 가치를 강조해 경쟁 브랜드와 구별되는 독특한 이미지를 형성하기 때문이다.

7. 심리적 세분화에서 중요한 기준을 설명하고, 예시를 들어 설명하시오.

   정답: 가치관, 라이프스타일 등을 기준으로 세분화한다. 예시로 건강을 중시하는 소비자에 맞춘 유기농 제품이 있다.

8. 목표시장 선정 시 기업이 고려해야 할 주요 요소들을 설명하시오.

정답: 시장 규모, 성장 가능성, 경쟁 강도 등을 고려해야 한다.

9. 포지셔닝 맵의 목적을 설명하고, 이를 활용하는 방법에 대해 설명하시오.

정답: 경쟁 브랜드와 비교해 자사의 위치를 파악하고 전략을 조정하는 데 사용된다.

10. STP 전략에서 Segmentation 단계에서 가장 중요한 작업은 무엇인지 설명하시오.

정답: 시장을 정의하고 세그먼트 특성을 분석하는 것이다.

11. 접근 가능성이란 무엇을 의미하며, 왜 중요한지 설명하시오.

정답: 세그먼트에 마케팅 메시지가 효율적으로 전달될 수 있어야 성공적인 타겟팅이 가능하기 때문이다.

12. Targeting 전략에서 시장을 세분화하는 이유와 그 효과를 설명하시오.

정답: 소비자의 특성에 맞춰 전략을 세워 자원을 효율적으로 사용할 수 있기 때문이다.

13. 차별화 마케팅 전략이란 무엇이며, 이를 통해 기업이 얻을 수 있는 장점은 무엇인지 설명하시오.

정답: 경쟁 브랜드와 차별화된 가치를 제공하여 경쟁 우위를 점하고 충성고객을 확보하는 전략이다.

14. 소비자 경로 이론에서 각 단계의 특징을 설명하고, 인식 단계와 고려 단계에서 소비자가 수행하는 행동을 비교하시오.

정답: 인식 단계는 문제 인식이고, 고려 단계는 다양한 선택지를 비교하는 과정이다.

15. 정교화 가능성 모델에서 소비자가 중심 경로를 통해 메시지를 처리할 때 주로 어떤 방식으로 태도가 변화하는지 설명하시오.

정답: 깊이 있는 정보 처리와 논리적 분석을 통해 태도가 지속적이고 강하게 변화한다.

CHAPTER 12. 디지털 마케팅 및 온라인 전략

1. 온라인 마케팅에서 컨텐츠 마케팅의 주된 목표는 무엇인가?

① 고객을 직접적으로 판매로 유도하기 위해
② 브랜드 인지도를 높이기 위해
③ 광고 예산을 절감하기 위해
④ 고객의 의견을 수집하기 위해
⑤ 트래픽을 일시적으로 증가시키기 위해

정답: ②

해설: 콘텐츠 마케팅의 목표는 고객에게 유익하고 흥미로운 정보를 제공하여 브랜드에 대한 인식을 높이고, 궁극적으로 고객의 신뢰를 얻는 것이다.

2. 이메일 마케팅에서 개인화 전략이 중요한 이유는 무엇인가?

① 수신자의 관심을 끌고 클릭률을 높일 수 있기 때문이다.
② 이메일을 받지 않게 할 수 있기 때문이다.
③ 수신자가 이메일을 삭제할 확률이 낮아지기 때문이다.
④ 이메일 발송 시간을 단축할 수 있기 때문이다.
⑤ 모든 수신자에게 동일한 메시지를 전달할 수 있기 때문이다.

정답: ①

해설: 이메일 마케팅에서 개인화는 수신자의 이름이나 관심사에 맞춘 콘텐츠를 제공하여 이메일을 열어보고 클릭할 확률을 높이는 중요한 전략이다.

3. 검색엔진 마케팅(SEM)의 특징은 무엇인가?

① 광고를 통해 검색 결과 페이지 상단에 위치한다.
② 유기적인 검색 결과로만 나타난다.
③ 주로 소셜 미디어 채널을 통해 이루어진다.
④ 텍스트 광고만 사용된다.
⑤ 무료로 제공되는 서비스이다.

정답: ①

해설: SEM은 유료 광고를 통해 검색엔진의 결과 페이지에서 상위에 노출시키는 방법이다. 이를 통해 빠르게 트래픽을 증가시킬 수 있다.

4. 리타게팅 광고의 주된 목적은 무엇인가?

① 신규 고객을 확보하는 것이다.
② 이미 방문한 고객을 다시 유도하는 것이다.
③ 브랜드 인지도를 높이는 것이다.
④ 제품의 가격을 낮추는 것이다.
⑤ 오프라인 광고를 홍보하는 것이다.

정답: ②
해설: 리타게팅 광고는 이미 웹사이트를 방문한 고객에게 다시 광고를 보여주어 구매를 유도하는 전략이다.

5. 인플루언서 마케팅에서 팔로워 수보다 더 중요한 요소는 무엇인가?

① 팔로워의 참여도 ② 팔로워의 나이 ③ 팔로워의 지역
④ 팔로워의 직업 ⑤ 팔로워의 성별

정답: ①
해설: 인플루언서 마케팅에서 중요한 것은 팔로워 수보다 팔로워가 실제로 콘텐츠와 얼마나 많이 상호작용하는지, 즉 참여도가 더 중요하다.

6. 소셜 커머스의 주요 특징은 무엇인가?

① 소셜 미디어 플랫폼에서 직접 제품을 구매할 수 있다.
② 고객 서비스만 제공된다.
③ 오프라인 매장과의 연계가 필요하다.
④ 상품 정보만 제공된다.
⑤ 광고비가 매우 비싸다.

정답: ①
해설: 소셜 커머스는 페이스북, 인스타그램 등의 소셜 미디어 플랫폼을 통해 직접 제품을 판매하는 모델로, 사용자가 직접 구매할 수 있는 기능을 제공한다.

7. 온라인 마케팅에서 모바일 최적화가 중요한 이유는 무엇인가?

① 모바일 사용자가 매우 많아졌기 때문이다.

② 모바일 광고가 다른 광고보다 저렴하기 때문이다.

③ 모바일에서만 콘텐츠를 소비하기 때문이다.

④ 모바일은 검색엔진에서 노출되지 않기 때문이다.

⑤ 모바일에서만 광고가 효율적이기 때문이다.

정답: ①

해설: 모바일 사용자 수가 급증하면서, 모바일 최적화는 사용자 경험을 향상시키고, 검색 엔진 순위와 광고 성과를 높이는 중요한 요소가 되었다.

8. 리드 생성이란 무엇을 의미하는가?

① 새로운 고객을 유치하는 활동이다.

② 고객의 피드백을 받는 것이다.

③ 이메일 마케팅을 진행하는 것이다.

④ 잠재 고객의 정보를 수집하는 것이다.

⑤ 제품의 재고를 관리하는 것이다.

정답: ④

해설: 리드 생성은 잠재 고객을 발굴하고, 그들의 정보(이메일, 전화번호 등)를 수집하여 향후 마케팅 활동에 활용하는 전략이다.

9. 브랜드 스토리텔링의 효과적인 특징은 무엇인가?

① 소비자와 감정적으로 연결될 수 있다.

② 광고 비용을 절감할 수 있다.

③ 판매를 즉시 유도할 수 있다.

④ 모든 콘텐츠가 동일한 메시지를 전달한다.

⑤ 고객의 데이터를 수집할 수 있다.

정답: ①

해설: 브랜드 스토리텔링은 소비자에게 감동적이거나 의미 있는 이야기를 제공함으로써 브랜드와의 감정적 연결을 강화하고 충성도를 높이는 전략이다.

10. 온라인 마케팅에서 A/B 테스트의 주된 목적은 무엇인가?

① 광고 예산을 줄이는 것이다.
② 가장 효과적인 콘텐츠나 광고를 찾는 것이다.
③ 고객의 선호도를 확인하는 것이다.
④ 방문자 수를 증가시키는 것이다.
⑤ 제품의 가격을 결정하는 것이다.

정답: ②

해설: A/B 테스트는 두 가지 이상의 버전을 비교하여 어떤 것이 더 효과적인지 측정하고, 이를 통해 최적의 콘텐츠나 광고를 선택하는 방법이다.

11. SNS 마케팅에서 브랜드 인지도를 높이는 가장 좋은 방법은 무엇인가?

① 사용자 생성 콘텐츠(UGC) 활용
② 타겟 고객층 정밀 설정
③ 유료 광고 집중
④ 동일 콘텐츠 반복 게시

정답: ①

해설: 사용자 생성 콘텐츠는 고객들이 자발적으로 생성한 콘텐츠를 활용하는 방법으로, 신뢰도가 높고 소비자의 관심을 끌기 쉽다. 고객의 목소리가 직접 담겨 있어 브랜드에 대한 긍정적인 이미지를 만들 수 있다.

12. 소셜 리스닝의 주된 목적은 무엇인가?

① 소비자 의견 및 트렌드 파악　　② 경쟁사 분석
③ 광고 최적화　　④ 고객 서비스 문제 해결

정답: ①

해설: 소셜 리스닝은 온라인에서 소비자들이 언급하는 내용을 분석하여, 소비자들의 의견과 트렌드를 파악하는 것이다. 이를 통해 더 나은 마케팅 전략을 수립할 수 있다.

13. 페이스북 광고에서 중요한 목표 설정 요소는 무엇인가?

① 클릭 및 전환 유도　　② 팔로워 수 증가
③ 긴 글 콘텐츠 활용　　④ 광고 예산 절감

정답: ①

해설: 페이스북 광고는 주로 클릭과 전환을 목표로 설정해야 한다. 단순히 팔로워 수나 조회수를 증가시키는 것보다 실제 구매나 관심을 유도하는 것이 핵심이다.

14. 타겟 세그먼트 설정이 중요한 이유는 무엇인가?

① 비용 절감 및 효율적 광고　　② 동일 메시지 전달
③ 브랜딩 강화　　④ 광고 형식 선택

정답: ①

해설: 타겟 세그먼트 설정을 통해 광고가 불필요하게 넓은 범위에 노출되지 않도록 할 수 있다. 이렇게 하면 예산을 효율적으로 활용하고, 더 적합한 소비자에게만 광고를 전달할 수 있다.

15. 인스타그램 스토리 기능의 주요 목적은 무엇인가?

① 즉각적 반응 유도　　② 사용자 상호작용 증대
③ 상세 정보 제공　　④ 브랜드 역사 설명

정답: ①

해설: 인스타그램 스토리는 짧고 간결한 콘텐츠로 사용자들의 즉각적인 반응을 유도하는 기능이다. 광고를 효과적으로 전파하기 위한 도구로 활용된다.

16. 틱톡 마케팅에서 중요한 전략은 무엇인가?

① 유머와 창의성 강조　　② 긴 정보성 콘텐츠
③ 사용자 리뷰 활용　　④ 제품 설명 제공

정답: ①

해설: 틱톡은 짧고 창의적인 콘텐츠가 주로 인기를 끌기 때문에 유머와 창의성을 강조하는 것이 효과적이다. 트렌디한 요소를 반영한 콘텐츠가 더 많은 사람들에게 노출된다.

17. 바이럴 마케팅이 효과적인 이유는 무엇인가?

① 감성적 반응을 유도 ② 광고가 강하게 노출됨
③ 예산을 줄일 수 있음 ④ 동일 메시지 반복

정답: ①

해설: 바이럴 마케팅은 소비자들이 자발적으로 콘텐츠를 공유하게 유도하여 브랜드를 홍보하는 전략이다. 감성적인 요소가 포함된 콘텐츠는 더 많이 공유된다.

18. A/B 테스트의 주된 목적은 무엇인가?

① 캠페인 버전 비교 ② 광고 예산 절감
③ 콘텐츠 실험 ④ 브랜드 메시지 확산

정답: ①

해설: A/B 테스트는 두 가지 이상의 캠페인 버전을 비교하여 어떤 버전이 더 효과적인지를 파악하는 과정이다. 이를 통해 최적의 광고 전략을 선택할 수 있다.

19. 고객 피드백을 즉시 반영하는 전략의 장점은 무엇인가?

① 브랜드 충성도 강화 ② 신속한 문제 해결
③ 광고 예산 절감 ④ 콘텐츠 양 증가

정답: ①

해설: 고객의 피드백을 즉시 반영하면 소비자들이 브랜드에 대한 신뢰를 가지게 되고, 이로 인해 브랜드 충성도가 강화된다. 고객과의 소통이 원활해진다.

20. 소셜 미디어 광고의 리타게팅은 무엇인가?

① 이전 광고를 본 사람에게 재노출 ② 새로운 타겟 그룹 설정
③ 특정 지역에 광고 집중 ④ 첫 방문자에게만 광고

정답: ①

해설: 리타게팅은 이미 광고를 본 사람들에게 다시 광고를 노출하는 전략이다. 이를 통해 기존 관심을 보였던 고객을 재타겟팅할 수 있다.

21. 브랜드의 목소리가 중요한 이유는 무엇인가?

① 메시지 일관성 유지　　② 광고 예산 절감
③ 품질 쉽게 알리기　　④ 이미지 과도한 변동 방지

정답: ①

해설: 브랜드의 목소리는 고객에게 일관된 메시지를 전달하는 중요한 요소이다. 일관성 있는 메시지는 브랜드에 대한 신뢰를 높이고, 소비자가 브랜드를 쉽게 기억할 수 있도록 돕는다.

22. 인스타그램 쇼핑의 장점은 무엇인가?

① 즉시 제품 판매 가능　　② 브랜드 인지도 증가
③ 비디오 조회수 증가　　④ 스토리텔링 가능

정답: ①

해설: 인스타그램 쇼핑은 소비자가 게시물에서 직접 제품을 구매할 수 있도록 도와준다. 이는 즉각적인 판매를 유도하고, 구매의 편리함을 제공한다.

23. 콘텐츠 캘린더를 사용하는 이유는 무엇인가?

① 콘텐츠 계획 및 일정 관리　　② 소비자와 상호작용 관리
③ 광고 예산 최적화　　④ 브랜드 메시지 반복

정답: ①

해설: 콘텐츠 캘린더는 콘텐츠를 일정에 맞게 계획하고, 주기적으로 게시할 수 있게 돕는다. 이를 통해 체계적으로 마케팅 활동을 진행할 수 있다.

24. 인플루언서 마케팅 효과가 큰 이유는 무엇인가?

① 팔로워의 신뢰로 메시지 전달　　② 광고 예산 절감
③ 콘텐츠 양 증가　　④ 제품에 대한 깊은 설명

정답: ①

해설: 인플루언서 마케팅은 인플루언서의 팔로워들이 그들의 추천을 신뢰하고, 자연스럽게 제품을 구매할 확률이 높아진다. 이는 광고 효과를 극대화한다.

25. 해시태그 사용의 주요 효과는 무엇인가?

① 콘텐츠 발견 가능성 증가　② 광고 예산 절감
③ 콘텐츠 길이 축소　④ 리뷰 빠르게 수집

정답: ①
해설: 해시태그는 관련된 주제나 콘텐츠를 쉽게 검색할 수 있게 도와준다. 이를 통해 더 많은 사람들이 콘텐츠를 발견할 수 있으며, 유기적인 노출이 증가한다.

26. 전환율을 측정하는 이유는 무엇인가?

① 구매 및 행동 전환율 확인　② 클릭률 파악
③ 브랜드 인지도 증가　④ 광고 예산 절감

정답: ①
해설: 전환율을 측정하는 것은 광고 캠페인이 얼마나 효과적으로 소비자를 행동으로 유도하는지 확인하는 과정이다. 높은 전환율은 캠페인의 성공을 의미한다.

27. 고객 피드백을 활용하는 방법은 무엇인가?

① 불만 처리 및 해결책 제시　② 광고 예산 절감
③ 브랜드 이미지 강화　④ 경쟁사 분석

정답: ①
해설: 고객 피드백을 통해 불만 사항을 처리하고 해결책을 제시하면, 고객의 만족도를 높이고 브랜드 이미지를 긍정적으로 만들 수 있다.

28. 인게이지먼트를 높이는 방법은 무엇인가?

① 소비자와 직접 대화 강화　② 짧은 광고 메시지 노출
③ 과도한 프로모션 게시　④ 유료 광고 사용

정답: ①
해설: 소비자와의 직접적인 대화는 신뢰를 형성하고, 적극적인 상호작용을 촉진시킨다. 고객의 의견을 수렴하고 반영하는 것이 중요하다.

29. 스팸성 게시물을 피하는 이유는 무엇인가?

① 브랜드 이미지 부정적 인식 ② 광고 예산 증가
③ 소비자 신뢰 얻기 ④ 콘텐츠 노출 감소

정답: ①

해설: 스팸성 게시물은 브랜드 이미지를 부정적으로 만들고, 소비자들의 신뢰를 잃을 수 있다. 지나치게 강제적인 마케팅은 소비자에게 부정적 영향을 미친다.

30. 콘텐츠의 시기적절성이 중요한 이유는 무엇인가?

① 소비자의 관심을 끌 수 있음 ② 할인 정보 신속 제공
③ 팔로워 유도 ④ 브랜드 확산

정답: ①

해설: 시기적절한 콘텐츠는 특정 시점에서 소비자의 관심을 끌기 쉽다. 트렌드나 이벤트와 맞물리면 더 큰 반응을 얻을 수 있다.

단답형 문제

1. 콘텐츠 마케팅의 주된 목표는 무엇인가?

정답: 콘텐츠 마케팅의 목표는 고객에게 유익하고 흥미로운 정보를 제공하여 브랜드에 대한 인식을 높이고, 궁극적으로 고객의 신뢰를 얻는 것이다.

2. 이메일 마케팅에서 개인화 전략이 중요한 이유를 설명하시오.

정답: 이메일 마케팅에서 개인화는 수신자의 이름이나 관심사에 맞춘 콘텐츠를 제공하여 이메일을 열어보고 클릭할 확률을 높이는 중요한 전략이다.

3. 검색엔진 마케팅(SEM)에서 유료 광고를 통해 얻을 수 있는 이점은 무엇인가?

정답: SEM은 유료 광고를 통해 검색엔진의 결과 페이지에서 상위에 노출시켜 빠르게 트래픽을 증가시킬 수 있다.

4. 리타게팅 광고의 주된 목적을 설명하시오.

정답: 리타게팅 광고는 이미 웹사이트를 방문한 고객에게 다시 광고를 보여주어 구매를 유도하는 전략이다.

5. 인플루언서 마케팅에서 팔로워 수보다 중요한 요소는 무엇인가?

정답: 인플루언서 마케팅에서 중요한 것은 팔로워 수보다 팔로워가 실제로 콘텐츠와 얼마나 많이 상호작용하는지, 즉 참여도가 더 중요하다.

6. 소셜 커머스의 주요 특징을 설명하시오.

정답: 소셜 커머스는 페이스북, 인스타그램 등의 소셜 미디어 플랫폼을 통해 직접 제품을 판매하는 모델로, 사용자가 직접 구매할 수 있는 기능을 제공한다.

7. 온라인 마케팅에서 모바일 최적화가 중요한 이유는 무엇인가?

정답: 모바일 사용자 수가 급증하면서, 모바일 최적화는 사용자 경험을 향상시키고, 검색 엔진 순위와 광고 성과를 높이는 중요한 요소가 되었다.

8. 리드 생성이란 무엇을 의미하는가?

정답: 리드 생성은 잠재 고객을 발굴하고, 그들의 정보(이메일, 전화번호 등)를 수집하여 향후 마케팅 활동에 활용하는 전략이다.

9. 브랜드 스토리텔링이 소비자와의 관계에 미치는 효과를 설명하시오.

정답: 브랜드 스토리텔링은 소비자에게 감동적이거나 의미 있는 이야기를 제공함으로써 브랜드와의 감정적 연결을 강화하고 충성도를 높이는 전략이다.

10. A/B 테스트에서 가장 중요한 목적은 무엇인가?

정답: A/B 테스트는 두 가지 이상의 버전을 비교하여 어떤 것이 더 효과적인지 측정하고, 이를 통해 최적의 콘텐츠나 광고를 선택하는 방법이다.

11. SNS 마케팅에서 브랜드 인지도를 높이는 가장 효과적인 방법은 무엇인가?

정답: 사용자 생성 콘텐츠(UGC)는 고객들이 자발적으로 생성한 콘텐츠를 활용하는 방법으로, 신뢰도가 높고 소비자의 관심을 끌기 쉽다.

12. 소셜 리스닝의 목적을 설명하시오.

정답: 소셜 리스닝은 온라인에서 소비자들이 언급하는 내용을 분석하여, 소비자들의 의견과 트렌드를 파악하는 것이다.

13. 페이스북 광고에서 가장 중요한 목표 설정 요소는 무엇인가?

정답: 페이스북 광고는 클릭과 전환을 목표로 설정해야 한다. 단순히 팔로워 수나 조회수를 증가시키는 것보다 실제 구매나 관심을 유도하는 것이 핵심이다.

14. 타겟 세그먼트 설정이 중요한 이유를 설명하시오.

정답: 타겟 세그먼트 설정을 통해 광고가 불필요하게 넓은 범위에 노출되지 않도록 할 수 있다. 이렇게 하면 예산을 효율적으로 활용하고, 더 적합한 소비자에게만 광고를 전달할 수 있다.

15. 인스타그램 스토리 기능의 주요 목적을 설명하시오.

정답: 인스타그램 스토리는 짧고 간결한 콘텐츠로 사용자들의 즉각적인 반응을 유도하는 기능이다. 광고를 효과적으로 전파하기 위한 도구로 활용된다.

CHAPTER 13. 서비스 혁신과 경영 전략

1. 혁신(Innovation)의 정의로 가장 적합한 것은 무엇인가?

① 기존 제품을 개선하는 과정
② 전통적인 방법을 유지하는 것
③ 새로운 아이디어나 기술을 도입
④ 시장에서 경쟁 우위를 확보하는 전략
⑤ 제품을 단순히 생산하는 것

정답: ③
해설: 혁신은 새로운 아이디어나 기술을 도입하여 새로운 가치를 창출하는 과정이다.

2. 슘페터(Schumpeter)가 정의한 혁신의 주요 요소가 아닌 것은?

① 새로운 제품의 개발
② 새로운 생산 방법의 도입
③ 새로운 시장 개척
④ 정부의 규제 강화
⑤ 새로운 공급망의 창출

정답: ④
해설: 슘페터는 혁신을 새로운 제품 개발, 생산 방법, 시장 개척, 공급망 창출 등과 연결했으나, 정부의 규제 강화는 혁신의 주요 요소가 아니다.

3. 디지털 기술이 혁신에 미치는 영향에 대한 설명으로 옳지 않은 것은?

① 디지털 기술은 새로운 시장을 창출한다.
② 디지털 기술은 기존 제품의 수명을 늘린다.
③ 디지털 기술은 제조 공정의 효율성을 증가시킨다.
④ 디지털 기술은 전통적인 비즈니스 모델을 파괴할 수 있다.
⑤ 디지털 기술은 전통적인 산업에 아무런 영향을 미치지 않는다.

정답: ⑤
해설: 디지털 기술은 전통적인 산업에도 큰 영향을 미친다. 예를 들어, 제조업에서 디지털 기술의 도입은 생산성을 크게 향상시킬 수 있다.

4. Porter의 본원적 경쟁전략 중 '차별화 전략'에 대한 설명으로 가장 적합한 것은?

① 가격을 낮추어 시장 점유율을 높인다.
② 독특한 제품을 제공하여 고객 충성도를 얻는다.
③ 생산 효율성을 높여 원가를 절감한다.
④ 시장을 축소하여 경쟁자와 차별화한다.
⑤ 유통망을 확장하여 제품을 다양화한다.

정답: ②

해설: 차별화 전략은 경쟁사와 차별화된 제품이나 서비스를 제공하여 고객 충성도를 얻고 시장에서 독특한 위치를 차지하는 전략이다.

5. 다음 중 혁신을 촉진하는 조직 문화의 특징으로 가장 적합한 것은?

① 창의성과 실험을 장려하는 환경
② 기존 절차를 엄격히 따르는 환경
③ 리더십의 결정을 항상 따르는 환경
④ 직원들이 최소한의 자율성만 갖는 환경
⑤ 실패를 두려워하는 환경

정답: ①

해설: 혁신을 촉진하는 조직 문화는 창의성과 실험을 장려하는 환경이다. 실패를 두려워하지 않고 새로운 아이디어를 시도하는 문화가 필요하다.

6. 전략을 목표 달성을 위한 계획이라고 정의할 때, 다음 중 전략적 수준에서 다루는 것이 아닌 것은?

① 기업의 장기적인 목표 설정　② 자원의 분배 및 관리
③ 직원들의 일일 업무 계획　④ 경쟁자의 분석
⑤ 외부 환경 분석

정답: ③

해설: 일일 업무 계획은 전략적 수준보다는 운영적 수준에서 다뤄진다. 전략은 장기적 목표 설정, 자원 분배, 경쟁 분석 등을 포함한다.

7. 사업단위 수준 전략(Business level strategy)의 특징으로 적합하지 않은 것은?

① 경쟁 우위를 확보하기 위한 방법론

② 조직 내 여러 부서 간 협력 증진

③ 제품 또는 서비스의 시장 내 위치 결정

④ 고객을 대상으로 한 차별화 또는 원가 우위 전략

⑤ 특정 시장을 목표로 한 전략적 결정

정답: ②

해설: 사업단위 수준 전략은 경쟁 우위를 확보하고, 시장 내 위치를 결정하는 전략이다. 조직 내 부서 간 협력 증진은 조직 전략과 더 관련이 있다.

8. 다음 중 오픈 이노베이션(Open Innovation)의 특징이 아닌 것은?

① 외부의 아이디어나 기술을 조직 내로 도입

② 기존 기술만을 사용하여 혁신을 시도

③ 기업 간 협력을 통해 혁신 촉진

④ 공개된 연구 결과물을 기업에 적용

⑤ 외부 파트너와의 공동 개발

정답: ②

해설: 오픈 이노베이션은 외부의 아이디어나 기술을 도입하는 방식이다. 기존 기술만을 사용하는 것은 오픈 이노베이션의 특징이 아니다.

9. 디자인 사고(Design Thinking)가 혁신에 기여하는 방식으로 가장 적합한 것은?

① 대규모 데이터를 통해 시장 분석

② 고객의 필요와 경험을 중심으로 문제를 정의하고 해결책을 제시

③ 기존 기술의 최적화를 통해 효율성 향상

④ 제품의 가격을 최저로 유지하는 전략

⑤ 제품 생산 과정의 자동화

정답: ②

해설: 디자인 사고는 고객의 필요와 경험을 중심으로 문제를 정의하고 창의적인 해결책을 도출하는 방식으로 혁신을 촉진한다.

10. 서비스 혁신에서 서비스 프로세스 혁신의 특징으로 가장 적합한 것은?

① 새로운 제품을 개발하는 것
② 서비스 제공 방식이나 방법을 개선하는 것
③ 고객과의 상호작용을 최소화하는 것
④ 서비스를 자동화하여 비용을 절감하는 것
⑤ 서비스의 가격을 낮추는 것

정답: ②

해설: 서비스 프로세스 혁신은 서비스 제공 방식이나 방법을 개선하여 고객에게 더 나은 경험을 제공하는 것이다.

11. 서비스 혁신 및 디지털 서비스 경영 서비스 혁신의 주요 목적은 무엇인가?

① 가격 인상을 통해 수익을 증가시키는 것
② 새로운 서비스 시장을 창출하거나 기존 시장을 혁신하는 것
③ 서비스 제공자와의 관계를 강화하는 것
④ 기존 기술을 단순히 유지하는 것
⑤ 고객 서비스를 자동화하는 것

정답: ②

해설: 서비스 혁신의 주요 목적은 새로운 서비스 시장을 창출하거나 기존 서비스를 혁신하여 경쟁력을 확보하는 것이다.

12. 디지털 서비스의 가장 큰 특징은 무엇인가?

① 물리적 제품을 포함하는 서비스
② 고객과의 직접적인 상호작용을 요구하지 않는 서비스
③ 온라인 플랫폼을 통해 제공되는 서비스
④ 고객 맞춤형 서비스를 제공하는 서비스
⑤ 서비스 제공자가 모든 과정을 수동으로 처리하는 서비스

정답: ③

해설: 디지털 서비스는 인터넷과 온라인 플랫폼을 통해 제공되는 서비스이다. 이는 물리적 공간에 의존하지 않으며, 디지털 환경에서 이루어진다.

13. 디지털 경영 전략에서 디지털 플랫폼의 역할로 가장 적합한 것은?

① 고객 데이터를 수집하여 마케팅 전략을 수립하는 것
② 기업 간 상호작용을 촉진하는 시스템을 제공하는 것
③ 물리적 제품의 유통을 관리하는 것
④ 재무 관리를 디지털화하는 것
⑤ 경쟁사의 분석을 하는 것

정답: ②

해설: 디지털 플랫폼은 기업 간 상호작용을 촉진하고, 다양한 서비스나 제품을 연결하는 역할을 한다.

14. 서비스 혁신에서 서비스 제공 방식의 변화를 예시로 들 수 있는 것은 무엇인가?

① 인터넷 뱅킹의 도입
② 직원 교육 프로그램의 개선
③ 가격 할인 이벤트
④ 새로운 제품의 출시
⑤ 고객이 제품을 직접 만드는 서비스

정답: ①

해설: 인터넷 뱅킹 도입은 서비스 제공 방식의 변화를 의미하며, 기존의 오프라인 뱅킹을 온라인으로 전환하는 혁신적 접근이다.

15. 고객 맞춤형 서비스를 제공하는 데 있어 중요한 요소는 무엇인가?

① 저렴한 가격
② 다양한 서비스 옵션
③ 고객의 요구사항을 반영
④ 제품의 품질 향상
⑤ 고객 서비스의 표준화

정답: ③

해설: 고객 맞춤형 서비스는 고객의 개별적인 요구사항을 반영하여 맞춤형 솔루션을 제공하는 것이다.

16. 디지털 경영에서 빅데이터를 활용하는 주요 목적은 무엇인가?

① 고객의 선호도를 분석하여 맞춤형 서비스를 제공
② 서비스 비용을 절감하는 방법을 찾기
③ 시장 진입 장벽을 낮추기
④ 조직의 내부 운영을 최적화하기
⑤ 경쟁자를 따라가는 전략을 수립하기

정답: ①

해설: 빅데이터는 고객의 선호도를 분석하여 맞춤형 서비스를 제공하고, 이를 통해 경쟁력을 확보하는 데 활용된다.

17. 아마존의 고객 맞춤형 추천 시스템에 가장 중요한 기술은 무엇인가?

① 인공지능(AI) 및 머신러닝 ② 블록체인 기술 ③ 가상 현실(VR)
④ 증강 현실(AR) ⑤ 3D 프린팅

정답: ①

해설: 아마존의 추천 시스템은 인공지능(AI) 및 머신러닝 알고리즘을 기반으로 하여 고객의 구매 패턴을 분석하고 맞춤형 상품을 추천한다.

18. 서비스 혁신에서 디지털 서비스 경영의 핵심 역할은 무엇인가?

① 전통적인 서비스 모델의 유지
② 서비스의 디지털화 및 온라인화
③ 고객과의 직접적인 대면 서비스를 강화
④ 서비스 비용을 단순히 절감하는 것
⑤ 경쟁사의 서비스 모델을 따라하는 것

정답: ②

해설: 디지털 서비스 경영의 핵심 역할은 서비스의 디지털화 및 온라인화를 통해 효율성을 증대시키고, 고객 경험을 향상시키는 것이다.

19. 고객 경험 개선을 위한 디지털 기술의 활용 예시로 가장 적합한 것은?

① 고객의 피드백을 바탕으로 서비스를 개선

② 전통적인 오프라인 매장 운영

③ 고객의 대면 상담 강화

④ 서비스 제공에 대한 고객 맞춤형 교육

⑤ 고객이 직접 제품을 제조하는 서비스

정답: ①

해설: 디지털 기술을 활용하여 고객의 피드백을 실시간으로 수집하고, 이를 기반으로 서비스를 개선하는 것이 고객 경험을 개선하는 방법이다.

20. 디지털 서비스 경영에서 가장 큰 도전 과제는 무엇인가?

① 고정된 가격 정책 유지

② 디지털 기술을 통해 효율성 높이기

③ 고객의 데이터 보안 및 개인정보 보호

④ 서비스 제공자의 직무 강화

⑤ 제품의 품질 유지

정답: ③

해설: 디지털 서비스 경영에서는 고객의 데이터 보안 및 개인정보 보호가 중요한 도전 과제이다. 데이터 유출이나 해킹 등은 큰 문제가 될 수 있다.

단답형 문제

1. 혁신의 정의는 무엇인가?

   정답: 새로운 아이디어나 기술을 도입하여 가치를 창출하는 과정

2. 디지털 서비스의 가장 큰 특징은 무엇인가?

   정답: 인터넷과 온라인 플랫폼을 통해 제공된다

3. 슈퍼 스타(Star)로 분류되는 사업 단위의 특징은 무엇인가?

   정답: 높은 성장률과 높은 시장 점유율을 가진 사업 단위

4. 서비스 혁신의 주요 목적은 무엇인가?

   정답: 새로운 서비스 시장을 창출하거나 기존 시장을 혁신하는 것

5. 디지털 경영에서 빅데이터의 주된 활용 목적은 무엇인가?

   정답: 고객의 선호도를 분석하여 맞춤형 서비스를 제공

6. 서비스 프로세스 혁신의 주요 목표는 무엇인가?

   정답: 서비스 제공 방식이나 방법을 개선하는 것

7. 디자인 사고(Design Thinking)의 핵심 요소는 무엇인가?

   정답: 고객의 필요와 경험을 중심으로 문제를 정의하고 해결책을 제시하는 것

8. Porter의 경쟁 전략 중 원가 우위 전략의 주요 목표는 무엇인가?

   정답: 낮은 비용으로 시장에서 경쟁 우위를 확보하는 것

9. 오픈 이노베이션(Open Innovation)에서 중요한 특징은 무엇인가?

정답: 외부의 아이디어나 기술을 조직 내로 도입하는 것

10. 디지털 서비스 경영에서 가장 큰 도전 과제는 무엇인가?

정답: 고객의 데이터 보안 및 개인정보 보호

자료출처

강동석(2020). 손익계산서 분석의 중요성. 경영학연구, 25(4), 112-130.

곽진만(2023) 뷰티서비스경영, 구민사

김성수(2015). 한류와 콘텐츠 산업의 미래. 서울: 콘텐츠미디어학회.

김영호(2019). 서비스 산업의 재무 분석 특성. 서비스경제학, 12(2), 45-62.

박철수(2020). 감성 마케팅과 브랜드 충성도: 광고 캠페인의 효과 분석. 마케팅 연구, 34(2), 56-72.

박정현(2006), 고객경험관리(CEM)에 주목하라. lG 경제연구원.

이기훈(2000). 한국 반도체 산업의 도약과 과제. 전자공학회지.

이성호(2018). 현금흐름표 분석의 활용. 회계학회지, 40(3), 77-93.

이유재(2016). 고객만족과 충성도: 이론적 고찰과 실천적 시사점. 경영학연구, 45(2), 133-152.

이정동(2018). 4차 산업혁명 시대의 한국 산업. 서울: 동아일보출판사.

정석호(2020). 재무관리론. 한국재무출판사.

정운찬(2003). 세계화와 한국 경제 구조의 변화. 서울: 서울대출판부.

고용노동부(2021). 고용동향 보고서.

한국은행(2021). 산업별 경제적 기여도 보고서.

한국은행(2021). 한국의 경제 현황과 서비스 산업의 역할. 한국은행 연구보고서.

한국회계기준원(2022). 재무제표의 이해와 활용. 한국회계기준원 출판.

한정훈(2021). 코로나19 이후의 산업 변화와 디지털 전환. 경제학회 발표자료.

Adams, J. S. (1963). Toward an understanding of inequity. Journal of Abnormal and Social Psychology, 67(5), 422–436.

Adams, J. S. (1965). Inequity in social exchange. Advances in Experimental Social Psychology, 2, 267-299.

Amabile, T. M. (1996). Creativity in context. Westview Press.

Anderson, E. W., Fornell, C., & Lehmann, D. R. (1994). Customer satisfaction, market share, and profitability: Findings from Sweden. Journal of Marketing, 58(3), 53–66.

Ansoff, H. I. (1988). Corporate Strategy. McGraw-Hill.

Arthur, J. B. (1994). Effects of human resource systems on manufacturing performance and turnover. Academy of Management Journal, 37(3), 670-687.

Ashford, S. J., & Cummings, L. L. (1983). Feedback as an individual resource:

Personal strategies of creating information. Organizational Behavior and Human Performance, 32(3), 370-398.

Bandura, A. (1977). Social Learning Theory. Prentice-Hall.

Barrett, M., Ball, M., & Davidson, E. (2000). Innovating Service Management: The Case of Service Organization Structures and Processes. Journal of Service Research, 3(3), 228-241.

Batra, R., & Ray, M. L. (1986). Affective responses mediating acceptance of advertising. Journal of Consumer Research, 13(2), 234-249.

Barron, J. M. (2002). The Service-Profit Chain: A Model of Service Quality, Customer Satisfaction, and Profitability. Academy of Management Perspectives, 16(3), 46-60.

Bass, B. M. (1990). Bass & Stogdill's Handbook of Leadership: Theory, Research, and Managerial Applications. Free Press.

Bell, D. (1973). The Coming of Post-Industrial Society: A Venture in Social Forecasting. Basic Books.

Bell, T. (2013). The Sharing Economy: Uber and Beyond. The Economist.

Bendapudi, N., & Leone, R. P. (2003). Psychological Implications of Customer Participation and Experience in Services. Journal of Marketing, 67(1), 14-28.

Bernd, H. (2004). Customer experience: The key to differentiating your brand in a competitive marketplace. Harvard Business Review, 82(4), 100-109.

Berry, L. L. (1995). Relationship marketing of services: Growing interest, emerging perspectives. Journal of the Academy of Marketing Science, 23(4), 236-245.

Berry, L. L. (2002). Cultivating Service Brand Equity. Journal of the Academy of Marketing Science, 30(3), 255-261.

Berry, L. L., Zeithaml, V. A., & Parasuraman, A. (1990). Five imperatives for improving service quality. Sloan Management Review, 31(4), 29-38.

Bessant, J., & Tidd, J. (2015). Innovation and Entrepreneurship: A Competency Framework. Wiley.

Bessant, J., & Tidd, J. (2015). Innovation and Entrepreneurship: Managing Ideas and Projects. Wiley.

Bies, R. J., & Moag, J. F. (1986). Interactional justice: Communication criteria of fairness. Research on Negotiation in Organizations, 1, 43-55.

Bitner, M. J., Booms, B. H., & Tetreault, M. S. (1990). The service encounter: Diagnosing favorable and unfavorable incidents. Journal of Marketing, 54(1), 71-84.

Bitner, M. J., Ostrom, A. L., & Meuter, M. L. (2002). Implementing Successful Self-Service Technologies. Academy of Management Perspectives, 16(4), 96-108.

Blattberg, R. C., Kim, B. D., & Neslin, S. A. (2008). Database Marketing: Analyzing and Managing Customers. Springer.

Bolton, R. N. (1998). A dynamic model of the duration of the customer's relationship with a continuous service provider: The role of satisfaction. Marketing Science, 17(1), 45-65.

Borgatti, S. P., Everett, M. G., & Johnson, J. (2018). Analyzing Social Networks (2nd ed.). SAGE Publications.

Bowen, D. E., Gilliland, S. W., & Folger, R.(1999), HRM and service fairness: How being fair with employees spills over to customers. Organizational Dynamics, 27(3):7-23.

Bowen, D. E., & Schneider, B. (1999). The service organization: Human resources management is crucial in delivering quality service. International Journal of Service Industry Management, 10(1), 7-17.

Box, G. E. P., Jenkins, G. M., & Reinsel, G. C. (2015). Time Series Analysis: Forecasting and Control (5th ed.). Wiley.

Brady, M. K., & Cronin, J. J. (2001). Some New Thoughts on Conceptualizing Perceived Service Quality: A Hierarchical Approach. Journal of Marketing, 65(3), 34-49.

Breiman, L. (2001). Random Forests. Machine Learning, 45(1), 5-32.

Brown, T. (2009). Change by Design: How Design Thinking Creates New Alternatives for Business and Society. Harper Business.

Brynjolfsson, E., & McAfee, A. (2014). The Second Machine Age: Work, Progress, and Prosperity in a Time of Brilliant Technologies. W. W. Norton & Company.

Brynjolfsson, E., Hu, Y. J., & Rahman, M. S. (2013). Competing in the Age of Omnichannel Retailing. MIT Sloan Management Review, 54(4), 23-29.

Chandler, A. D. (1962). Strategy and Structure: Chapters in the History of the American Industrial Enterprise. MIT Press.

Chaudhuri, A., & Holbrook, M. B. (2001). "The chain of effects from brand trust and brand affect to brand performance: The role of brand loyalty." Journal of Marketing.

Cheng, E., & Ho, D. (2011). The relationship between learning organization and organizational performance in the high-tech industry. Journal of Engineering and Technology Management, 28(3), 2-19.

Chesbrough, H. (2003). The Era of Open Innovation. MIT Sloan Management Review, 44(3), 35-41.

Chesbrough, H. (2011). Open Services Innovation: Rethinking Your Business to Grow and Compete in a New Era. Jossey-Bass.

Christensen, C. M. (1997). The Innovator's Dilemma: When New Technologies Cause Great Firms to Fail. Harvard Business School Press.

Cialdini, R. B. (2009). Influence: Science and Practice (5th ed.). Pearson.

Colquitt, J. A., Conlon, D. E., Wesson, M. J., Porter, C. O. L. H., & Ng, K. Y. (2001). Justice at the millennium: A meta-analytic review of 25 years of organizational justice research. Journal of Applied Psychology, 86(3), 425-445.

Cronin, J. J., & Taylor, S. A. (1992). Measuring Service Quality: A Reexamination and Extension. Journal of Marketing, 56(3), 55-68.

Date, C. J. (2004). An Introduction to Database Systems (8th ed.). Pearson Education.

Davenport, T. H., & Beers, M. C. (1995). Managing Information Technology: A Strategic Approach. Prentice-Hall.

Davidow, M. (2003). Organizational responses to customer complaints: What works and what doesn't. Journal of Services Marketing, 17(3), 223-248.

Davis, T.(1999), Different service firms, different core competencies. Business Horizons, 42(5):23-23.

Deci, E. L., & Ryan, R. M. (1985). Intrinsic motivation and self-determination in human behavior. Springer Science & Business Media.

Delaney, J. T., & Huselid, M. A. (1996). The impact of human resource management practices on perceptions of organizational performance. Academy of Management Journal, 39(4), 949-969.

Dick, A. S., & Basu, K. (1994). Customer loyalty: Toward an integrated conceptual framework. Journal of the Academy of Marketing Science, 22(2), 99-113.

Dick, W., & Carey, L. (1990). The Systematic Design of Instruction. Glenview, IL: Scott, Foresman.

Diener, E. (2009). Subjective well-being. In E. Diener (Ed.), The science of well-being (pp. 11-58). Springer.

Donaldson, B., & O'Toole, T. (2000). Service Management: Operations, Strategy, Information Technology. Pearson Education.

Doran, G. T. (1981). There's a S.M.A.R.T. way to write management's goals and objectives. Management Review, 70(11), 35-36.

Draper, N. R., & Smith, H. (1998). Applied Regression Analysis (3rd ed.). Wiley.

Drucker, P. F. (1985). Innovation and Entrepreneurship: Practice and Principles. Harper & Row.

Everitt, B. S., & Hothorn, T. (2011). An Introduction to Applied Multivariate Analysis with R. Springer.

Farris, P. W., Neil, B. D., & Pfeifer, P. E. (2010). Marketing Metrics: The Definitive Guide to Measuring Marketing Performance (2nd ed.). Pearson Education.

Field, A. (2013). Discovering Statistics Using IBM SPSS Statistics (4th ed.). SAGE

Publications.

Fitzsimmons, J. A., & Fitzsimmons, M. J. (2010). Service Management: Operations, Strategy, and Information Technology. McGraw-Hill.

Folger, R., & Cropanzano, R. (1998). Organizational justice and human resource management. Sage Publications.

Fornell, C., Johnson, M. D., Anderson, E. W., Cha, J., & Bryant, B. E. (1996). The American Customer Satisfaction Index: Nature, Purpose, and Findings. Journal of Marketing, 60(4), 7-18.

Fowler, F. J. (2014). Survey Research Methods (5th ed.). SAGE Publications.

Freund, J. E., & Walpole, R. E. (2007). Mathematical Statistics with Applications (8th ed.). Pearson.

Furby, L.(1986). Psychology and justice Justice (pp. 153-203): Springer.

Gagne, M., & Deci, E. L. (2005). Self-determination theory and work motivation. Journal of Organizational Behavior, 26(4), 331-362.

Gagne, R. M. (1985). The Conditions of Learning and Theory of Instruction. New York: Holt, Rinehart, and Winston.

Gartner Group. (2001). CRM: Customer relationship management in the digital age. Gartner Inc..

Garvin, D. A. (1984). Product Quality: An Interdisciplinary Review. Management Science, 30(1), 1-12.

Google. (2023). Google's 20% time. Retrieved from https://about.google

Graen, G. B., & Uhl-Bien, M. (1995). Development of leader-member exchange (LMX) theory of leadership over 25 years: Applying a multi-level multi-domain perspective. The Leadership Quarterly, 6(2), 219-247.

Grant, R. M. (1991). The Resource-Based Theory of Competitive Advantage: Implications for Strategy Formulation. California Management Review, 33(3), 114–135.

Greenleaf, R. K. (1977). Servant leadership: A journey into the nature of legitimate power and greatness. Paulist Press.

Greenberg, J. (1990). Organizational justice: Yesterday, today, and tomorrow. Journal of Management, 16(2), 399-432.

Gremler, D. D., & Gwinner, K. P. (2008). Customer-Employee Rapport in Service Relationships. Journal of Service Research, 10(1), 4-19.

Grewal, D., Cline, T. W., & Davies, M. A. (2004). "The effect of store name, brand name and price discounts on consumers' evaluations and purchase intentions." Journal of Retailing.

Greenwald, A. G. (1968). Cognitive Learning, Cognitive Response to Persuasion, and Attitude Change. Psychological Review.

Groening, C., & Baker, T. (2009). The impact of service innovation on customer satisfaction. Journal of Service Research, 12(1), 3-18.

Gronroos, C. (1982). Strategic Management and Marketing in the Service Sector. Swedish School of Economics and Business Administration.

Gronroos, C. (1994). From Marketing Mix to Relationship Marketing: Towards a Paradigm Shift in Marketing. Management Decision.

Gronroos, C. (2007). Service Management and Marketing: Customer Management in Service Competition. Wiley.

Guest, D. E. (1997). Human resource management and performance: A review and research agenda. International Journal of Human Resource Management, 8(3), 263-276.

Gupta, S., & Lehmann, D. R. (2005). Managing Customers as Investments: The Strategic Value of Customers in the Long Run. Wharton School Publishing.

Ha, S. Y., & Jang, J. (2010). The role of procedural fairness in service recovery in e-commerce. Journal of Electronic Commerce Research, 11(1), 55-66.

Hanssens, D. M., Parsons, L. J., & Schultz, R. L. (2003). Market Response Models: Econometric and Time Series Analysis. Kluwer Academic Publishers.

Hanselman, D., & Littlefield, B. (2011). MATLAB: A Practical Introduction to Programming and Problem Solving (3rd ed.). Pearson.

Harrington, H. J. (1991). Business Process Improvement: The Breakthrough Strategy for Total Quality, Productivity, and Competitiveness. McGraw-Hill.

Hart, C. W., Heskett, J. L., & Sasser, W. E. (1990). The profitable art of service recovery. Harvard Business Review, 68(4), 148-156.

Hastie, T., Tibshirani, R., & Friedman, J. (2009). The Elements of Statistical Learning: Data Mining, Inference, and Prediction (2nd ed.). Springer.

Henry, J., & Duxbury, L. (2020). Digital Transformation in Services: Challenges and Opportunities. Springer.

Hersey, P., & Blanchard, K. H. (1969). Management of organizational behavior: Utilizing human resources. Prentice-Hall.

Heskett, J. L., Sasser, W. E., & Schlesinger, L. A. (1997). The Service Profit Chain: How Leading Companies Link Profit and Growth to Loyalty, Satisfaction, and Value. Free Press.

Higgins, E. T. (2000). Making a Good Decision: Value from the Top Down and the Bottom Up. In J. T. Spence & J. N. Glover (Eds.), The Psychology of Wisdom: An Interdisciplinary Approach (pp. 29-59). Cambridge University Press.

Hinchcliffe, D. (2012). Cloud Computing: The Digital Transformation of Business

Services. Journal of Strategic Information Systems, 21(2), 153-168.

Hirschman, E. C., & Holbrook, M. B. (1982). Hedonic consumption: Emerging concepts, methods and propositions. Journal of Marketing, 46(3), 92-101.

Hoffman, K. D., & Bateson, J. E. (2010). Services Marketing: Concepts, Strategies, & Cases (4th ed.). South-Western.

Hoffman, K. D., & Ingram, T. N. (1992), "Service provider job satisfaction and customer oriented performance," Journal of Services Marketing, 6(2):68-78.

Holt, D. B. (2002). "Why Do Brands Cause Trouble? A Dialectical Theory of Consumer Culture and Branding." Journal of Consumer Research, 29(1), 70-90.

Homburg, C., & Fürst, A. (2005). How organizational complaint handling drives customer loyalty: An analysis of the effects of customer satisfaction and trust. Journal of Marketing Research, 42(2), 191-203.

Homburg, C., Jozi., D., & Kuehnl, C. (2017). Customer Experience Management: A Critical Review of an Emerging Concept. Journal of the Academy of Marketing Science, 45(3), 347-375.

Hsieh, T. (2010). Delivering Happiness: A Path to Profits, Passion, and Purpose. Business Plus.

Hughes, A. M. (2001). Customer Satisfaction and Loyalty: The Linkages and Strategic Implications. Wiley.

Hulka, J. B., Rimm, E. B., & Kelsey, J. L. (1970). Consumer Satisfaction and Service Evaluation: A Conceptual Framework. Journal of Marketing Research, 7(3), 330-341.

Hunt, H. K. (1977). CS/D: The Measurement of Satisfaction in Consumer Services. In Marketing and Consumer Behavior: Perspectives and Directions (pp. 11-35).

Hyndman, R. J., & Athanasopoulos, G. (2018). Forecasting: Principles and Practice (2nd ed.). OTexts.

Isen, A. M. (2001). An influence of positive affect on decision making in complex situations: Theoretical issues with implications for marketing. In A. M. Isen (Ed.), The influence of affect on judgment and decision making (pp. 175-193). Elsevier Science.

Jayachandran, S., Sharma, S., Kaufman, P., & Raman, P. (2005). "The Role of Marketing in Consumer Decision Making". Journal of Marketing Research, 42(4), 15-29.

Johnson, M. D., Herrmann, A., & Huber, F. (2012). The Evolution of Loyalty Intentions. Journal of Marketing, 76(6), 1-16.

Johnson, G., Scholes, K., & Whittington, R. (2008). Exploring Corporate Strategy: Text and Cases. Pearson Education.

Jones, F., & Bright, J. (2001). Managing pressure in the workplace. Gower Publishing.

Jones, M. A., & Taylor, S. A. (2007). The concept of loyalty in services. International Journal of Service Industry Management, 18(3), 213-223.

Kapferer, J.-N. (2012). The New Strategic Brand Management: Advanced Insights and Strategic Thinking. Kogan Page.

Kaplan, A. M., & Haenlein, M. (2010). Users of the world, unite! The challenges and opportunities of social media. Business Horizons, 53(1), 59-68.

Kaplan, R. S., & Norton, D. P. (1996). The Balanced Scorecard: Translating Strategy into Action. Harvard Business Review Press.

Kaufman, L., & Rousseeuw, P. J. (2009). Finding Groups in Data: An Introduction to Cluster Analysis. Wiley.

Kelleher, H. (2008). Nuts!: Southwest Airlines' Crazy Recipe for Business and Personal Success. Penguin Group.

Keller, K. L. (2003). Strategic Brand Management: Building, Measuring, and Managing Brand Equity. 2nd ed. Pearson Education.

Kelley, S. W., & Davis, M. A.(1994), Antecedents to customer expectations for service recovery. Journal of the academy of Marketing Science, 22(1), 52-61.

Kirkpatrick, D. L. (1994). Evaluating Training Programs: The Four Levels. Berrett-Koehler Publishers.

Kotler, P. (1965). Marketing Management: Analysis, Planning, and Control. Prentice-Hall.

Kotler, P. (1991), Marketing management: Analysis, Planning, Implementation, and Control, 7th ed, Engelwood Cliffs, NJ: Prencite Hall, 315-319l.

Kotter, P. (1996). Leading Change. Harvard Business Review Press.

Keller, K. L. (2001). Building Customer-Based Brand Equity: A Blueprint for Creating Strong Brands. Marketing Management, 10(2), 15-19.

Kotler, P., & Keller, K. L. (2012). Marketing Management (14th ed.). Pearson Education.

Kotler, P., & Keller, K. L. (2015). Marketing Management (15th ed.). Pearson Education.

Kotler, P., & Keller, K. L. (2016). Marketing Management (15th ed.). Pearson Education.

Kotler, P., Keller, K. L., Ang, S. H., & Leong, S. M. (2017). Marketing Management: An Asian Perspective (7th ed.). Pearson.

Kumar, V., & Reinartz, W. (2012). Customer Relationship Management: A Data-Driven Approach to Marketing. Wiley.

Kuvaas, B. (2006). Work motivation and performance: A study of direct and interaction effects. Personnel Psychology, 59(1), 157-184.

LaBarbera, P. A., & Mazursky, D. (1983). "A longitudinal assessment of consumer satisfaction/dissatisfaction: The dynamic aspect of the cognitive process." Journal of Marketing Research, 20(4), 393-404.

Lee, J., & Kim, M. (2021). Service Fairness and Customer Loyalty in the Context of Food and Beverage Services. Journal of Service Research, 24(4), 456-470.

Lemon, K. N., & Verhoef, P. C. (2016). Understanding customer experience throughout the customer journey. Journal of Marketing, 80(6), 69-93.

LePine, J. A., & Van Dyne, L. (2001). Predicting voice behavior in work groups. Journal of Applied Psychology, 86(5), 853-868.

Lind, E. A., & Tyler, T. R. (1988). The social psychology of procedural justice. Springer Science & Business Media.

Little, J. D. C. (1960). Marketing Research and the Concept of the Marketing Mix. Harvard Business Review, 38(6), 83-91.

Liu, B. (2012). Sentiment Analysis and Opinion Mining. Morgan & Claypool Publishers.

Lock, E. A., & Latham, G. P. (2002). Building a practically useful theory of goal setting and task motivation. American Psychologist, 57(9), 705-717.

Locke, E. A. (1976). The Nature and Causes of Job Satisfaction. In M. D. Dunnette (Ed.), Handbook of Industrial and Organizational Psychology (pp. 1297-1349). Chicago, IL: Rand McNally.

Locke, E. A.(1976), The Nature and Causes of Job Satisfaction. In M. D. Dunnette(Ed.),

Lovelock, C., & Gummesson, E. (2004). Whither Services Marketing? In Search of a New Paradigm and Fresh Perspectives. Journal of Service Research, 7(1), 20-41.

Lovelock, C., & Wirtz, J. (2011). Services Marketing: People, Technology, Strategy (7th ed.). Pearson Education.

Mackenzie, C., & Phillips, N. (2016). Service Innovation: A Guide to Business Transformation. Routledge.

Marshall, A. (1890). Principles of Economics (8th ed.). Macmillan.

Maslow, A. H. (1943). A theory of human motivation. Psychological Review, 50(4), 370-396.

McCain, S. S., & Carr, S. S. (2005). The role of procedural fairness in service recovery. Journal of Service Research, 7(3), 226-237.

McClelland, D. C. (1987). Human motivation. Cambridge University Press.

McGehee, W., & Thayer, P. W. (1961). Training in Business and Industry. Psychological Review.

McGregor, D. (1960). The Human Side of Enterprise. McGraw-Hill.

McKinney, W. (2012). Python for Data Analysis: Data Wrangling with Pandas, NumPy, and IPython. O'Reilly Media.

McKinsey & Company. (2017). The Case for Digital Transformation: Building Better Customer Experiences. McKinsey Insights.

Meyer, C., & Schwager, A. (2007). Understanding customer experience. Harvard Business Review, 85(2), 116-126.

Mikolajewicz, J., & Rosłan, A. (2021). "Personalized Recommendation System: Challenges and Future Directions." Journal of Computer Science and Technology, 36(2), 148-162.

Miles, R. E., & Snow, C. C. (1984). Strategic management of organizations. McGraw-Hill.

Mills, P. K., & Margulies, N. (1980). Toward a Core Typology of Service Organizations. Academy of Management Review, 5(2), 255-265.

Milton, L. (1981). Job satisfaction: A review of the literature. Academy of Management Review, 6(1), 46-58.

Mintzberg, H. (1987). The Strategy Concept I: Five Ps for Strategy. California Management Review, 30(1), 11-24.

Montgomery, D. C. (2009). Introduction to Statistical Quality Control (6th ed.). Wiley.

Montgomery, D. C. (2020). Introduction to Statistical Quality Control (8th ed.). Wiley.

Morgan, R. M., & Hunt, S. D. (1994). "The commitment-trust theory of relationship marketing." Journal of Marketing, 58(3), 20-38.

Montgomery, D. C., & Peck, E. A. (2001). Introduction to Linear Regression Analysis (2nd ed.). Wiley.

Nadler, L. (1969). The changing role of training in the development of human resources. Paper presented at the annual conference of the American Society of Training and Development, New York, NY.

Narver, J. C., & Slater, S. F. (1990), "The Effect of a Market Orientation on Business Profitability," Journal of Marketing, 54(Oct.):20-35.

Nagle, T. T., Hogan, J. E., & Zale, J. (2016). The Strategy and Tactics of Pricing: A Guide to Growing More Profitably (5th ed.). Pearson.

Neely, A. (1999). The Performance Prism: The Scorecard for Measuring and Managing Business Success. Financial Times/Prentice Hall.

Netflix. (2023). Netflix culture: Freedom & responsibility. Retrieved fromhttps://www.netflix.com/culture

Oliver, R. L. (1980). A Cognitive Model of the Antecedents and Consequences of

Satisfaction Decisions. Journal of Marketing Research, 17(4), 460-469.

Oliver, R. L. (1997). Satisfaction: A Behavioral Perspective on the Consumer. McGraw Hill.

Oliver, R. L. (1999). "Whence Consumer Loyalty?". Journal of Marketing, 63(4), 33-44.

Organ, D. W. (1988). Organizational citizenship behavior: The good soldier syndrome. Lexington Books.

Osborne, S. P. (2010). The New Public Governance? Emerging Perspectives on the Theory and Practice of Public Governance. Routledge.

Parasuraman, A., Zeithaml, V. A., & Berry, L. L. (1985). A Conceptual Model of Service Quality and Its Implications for Future Research. Journal of Marketing, 49(4), 41-50.

Pang, B., & Lee, L. (2008). Opinion Mining and Sentiment Analysis. Foundations and Trends in Information Retrieval, 2(1–2), 1–135.

Parasuraman, A., Zeithaml, V. A., & Berry, L. L. (1988). SERVQUAL: A Multiple-Item Scale for Measuring Consumer Perceptions of Service Quality. Journal of Retailing, 64(1), 12-40.

Parasuraman, A., Zeithaml, V. A., & Berry, L. L.(1994), Reassessment of expectations as a comparison standard in measuring service quality: implications for further research. Journal of marketing, 58(1):111-124.

Parker, S. K. (2000). Proactive behavior at work: Making things happen in organizations. The Academy of Management Perspectives, 14(3), 59-70.

Parmenter, D. (2015). Key Performance Indicators: Developing, Implementing, and Using Winning KPIs (3rd ed.). Wiley.

Payne, A., & Frow, P. (2005). A Strategic Framework for Customer Relationship Management. Journal of Marketing, 69(4), 167-176.

Pearl, J. (2010). Causality: Models, Reasoning, and Inference. Cambridge University Press.

Petty, R. E., & Cacioppo, J. T. (1983). Elaboration Likelihood Model of Persuasion. Psychological Bulletin.

Pedersen, P. E., & Møller, B. (2006). Service innovation and its impact on competitive advantage. Journal of Service Management, 17(2), 220-240.

Peppers, D., & Rogers, M. (2016). Managing Customer Relationships: A Strategic Framework. Hoboken, NJ: Wiley.

Peppers, D., & Rogers, M. (2011). Managing customer relationships: A strategic framework. John Wiley & Sons.

Pereira, A., Silva, A., & Oliveira, S. (2020). Artificial Intelligence in Service

Industries: The Impact of Chatbots in Customer Service. Journal of Business Research, 125, 456-463.

Petty, R. E., & Cacioppo, J. T. (1983). Elaboration Likelihood Model of Persuasion. Psychological Bulletin.

Pfeffer, J.(1994), Competitive advantage through people. California Management Review, 36(2):9.

Pine, B. J. (1993). Mass customization: The new frontier in business competition. Harvard Business Press.

Pine, B. J., & Gilmore, J. H. (1998). Welcome to the Experience Economy. Harvard Business Review, 76(4), 97-105.

Porter, M. E. (1980). Competitive Strategy: Techniques for Analyzing Industries and Competitors. Free Press.

Porter, M. E. (1985). Competitive Advantage: Creating and Sustaining Superior Performance. Free Press.

Porter, M. E. (1996). Competitive Strategy: Techniques for Analyzing Industries and Competitors. Free Press.

Porter, M. E. (1998). Competitive Advantage: Creating and Sustaining Superior Performance. Free Press.

Porter, M. E. (2008). The Five Competitive Forces That Shape Strategy. Harvard Business Review.

Porter, M. E., & Heppelmann, J. E. (2014). How Smart, Connected Products Are Transforming Competition. Harvard Business Review.

Prahalad, C. K., & Ramaswamy, V. (2004). Co-creating Unique Value with Customers. Strategy & Leadership, 32(3), 4-9.

Rathmell, J. M.(1966), What is meant by services?. Journal of marketing, 30(4):32-36.

Rawson, A., Duncan, E., & Jones, C. (2013). The truth about customer experience. Harvard Business Review, 91(9), 90-98.

Reichheld, F. F. (2003). The One Number You Need to Grow. Harvard Business Review, 81(12), 46-54.

Ricci, F., Rokach, L., & Shapira, B. (2015). Recommender Systems Handbook. Springer.

Robbins, S. P., & Judge, T. A. (2013). Organizational Behavior (15th ed.). Pearson Education.

Rogers, E. M. (2003). Diffusion of Innovations (5th ed.). Free Press.

Rousseau, D. M. (1995). Psychological contracts in organizations: Understanding written and unwritten agreements. Sage Publications.

Rubin, D. B. (1987). Multiple Imputation for Nonresponse in Surveys. Wiley.

Ryan, R. M., & Deci, E. L. (2000). Self-determination theory and the facilitation of intrinsic motivation, social development, and well-being. American Psychologist, 55(1), 68-78.

Saxe, R., & Weitz, B. A. (1982), "The SOCO scale: A measure of the customer orientation of alespeople," Journal of Marketing Research, 19(3):343-351.

Shankar, V., Smith, A. K., & Rangaswamy, A. (2003). Customer Satisfaction and Loyalty in Online and Offline Environments. International Journal of Research in Marketing, 20(2), 153-175.

Schiffman, L. G., & Kanuk, L. L. (2010). Consumer Behavior (10th ed.). Pearson.

Shimp, T. A. (2010). Advertising, Promotion, and Other Aspects of Integrated Marketing Communications. Cengage Learning.

Schau, H. J., Muniz, A. M., & Arnould, E. J. (2009). How brand community practices create value. Journal of Marketing, 73(5), 30-51.

Schmitt, B. (1999). Experiential marketing. Journal of Marketing Management, 15(1-3), 53-67.

Schmitt, B. (2003). Customer Experience Management: A Revolutionary Approach to Connecting with Your Customers. John Wiley & Sons.

Schmitt, B. H. (1999). Experiential Marketing: How to Get Customers to Sense, Feel, Think, Act, and Relate to Your Company and Brands. The Free Press.

Schneider, B., & Bowen, D. E. (1999). Understanding customer delight and outrage. Sloan Management Review, 41(1), 35-45.

Schneider, B., Makhlouf, K., & Ray, A. (2003). The role of human resource development in organizational success: A conceptual framework. Journal of Organizational Behavior, 24(6), 731-745.

Schneider, B., & Bowen, D. E. (1985). Employee and Customer Perceptions of Service in Banks: A Longitudinal Analysis. Journal of Applied Psychology, 70(3), 423-431.

Schneider, B., & Bowen, D. E. (1999). Understanding Customer Satisfaction and Loyalty: A Comprehensive Approach. Lexington Books.

Schumpeter, J. A. (1934). The Theory of Economic Development. Harvard University Press.

Schmenner, R. W. (1986). How can service businesses survive and prosper? Sloan Management Review, 27(3), 21–32.

Schuler, R. S., & Jackson, S. E. (1987). Linking competitive strategies with human resource management practices. Academy of Management Executive, 1(3), 207-219.

Schultz, H. (2011). Onward: How Starbucks fought for its life without losing its soul.

Rodale.

Schweikhart, S. B., Strasser, S., & Kennedy, M. R.(1993), Service recovery in health services organizations. Hospitality and Healthcare Administration, 38(1):3-9.

Shaw, C. (2012). The customer experience: A comprehensive guide to the modern consumer experience. Palgrave Macmillan.

Shaw, M., & Jones, J. (2005). Customer Relationship Management: A Strategic Approach. Wiley.

Silverman, R. E. (2019). The Digital Transformation of Services: Implications for Business Strategy. McKinsey & Company.

Skinner, B. F. (1953). Science and human behavior. Free Press.

Smith, A. D., & Rupp, W. T. (2003). Strategic Marketing: Planning and Control. Prentice-Hall.

Smith, J., & Colgate, M. (2007). Customer value creation: A critical review of the role of customer relationship management. Journal of the Academy of Marketing Science, 35(1), 42-58.

Stickdorn, M., & Schneider, J. (2010). This is Service Design Thinking. BIS Publishers.

Stouffer, S. A., Suchman, E. A., DeVinney, L. C., Star, S. A., & Williams, R. M. (1949). The American soldier: Adjustment during army life. Princeton University Press.

Sousa, R., & Voss, C. A. (2006). Service quality in multichannel services employing virtual channels. Journal of Service Research, 8(4), 356-371.

Spector, P. E. (1985). Job Satisfaction: Application, Assessment, Cause and Consequences. Thousand Oaks, CA: Sage Publications.

Spreng, R. A., MacKenzie, S. B., & Olshavsky, R. W. (1996). A reexamination of the determinants of consumer satisfaction. Journal of Marketing, 60(3), 15-32.

Strong, E. K. (1925). The Psychology of Selling and Advertising. The Journal of Marketing, 1(1), 53-60.

Stone, M. (2009). The Customer Management System. Wiley.

Starbucks Corporation. (2020). Starbucks Annual Report 2020. Starbucks Corporation.

Swanson, R. A., & Holton, E. F. (2001). Foundations of Human Resource Development. San Francisco, CA: Berrett-Koehler.

Sweeney, J. C., & Soutar, G. N. (2001). Customer Perceived Value: The Development of a Multiple Item Scale. Journal of Retailing, 77(2), 203-220.

Tait, M., Padgett, M. Y., & Baldwin, T. T. (1989). Job satisfaction and life satisfaction: A longitudinal analysis. Journal of Applied Psychology, 74(5), 744-751.

Tax, S. S., Brown, S. W., & Chandrashekaran, M. (1998). Customer Evaluations of Service Complaints: Implications for Relationship Marketing. Journal of Marketing, 62(2), 60-76.

Tesla.(2023).Tesla'smissionandvision.Retrievedfromhttps://www.tesla.com

Thaler, R. H., & Sunstein, C. R. (2008). Nudge: Improving decisions about health, wealth, and happiness. Penguin Books.

Thibaut, J. W., & Walker, L. (1975). Procedural justice: A psychological analysis. Erlbaum.

Tirole, J. (1988). The Theory of Industrial Organization. MIT Press.

Tversky, A., & Kahneman, D. (1991). Loss aversion in riskless choice: A reference-dependent model. The Quarterly Journal of Economics, 106(4), 1039-1061.

UNCTAD. (2020). World Investment Report 2020: International Production Beyond the Pandemic. United Nations Conference on Trade and Development.

Van Doorn, J., Lemon, K. N., Mittal, V., Nass, S., & Padoa-Schioppa, F. (2010). Customer engagement behavior: Theoretical foundations and research directions. Journal of Service Research, 13(3), 253-266.

Varma, S. (2018). Google's leadership and innovation culture: How it fosters creativity and customer experience. Harvard Business Review.

Varian, H. R. (2014). Intermediate Microeconomics: A Modern Approach (9th ed.). W.W. Norton & Company.

Vroom, V. H., & Jago, A. G. (2007). The role of the situation in leadership. The Leadership Quarterly, 18(5), 553-558.

Walkenbach, J. (2013). Excel 2013 Bible. Wiley.

Wirtz, J., & Lovelock, C. (2016). Services Marketing: People, Technology, Strategy (8th ed.). Pearson.

Williams, M. R., & Attaway, J. S. (1996), "Exploring Salesperson's Customer Orientation as a Mediator of Organization Culture's Influence on Buyer-Seller Relationships," European Journal of Marketing, 28(10):32-48.

Wickham, H. (2016). R for Data Science: Import, Tidy, Transform, Visualize, and Model Data. O'Reilly Media.

Womack, J. P., & Jones, D. T. (1996). Lean Thinking: Banish Waste and Create Wealth in Your Corporation. Free Press.

World Bank. (2020). World Development Indicators. World Bank Publications.

Zeitahl, V. A., Bitner, M. J., & Gremler, D. D. (2018). Services Marketing: Integrating Customer Focus Across the Firm (7th ed.). McGraw-Hill.

Zeithaml, V. A. (1981). How Consumer Evaluation Processes Differ between Goods and Services. In Marketing of Services.

Zeithaml, V. A., Bitner, M. J., & Gremler, D. D. (2017). Services Marketing: Integrating Customer Focus Across the Firm. McGraw Hill.

Zeithaml, V. A., Bitner, M. J., & Gremler, D. D. (2018). Services Marketing: Integrating Customer Focus Across the Firm (7th ed.). McGraw-Hill Education.

Zeithaml, V. A., Parasuraman, A., & Berry, L. L. (1990). Delivering Quality Service: Balancing Customer Perceptions and Expectations. Free Press.

Zengler, T. (2013). The Digital Transformation of Business Models and Marketing. Journal of Business Research, 66(6), 948-954.

Zhang, J., Li, Y., & Zhang, J. (2018). Innovation in the Service Industry: Airbnb and Uber as Case Studies. International Journal of Service Industry Management, 29(2), 141-159.